Daniela Schroeder **Grundrechte**

**JURIQ Erfolgstraining**

Herausgegeben von JURIQ® Juristisches Repetitorium, Köln

# Grundrechte

von
Dr. Daniela Schroeder, LL.M.
Rechtsanwältin, Fachanwältin für Verwaltungsrecht
AnwaltMediatorin (DAA), Wirtschaftsmediatorin (CfM)

5., neu bearbeitete Auflage

C.F. Müller

Bibliografische Information der Deutschen Nationalbibliothek
Die Deutsche Nationalbibliothek verzeichnet diese Publikation in der Deutschen Nationalbibliografie; detaillierte bibliografische Daten sind im Internet über <http://dnb.d-nb.de> abrufbar.

ISBN 978-3-8114-4859-9

E-Mail: kundenservice@cfmueller.de
Telefon: +49 89/2183-7923
Telefax: +49 89/2183-7620

www.cfmueller.de
www.cfmueller-campus.de



Satz: TypoScript, München
Illustrationen: Mattfeldt & Sänger, München
Druck: Westermann Druck, Zwickau

# Liebe Leserinnen und Leser,

die Reihe „JURIQ Erfolgstraining" zur Klausur- und Prüfungsvorbereitung verbindet sowohl für Studienanfänger als auch für höhere Semester die Vorzüge des klassischen Lehrbuchs mit meiner Unterrichtserfahrung zu einem umfassenden Lernkonzept aus Skript und Online-Training.

In einem ersten Schritt geht es um das **Erlernen** der nach Prüfungsrelevanz ausgewählten und gewichteten Inhalte und Themenstellungen. Einleitende Prüfungsschemata sorgen für eine klare Struktur und weisen auf die typischen Problemkreise hin, die Sie in einer Klausur kennen und beherrschen müssen. Neu ist die **visuelle Lernunterstützung** durch

- ein nach didaktischen Gesichtspunkten ausgewähltes Farblayout
- optische Verstärkung durch einprägsame Graphiken und
- wiederkehrende Symbole am Rand

= Definition zum Auswendiglernen und Wiederholen

= Problempunkt

= Online-Wissens-Check

**Illustrationen als „Lernanker"** für schwierige Beispiele und Fallkonstellationen steigern die Merk- und Erinnerungsleistung Ihres Langzeitgedächtnisses.

Auf die Phase des Lernens folgt das **Wiederholen und Überprüfen** des Erlernten im **Online-Wissens-Check**: Wenn Sie im Internet unter **www.juracademy.de/skripte/login** das speziell auf das Skript abgestimmte Wissens-, Definitions- und Aufbautraining absolvieren, erhalten Sie ein direktes Feedback zum eigenen Wissensstand und kontrollieren Ihren individuellen Lernfortschritt. Durch dieses aktive Lernen vertiefen Sie zudem nachhaltig und damit erfolgreich Ihre Kenntnisse im Bereich der Grundrechte!

**Frage 1** (Punkte: 1)

Kann sich ein Südtiroler im Rahmen der Verfassungsbeschwerde auf das Grundrecht aus Art. 11 GG (Freizügigkeit) berufen?

**Antwort**

| Aussagen | Antwort | Aussagerichtigkeit und Kommentar |
| --- | --- | --- |
| a) Ein Südtiroler kann sich auf Art. 11 GG berufen, auch wenn er kein Deutscher ist. | ☑ ✓ | Richtig. Grundsätzlich handelt es sich bei Art. 11 GG (Freizügigkeit) um ein sog. Deutschengrundrecht, auf das sich nur Deutsche i.S. des Art. 116 GG berufen können. Etwas anderes gilt jedoch für Ausländer aus Mitgliedstaaten der EU. Über das Diskriminierungsverbot des Art. 18 AEUV können sich diese auch auf Deutschengrundrechte berufen. Nach anderer Auffassung kommt EU-Ausländern aber zumindest über Art. 2 Abs. 1 GG der gleiche Schutz wie einem Deutschen über die Deutschengrundrechte zu. |
| b) Ja. Hierbei handelt es sich um ein so genanntes Jedermannsrecht | ☐ ✓ | Falsch. Art. 11 GG ist ein so genanntes Deutschengrundrecht. |
| c) Nein. Es steht ihm als ausländischer Staatsbürger nicht zu, sich auf dieses Grundrecht zu berufen. | ☐ ✓ | Falsch. |

→ **Richtig**
Punkte für diese Antwort: 1/1.

Schließlich geht es um das **Anwenden und Einüben** des Lernstoffes anhand von Übungsfällen verschiedener Schwierigkeitsstufen, die im Gutachtenstil gelöst werden. Die JURIQ **Klausurtipps** zu gängigen Fallkonstellationen und häufigen Fehlerquellen weisen Ihnen dabei den Weg durch den Problemdschungel in der Prüfungssituation.

Das **Lerncoaching** jenseits der rein juristischen Inhalte ist als zusätzlicher Service zum Informieren und Sammeln gedacht: Ein erfahrener Psychologe stellt u.a. Themen wie Motivation, Leistungsfähigkeit und Zeitmanagement anschaulich dar, zeigt Wege zur Analyse und Verbesserung des eigenen Lernstils auf und gibt Tipps für eine optimale Nutzung der Lernzeit und zur Überwindung evtl. Lernblockaden.

Dieses Skript befasst sich mit den im Grundgesetz für die Bundesrepublik Deutschland verbürgten Grundrechten. Behandelt werden die allgemeinen Grundrechtslehren, die für die juristische Ausbildung relevantesten Grundrechte und die Verfassungsbeschwerde nach Art. 93 Abs. 1 Nr. 4a GG.

Auf geht's – ich wünsche Ihnen viel Freude und Erfolg beim Erarbeiten des Stoffs!

Und noch etwas: Das Examen kann jeder schaffen, der sein juristisches Handwerkszeug beherrscht und kontinuierlich anwendet. Jura ist kein „Hexenwerk". Setzen Sie nie ausschließlich auf auswendig gelerntes Wissen, sondern auf Ihr Systemverständnis und ein solides methodisches Handwerk. Wenn Sie Hilfe brauchen, Anregungen haben oder sonst etwas loswerden möchten, sind wir für Sie da. Wenden Sie sich gerne an die C.F. Müller GmbH, Waldhofer Str. 100, 69123 Heidelberg, E-Mail: kundenservice@cfmueller.de. Dort werden auch Hinweise auf Druckfehler sehr dankbar entgegen genommen, die sich leider nie ganz ausschließen lassen. Oder Sie wenden sich direkt an die Verfasserin unter kanzlei@rdds.eu.

Köln, im Juni 2019 *Daniela Schroeder*

## JURIQ Erfolgstraining – die Skriptenreihe von C.F. Müller mit Online-Wissens-Check

Mit dem Kauf dieses Skripts aus der Reihe **„JURIQ Erfolgstraining"** haben Sie gleichzeitig eine Zugangsberechtigung für den Online-Wissens-Check erworben – ohne weiteres Entgelt. Die Nutzung ist freiwillig und unverbindlich.

Was bieten wir Ihnen im Online-Wissens-Check an?

- Sie erhalten einen individuellen Zugriff auf **Testfragen zur Wiederholung und Überprüfung des vermittelten Stoffs**, passend zu jedem Kapitel Ihres Skripts.
- Eine individuelle **Lernfortschrittskontrolle** zeigt Ihren eigenen Wissensstand durch Auswertung Ihrer persönlichen Testergebnisse.

Wie nutzen Sie diese Möglichkeit?

### Online-Wissens-Check

Registrieren Sie sich einfach für Ihren kostenfreien Zugang auf **www.juracademy.de/skripte/login** und schalten sich dann mit Hilfe des Codes für Ihren persönlichen Online-Wissens-Check frei.

**Ihr persönlicher User-Code: 570287235**

Der Online-Wissens-Check und die Lernfortschrittskontrolle stehen Ihnen für die **Dauer von 24 Monaten** zur Verfügung. Die Frist beginnt erst, wenn Sie sich mit Hilfe des Zugangscodes in den Online-Wissens-Check zu diesem Skript eingeloggt haben. Den Starttermin haben Sie also selbst in der Hand.

Für den technischen Betrieb des Online-Wissens-Checks ist die JURIQ GmbH, Unter den Ulmen 31, 50968 Köln zuständig. Bei Fragen oder Problemen können Sie sich jederzeit an das JURIQ-Team wenden, und zwar per E-Mail an: info@juriq.de.

# Inhaltsverzeichnis


| | Rn. | Seite |
|---|---|---|
| *Vorwort* | | V |
| *Codeseite* | | VII |
| *Literaturverzeichnis* | | XIX |
| **1. Teil** | | |
| **Einführung** | 1 | 1 |
| **2. Teil** | | |
| **Grundlagen** | 4 | 2 |
| **A. Allgemeine Grundrechtslehren** | 4 | 2 |
| I. Grundrechte als subjektiv-öffentliche Rechte | 4 | 2 |
| II. Bundes- und Landesgrundrechte | 6 | 2 |
| III. Rang der Bundesgrundrechte innerhalb der (inländischen) Normenhierarchie | 9 | 4 |
| IV. Funktionen der Grundrechte | 10 | 4 |
| 1. Doppelfunktion der Grundrechte | 10 | 4 |
| 2. Subjektiv-rechtliche Funktion der Grundrechte | 13 | 5 |
| a) Grundrechte als Freiheitsrechte | 14 | 5 |
| b) Grundrechte als Leistungsrechte | 16 | 6 |
| c) Gleichheitsrechte | 25 | 9 |
| d) Mitwirkungsrechte | 27 | 9 |
| 3. Objektiv-rechtliche Funktionen der Grundrechte | 28 | 10 |
| a) Einrichtungsgarantien | 29 | 10 |
| b) Staatliche Schutzpflichten | 39 | 12 |
| c) Ausstrahlungswirkung (mittelbare Drittwirkung) | 45 | 15 |
| 4. Verfahrens- und organisationsrechtliche Funktionen der Grundrechte | 46 | 15 |
| a) Verfahrensrechtliche Funktion | 47 | 16 |
| b) Organisationsrechtliche Funktion | 48 | 16 |
| c) Subjektiv-öffentliches Recht auf Schutz durch Verfahren und Organisation | 49 | 16 |
| V. Grundrechtsverpflichtete | 51 | 17 |
| 1. Legislative als Grundrechtsverpflichtete | 53 | 17 |
| 2. Exekutive als Grundrechtsverpflichtete | 55 | 18 |
| a) Der Exekutive zurechenbare Stellen | 56 | 18 |
| b) Formen exekutiven Handelns | 57 | 18 |
| c) Sonderstatusverhältnisse | 64 | 19 |
| 3. Judikative als Grundrechtsverpflichtete | 66 | 20 |
| **B. Grundrechte als Freiheitsrechte in der Fallbearbeitung** | 67 | 21 |
| I. Vorbemerkung und Obersatz | 68 | 22 |
| II. Eröffnung des Schutzbereichs des Freiheitsrechts | 71 | 23 |
| 1. Sachlicher Schutzbereich | 72 | 23 |

| | Rn. | Seite |
|---|---|---|
| 2. Persönlicher Schutzbereich | 74 | 24 |
| a) Grundrechtsfähigkeit | 75 | 24 |
| b) Grundrechtsberechtigung | 99 | 30 |
| c) Grundrechtsmündigkeit | 107 | 32 |
| 3. Grundrechtskonkurrenzen | 111 | 33 |
| a) Begriff | 111 | 33 |
| b) Grundsatz | 113 | 34 |
| c) Ausnahme | 117 | 35 |
| III. Eingriff in den Schutzbereich des Freiheitsrechts | 118 | 36 |
| 1. Vorliegen eines Eingriffs | 119 | 36 |
| a) Klassischer Eingriffsbegriff | 121 | 37 |
| b) Neuer Eingriffsbegriff | 122 | 37 |
| c) Besonderheit: Grundrechte mit normgeprägtem Schutzbereich und Grundrechte unter Regelungsvorbehalt | 125 | 38 |
| 2. Grundrechtsverzicht | 129 | 40 |
| IV. Verfassungsrechtliche Rechtfertigung des Eingriffs | 133 | 41 |
| 1. Freiheitsrechte unter Gesetzesvorbehalt | 134 | 41 |
| a) Beschränkbarkeit des Freiheitsrechts („Schranke") | 135 | 41 |
| b) Verfassungsrechtliche Grenzen der Beschränkung des Freiheitsrechts („Schranken-Schranken") | 141 | 43 |
| c) Grundrechtsverwirkung | 154 | 48 |
| 2. Vorbehaltlos gewährleistete Freiheitsrechte | 156 | 48 |
| 3. Maßnahme der Exekutive oder der Judikative | 159 | 49 |
| a) Grundrechtsschranken | 160 | 50 |
| b) Verfassungsmäßige gesetzliche Grundlage für die Maßnahme der Exekutive oder der Judikative | 161 | 50 |
| c) Verfassungsmäßigkeit der Maßnahme der Exekutive oder der Judikative | 163 | 51 |
| **3. Teil Freiheitsrechte** | 170 | 53 |
| **A. Menschenwürde (Art. 1 Abs. 1 GG)** | 171 | 53 |
| I. Bedeutung und Grundrechtscharakter | 171 | 53 |
| II. Schutzbereich | 174 | 54 |
| 1. Sachlicher Schutzbereich | 175 | 54 |
| a) Begriff der Menschenwürde | 176 | 54 |
| b) Relevante Fallkonstellationen | 177 | 55 |
| 2. Persönlicher Schutzbereich | 179 | 56 |
| III. Eingriff in den Schutzbereich | 180 | 56 |
| **B. Allgemeine Handlungsfreiheit (Art. 2 Abs. 1 GG)** | 184 | 57 |
| I. Überblick | 184 | 57 |
| II. Eröffnung des Schutzbereichs | 186 | 58 |
| 1. Sachlicher Schutzbereich | 187 | 59 |
| a) Allgemeine Handlungsfreiheit | 187 | 59 |
| b) Allgemeines Persönlichkeitsrecht | 191 | 61 |

| | Rn. | Seite |
|---|---|---|
| 2. Persönlicher Schutzbereich | 200 | 64 |
| a) Allgemeine Handlungsfreiheit | 200 | 64 |
| b) Allgemeines Persönlichkeitsrecht | 202 | 64 |
| III. Eingriff in den Schutzbereich | 203 | 65 |
| 1. Allgemeine Handlungsfreiheit | 204 | 65 |
| 2. Allgemeines Persönlichkeitsrecht | 207 | 66 |
| 3. Grundrechtsverzicht | 209 | 66 |
| IV. Verfassungsrechtliche Rechtfertigung des Eingriffs | 212 | 66 |
| 1. Beschränkbarkeit (Schranken) | 213 | 67 |
| a) Überblick | 213 | 67 |
| b) Verfassungsmäßige Ordnung | 214 | 67 |
| c) Rechte anderer | 215 | 67 |
| d) Sittengesetz | 216 | 67 |
| 2. Verhältnismäßigkeit | 217 | 67 |
| V. Übungsfall Nr. 1 | 222 | 70 |
| **C. Recht auf Leben und körperliche Unversehrtheit (Art. 2 Abs. 2 S. 1 GG)** | 224 | 73 |
| I. Überblick | 224 | 73 |
| II. Eröffnung des Schutzbereichs | 226 | 73 |
| 1. Sachlicher Schutzbereich | 227 | 74 |
| a) Recht auf Leben | 227 | 74 |
| b) Recht auf körperliche Unversehrtheit | 228 | 74 |
| 2. Persönlicher Schutzbereich | 229 | 74 |
| III. Eingriff in den Schutzbereich | 231 | 75 |
| 1. Vorliegen eines Eingriffs | 232 | 75 |
| 2. Einwilligung | 238 | 76 |
| IV. Verfassungsrechtliche Rechtfertigung des Eingriffs | 239 | 77 |
| 1. Beschränkbarkeit (Schranke) | 240 | 77 |
| 2. Schranken-Schranken | 241 | 77 |
| a) Spezielle Schranken-Schranken | 242 | 78 |
| b) Allgemeine Schranken-Schranke (Verhältnismäßigkeit) | 246 | 78 |
| V. Objektiv- und verfahrensrechtliche Funktion des Art. 2 Abs. 2 S. 1 GG | 247 | 79 |
| 1. Objektiv-rechtliche Funktion des Art. 2 Abs. 2 S. 1 GG | 248 | 79 |
| 2. Verfahrensrechtliche Funktion des Art. 2 Abs. 2 S. 1 GG | 250 | 79 |
| **D. Freiheit der Person (Art. 2 Abs. 2 S. 2 GG)** | 251 | 80 |
| I. Überblick | 251 | 80 |
| II. Eröffnung des Schutzbereichs | 253 | 81 |
| 1. Sachlicher Schutzbereich | 254 | 82 |
| a) Begriff der Freiheit der Person | 255 | 82 |
| b) Positive Bewegungsfreiheit | 256 | 82 |
| c) Negative Bewegungsfreiheit | 260 | 83 |
| 2. Persönlicher Schutzbereich | 263 | 83 |
| III. Eingriff in den Schutzbereich | 264 | 84 |
| 1. Freiheitsentziehung | 265 | 84 |
| 2. Sonstige Freiheitsbeschränkungen | 266 | 84 |

| | Rn. | Seite |
|---|---|---|
| IV. Verfassungsrechtliche Rechtfertigung des Eingriffs | 267 | 84 |
| 1. Schrankenvorbehalt | 268 | 85 |
| 2. Verfahrensregeln für Einschränkungen | 269 | 85 |
| 3. Verhältnismäßigkeit | 271 | 86 |
| **E. Grundrechte aus Art. 4 GG** | 272 | 86 |
| I. Überblick | 272 | 86 |
| II. Glaubensfreiheit (Art. 4 Abs. 1, Abs. 2 GG) | 274 | 87 |
| 1. Eröffnung des Schutzbereichs | 275 | 87 |
| a) Sachlicher Schutzbereich | 276 | 87 |
| b) Persönlicher Schutzbereich | 283 | 90 |
| 2. Eingriff in den Schutzbereich | 288 | 91 |
| 3. Verfassungsrechtliche Rechtfertigung des Eingriffs | 291 | 92 |
| a) Beschränkbarkeit (Schranke) | 292 | 92 |
| b) Schranken-Schranke | 297 | 94 |
| 4. Objektiv-rechtliche Funktionen des Art. 4 Abs. 1, Abs. 2 GG | 300 | 95 |
| III. Gewissensfreiheit (Art. 4 Abs. 1 GG) | 301 | 96 |
| 1. Überblick | 301 | 96 |
| 2. Eröffnung des Schutzbereichs | 303 | 96 |
| a) Sachlicher Schutzbereich | 304 | 97 |
| b) Persönlicher Schutzbereich | 307 | 97 |
| 3. Eingriff in den Schutzbereich | 308 | 98 |
| 4. Verfassungsrechtliche Rechtfertigung des Eingriffs | 309 | 98 |
| a) Beschränkbarkeit (Schranke) | 310 | 98 |
| b) Praktische Konkordanz (Schranken-Schranke) | 311 | 98 |
| IV. Übungsfall Nr. 2 | 312 | 99 |
| **F. Kommunikationsgrundrechte (Art. 5 Abs. 1 GG)** | 314 | 102 |
| I. Überblick | 314 | 102 |
| II. Eröffnung des Schutzbereichs | 317 | 103 |
| 1. Meinungsfreiheit (Art. 5 Abs. 1 S. 1 Var. 1 GG) | 318 | 104 |
| a) Sachlicher Schutzbereich | 318 | 104 |
| b) Persönlicher Schutzbereich | 326 | 107 |
| 2. Informationsfreiheit (Art. 5 Abs. 1 S. 1 Var. 2 GG) | 327 | 108 |
| a) Sachlicher Schutzbereich | 327 | 108 |
| b) Persönlicher Schutzbereich | 333 | 109 |
| 3. Pressefreiheit (Art. 5 Abs. 1 S. 2 Var. 1 GG) | 334 | 109 |
| a) Sachlicher Schutzbereich | 334 | 109 |
| b) Persönlicher Schutzbereich | 341 | 111 |
| 4. Rundfunkfreiheit (Art. 5 Abs. 1 S. 2 Var. 2 GG) | 342 | 111 |
| a) Sachlicher Schutzbereich | 342 | 111 |
| b) Persönlicher Schutzbereich | 346 | 112 |
| 5. Filmfreiheit (Art. 5 Abs. 1 S. 2 Var. 3 GG) | 347 | 112 |
| a) Sachlicher Schutzbereich | 348 | 113 |
| b) Persönlicher Schutzbereich | 352 | 113 |
| III. Eingriff in den Schutzbereich | 353 | 113 |

| | Rn. | Seite |
|---|---|---|
| IV. Verfassungsrechtliche Rechtfertigung des Eingriffs | 355 | 114 |
| 1. Beschränkbarkeit (Schranken) | 356 | 114 |
| a) Schrankentrias des Art. 5 Abs. 2 GG | 357 | 114 |
| b) Art. 17a Abs. 1 GG | 364 | 117 |
| 2. Schranken-Schranken | 365 | 117 |
| a) Sog. Wechselwirkungslehre | 366 | 117 |
| b) Zensurverbot (Art. 5 Abs. 1 S. 3 GG) | 368 | 118 |
| **G. Kunst- und Wissenschaftsfreiheit (Art. 5 Abs. 3 S. 1 GG)** | 370 | 119 |
| I. Überblick | 370 | 119 |
| II. Eröffnung des Schutzbereichs | 372 | 120 |
| 1. Kunstfreiheit (Art. 5 Abs. 3 S. 1 Var. 1 GG) | 373 | 120 |
| a) Sachlicher Schutzbereich | 373 | 120 |
| b) Persönlicher Schutzbereich | 379 | 122 |
| 2. Wissenschaftsfreiheit (Art. 5 Abs. 3 S. 1 Var. 2 GG) | 380 | 122 |
| a) Sachlicher Schutzbereich | 380 | 122 |
| b) Persönlicher Schutzbereich | 386 | 123 |
| III. Eingriff in den Schutzbereich | 387 | 124 |
| IV. Verfassungsrechtliche Rechtfertigung des Eingriffs | 388 | 124 |
| 1. Beschränkbarkeit (Schranke) | 389 | 124 |
| 2. Praktische Konkordanz (Schranken-Schranke) | 390 | 124 |
| **H. Schutz von Ehe und Familie sowie Elternrecht (Art. 6 GG)** | 391 | 125 |
| I. Überblick | 391 | 125 |
| II. Eröffnung des Schutzbereichs | 394 | 126 |
| 1. Schutz von Ehe und Familie (Art. 6 Abs. 1 GG) | 395 | 127 |
| a) Sachlicher Schutzbereich | 395 | 127 |
| b) Persönlicher Schutzbereich | 400 | 128 |
| 2. Elternrecht (Art. 6 Abs. 2, Abs. 3 GG) | 401 | 128 |
| a) Sachlicher Schutzbereich | 401 | 128 |
| b) Persönlicher Schutzbereich | 404 | 129 |
| III. Eingriffe in den Schutzbereich | 405 | 129 |
| IV. Verfassungsrechtliche Rechtfertigung des Eingriffs | 407 | 130 |
| 1. Beschränkbarkeit (Schranken) | 408 | 130 |
| a) Beschränkbarkeit des Rechts auf Ehe und Familie (Art. 6 Abs. 1 GG) | 408 | 130 |
| b) Beschränkbarkeit des Elternrechts (Art. 6 Abs. 2, Abs. 3 GG) | 409 | 130 |
| 2. Schranken-Schranken | 412 | 131 |
| a) Schranken-Schranke hinsichtlich des Rechts auf Schutz von Ehe und Familie (Art. 6 Abs. 1 GG) | 412 | 131 |
| b) Schranken-Schranken hinsichtlich des Elternrechts (Art. 6 Abs. 2, Abs. 3 GG) | 413 | 131 |
| **I. Schulwesen (Art. 7 GG)** | 414 | 131 |
| I. Überblick | 414 | 131 |
| II. Eröffnung des Schutzbereichs | 417 | 133 |
| 1. Grundrecht aus Art. 7 Abs. 3 S. 1 GG | 418 | 133 |
| a) Sachlicher Schutzbereich | 418 | 133 |
| b) Persönlicher Schutzbereich | 420 | 134 |

| | Rn. | Seite |
|---|---|---|
| 2. Grundrecht aus Art. 7 Abs. 3 S. 3 GG | 424 | 135 |
| a) Sachlicher Schutzbereich | 424 | 135 |
| b) Persönlicher Schutzbereich | 425 | 135 |
| 3. Grundrecht aus Art. 7 Abs. 2 GG | 426 | 135 |
| a) Sachlicher Schutzbereich | 426 | 135 |
| b) Persönlicher Schutzbereich | 427 | 136 |
| 4. Grundrecht aus Art. 7 Abs. 4 S. 1 GG | 428 | 136 |
| a) Sachlicher Schutzbereich | 428 | 136 |
| b) Persönlicher Schutzbereich | 432 | 136 |
| III. Eingriff in den Schutzbereich | 433 | 137 |
| IV. Verfassungsrechtliche Rechtfertigung des Eingriffs | 435 | 137 |
| 1. Beschränkbarkeit (Schranke) | 436 | 138 |
| 2. Praktische Konkordanz (Schranken-Schranke) | 438 | 138 |
| **J. Versammlungsfreiheit (Art. 8 GG)** | 439 | 138 |
| I. Überblick | 439 | 138 |
| II. Eröffnung des Schutzbereichs | 443 | 139 |
| 1. Sachlicher Schutzbereich | 444 | 139 |
| a) Begriff der Versammlung | 445 | 139 |
| b) Friedlich und ohne Waffen | 450 | 142 |
| c) Gewährleistungsumfang | 456 | 143 |
| 2. Persönlicher Schutzbereich | 459 | 145 |
| III. Eingriff in den Schutzbereich | 460 | 145 |
| IV. Verfassungsrechtliche Rechtfertigung von Eingriffen | 461 | 146 |
| 1. Beschränkbarkeit (Schranken) | 462 | 146 |
| a) Versammlungsspezifische Schranken | 463 | 146 |
| b) Art. 17a Abs. 1 GG | 468 | 147 |
| 2. Schranken-Schranken | 469 | 147 |
| a) Verhältnismäßigkeit | 470 | 147 |
| b) Praktische Konkordanz | 474 | 148 |
| V. Übungsfall Nr. 3 | 475 | 149 |
| **K. Vereinigungsfreiheit (Art. 9 GG)** | 477 | 152 |
| I. Überblick | 477 | 152 |
| II. Eröffnung des Schutzbereichs | 479 | 153 |
| 1. Sachlicher Schutzbereich | 480 | 153 |
| a) Begriff der Vereinigung | 481 | 153 |
| b) Gewährleistungsumfang | 487 | 154 |
| 2. Persönlicher Schutzbereich | 491 | 155 |
| a) Allgemeine Vereinigungsfreiheit als Individualgrundrecht | 492 | 155 |
| b) Allgemeine Vereinigungsfreiheit als Kollektivgrundrecht | 494 | 156 |
| 3. Eingriff in den Schutzbereich | 495 | 156 |
| III. Verfassungsrechtliche Rechtfertigung des Eingriffs | 497 | 157 |
| 1. Beschränkbarkeit (Schranke) | 498 | 157 |
| a) Art. 9 Abs. 2 GG | 498 | 157 |
| b) Kollidierendes Verfassungsrecht | 502 | 158 |
| 2. Schranken-Schranke | 503 | 158 |

| | Rn. | Seite |
|---|---|---|
| **L. Brief-, Post- und Fernmeldegeheimnis (Art. 10 GG)** | 504 | 158 |
| I. Überblick | 504 | 158 |
| II. Eröffnung des Schutzbereichs | 507 | 159 |
| 1. Sachlicher Schutzbereich | 508 | 159 |
| a) Briefgeheimnis (Art. 10 Abs. 1 Var. 1 GG) | 509 | 160 |
| b) Postgeheimnis (Art. 10 Abs. 1 Var. 2 GG) | 516 | 161 |
| c) Fernmeldegeheimnis (Art. 10 Abs. 1 Var. 3 GG) | 522 | 163 |
| 2. Persönlicher Schutzbereich | 528 | 165 |
| III. Eingriff in den Schutzbereich | 529 | 165 |
| IV. Verfassungsrechtliche Rechtfertigung des Eingriffs | 531 | 166 |
| 1. Beschränkbarkeit (Schranken) | 532 | 166 |
| a) Einfacher Gesetzesvorbehalt des Art. 10 Abs. 2 S. 1 GG | 532 | 166 |
| b) Besonderer Gesetzesvorbehalt des Art. 10 Abs. 2 S. 2 GG | 533 | 166 |
| 2. Verhältnismäßigkeit (Schranken-Schranke) | 535 | 167 |
| **M. Freizügigkeit (Art. 11 GG)** | 536 | 167 |
| I. Überblick | 536 | 167 |
| II. Eröffnung des Schutzbereichs | 537 | 168 |
| 1. Sachlicher Schutzbereich | 538 | 168 |
| a) Begriff der Freizügigkeit | 539 | 168 |
| b) Gewährleistungsumfang | 542 | 169 |
| 2. Persönlicher Schutzbereich | 550 | 171 |
| III. Eingriff in den Schutzbereich | 551 | 171 |
| IV. Verfassungsrechtliche Rechtfertigung des Eingriffs | 552 | 171 |
| 1. Beschränkbarkeit (Schranken) | 553 | 171 |
| a) Art. 11 Abs. 2 GG | 553 | 171 |
| b) Art. 17a Abs. 2 GG | 554 | 171 |
| 2. Verhältnismäßigkeit (Schranken-Schranke) | 555 | 171 |
| **N. Berufsfreiheit, Arbeitszwang, Zwangsarbeit (Art. 12 GG)** | 556 | 172 |
| I. Überblick | 556 | 172 |
| II. Eröffnung des Schutzbereichs | 561 | 173 |
| 1. Sachlicher Schutzbereich | 562 | 173 |
| a) Berufsfreiheit im engeren Sinne (Art. 12 Abs. 1 S. 1 Var. 1 und S. 2 GG) | 563 | 174 |
| b) Arbeitsplatzwahlfreiheit (Art. 12 Abs. 1 S. 1 Var. 2 GG) | 572 | 175 |
| c) Ausbildungsstättenwahlfreiheit (Art. 12 Abs. 1 S. 1 Var. 3 GG) | 575 | 176 |
| 2. Persönlicher Schutzbereich | 578 | 177 |
| III. Eingriff in den Schutzbereich | 579 | 177 |
| IV. Verfassungsrechtliche Rechtfertigung des Eingriffs | 581 | 177 |
| 1. Beschränkbarkeit (Schranke) | 582 | 178 |
| a) Einheitlicher Regelungsvorbehalt in Art. 12 Abs. 1 GG | 583 | 178 |
| b) Regelungsvorbehalt als Gesetzesvorbehalt | 584 | 178 |
| 2. Verhältnismäßigkeit (Drei-Stufen-Theorie) (Schranken-Schranke) | 585 | 178 |
| V. Übungsfall Nr. 4 | 590 | 181 |

| | Rn. | Seite |
|---|---|---|
| **O. Unverletzlichkeit der Wohnung (Art. 13 GG)** | 592 | 183 |
| I. Überblick | 592 | 183 |
| II. Eröffnung des Schutzbereichs | 595 | 184 |
| 1. Sachlicher Schutzbereich | 596 | 184 |
| 2. Persönlicher Schutzbereich | 597 | 185 |
| III. Eingriff in den Schutzbereich | 598 | 186 |
| IV. Verfassungsrechtliche Rechtfertigung des Eingriffs | 600 | 186 |
| 1. Rechtfertigung von Durchsuchungen (Art. 13 Abs. 2 GG) | 601 | 186 |
| a) Vorliegen einer Durchsuchung | 602 | 186 |
| b) Richtervorbehalt | 603 | 187 |
| 2. Rechtfertigung von technischen Überwachungen (Art. 13 Abs. 3 bis 5 GG) | 610 | 189 |
| a) Rechtfertigung von akustischen Überwachungen mit Hilfe technischer Mittel aus repressiven Gründen (Art. 13 Abs. 3 GG) | 611 | 189 |
| b) Rechtfertigung von Überwachungen mit Hilfe technischer Mittel aus präventiven Gründen (Art. 13 Abs. 4 GG) | 612 | 190 |
| c) Rechtfertigung von Überwachungen mit Hilfe technischer Mittel zur Eigensicherung (Art. 13 Abs. 5 GG) | 613 | 190 |
| 3. Rechtfertigung von sonstigen Eingriffen (Art. 13 Abs. 7 GG) | 614 | 190 |
| a) Art. 13 Abs. 7 Hs. 1 GG | 615 | 190 |
| b) Art. 13 Abs. 7 Hs. 2 GG | 616 | 191 |
| c) Verhältnismäßigkeit | 617 | 191 |
| 4. Ungeschriebene Rechtfertigung von Eingriffen in den Schutzbereich | 618 | 191 |
| **P. Garantie von Eigentum und Erbrecht (Art. 14 GG), Sozialisierung (Art. 15 GG)** | 619 | 192 |
| I. Überblick | 619 | 192 |
| II. Eröffnung des Schutzbereichs | 623 | 193 |
| 1. Sachlicher Schutzbereich | 624 | 194 |
| a) Eigentum | 625 | 194 |
| b) Erbrecht | 629 | 196 |
| 2. Persönlicher Schutzbereich | 630 | 196 |
| III. Eingriff in den Schutzbereich | 631 | 196 |
| 1. Mögliche Beeinträchtigungen | 632 | 196 |
| 2. Insbesondere: Formen imperativer Beeinträchtigungen | 633 | 196 |
| a) Inhalts- und Schrankenbestimmungen (Art. 14 Abs. 1 S. 2 GG) | 636 | 198 |
| b) Enteignung (Art. 14 Abs. 3 GG) | 638 | 199 |
| c) Sonstige imperative Beeinträchtigungen | 641 | 199 |
| IV. Verfassungsrechtliche Rechtfertigung des Eingriffs | 642 | 200 |
| 1. Verfassungsrechtliche Rechtfertigung einer Inhalts- und Schrankenbestimmung gemäß Art. 14 Abs. 1 S. 2 GG | 643 | 200 |
| a) Gesetz i.S.d. Art. 14 Abs. 1 S. 2 GG | 644 | 200 |
| b) Verhältnismäßigkeit | 645 | 200 |
| c) Institutsgarantie als äußerste Grenze von Inhalts- und Schrankenbestimmungen | 646 | 201 |

| | Rn. | Seite |
|---|---|---|
| 2. Verfassungsrechtliche Rechtfertigung einer Enteignung gemäß Art. 14 Abs. 3 GG | 647 | 201 |
| a) Allgemeinwohlklausel (Art. 14 Abs. 3 S. 1 GG) | 648 | 201 |
| b) Junktimklausel (Art. 14 Abs. 3 S. 2 GG) | 649 | 202 |
| c) Verhältnismäßigkeit | 650 | 202 |
| d) Institutsgarantie als äußerste Grenze einer Enteignung | 651 | 202 |
| 3. Verfassungsrechtliche Rechtfertigung sonstiger Eingriffe | 652 | 202 |
| V. Übungsfall Nr. 5 | 653 | 203 |
| **Q. Rechtsweggarantie (Art. 19 Abs. 4 S. 1 GG)** | 655 | 206 |
| I. Überblick | 655 | 206 |
| II. Anspruchsvoraussetzungen | 658 | 207 |
| 1. Jemand | 659 | 207 |
| 2. Öffentliche Gewalt | 660 | 207 |
| 3. Rechtsverletzung | 664 | 209 |
| a) Recht i.S.d. Art. 19 Abs. 4 S. 1 GG | 665 | 209 |
| b) Eigenes Recht | 666 | 209 |
| c) Rechtsverletzung | 667 | 209 |
| III. Rechtsfolgen bei Vorliegen der Anspruchsvoraussetzungen | 668 | 210 |
| 1. Rechtswegeröffnung | 669 | 210 |
| 2. Gewährung effektiven Rechtsschutzes | 672 | 211 |
| **4. Teil Gleichheitsrechte** | 674 | 212 |
| **A. Überblick** | 674 | 212 |
| I. Allgemein | 674 | 212 |
| II. Gleichheitsrechte im Grundgesetz | 675 | 212 |
| III. Verhältnis der Gleichheitsrechte untereinander | 676 | 212 |
| IV. Rechtsanwendungs- und Rechtsetzungsgleichheit | 677 | 213 |
| 1. Rechtsanwendungsgleichheit | 677 | 213 |
| 2. Rechtsetzungsgleichheit | 678 | 213 |
| **B. Gleichheitsrechte in der Fallbearbeitung** | 679 | 214 |
| I. Überblick | 679 | 214 |
| II. Prüfung im Einzelnen | 680 | 214 |
| 1. Spezielles Gleichheitsrecht einschlägig? | 681 | 214 |
| a) Spezielle Gleichheitsrechte in Art. 3 GG | 682 | 215 |
| b) Spezielle Gleichheitsrechte in Art. 6 GG | 690 | 218 |
| c) Spezielle Gleichheitsrechte in Art. 33 GG | 692 | 218 |
| d) Spezielle Gleichheitsrechte in Art. 38 GG | 693 | 218 |
| e) Zwischenergebnis | 694 | 218 |
| 2. Wenn nein: Allgemeiner Gleichheitssatz | 695 | 219 |
| a) Vorliegen einer Ungleichbehandlung | 697 | 219 |
| b) Verfassungsrechtliche Rechtfertigung der Ungleichbehandlung | 703 | 221 |
| **C. Übungsfall Nr. 6** | 707 | 224 |

| | Rn. | Seite |
|---|---|---|
| **5. Teil** | | |
| **Verfassungsbeschwerde nach Art. 93 Abs. 1 Nr. 4a GG i.V.m. §§ 13 Nr. 8a, 90, 92 ff. BVerfGG** | 709 | 227 |
| **A. Überblick** | 709 | 227 |
| **B. Zulässigkeit der Verfassungsbeschwerde** | 717 | 230 |
| I. Antragsberechtigter | 718 | 230 |
| 1. Prozessuale Grundrechtsfähigkeit | 719 | 230 |
| 2. Prozessfähigkeit | 720 | 231 |
| a) Natürliche Personen | 721 | 231 |
| b) Juristische Personen | 722 | 231 |
| II. Beschwerdegegenstand | 723 | 231 |
| 1. Begriff „Akt öffentlicher Gewalt" | 724 | 232 |
| 2. Akte der Legislative | 727 | 233 |
| 3. Akte der Exekutive | 729 | 233 |
| 4. Akte der Judikative | 732 | 234 |
| III. Beschwerdebefugnis | 733 | 235 |
| 1. Möglichkeit einer Grundrechtsverletzung | 735 | 235 |
| 2. Betroffenheit | 736 | 235 |
| a) Selbst betroffen | 737 | 235 |
| b) Gegenwärtig betroffen | 739 | 236 |
| c) Unmittelbar betroffen | 740 | 237 |
| IV. Rechtswegerschöpfung | 741 | 238 |
| 1. Grundsatz (§ 90 Abs. 2 S. 1 BVerfGG) | 742 | 238 |
| a) Rechtsweg | 743 | 238 |
| b) Erschöpfung | 748 | 239 |
| 2. Ausnahmen | 750 | 239 |
| V. Subsidiarität | 751 | 240 |
| VI. Form | 756 | 241 |
| VII. Fristen | 757 | 242 |
| VIII. Keine entgegenstehende Rechts- oder Gesetzeskraft | 759 | 242 |
| 1. Keine entgegenstehende Rechtskraft | 759 | 242 |
| 2. Keine entgegenstehende Gesetzeskraft | 760 | 242 |
| IX. Rechtsschutzbedürfnis | 762 | 243 |
| **C. Begründetheit der Verfassungsbeschwerde** | 763 | 243 |
| I. Prüfungsmaßstab | 764 | 243 |
| 1. Allgemein | 764 | 243 |
| 2. Akte der Legislative (Rechtssatzverfassungsbeschwerde) | 765 | 244 |
| 3. Akte der Judikative (Urteilsverfassungsbeschwerde) | 766 | 244 |
| 4. Akte der Exekutive | 767 | 245 |
| II. Prüfungsreihenfolge der möglicherweise verletzten Grundrechte und/oder grundrechtsgleichen Rechte | 768 | 245 |
| III. Exkurs: Entscheidungsinhalt und -wirkungen | 769 | 245 |
| 1. Entscheidungsinhalt | 769 | 245 |
| 2. Entscheidungswirkungen | 771 | 246 |
| **D. Übungsfall Nr. 7** | 772 | 247 |
| *Sachverzeichnis* | | 255 |

# Literaturverzeichnis

| | |
|---|---|
| *Dietlein/Hellermann* | Öffentliches Recht in Nordrhein-Westfalen, 7. Aufl. 2019 |
| *Dreier* | Grundgesetz Kommentar, Band I, 3. Aufl. 2013 |
| *Epping/Hillgruber (Hrsg.)* | Beck'scher Onlinekommentar Grundgesetz, 2018 |
| *Fleury* | Verfassungsprozessrecht, 10. Aufl. 2015 |
| *Hillgruber/Goos* | Verfassungsprozessrecht, 4. Aufl. 2015 |
| *Hufen* | Staatsrecht II – Grundrechte, 7. Aufl. 2018 |
| *Ipsen* | Staatsrecht II – Grundrechte, 21. Aufl. 2018 |
| *Jarass/Pieroth* | Grundgesetz Kommentar, 15. Aufl. 2018 |
| *Kingreen/Poscher* | Grundrechte – Staatsrecht II, 34. Aufl. 2018 |
| *Manssen* | Staatsrecht II – Grundrechte, 16. Aufl. 2019 |
| *Michael/Morlok* | Grundrechte, 6. Aufl. 2017 |
| *Münch, von/Kunig (Hrsg.)* | Grundgesetz Kommentar, Band I, 6. Aufl. 2012 |
| *Papier/Krönke* | Grundkurs Öffentliches Recht 2 – Grundrechte, 3. Aufl. 2018 |
| *Sachs (Hrsg.)* | Grundgesetz Kommentar, 8. Aufl. 2018 |
| *Sachs* | Verfassungsprozessrecht, 4. Aufl. 2016 |
| *Sachs* | Verfassungsrecht II – Grundrechte, 3. Aufl. 2017 |
| *Maunz/Schmidt-Bleibtreu/Klein/ Bethge* | Bundesverfassungsgerichtsgesetz, 2019 |
| *Schroeder* | Polizei- und Ordnungsrecht Nordrhein-Westfalen, 4. Aufl. 2019 |
| *Sodan/Ziekow* | Grundkurs Öffentliches Recht, 8. Aufl. 2018 |
| *Wermeckes* | Der erweiterte Grundrechtsschutz in den Landesverfassungen, 2000 |

# Tipps vom Lerncoach

### Warum Lerntipps in einem Jura-Skript?

Es gibt in Deutschland ca. 1,6 Millionen Studierende, deren tägliche Beschäftigung das Lernen ist. Lernende, die stets ohne Anstrengung erfolgreich sind, die nie kleinere oder größere Lernprobleme hatten, sind eher selten. Besonders juristische Lerninhalte sind komplex und anspruchsvoll. Unsere Skripte sind deshalb fachlich und didaktisch sinnvoll aufgebaut, um das Lernen zu erleichtern.

Über fundierte Lerntipps wollen wir darüber hinaus all diejenigen ansprechen, die ihr Lern- und Arbeitsverhalten verbessern und unangenehme Lernphasen schneller überwinden wollen.

Diese Tipps stammen von *Frank Wenderoth,* der als Diplom-Psychologe seit vielen Jahren in der Personal- und Organisationsentwicklung als Berater und Personal Coach tätig ist und außerdem Jurastudierende in der Prüfungsvorbereitung und bei beruflichen Weichenstellungen berät.

### Wie lernen Menschen?

Die Wunschvorstellung ist häufig, ohne Anstrengung oder ohne eigene Aktivität „à la Nürnberger Trichter" lernen zu können. Die modernen Neurowissenschaften und auch die Psychologie zeigen jedoch, dass Lernen ein aktiver Aufnahme- und Verarbeitungsprozess ist, der auch nur durch aktive Methoden verbessert werden kann. Sie müssen sich also für sich selbst einsetzen, um Ihre Lernprozesse zu fördern. Sie verbuchen die Erfolge dann auch stets für sich.

### Gibt es wichtigere und weniger wichtige Lerntipps?

Auch das bestimmen Sie selbst. Die Lerntipps sind als Anregungen zu verstehen, die Sie aktiv einsetzen, erproben und ganz individuell auf Ihre Lernsituation anpassen können. Die Tipps sind pro Rechtsgebiet thematisch aufeinander abgestimmt und ergänzen sich von Skript zu Skript, können aber auch unabhängig voneinander genutzt werden.

Verstehen Sie die Lerntipps „à la carte"! Sie wählen das aus, was Ihnen nützlich erscheint, um Ihre Lernprozesse noch effektiver und ökonomischer gestalten zu können!

# Lernthema 2
# Arbeitsplatz und Arbeitsbedingungen

In jedem Beruf ist der Arbeitsplatz ein sehr wichtiger Einflussfaktor auf unsere Leistung, natürlich auch während des Studiums. Günstige oder ungünstige Arbeitsbedingungen entscheiden mit darüber, wie wohl wir uns fühlen, ob wir uns gut konzentrieren können oder schnell ermüden. Vielleicht wird es jetzt etwas unbequem für Sie, weil Sie sich an bestimmte Grundregeln gewöhnen müssen, Ihren Schreibtisch aufräumen, Ihre Arbeitsplatzergonomie verändern. Alle Tipps und Hinweise werden Ihnen aber das Lernleben erleichtern.

## Lerntipps

### Arbeiten Sie immer an einem festen Arbeitsplatz!

Wenn Sie einmal am Schreibtisch, dann auf dem Sofa und später im Bett lernen, dann ist das zwar bequem und abwechslungsreich, nur es wird Ihnen schwer fallen, die richtigen Funktionen zu erkennen. Was ist Arbeit, was ist Freizeit, was lenkt mich ab etc.? Bei Pausen- und Freizeittätigkeiten wird der Schreibtisch verlassen. Dies sollten Sie konsequent auch beim Essen, Telefonieren mit Freunden, Musik hören, Computer spielen einhalten. Der Freizeitbereich wird dadurch für Sie attraktiver.

### Machen Sie einen Arbeitsplatz-Check bevor Sie loslegen!

Der Schreibtisch ist nur für die Arbeit bestimmt. Überprüfen Sie Ihren Arbeitsplatz vor Arbeitsbeginn auf sachfremde Gegenstände – die können ablenken, Sie an Ihr Hobby erinnern. Sie möchten dann am liebsten das tun, was mehr Spaß macht und Sie von den vermeintlich unangenehmen Dingen abhält. Suchen Sie erst alle arbeitsrelevanten Unterlagen zusammen, damit Sie Ihre Arbeit nicht immer wieder unterbrechen. Sie fangen sonst die Arbeit stets wieder neu an. Das hört sich alles sehr diszipliniert an. Es verbessert aber Ihre Arbeitsmoral und damit gleichzeitig Ihren raren Freizeitausgleich.

### Unterscheiden Sie konsequent Arbeit und Freizeit!

Der Freizeitbereich sollte so abgeschirmt sein, dass Sie dort nur die angenehmen, entspannenden und ausgleichenden Dinge tun – und das mit gutem Gewissen. Sie haben es sich ja mit Disziplin verdient. Auch hier bitte konsequent bleiben. Falls Ihnen z. B. ein Fachbuch in die Hände fällt, so sollten Sie es von dort entfernen. Entscheiden Sie sich bewusst – entweder weiter auf dem Sofa entspannen oder an den Schreibtisch gehen und es dort lesen. Ein Fachbuch im Bett zu lesen, führt nicht selten zu schlechterem Behalten oder sogar Schlafstörungen.

### „Ergonomisieren" Sie Schreibtisch und Schreibtischstuhl!

Richten Sie Ihre Büromöbel so ein, dass Sie gesundheitliche Schäden vermeiden und vorzeitige Ermüdungen verhindern. Dazu folgende Hinweise:

- Arbeitsplatte ca. 75 cm hoch einstellen, so dass Unterarme im aufrechten Sitz locker aufliegen können.
- Sitzhöhe so einstellen, dass bei aufgestellten Füßen, die Oberschenkel waagerecht ausgerichtet sind und ohne Druck aufliegen.
- Wählen Sie einen Stuhl mit fester Rückenlehne, damit Sie sich häufig anlehnen können, das Gesäß weit nach hinten.
- Licht von vorne oder seitlich, d. h. bei Rechtshändern von links.
- Arbeitsmittel wie Schreibgeräte liegen für den direkten Zugriff bereit.
- Gleiches gilt für Gesetzestexte, Lehrbücher und Nachschlagewerke.
- Am besten in Reichweite eine Pin-Wand für Merkzettel mit Regeln, Terminen, Notizen.

### Optimieren Sie auch den PC-Arbeitsplatz!

- Monitor so aufstellen, dass sich weder Licht noch Fenster darin spiegeln.
- Möglichst wenig Helligkeitsunterschiede zwischen Raumlicht und Monitorhelligkeit.
- Höhe des Monitors: Mittelachse des Monitors knapp unter Augenhöhe des Betrachters.
- Entfernung zwischen Monitor und Auge mindestens 30 cm, Schriftgröße auf 120 bis 150% anpassen
- Brillenträger benötigen eventuell eine sog. „Computerbrille", also eine Lesebrille für eine etwas größere Distanz.



### Multimedia kann das Lernen beeinträchtigen!

PC oder Notebook sind aus Lernsituationen kaum wegzudenken und stellen eine große Hilfe dar. Bitte beachten Sie aber auch folgende Hinweise:

- Aus (heruntergeladenen) Texten am Bildschirm zu lernen, ist ungünstig, da die jeweils vorherigen Seiten und die folgenden nicht sichtbar sind. Damit fehlt uns eine Gesamtorientierung zum Beispiel zum schnellen Vor- und Zurückblättern wie in einem Skript oder Buch.
- Wenn z. B. bei einer Lernsoftware stets neue Seiten aufgerufen werden, dann ist das zwar interessant und animierend, das Kurzzeitgedächtnis wird aber zu stark beansprucht. Uns fehlt die manchmal zwar langweilige, aber lerntechnisch wichtige Redundanz der Inhalte.
- Die Augenermüdung am Bildschirm ist insgesamt größer als beim Buchlesen, deshalb sind spezielle sehr einfache Augenentspannungsübungen (z. B. mit Akupressur) sinnvoll.
- Viele nutzen den PC dazu, um sich in einer Pause abzulenken oder sich zu belohnen. Problematisch ist, dass sich das frisch gelernte Material noch im Kurzzeitspeicher des Gehirns befindet und noch nicht verankert ist. Für ein PC-Spiel wird jetzt dort sehr viel Arbeitsspeicher in Anspruch genommen und das „alte" Lernmaterial rausgeworfen. Schade, oder? Aber etwa 30 Minuten nach der Lerneinheit geht es wieder, die Lerndaten sind dann auf der „Lernfestplatte gespeichert".
- Auch Hintergrundmusik belegt den Arbeitsspeicher. Werden unterschiedliche Sinneskanäle bedient, konkurrieren sie miteinander. Lesen erfolgt zum Beispiel über inneres Mitsprechen und Musik hindert an diesem Mitsprechen.
- Also schalten Sie ab, auch wenn Musik angenehme Emotionen auslöst und grundsätzlich motivierend und lernförderlich wirken kann. Am besten hören Sie Musik in Ihrer Erholungspause.

### Die Bibliothek: Eine weitere Möglichkeit zwischen Arbeit und Freizeit zu differenzieren!

Es gibt natürlich Ausnahmen, wenn der Wohnbereich beengt ist und eine Differenzierung durch verschiedene Räume schwer möglich ist. Denken Sie daran, dass das Lernen nicht auf Ihren Wohnbereich beschränkt sein muss. In einem Lesesaal oder einer Bibliothek lässt es sich vielleicht sogar besser lernen, wenn man dazu neigt, sich von der Arbeit abzulenken – hier herrscht eher „Arbeitsatmosphäre".

### Auch in der Bibliothek abschirmen!

Die Universitätsbibliothek verfügt meist über stille Arbeitsbereiche, Sie können auch in öffentliche Bibliotheken gehen. Meist sind dort auch Getränkeautomaten, Kopierer etc. vorhanden. Falls Sie viele Freunde und Bekannte haben, sollten Sie die Institutsbibliothek vielleicht meiden. Ein Schwätzchen ist gut, zu viel Ablenkung addiert sich aber schnell zu einem Nachmittag ohne Lernen – und das kann frustrieren. Suchen Sie sich einen entlegenen und schwer einsehbaren Bereich. Setzen Sie sich mit dem Rücken zum Zugangsbereich.

Lernen Sie, arbeitshemmende Kontaktmöglichkeiten zu vermeiden. Man kann sich für einen gemeinsamen Kaffee, ein gemeinsames Essen verabreden. Das hat die angenehme Nebenwirkung, dass Sie eine schöne Perspektive für die anstehende Arbeitspause haben. Also fleißig arbeiten und sich dann für sein Lernverhalten belohnen.

### Das „Kleinbüro" in die Bibliothek mitnehmen und einrichten!

Wählen Sie möglichst stets den gleichen Arbeitsplatz, damit Sie sich nicht immer wieder eingewöhnen müssen und Sie das Gefühl bekommen „das ist mein Arbeitsplatz". Richten Sie sich ein transportables „Kleinbüro" ein, das in Ihre Aktentasche oder einen Rucksack passt. In diesem mobilen Büro sollten enthalten sein: Schreibbuch oder Ringbuch mit diversen Einlagen, Schreibgeräte nebst Ersatz, diverse Karteikarten, Schnellhefter mit Unterlagen, Schmierzettel für Zwischennotizen, falls zulässig und vorhanden, ein Notebook. Auch Kleingeld für Automaten, Schließfächer, Snacks.

# 1. Teil
# Einführung

Dieses Skript behandelt die im Grundgesetz für die Bundesrepublik Deutschland verbürgten Grundrechte. Grundrechte gehören im Examen zum Kernbereich des Prüfungsstoffs, weshalb Sie ihnen beim Lernen besondere Aufmerksamkeit widmen sollten! **1**

Im Grundgesetz gibt es Grundrechte und grundrechtsgleiche Rechte. **Grundrechte** sind in Abschnitt I des Grundgesetzes verbürgt. **Grundrechtsgleiche Rechte** enthält das Grundgesetz an verschiedenen Stellen: das Widerstandsrecht (Art. 20 Abs. 4 GG), den Anspruch auf Zugang zu jedem öffentlichen Amt (Art. 33 Abs. 2 GG), das (aktive und passive) Wahlrecht (Art. 38 GG) und die sog. Justizgrundrechte (u.a. Art. 101, 103 GG). Diese Rechte werden grundrechtsgleiche Rechte genannt, weil sie von ihrer Struktur und ihrer Geschichte her den Grundrechten gleichstehen.[1] **2**

**Hinweis**

In **Art. 93 Abs. 1 Nr. 4a GG** sind alle grundrechtsgleichen Rechte abschließend aufgezählt.

Soweit im Folgenden nichts Gegenteiliges erwähnt wird, steht der Begriff der Grundrechte als Oberbegriff für die eigentlichen Grundrechte und die grundrechtsgleichen Rechte. **3**

1 Vgl. *Kingreen/Poscher* Grundrechte Rn. 404.

# 2. Teil
# Grundlagen

## A. Allgemeine Grundrechtslehren

### I. Grundrechte als subjektiv-öffentliche Rechte

4 Grundrechte sind subjektiv-öffentliche Rechte. Als subjektiv-öffentliche Rechte verleihen sie dem Einzelnen die Rechtsmacht, **von der öffentlichen Gewalt** ein **Handeln oder Unterlassen zu verlangen**.

**Beispiel** Eine Umweltschutzorganisation demonstriert friedlich vor dem Brandenburger Tor für niedrigere Abgaskonzentrationen bei Automobilen. Eine Gruppe von Autolobbyisten versucht, die Demonstration durch Störmanöver zu torpedieren. – Das Grundrecht aus Art. 8 GG gewährleistet das Recht auf friedliche Versammlung unter freiem Himmel. Dazu gehört das Recht der Umweltschutzorganisation, vom Staat ggf. ein Einschreiten gegen Versammlungsstörer zu verlangen. ■

5 Die Grundrechte sind daher unmittelbar geltendes Recht (vgl. Art. 1 Abs. 3 GG).

**Hinweis**

Wann sich aus einer öffentlich-rechtlichen Bestimmung ein subjektiv-öffentliches Recht ergibt, bestimmt sich nach der sog. Schutznormtheorie, die im 20. Jahrhundert von *Ottmar Bühler* entwickelt wurde und weitestgehend anerkannt ist.[1] Die Frage, wann ein subjektiv-öffentliches Recht vorliegt, ist vor allem im Verwaltungsrecht relevant. Hier müssen Sie u.U. genau prüfen, ob eine Norm nicht nur eine Verpflichtung der öffentlichen Gewalt ausspricht, sondern zugleich auch dem Einzelnen ein subjektives Recht verleiht, das auf Durchsetzbarkeit gerichtet ist.

### II. Bundes- und Landesgrundrechte

6 Die Bundesrepublik Deutschland ist ein Bundesstaat. Neben dem Bund gibt es 16 Länder. Bund und Länder sind jeweils eigenständige Staaten. Dies hat zur Folge, dass der Bund und die 16 Länder jeweils eigene Verfassungen besitzen, die auch Grundrechte enthalten. Grundrechte sind somit nicht nur im **Grundgesetz**, sondern auch in den **Landesverfassungen** verbürgt. Dabei **decken sich** die grundrechtlichen Gewährleistungen im Grundgesetz und in den Landesverfassungen **oftmals**. In manchen Landesverfassungen gibt es aber auch grundrechtliche Gewährleistungen, die das Grundgesetz nicht enthält.[2] So begründet z.B. Art. 141 Abs. 3 S. 1 Verf. Bayern ein Recht auf Genuss der Naturschönheiten und auf Erholung in der freien Natur.

1 Vgl. nur *BVerfGE* 27, 297. Hierzu *Sachs* Verfassungsrecht II – Grundrechte I 4 Rn. 4 ff.
2 Vgl. zur Vertiefung speziell für Nordrhein-Westfalen Dietlein/Hellermann-*Dietlein* § 1 Rn. 21 ff.; länderübergreifend *Wermeckes* Der erweiterte Grundrechtsschutz in den Landesverfassungen.

In diesem Skript konzentrieren wir uns auf die im Grundgesetz garantierten Grundrechte. Sie bilden den Prüfungsmaßstab in den examensrelevanten Verfahren vor dem *Bundesverfassungsgericht*. 7

**JURIQ-Klausurtipp**

Sofern sich aus dem Bearbeitervermerk nichts Gegenteiliges ergibt, brauchen Sie Landesgrundrechte in der Fallbearbeitung daher in der Regel nicht zu prüfen. Etwas anderes gilt aber dann, wenn ein Landesgrundrecht ausnahmsweise für die **Auslegung eines Bundesgrundrechts** herangezogen werden kann. So hat das *Bundesverfassungsgericht* unter Berufung auf die Vorschriften von acht Landesverfassungen seine Auffassung begründet, der Gesetzgeber selbst sei auch an den Gleichheitssatz des Art. 3 Abs. 1 GG gebunden.[3] In Ihrer Fallbearbeitung dürfte eine solche Vorgehensweise allerdings nur ganz ausnahmsweise notwendig sein.

Vor dem Hintergrund, dass Grundrechte nicht nur im Grundgesetz, sondern auch in den Landesverfassungen gewährleistet werden, stellt sich prinzipiell das Problem, in welchem Verhältnis die Bundes- und Landesgrundrechte zueinander stehen. Zur Lösung dieses Problems merken Sie sich **zwei Grundsätze**:[4] 8

1. Soweit **Landesgrundrechte enger** als Bundesgrundrechte gefasst sind oder **im Widerspruch** zu ihnen stehen, gehen die Bundesgrundrechte gemäß **Art. 31 GG** vor.

**Beispiel** Art. 29 Abs. 5 Verf. Hessen enthält ein Verbot der Aussperrung. Diese Bestimmung widerspricht Art. 9 Abs. 3 GG und ist deshalb unwirksam.[5] ■

2. Soweit **Landesgrundrechte** mit Bundesgrundrechten **inhaltlich übereinstimmen** oder hinsichtlich ihrer Gewährleistungen über die Bundesgrundrechte **hinausgehen**, sind sie gemäß **Art. 142 GG** gültig und binden die öffentliche Gewalt des **Landes** entsprechend.

**Beispiel 1** Art. 141 Abs. 3 S. 1 Verf. Bayern (s.o. Rn. 6) begründet ein subjektiv-öffentliches Recht, das auf Bundesebene grundrechtlich nicht gewährleistet ist. ■

**Beispiel 2** Art. 4 Abs. 2 S. 1 Verf. Nordrhein-Westfalen gewährleistet ein Grundrecht auf Schutz personenbezogener Daten und damit ein subjektiv-öffentliches Recht, das das Grundgesetz nicht (ausdrücklich) garantiert. ■

**Beispiel 3** Das in Art. 78 Abs. 2 Verf. Sachsen verbürgte Recht auf rechtliches Gehör deckt sich inhaltlich mit dem grundgesetzlich gewährleisteten Recht auf rechtliches Gehör in Art. 103 Abs. 1 GG.[6] ■

In allen drei *Beispielen* sind die grundrechtlichen Gewährleistungen der Landesverfassungen daher gemäß Art. 142 GG gültig und binden die öffentliche Gewalt des jeweiligen Landes.

---

3 Vgl. *BVerfGE* 2, 237.
4 Vgl. auch *Hufen* Staatsrecht II § 4 Rn. 8.
5 Vgl. *BVerfGE* 84, 212.
6 Vgl. *BVerfGE* 96, 345.

> **Hinweis**
>
> Art. 142 GG schränkt Art. 31 GG teilweise ein. Die Formulierung „… auch insoweit …, als …" ist leichter zu verstehen, wenn Sie statt dessen „…, *soweit* …" in den Verfassungstext hineinlesen.

## III. Rang der Bundesgrundrechte innerhalb der (inländischen) Normenhierarchie

» Wiederholen Sie an dieser Stelle zunächst die (inländische) Normenhierarchie und ihre einzelnen Bestandteile im Skript „Staatsorganisationsrecht"! «

9 Die Grundrechte des Grundgesetzes stehen als Bestandteil des Bundesverfassungsrechts an der **Spitze der (inländischen) Normenhierarchie** und nehmen daher eine herausragende Stellung innerhalb der Normenhierarchie ein. Dies hat zur Folge, dass die Grundrechte für das Handeln der öffentlichen Gewalt richtungsweisend sind. Die gesamte (inländische) öffentliche Gewalt ist gemäß Art. 1 Abs. 3 GG an die Grundrechte als unmittelbar geltendes Recht gebunden (s. oben Rn. 5 und unten Rn. 51). Alle (Bundes- und Landes-)Gesetze gelten daher **nur im Rahmen der grundrechtlichen Verbürgungen des Grundgesetzes.**[7]

**Beispiel** Der einfache Gesetzgeber kann das Grundrecht auf Freiheit der Person aus Art. 2 Abs. 2 S. 2 GG nur insoweit einschränken, als eine solche Einschränkung ihrerseits am Maßstab des Grundrechts aus Art. 2 Abs. 2 S. 2 GG gerechtfertigt ist. ■

## IV. Funktionen der Grundrechte

### 1. Doppelfunktion der Grundrechte

10 Zumindest die meisten Grundrechte haben eine **Doppelfunktion**, nämlich eine subjektiv-rechtliche und eine objektiv-rechtliche Funktion.

> **Hinweis**
>
> **„Funktion" der Grundrechte** ist die herkömmliche Bezeichnung. Gemeint ist damit die **rechtliche Wirkung der Grundrechte zugunsten ihres Schutzguts.**[8] Zurückzuführen ist die Bezeichnung „Funktion" wohl auf die sog. **Statuslehre** von *Jellinek*. Nach dieser Lehre sind drei Kategorien von Grundrechten zu unterscheiden: der **status negativus** (die Grundrechte als Abwehrrechte), der **status positivus** (die Grundrechte als Leistungsrechte) und der **status activus** (die Grundrechte als Rechte zur aktiven Teilnahme).[9]

11 In ihrer **subjektiv-rechtlichen Funktion** sind die Grundrechte subjektiv-öffentliche Rechte (s.o. Rn. 4 f.). Dies ist verfassungsrechtlich festgelegt. Als subjektiv-öffentliche Rechte enthalten die Grundrechte eine **konkrete Begünstigung des Einzelnen**. Die subjektiv-rechtliche Funktion der Grundrechte zeigt sich oft schon am Wortlaut eines Grundrechts: Manche Grundrechte werden ausdrücklich als „Recht auf" (Art. 2 Abs. 1 und Abs. 2 S. 1 GG) oder als „Recht"

---

7 Vgl. *Hufen* Staatsrecht II § 4 Rn. 4 („Gesetze nur im Rahmen grundrechtlicher Freiheit").
8 Vgl. Jarass/Pieroth-*Jarass* Vorb. vor Art. 1 Rn. 2.
9 Vgl. *Kingreen/Poscher* Grundrechte Rn. 95 ff.

(Art. 5 Abs. 1 S. 1, Art. 7 Abs. 4, Art. 8 Abs. 1, Art. 9 Abs. 1, Art. 12 Abs. 1 S. 1, Art. 17 GG) gewährleistet. Andere Grundrechte verwenden den Begriff der „Freiheit" (Art. 2 Abs. 2 S. 2, Art. 4 Abs. 1, Art. 5 Abs. 1 S. 2 GG), der ebenfalls ein rechtliches Dürfen zum Ausdruck bringen soll.[10]

Die **objektiv-rechtliche Funktion** der Grundrechte ist demgegenüber maßgeblich das Produkt der Rechtsprechung des *Bundesverfassungsgerichts*. Das *Bundesverfassungsgericht* hat eine auch objektiv-rechtliche Funktion der Grundrechte früh und seitdem in ständiger Rechtsprechung[11] anerkannt. Nach seiner Auffassung enthalten die Grundrechte, genauer die Freiheitsrechte, „nicht allein Abwehrrechte des einzelnen gegen die öffentliche Gewalt, sondern stellen zugleich objektiv-rechtliche Wertentscheidungen der Verfassung dar, die für alle Bereiche der Rechtsordnung gelten und Richtlinien für Gesetzgebung, Verwaltung und Rechtsprechung geben." In ihrer objektiv-rechtlichen Funktion enthalten die Grundrechte damit **objektive Gewährleistungen**, die den Staat allgemein, d.h. unabhängig vom Einzelnen, binden und i.d.R. durch den Gesetzgeber zu konkretisieren sind.[12] 12

**Beispiel** Das Grundrecht auf Leben aus Art. 2 Abs. 2 S. 1 GG begründet nicht nur ein Abwehrrecht des Bürgers gegen Eingriffe der öffentlichen Gewalt in das Rechtsgut Leben, sondern konstituiert das menschliche Leben auch als einen zentralen „Wert" der Verfassung, an den der Staat allgemein gebunden ist.[13] ■

## 2. Subjektiv-rechtliche Funktion der Grundrechte

Zunächst ist die subjektiv-rechtliche Funktion der Grundrechte zu klären. Sie bezieht sich auf die Grundrechte als subjektiv-öffentliche Rechte (s.o. Rn. 4 f.). Je nach ihrer (primären) rechtlichen Wirkung zugunsten ihres Schutzguts werden die Grundrechte herkömmlich in **drei verschiedene Arten** eingeteilt: **Freiheitsrechte**, **Leistungsrechte** und **Gleichheitsrechte**. 13

### a) Grundrechte als Freiheitsrechte

Die weitaus meisten Grundrechte sind **Freiheitsrechte**. Als Freiheitsrechte sollen sie „die Freiheitssphäre des einzelnen vor Eingriffen der öffentlichen Gewalt sichern".[14] Merke: Freiheitsrechte gewährleisten **„Freiheit vor dem Staat"**. Indem die Freiheitsrechte damit traditionell in erster Linie auf die Abwehr staatlicher Eingriffe gerichtet sind, überwiegt bei ihnen die **Abwehrfunktion**.[15] Deshalb werden sie auch **„Abwehrrechte"** genannt. 14

**Beispiel** A betreibt seit vielen Jahren eine Gaststätte in Nordrhein-Westfalen.[16] Nachdem die Finanzbehörde bei der jüngsten Betriebsprüfung wieder Unregelmäßigkeiten bei A festgestellt hatte, hielt die zuständige Ordnungsbehörde A für unzuverlässig i.S.d. § 4 Abs. 1 Nr. 1 GastG und untersagte ihm die weitere Ausübung seines Gewerbes. – A genießt bei der Ausübung seines Gaststättengewerbes den Schutz der Berufsfreiheit aus Art. 12 Abs. 1 GG. Die Gewerbeuntersagung der Behörde greift in die Berufsfreiheit des A ein. Der Eingriff könnte verfassungsrechtlich gerechtfertigt sein. Die Berufsfreiheit steht

---

10 Vgl. *Ipsen* Staatsrecht II Rn. 71.

11 Seit *BVerfGE* 5, 85.

12 Vgl. *Hufen* Staatsrecht II § 5 Rn. 3.

13 Vgl. *BVerfGE* 49, 89 – Kalkar.

14 Vgl. *BVerfGE* 7, 198 – Lüth.

15 Vgl. Jarass/Pieroth-*Jarass* Vorb. vor Art. 1 Rn. 3.

16 In NRW gilt – mangels eines eigenen Landesgaststättengesetzes – das Gaststättengesetz (GastG) des Bundes i.d.F. der Bekanntmachung vom 20.11.1998 (BGBl. I, S. 3418 mit Änderungen).

unter dem Schrankenvorbehalt des Art. 12 Abs. 1 S. 2 GG. Als Ermächtigungsgrundlage für die Gewerbeuntersagung der Behörde dient § 15 Abs. 2 GastG, der den Widerruf der Gewerbeerlaubnis wegen Unzuverlässigkeit i.S.d. § 4 Abs. 1 Nr. 1 GastG vorsieht. Ob die Gewerbeuntersagung im Lichte des Grundrechts des A auf Berufsfreiheit aus Art. 12 Abs. 1 GG rechtmäßig ist, hängt davon ab, ob die behördliche Gewerbeuntersagung verhältnismäßig ist. ■

**15** Die primäre Funktion der Freiheitsrechte als Abwehrrechte können Sie bei einigen Grundrechten schon daran erkennen, dass bei ihnen von „Beschränkungen" die Rede ist (z.B. Art. 8 Abs. 2, Art. 10 Abs. 2 GG). Die öffentliche Gewalt darf dann nur unter bestimmten Voraussetzungen in die grundrechtlichen Verbürgungen eingreifen.

### b) Grundrechte als Leistungsrechte

**16** Im Gegensatz zu den Freiheitsrechten sind die **Leistungsrechte** primär auf ein aktives Handeln der öffentlichen Gewalt zugunsten des Einzelnen gerichtet. Denn heutzutage gibt es durchaus Lebensbereiche, in denen der Einzelne auf das vorherige Tätigwerden des Staates angewiesen ist, um anschließend das Grundrecht (überhaupt erst) ausüben zu können. Bei den Leistungsrechten geht es damit in erster Linie um **Leistungsansprüche des Einzelnen gegen die öffentliche Gewalt**. Merke: Leistungsrechte gewähren **„Schutz durch den Staat"**.

**17** Leistungsansprüche des Einzelnen gegen die öffentliche Gewalt sind von Bedeutung, wenn der Einzelne die Einrichtung von, den Zugang zu oder die Gewährung von staatlichen Leistungen begehrt. Dies gilt vor allem, wenn der Staat bei bestimmten Einrichtungen ein (Quasi-)Monopol innehat.

**Beispiel** Ein Studierwilliger ist in Deutschland regelmäßig auf die staatliche Bereitstellung von Studienplätzen angewiesen, um sein Grundrecht auf freie Wahl der Ausbildungsstätte aus Art. 12 Abs. 1 S. 1 GG ausüben zu können. ■

**18** Innerhalb der Leistungsrechte wird zwischen den **originären Leistungsrechten** und den **derivativen Leistungsrechten** (Teilhaberechten) unterschieden.

#### aa) Originäre Leistungsrechte

**19** Originäre Leistungsrechte begründen echte Leistungsansprüche gegen die öffentliche Gewalt. Bei ihnen bildet das **Grundrecht selbst** die **Grundlage für einen Anspruch auf Leistung** gegen die öffentliche Gewalt. Als „originär" werden diese Leistungsrechte deshalb bezeichnet, weil sie etwas hervorbringen, was **vorher noch nicht vorhanden** war.[17]

**Beispiel** Gemäß Art. 6 Abs. 4 GG hat jede Mutter Anspruch auf den Schutz und die Fürsorge der Gemeinschaft. ■

**20** Ob es sich bei einem Grundrecht um ein originäres Leistungsrecht handelt, lässt sich anhand seines Wortlauts feststellen (z.B. Art. 1 Abs. 1 S. 1, Art. 6 Abs. 4 und Abs. 5, Art. 7 Abs. 4 S. 1, Art. 16a Abs. 1, Art. 17, Art. 19 Abs. 4 S. 1, Art. 101 Abs. 1 S. 2, Art. 103 Abs. 1 GG).[18]

17 Vgl. *Kingreen/Poscher* Grundrechte Rn. 97.
18 Vgl. *Ipsen* Staatsrecht II Rn. 92.

Was macht ein Grundrecht als originäres Leistungsrecht konkret aus? Diese Frage lässt 21
sich am Beispiel des „Klassikers" der originären Leistungsrechte anschaulich beantworten: Art. 7 Abs. 4 S. 1 GG gewährleistet die Privatschulfreiheit, d.h. das Recht, Privatschulen zu errichten und zu betreiben. Private Schulen als Ersatz für öffentliche Schulen bedürfen der Genehmigung des Staates (vgl. Art. 7 Abs. 4 S. 2 GG). Gemäß Art. 7 Abs. 4 S. 3 GG ist die Genehmigung zu erteilen, wenn u.a. eine Sonderung der Schüler nach den Besitzverhältnissen der Eltern nicht gefördert wird. Um diese Voraussetzung aus eigener Kraft erfüllen zu können, ist die Privatschule in der Regel darauf angewiesen, Schulgeld von ihren Schülern zu verlangen. Gerade die Erhebung von Schulgeld birgt aber die Gefahr, dass die Schüler nach den Besitzverhältnissen gesondert werden. Somit könnte sich die Privatschulfreiheit als ein Grundrecht erweisen, das nur auf dem Papier verbürgt ist und praktisch leer läuft. Um dies zu verhindern, hat das *Bundesverfassungsgericht*[19] entschieden, dass Privatschulen gegen die öffentliche Gewalt einen Anspruch auf finanzielle Unterstützung aus Art. 7 Abs. 4 S. 1 GG haben (Stichwort: **„Privatschulfinanzierung"**). Dadurch ist sichergestellt, dass die Privatschule die Gleichwertigkeit mit öffentlichen Schulen gewährleisten kann und eine Sonderung von Schülern nach ihren Besitzverhältnissen ausgeschlossen ist.

Wie das *Privatschulfinanzierungsbeispiel* oben (Rn. 21) zeigt, sind mit originären Leis- 22
tungsrechten erhebliche finanzielle Belastungen der öffentlichen Hand verbunden. Da die öffentliche Hand keine unerschöpflichen finanziellen Ressourcen hat, die Haushaltsmittel vielmehr immer nur in begrenztem Umfang zur Verfügung stehen, kann es originäre Leistungsrechte im Grundgesetz **nur ausnahmsweise** geben. Denn ein Mehr an finanziellen Aufwendungen für eine bestimmte Leistungsverpflichtung zwingt die öffentliche Gewalt zwangsläufig dazu, bei anderen Verpflichtungen zu sparen. Wenn dadurch die Ausübung anderer Grundrechte ins Leere liefe, könnte dies den freiheitlichen Charakter des Grundgesetzes gefährden.

Selbst ausnahmsweise anerkannte originäre Leistungsrechte bestehen nicht unbegrenzt. Gerade wegen der möglicherweise erheblichen finanziellen Belastungen, die die öffentliche Gewalt für die Erfüllung dieser Rechte auf sich nehmen muss, und der damit verbundenen Gefahr einer finanziellen Überbelastung des Staatshaushaltes stehen die originären Leistungsrechte immer unter dem **„Vorbehalt des Möglichen"**, d.h. der Einzelne kann nur fordern, was er „vernünftigerweise von der Gesellschaft beanspruchen kann".[20] Was der Einzelne insoweit beanspruchen kann, bestimmt in erster Linie der Gesetzgeber unter Berücksichtigung seiner anderweitigen Verpflichtungen.[21]

Stellt man die Erfüllung originärer Leistungsrechte allerdings immer unter den „Vorbehalt des Möglichen", werden die originären Leistungsrechte hierdurch **permanent relativiert**, so dass ihre normative Kraft gefährdet werden kann.[22] Dies alles spricht dafür, originäre Leistungsrechte generell nur unter **größter Zurückhaltung** anzunehmen.

19 Vgl. *BVerfGE* 75, 40.
20 Vgl. *BVerfGE* 33, 303 – Numerus clausus.
21 Vgl. *BVerfGE* 33, 303 – Numerus clausus.
22 Vgl. *Kingreen/Poscher* Grundrechte Rn. 160.

**JURIQ-Klausurtipp**

In der Fallbearbeitung werden Ihnen originäre Leistungsrechte nur ausnahmsweise begegnen. Dann gehen Sie bei Ihrer Prüfung in zwei Schritten vor:

1. Zuerst untersuchen Sie, ob eine **Anspruchsgrundlage** für die staatliche Leistung existiert. Bei den originären Leistungsrechten bilden die Grundrechte selbst die Anspruchsgrundlage. Ob ein Grundrecht taugliche Anspruchsgrundlage ist, ergibt sich aus seinem **Wortlaut**.
2. Existiert eine Anspruchsgrundlage, besteht der Anspruch auf die staatliche Leistung nur **vorbehaltlich des Möglichen**. Im zweiten Prüfungsschritt sollten Sie daher auf das Problem hinweisen, dass durch den „Vorbehalt des Möglichen" die normative Kraft des Grundrechts gefährdet werden kann. Das Problem lösen Sie anschließend, indem Sie auf die **grundrechtliche Gewährleistung unter Berücksichtigung der sozialen Wirklichkeit** abstellen und die **widerstreitenden Interessen abwägen** (einerseits das Interesse des Anspruchstellers auf die staatliche Leistung, andererseits die öffentlichen Interessen [z.B. finanzielle Belange] und ggf. privaten Interessen [z.B. Belastungen Dritter]).

#### bb) Derivative Leistungsrechte

23 Im Gegensatz zu den originären Leistungsrechten handelt es sich bei den derivativen Leistungsrechten um Teilhaberechte. Hat der Staat Einrichtungen oder Förderungs- und Leistungssysteme geschaffen, die die Ausübung von Grundrechten erleichtern oder u.U. überhaupt erst ermöglichen, bedeutet Grundrechtsschutz für den Einzelnen **Teilhabe am Vorhandenen.**[23] Anders als die originären Leistungsrechte leiten sich Teilhaberechte vom **bereits Bestehenden** ab.[24]

**Beispiel** P hat im Sommer endlich sein Abitur bestanden. Er möchte unbedingt BWL studieren. Für sein Studium hat er sich im Internet schon einige Unis in studentenfreundlichen Städten ausgesucht. Jetzt braucht er nur noch einen Studienplatz. Er weiß, dass es sehr viele Altersgenossen gibt, die ebenfalls BWL studieren wollen. Im Internet hat er auch schon gelesen, dass es mehr Bewerber als Studienplätze für BWL geben wird. Nun ist er sich nicht sicher, wie seine Chancen stehen, im nächsten Semester einen Studienplatz zu bekommen. Der studierwillige P kann sich auf sein Grundrecht auf freie Wahl der Ausbildungsstätte aus Art. 12 Abs. 1 S. 1 GG berufen. Er hat ein Recht auf Zulassung zum frei gewählten Studium an einer staatlichen Hochschule. Da die Ausbildungskapazitäten an den staatlichen Hochschulen aber nicht unerschöpflich sind, werden die staatlichen Hochschulen wegen der großen Nachfrage nicht alle Studierwilligen zum Studium im nächsten Semester zulassen können. In seinem grundlegenden Numerus clausus-Urteil vertritt das *Bundesverfassungsgericht* die Auffassung, die Hochschulen seien zur Ausschöpfung ihrer Ausbildungskapazitäten verpflichtet.[25] Wegen des Bewerberandrangs werden die staatlichen Hochschulen aber eine Auswahl unter den studierwilligen Bewerberinnen und Bewerbern treffen müssen. Hierzu hat das *Bundesverfassungsgericht* im Numerus clausus-Urteil die Auffassung vertreten, das Recht auf Zulassung zum frei gewählten Studium nach Art. 12 Abs. 1 S. 1 GG verwandele sich wegen der beschränkten

23 Vgl. *Kingreen/Poscher* Grundrechte Rn. 155.
24 Vgl. *Kingreen/Poscher* Grundrechte Rn. 97.
25 Vgl. *BVerfGE* 33, 303 – Numerus clausus.

Ausbildungskapazitäten in ein Recht auf eine sachgerechte, gleichheitsmäßige Auswahl der Bewerberinnen und Bewerber um einen Studienplatz; dieses Recht ergebe sich aus Art. 12 Abs. 1 S. 1 i.V.m. Art. 3 Abs. 1 GG und dem Sozialstaatsprinzip. ■

Das Recht auf eine sachgerechte, gleichheitsmäßige Auswahl beinhaltet das Recht auf ein sachgerechtes, gleichheitsmäßiges Auswahlverfahren unter Anwendung sachgerechter, gleichheitsmäßiger Auswahlkriterien.[26]

Derivative Leistungsrechte folgen nicht allein aus dem thematisch einschlägigen Grundrecht, sondern bestehen i.V.m. **Art. 3 Abs. 1 GG** und dem **Sozialstaatsprinzip**. Danach ist der Staat zur Gleichbehandlung der Anspruchsteller verpflichtet und darf einen Anspruchsteller nicht ohne sachlichen Grund von der staatlichen Leistung ausschließen. 24

**JURIQ-Klausurtipp**

Ein derivatives Leistungsrecht prüfen Sie daher in drei Schritten:

1. Zuerst untersuchen Sie, ob die öffentliche Gewalt **anderen Grundrechtsberechtigten bereits Leistungen gewährt** hat.
2. Ist dies der Fall, prüfen Sie anschließend, ob der Anspruchsteller **mit diesen Grundrechtsberechtigten vergleichbar** ist.
3. Bejahen Sie dies, gehen Sie schließlich der Frage nach, ob der Anspruchsteller ohne sachlichen Grund von der staatlichen Leistung ausgeschlossen wird. Sie prüfen also, ob ein **sachlicher Grund für den Leistungsausschluss** vorliegt. Liegt ein sachlicher Grund vor, besteht kein Anspruch auf die begehrte Leistung; andernfalls ist der Leistungsausschluss des Anspruchstellers verfassungswidrig.

### c) Gleichheitsrechte

Im Gegensatz zu den Freiheits- und Leistungsrechten, die primär ein bestimmtes staatliches Verhalten verbieten bzw. gebieten, zielen die Gleichheitsrechte primär auf ein **relatives Verhalten der öffentlichen Gewalt**. Die öffentliche Gewalt soll sich in bestimmten Fällen nicht anders verhalten, als sie sich in gleichgelagerten Fällen verhalten hat. Wenn sie sich in bestimmten Fällen anders verhält, darf sie dies nicht ohne sachlichen Grund. Sie muss hierbei zulässige Differenzierungskriterien anwenden oder eine ausreichende Legitimation der Ungleichbehandlung vorweisen. Bei den Gleichheitsrechten dominiert somit die **Gleichbehandlungs-** bzw. **Nichtdiskriminierungsfunktion**. 25

Gleichheitsrechte gibt es im Grundgesetz an verschiedenen Stellen: Art. 3 Abs. 1 GG enthält das **allgemeine Gleichheitsrecht**. Art. 3 Abs. 2 und Abs. 3, Art. 6 Abs. 5, Art. 33 Abs. 1–3 und Art. 38 GG garantieren **spezielle Gleichheitsrechte** (s.u. Rn. 674 ff.). 26

### d) Mitwirkungsrechte

Neben den herkömmlichen Freiheits-, Leistungs- und Gleichheitsrechten gibt es auch Grundrechte als Mitwirkungsrechte. Sie gewährleisten in erster Linie die Mitwirkung des Bürgers am inneren Staatsleben (sog. **staatsbürgerliche Rechte**). Hierzu gehören insbesondere die grundrechtsgleichen Rechte des Wahlrechts (Art. 38 GG) und des Zugangs zu öffentlichen Ämtern (Art. 33 Abs. 2 GG). 27

26 Vgl. auch *BVerfGE* 147, 253 – Numerus clausus Humanmedizin.

### 3. Objektiv-rechtliche Funktionen der Grundrechte

28 Neben der subjektiv-rechtlichen Funktion sind verschiedene objektiv-rechtliche Funktionen der Grundrechte anerkannt. Die Grundrechte stellen insoweit objektive Gewährleistungen dar (s.o. Rn. 12).

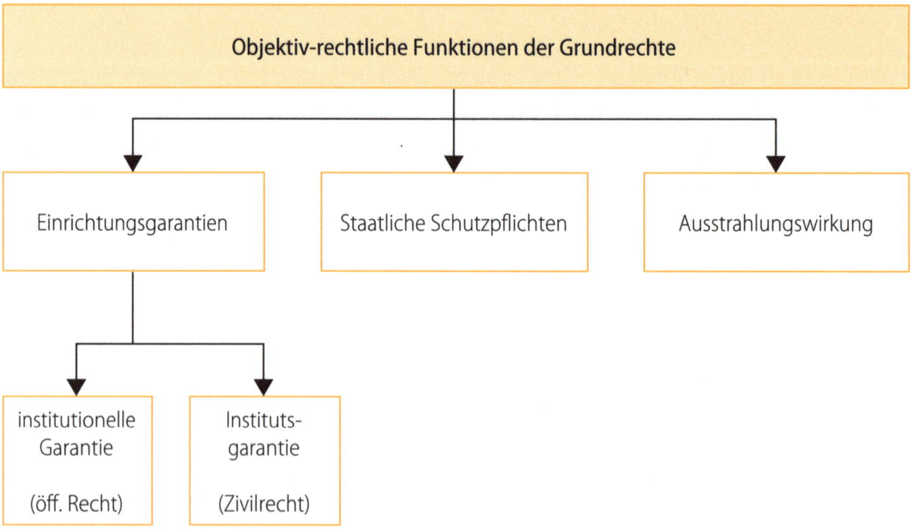


#### a) Einrichtungsgarantien

#### aa) Allgemein

29 Einige Grundrechte enthalten nicht nur subjektiv-öffentliche Rechte, sondern garantieren auch den Bestand bestimmter Rechtseinrichtungen. Solche sog. **Einrichtungsgarantien** gewährleisten den **Bestand von Normenkomplexen**, der notwendig ist, um das betreffende Grundrecht (überhaupt) ausüben zu können. So garantiert z.B. Art. 7 Abs. 4 GG das Rechtsinstitut der Privatschule.[27]

30 Ob ein Grundrecht eine Einrichtungsgarantie enthält, erkennen Sie oft bereits am Wortlaut des Grundrechts. So gewährleistet Art. 6 Abs. 1 GG die Rechtsinstitute Ehe und Familie;[28] Art. 14 Abs. 1 GG gewährleistet neben dem Rechtsinstitut Erbrecht auch das Rechtsinstitut Eigentum.[29]

31 In ihrem **wesensmäßigen Kernbereich** stehen die Einrichtungsgarantien **nicht zur Disposition des Gesetzgebers**. Die Einrichtungsgarantien als solche dürfen daher nicht abgeschafft werden.

**Beispiel** T ist 90 Jahre alt und erfreut sich bester Gesundheit. Sein Testament hat er schon vor Jahren errichtet. Er besitzt ein Haus an der Nordsee und möchte dies später einmal seiner geliebten Nichte vererben. Eines Morgens liest er in der Zeitung, dass der Gesetzgeber beschlossen hat, zur Sanierung des Finanzhaushalts die auf Privatimmobilien anfallende Erbschaftssteuer auf sagenhafte 75 % zu erhöhen. T ist empört. Er findet, dass das

27 Vgl. *BVerfGE* 75, 40.
28 Vgl. *BVerfGE* 6, 55.
29 Vgl. *BVerfGE* 24, 367.

Vererben von Immobilien demnächst nur noch eine Farce ist. – Art. 14 Abs. 1 GG garantiert das Institut des Erbrechts. Hebt der Gesetzgeber wie hier die auf Privatimmobilien anfallende Erbschaftssteuer in einer Größenordnung an, die den Erben übermäßig belastet mit der Folge, dass das Vererben vom Standpunkt eines wirtschaftlich denkenden Erblassers sinnlos wird und das in Art. 14 Abs. 1 S. 1 GG gewährleistete Rechtsinstitut der Privaterbfolge letztlich nur noch eine leere Hülse darstellt, verletzt der Gesetzgeber das Rechtsinstitut der Privaterbfolge.[30] ■

**JURIQ-Klausurtipp**

Der wesensmäßige Kernbereich von Einrichtungsgarantien wird allgemein *eng* gefasst, um den Gestaltungsspielraum des Gesetzgebers nicht übermäßig einzuschränken. Verstöße gegen Einrichtungsgarantien sind daher selten. In der Fallbearbeitung werden Sie daher meist zu dem Ergebnis gelangen, dass der Gesetzgeber den wesensmäßigen Kernbereich des betreffenden Grundrechts eingehalten hat. – Am Beispiel der Erbschaftssteuererhöhung sehen Sie, dass der wesensmäßige Kernbereich einer Institutsgarantie die äußerste Grenze für einen verfassungsrechtlich zu rechtfertigenden Eingriff des Gesetzgebers in das betreffende Grundrecht bildet. Überschreitet der Gesetzgeber oder ein anderer Hoheitsträger diese äußerste Grenze ausnahmsweise, verletzt er das betreffende Grundrecht. – In der Fallbearbeitung prüfen Sie die Frage, ob der wesensmäßige Kernbereich des betreffenden Grundrechts eingehalten wurde, nach der Angemessenheit der staatlichen Maßnahme (s.u. Rn. 149 ff.).

Der Gesetzgeber darf aber **außerhalb des wesensmäßigen Kernbereichs** aktiv sein und eine Einrichtungsgarantie verändern. Hier besteht dann allerdings die Gefahr, dass der Gesetzgeber die Einrichtungsgarantien durch kleinere negative Rechtsveränderungen, die nicht für sich, aber in ihrer Summe spürbar sind, schleichend aushöhlt.[31] **32**

### bb) Unterscheidung zwischen institutionellen Garantien und Institutsgarantien

Herkömmlich wird bei den Einrichtungsgarantien zwischen sog. institutionellen Garantien und sog. Institutsgarantien unterschieden. **33**

#### (1) Institutionelle Garantien

**Institutionelle Garantien** entziehen öffentlich-rechtliche Einrichtungen der Disposition des Gesetzgebers. **34**

Die institutionellen Garantien beziehen sich auf **öffentlich-rechtliche** Normenkomplexe. **35**

#### (2) Institutsgarantien

**Institutsgarantien** entziehen privat-rechtliche Einrichtungen der Disposition des Gesetzgebers. **36**

30 Vgl. *BVerfGE* 93, 165.
31 Vgl. *Manssen* Staatsrecht II Rn. 48.

Die Institutsgarantien beziehen sich auf **privat-rechtliche** Normenkomplexe. Zu den Institutsgarantien gehören z.B. die Ehe und die Familie (Art. 6 Abs. 1 GG), die elterliche Sorge (Art. 6 Abs. 2 GG), die Privatschule (Art. 7 Abs. 4 GG), das Eigentum und das Erbrecht (Art. 14 Abs. 1 S. 1 GG).

37 Umstritten ist, ob Art. 5 Abs. 1 S. 2 Var. 1 GG das Institut der **freien Presse** gewährleistet. Die Befürworter, zu denen auch das *Bundesverfassungsgericht* gehört,[32] vertreten die Auffassung, eine freie Presse, insbesondere eine freie politische Presse, sei ein Wesenselement der modernen Demokratie. Die Presse habe eine „öffentliche Aufgabe", die keinesfalls von der öffentlichen Gewalt erfüllt werden könne. Mit der Anerkennung des Instituts der freien Presse erhalte diese eine Rechtsstellung in der Verfassung, die ihrer Funktion im demokratischen Staat entspreche. Dem wird aber entgegengehalten, die freie Presse sei weder ein privatrechtliches Institut noch eine öffentlich-rechtliche Institution, sondern ein rein gesellschaftlicher Befund, weshalb Art. 5 Abs. 1 S. 2 Var. 1 GG kein Institut der freien Presse garantiere.[33]

**JURIQ-Klausurtipp**

In der Fallbearbeitung kommt es entscheidend darauf an, dass Sie den Meinungsstreit als solchen kennen und ihn fallbezogen darstellen. Welcher Meinung Sie folgen, entscheiden Sie selbst. Wichtig ist, dass Sie eigenständig und folgerichtig am konkreten Fall argumentieren. Wenn allerdings das *Bundesverfassungsgericht* – wie hier – bereits mehrfach entschieden hat, dass Art 5 Abs. 1 S. 2 Var. 1 GG die freie Presse als Institut garantiert, müssen Sie schon gute Argumente bringen, um dieser Ansicht überzeugend entgegenzutreten.

38 Institutsgarantien können bei der Prüfung von Abwehrrechten relevant werden, nämlich dann, wenn der Staat derart schwerwiegend in das Abwehrrecht eingreift, dass von diesem Recht substantiell nichts mehr übrig bleibt. In unserem *Beispiel* oben (Rn. 31) bleibt wegen der drastischen Erhöhung der Erbschaftssteuer und der dadurch bedingten übermäßigen Belastung des Erben von der Privatrechtserbfolge, die Art. 14 Abs. 1 S. 1 GG als Bestandteil des Instituts Erbrecht an sich garantiert, substantiell nichts mehr übrig. Das Institut Erbrecht ist dadurch in seinem wesensmäßigen Kernbereich berührt. Deshalb ist das Grundrecht aus Art. 14 Abs. 1 S. 1 GG verletzt.

### b) Staatliche Schutzpflichten

39 Bei den in den einzelnen Grundrechten geschützten Rechtsgütern wie Leben, Gesundheit, Familie, Eigentum oder Beruf erschöpft sich der Grundrechtsschutz längst nicht mehr nur in der Abwehr staatlicher Eingriffe, also in der subjektiv-rechtlichen Funktion der Grundrechte. Vielmehr ist die öffentliche Gewalt selbst verpflichtet, die grundrechtlich geschützten Rechtsgüter gegen Beeinträchtigungen durch private Dritte, durch nichtdeutsche staatliche Stellen, durch Naturgewalten etc. zu schützen.[34] Daneben hat die öffentliche Gewalt die durch die Grundrechte geschützten Rechtsgüter auch zu fördern, damit sie für den Einzelnen tatsächlich Wirkung entfalten. Die öffentliche Gewalt muss sich daher „schützend und fördernd vor die Grundrechte" stellen (sog. **staatliche Schutzpflichten**).[35]

32 Vgl. *BVerfGE* 20, 162 – Spiegel.
33 Vgl. *Kingreen/Poscher* Grundrechte Rn. 105.
34 Vgl. *Manssen* Staatsrecht II Rn. 50.
35 Vgl. *Hufen* Staatsrecht II § 5 Rn. 5.

**Beispiel** Die öffentliche Gewalt ist aus Art. 2 Abs. 2 S. 1 GG verpflichtet, das werdende Leben auch im Mutterleib, ggf. durch Einsatz des Strafrechts, zu schützen.[36] Auch in anderen Fällen ist die öffentliche Gewalt aus Art. 2 Abs. 2 S. 1 GG zum Schutz des Lebens und der Gesundheit seiner Bürger verpflichtet.[37]

Dass Grundrechte auch eine solche Schutzfunktion besitzen, kommt generell in **Art. 1 Abs. 1** 40
**S. 2 GG** zum Ausdruck, nach dem alle staatliche Gewalt verpflichtet ist, die Würde des Menschen als höchstes Gut „zu achten und *zu schützen*". Bei einigen Grundrechten erkennen Sie die Schutzfunktion bereits auch am Wortlaut des Grundrechts. Diese Grundrechte enthalten ausdrücklich **objektive Schutzaufträge** (z.B. Art. 6 Abs. 1 und Abs. 4 GG). Ansonsten ist es inzwischen anerkannt, dass die öffentliche Gewalt verpflichtet ist, **jedes in einem Freiheitsrecht garantierte Rechtsgut zu schützen und zu fördern**.[38]

**Beispiel** *Beispiel* betr. die friedliche Demonstration vor dem Brandenburger Tor (s.o. Rn. 4). Die öffentliche Gewalt ist aufgrund der ihr aus dem Grundrecht auf Versammlungsfreiheit erwachsenden Schutzpflicht (grundsätzlich) verpflichtet, die Ausübung des Grundrechts durch die Versammlungsteilnehmer so weit wie möglich zu schützen. Um eine möglichst ungehinderte Versammlung zu gewährleisten, muss die öffentliche Gewalt daher u.a. in erster Linie gegen diejenigen Personen vorgehen, die die friedliche Versammlung torpedieren wollen, d.h. in unserem *Beispiel* gegen die Autolobbyisten.

Ist die öffentliche Gewalt nach dem bisher Gesagten zum Schutz und zur Förderung der 41
grundrechtlich garantierten Rechtsgüter verpflichtet, stellt sich zwangsläufig die Frage, wie die öffentliche Gewalt diese Verpflichtung zu erfüllen hat. Insoweit ist anerkannt, dass die öffentliche Gewalt ein *Minimum* an Schutz und Förderung garantieren muss. Deshalb spricht man hier auch vom sog. **Untermaßverbot**, das die öffentliche Gewalt einzuhalten hat.

**Hinweis**

Das sog. Untermaßverbot bildet quasi das **Gegenstück** zum **sog. Übermaßverbot** (s. dazu unten Rn. 143). Beim Untermaßverbot darf der Staat bei seinem Verhalten nicht *unterhalb* eines gewissen Levels bleiben, andernfalls verletzt er seine Pflichten („er darf nicht untertreiben"); beim Übermaßverbot darf er *nicht* ein gewisses Level *überschreiten*, andernfalls verletzt er seine Pflichten („er darf nicht übertreiben").

Wie wird das erforderliche Minimum an Schutz und Förderung, das die öffentliche Gewalt 42
gewährleisten muss, bestimmt? Anerkannt ist, dass die öffentliche Gewalt insoweit einen **weiten Einschätzungs-, Wertungs- und Gestaltungsspielraum** besitzt. In der Regel ist die öffentliche Gewalt daher nicht verpflichtet, eine bestimmte Maßnahme zu ergreifen. Die öffentliche Gewalt verletzt ihre Schutzpflichten vielmehr nur, wenn die von ihr ergriffenen Maßnahmen *vollkommen unzureichend* sind. Für die Beurteilung der Frage, ob die getroffenen Maßnahmen ausreichend sind oder nicht, sind neben den Rechtsgütern des betroffenen Grundrechtsberechtigten auch sonstige Interessen (z.B. die Grundrechte Dritter) zu berücksichtigen.

36 Vgl. *BVerfGE* 39, 1; 88, 203 – Abtreibungsurteile.
37 Vgl. etwa *BVerfGE* 49, 89 – Kalkar; 53, 30 – Mülheim-Kärlich; 77, 381; *BVerfGK* 14, 402.
38 Vgl. *Manssen* Staatsrecht II Rn. 50.

**Beispiel**[39] Der Industrielle und Arbeitgeberpräsident S wird in K auf offener Straße von Terroristen entführt. Sie fordern die Freilassung von Gesinnungsgenossen und drohen, S andernfalls zu töten. Die Bundesregierung bemüht sich vielfältig, S freizubekommen. Auf die Forderung der Terroristen, Gesinnungsgenossen freizulassen, will sie sich aber nicht einlassen. – Die Bundesregierung unterliegt der sich aus dem Grundrecht auf Leben erwachsenden Pflicht, das dort garantierte Rechtsgut Leben zu schützen. Durch die Entführung des S ist dieses Rechtsgut gefährdet. Fraglich ist, ob die Bundesregierung das Untermaßverbot beachtet hat. Die Bundesregierung hat grundsätzlich einen weiten Entscheidungsspielraum hinsichtlich der Maßnahmen, die sie zur Erfüllung ihrer Schutzpflicht ergreift. Das Untermaßverbot verletzt sie daher nur, wenn sie vollkommen unzureichend handelt. Davon kann hier keine Rede sein, denn die Bundesregierung hat sich vielfältig bemüht, S freizubekommen. Der Forderung der Entführer, Gesinnungsgenossen freizulassen, muss die Bundesregierung nicht nachkommen. ■

**43** Dieses klassische *Beispiel* für eine staatliche Schutzpflicht erleichtert Ihnen nun das Verständnis dafür, wie Sie eine mögliche Schutzpflichtverletzung in der Fallbearbeitung prüfen. Es empfiehlt sich eine Prüfung in drei Schritten:

1. Im ersten Schritt untersuchen Sie, ob ein schutzfähiges Rechtsgut vorliegt. Da mittlerweile anerkannt ist, dass jedes in einem Freiheitsrecht garantierte Rechtsgut schutzfähig ist, können Sie diesen Prüfungspunkt schnell abhaken.

2. Liegt somit ein schutzfähiges Rechtsgut vor, prüfen Sie im zweiten Schritt, ob das geschützte Rechtsgut gefährdet ist.

3. Ist dies der Fall, gehen Sie im dritten Schritt der Frage nach, ob die öffentliche Gewalt das Untermaßverbot beachtet hat. Sie untersuchen, ob die öffentliche Gewalt ihre Schutzpflicht in ausreichendem Maße erfüllt hat. Beachten Sie dabei, dass die öffentliche Gewalt insoweit einen weiten Gestaltungsspielraum hat und gegen das Untermaßverbot nur und erst dann verstößt, wenn sie völlig unzureichende Maßnahmen ergreift.

**44** Im Bereich der Schutzpflichten kann sich das Problem stellen, ob die öffentliche Gewalt auch verpflichtet sein kann, einen **Grundrechtsberechtigten vor sich selbst zu schützen**. Das Problem besteht darin, dass die staatliche Schutzpflicht hier mit dem Selbstbestimmungsrecht des Einzelnen aus Art. 2 Abs. 1 i.V.m. Art. 1 Abs. 1 GG kollidieren kann. Bei der Lösung dieses Problems muss differenziert werden: Bei Selbstgefährdungen wird tendenziell das Selbstbestimmungsrecht des Einzelnen und bei echten Gefahren (z.B. Suizid) tendenziell die staatliche Schutzpflicht (bei Suizid aus Art. 2 Abs. 2 S. 1 GG – Rechtsgut Leben) Vorrang haben.

**Beispiel**[40] Der erwachsene A ist kleinwüchsig. Als Artist hat er sich auf den sog. „Zwergenweitwurf" spezialisiert. Bei seiner Berufsausübung ist er darauf angewiesen, vor Publikum aufzutreten, denn beim Zwergenweitwurf werfen Personen aus dem Publikum den Zwerg so weit wie möglich. Als A in München auftreten möchte, untersagt ihm die zuständige Behörde den Auftritt unter Berufung auf die Gewerbeordnung. Zu Recht? – Nach der Rechtsprechung ist die öffentliche Gewalt (hier die Exekutive) in einem derartigen Fall aufgrund ihrer verfassungsrechtlichen Schutzpflicht gehalten, die Möglichkeiten,

39 Vgl. *BVerfGE* 46, 106 – Schleyer.
40 Vgl. *VG Neustadt/Wstr.* NVwZ 1993, 98.

die sie bei ihrer Rechtsanwendung hat, auszuschöpfen, um einen derartigen Angriff auf die Würde des Menschen abzuwehren.[41] Hier besteht diese Abwehrmöglichkeit in der gewerberechtlichen Untersagung des Auftritts des A durch die zuständige Behörde. ■

### c) Ausstrahlungswirkung (mittelbare Drittwirkung)

Die Grundrechte binden gemäß Art. 1 Abs. 3 GG an sich nur die öffentliche Gewalt. Die öffentliche Gewalt ist danach grundrechtsverpflichtet, während die Bürger grundrechtsberechtigt sind (sog. *vertikale* Geltung der Grundrechte). Gleichwohl ist anerkannt, dass die Grundrechte auch auf die Rechtsbeziehungen zwischen den **Bürgern** ausstrahlen (sog. *horizontale* Geltung der Grundrechte); dies folgt aus der Funktion der Grundrechte als objektivrechtliche Wertentscheidung (s.o. Rn. 12). Dabei ist zwischen der unmittelbaren und der mittelbaren horizontalen Geltung der Grundrechte zu unterscheiden: Die Grundrechte gelten horizontal nur ausnahmsweise unmittelbar. Ausdrücklich im Grundgesetz vorgesehen ist eine solche Geltung der Grundrechte nur in Art. 9 Abs. 3 S. 2 GG sowie wohl auch in Art. 38 Abs. 1 S. 1 GG und Art. 20 Abs. 4 GG. Im Übrigen strahlen die Grundrechte auf das Privatrecht aus und wirken zwischen den Bürgern lediglich mittelbar über die sog. zivilrechtlichen Generalklauseln und die unbestimmten Rechtsbegriffe (sog. **Ausstrahlungswirkung** bzw. **mittelbare Drittwirkung**).[42] Hierzu gehören z.B. § 138 BGB (gute Sitten), § 242 BGB (Treu und Glauben), § 826 BGB (sittenwidrige Schädigung); § 23 Abs. 2 KUG (berechtigtes Interesse). Die Generalklauseln und die unbestimmten Rechtsbegriffe sind jeweils im Lichte der einschlägigen Grundrechte auszulegen und anzuwenden. 45

**Beispiel** K besucht regelmäßig die Spielbank in Baden-Baden und spielt dort Automatenspiele. Er beantragt bei der Spielbank eine „Eigensperre". Danach soll die Spielbank ihn vom weiteren Spielen ausschließen, wenn er 5000 € verloren hat. Die Spielbank akzeptiert seinen Antrag. Als an einem Abend diese Verlusthöhe bei K erreicht ist, reagiert die Spielbank nicht, sondern lässt ihn weiterspielen. Am Ende des Spielabends hat K 8000 € verloren. – Nach Auffassung des Bundesgerichtshofs kann eine Spielbank bei einer antragsgemäß verhängten Spielsperre Schutzpflichten haben, die auf Wahrnehmung der Vermögensinteressen ihrer Gäste gerichtet sind.[43] Dies folge aus der Auslegung einer entsprechenden vertraglichen Abrede zwischen Spieler und Spielbank (§§ 133, 157 BGB). Sinn der vertraglichen Abrede, dass die Spielbank ab einer bestimmten Verlustsumme den Abschluss weiterer Spielverträge ablehne, sei, dass der zur Spielsucht neigende Gast sich selbst schützen wolle, indem er sich mit Hilfe der Spielbank den für ihn als gefahrträchtig erkannten Zugang verstellen wolle. ■

## 4. Verfahrens- und organisationsrechtliche Funktionen der Grundrechte

Die verfahrens- und organisationsrechtlichen Funktionen der Grundrechte liegen *quer* zu den subjektiv- und objektiv-rechtlichen Funktionen der Grundrechte.[44] Man kann sie deshalb als **Hilfsfunktionen** bezeichnen.[45] 46

41 Vgl. *BVerwG* NJW 1982, 664.

42 Herkömmlich als grundlegende Entscheidung des *Bundesverfassungsgerichts* angesehen: *BVerfGE* 7, 198 – Lüth; abl. aber *Manssen* Staatsrecht II Rn. 127 f. Vgl. zur Ausstrahlungswirkung des allgemeinen Gleichheitssatzes in das Privatrecht *BVerfG* NJW 2018, 813 – Stadionverbot.

43 Vgl. *BGH* NJW 2006, 362.

44 Vgl. Jarass/Pieroth-*Jarass* Vorb. vor Art. 1 Rn. 12.

45 Vgl. Jarass/Pieroth-*Jarass* Vorb. vor Art. 1 Rn. 12.

### a) Verfahrensrechtliche Funktion

47 Die verfahrensrechtliche Funktion der Grundrechte beinhaltet, dass die Grundrechte bereits im Entscheidungsprozess durch **verfahrensrechtliche Vorkehrungen** abgesichert sind. Verfahren müssen demnach so gestaltet sein, dass eine Entwertung materieller Grundrechtspositionen ausgeschlossen ist.[46] Um dies zu gewährleisten, stehen einige Grundrechte ausdrücklich unter einem **Verfahrensvorbehalt** (z.B. Art. 2 Abs. 2 S. 2 i.V.m. Art. 104 Abs. 2 S. 4 GG). Auch die Grundrechte, die nicht ausdrücklich unter einem Verfahrensvorbehalt stehen, verpflichten die öffentliche Gewalt, Gerichts- und Verwaltungsverfahren so auszugestalten und zu organisieren, dass der Einzelne die Möglichkeit hat, sich *effektiv* am Verfahren zu beteiligen, damit er die ihm zustehenden Grundrechtsgewährleistungen verwirklichen kann.

**Beispiel** Vgl. den Mühlheim-Kärlich-Beschluss des *Bundesverfassungsgerichts*[47] als klassisches Beispiel: In diesem Verfahren hatte das *Bundesverfassungsgericht* über Verfahrensfehler im atomrechtlichen Genehmigungsverfahren zu entscheiden. Es stellte fest, dass das Grundrecht auf Leben und Gesundheit im atomrechtlichen Genehmigungsverfahren eine besondere Stellung erfordert. Die öffentliche Gewalt erfülle ihre Schutzpflicht aus Art. 2 Abs. 2 S. 1 GG auch durch Verfahrensvorschriften. Eine Verletzung des Grundrechts könne darin liegen, wenn die öffentliche Gewalt lebensschützende Verfahrensvorschriften außer Acht ließe. ■

### b) Organisationsrechtliche Funktion

48 Die organisationsrechtliche Funktion der Grundrechte wird besonders in den Fällen relevant, in denen sich die Grundrechte in einer staatlichen Institution entfalten.

**Beispiel** Eine staatliche Hochschule muss so organisiert sein, dass eine freie Wissenschaft in ihr möglich ist.[48] ■

### c) Subjektiv-öffentliches Recht auf Schutz durch Verfahren und Organisation

49 Das *Bundesverfassungsgericht* und – ihm folgend – die wohl überwiegende Meinung im Schrifttum nehmen an, die verfahrens- und organisationsrechtliche Funktion der Grundrechte könne ein **subjektiv-öffentliches Recht auf angemessenen Schutz durch Verfahren und Organisation** begründen.[49] Sie folgern diese Möglichkeit aus zwei Umständen: Zum einen sei es erforderlich, den objektiv-rechtlichen Funktionen der Grundrechte möglichst auch eine subjektiv-rechtliche Komponente zuzuordnen; zum anderen betrachten sie die Grenzen zwischen den objektiv-rechtlichen und den subjektiv-rechtlichen Funktionen der Grundrechte als Leistungsrechte als fließend. Daraus folgern sie, dass unter bestimmten Voraussetzungen ein wehrfähiges Recht auf den Ausbau von Verfahrenspositionen bestehen müsse.

**Beispiel**[50] Aus dem Grundrecht auf Wissenschaftsfreiheit aus Art. 5 Abs. 3 S. 1 GG folgt nach Ansicht des *Bundesverfassungsgerichts* keine Bestandsgarantie für aus öffentlichen Mitteln finanzierte wissenschaftliche Einrichtungen.[51] Das schließt nicht aus, dass eine Fakultät im

46 Vgl. *BVerfGE* 63, 131.
47 *BVerfGE* 53, 30 – Mülheim-Kärlich.
48 Vgl. *BVerfGE* 35, 79 – Niedersächsisches Hochschulgesetz.
49 Vgl. *BVerfGE* 33, 303 – Numerus clausus.
50 Nach *BVerfGK* 5, 135.
51 Vgl. *BVerfGE* 85, 360.

Verfahren zur Aufhebung eines Studiengangs in angemessener Weise zu beteiligen ist und Anspruch auf eine zumindest willkürfreie Entscheidung hat. Das Verfahren und die Qualität der Entscheidung müssen daher bestimmten Anforderungen genügen. ■

Besteht ein subjektiv-öffentliches Recht auf angemessenen Schutz durch Verfahren und Organisation, kann es in Konkurrenz zu anderen verfahrensrelevanten Grundrechten wie etwa Art. 19 Abs. 4 S. 1 GG, Art. 101 Abs. 1 S. 2 GG oder Art. 103 Abs. 1 GG stehen. **50**

## V. Grundrechtsverpflichtete

Die Grundrechte binden gemäß Art. 1 Abs. 3 GG die **gesamte (deutsche)**[52] **Staatsgewalt**, also die Legislative, die Exekutive und die Judikative, als unmittelbar geltendes Recht (s.o. Rn. 5, 9). **51**

**Hinweis**

Art. 1 Abs. 3 GG nimmt durch die Aufzählung der drei Staatsgewalten auf Art. 20 Abs. 2 S. 2 und Abs. 3 GG Bezug.

Die Grundrechtsverpflichteten nennt man übrigens auch **Grundrechtsadressaten**, weil die Grundrechte an sie gerichtet, d.h. adressiert sind.

Die Hervorhebung „als **unmittelbar geltendes Recht**" bringt zum Ausdruck, dass es sich bei den Grundrechten um wirksames Recht handelt. Dadurch unterscheiden sich die grundgesetzlich garantierten Grundrechte von vielen Grundrechten, die die Weimarer Reichsverfassung von 1919 verbürgte. Viele Grundrechte der Weimarer Reichsverfassung waren bloße Programmsätze, bei deren Nichtbeachtung keine Sanktionen zu befürchten waren. **52**

### 1. Legislative als Grundrechtsverpflichtete

Im Gegensatz zu vergangenen Zeiten in der deutschen Verfassungsgeschichte, in denen die Legislative nicht an die Grundrechte gebunden war, ist unter der Geltung des Grundgesetzes auch die Legislative gemäß Art. 1 Abs. 3 GG **an die Grundrechte gebunden**. **53**

Der Begriff „Gesetzgebung" in Art. 1 Abs. 3 GG umfasst **jede Art staatlicher Normsetzung**. Erfasst sind damit nicht nur die Akte des parlamentarischen Gesetzgebers, sondern auch solche des Verordnung- und Satzunggebers, obgleich dieser staatsorganisationsrechtlich der Exekutive zuzuordnen ist. **54**

**Beispiel** Die Gemeinde H betreibt ein Schwimmbad. Die Benutzungsordnung wird durch Satzung geregelt. Kürzlich ist die Benutzungsordnung dahingehend geändert worden, dass zukünftig nur noch Personen ohne körperliche Behinderung Zutritt erhalten. Der gehbehinderte Rentner W, der seit Jahrzehnten regelmäßig früh morgens in dem Schwimmbad seine Bahnen zieht, will dies nicht hinnehmen. – Dies wird er auch nicht müssen, denn H wird bei der Änderung ihrer als Satzung erlassenen Benutzungsordnung als Normsetzerin in ihrem eigenen Wirkungskreis tätig. Auch bei ihrer gesetzgeberischen

52 Vgl. *BVerfGE* 66, 39; hierzu näher *Manssen* Staatsrecht II Rn. 94 ff.

Aktivität gehört sie staatsorganisationsrechtlich zur Exekutiven. Die Änderung der Benutzungsordnung ist gleichwohl „Gesetzgebung" i.S.d. Art. 1 Abs. 3 GG, so dass H an die Grundrechte (und damit auch an Art. 3 Abs. 3 S. 2 GG) gebunden ist. ■

### 2. Exekutive als Grundrechtsverpflichtete

55 Auch die Exekutive ist gemäß Art. 1 Abs. 3 GG **an die Grundrechte gebunden**.

#### a) Der Exekutive zurechenbare Stellen

56 Bei der Exekutive ist allerdings problematisch, welche Stellen überhaupt zur vollziehenden Gewalt gehören. Anerkannt ist, dass der Begriff der „vollziehenden Gewalt" i.S.d. Art. 1 Abs. 3 GG **umfassend** zu verstehen ist. Dass hierzu nicht nur die Verwaltung im eigentlichen Sinne gehört, ergibt sich daraus, dass Art. 1 Abs. 3 GG in seiner ursprünglichen Fassung nicht von vollziehender Gewalt, sondern (nur) von „Verwaltung" sprach. Erst im Jahre 1956 wurde der Begriff der Verwaltung durch den Terminus „vollziehende Gewalt" ersetzt. Nach dem Willen des verfassungändernden Gesetzgebers sollte hierdurch der Anwendungsbereich des Art. 1 Abs. 3 GG insbesondere auf die neu geschaffene Bundeswehr erstreckt werden.

**Beispiele** Vollziehende Gewalt i.S.d. Art. 1 Abs. 3 GG sind daher insbesondere: Verwaltung im engeren Sinne, Regierung, Bundeswehr, Beliehene, Verwaltungshelfer, Träger der mittelbaren Staatsverwaltung wie etwa Gemeinden, Kreise, sonstige Körperschaften des öffentlichen Rechts (z.B. staatliche Hochschulen), Anstalten (z.B. öffentlich-rechtliche Rundfunkanstalten), auch in Sonderrechtsverhältnissen (z.B. Beamten-, Schul-, Strafgefangenenverhältnis). Die Kirchen gehören zur vollziehenden Gewalt nur, soweit sie hoheitliche Gewalt ausüben (z.B. im Friedhofsrecht, Kirchensteuerrecht, Ersatzschulrecht); im rein innerkirchlichem Bereich (z.B. Ämterhoheit der Kirchen) ist die Kirche dagegen nicht grundrechtsverpflichtet. ■

#### b) Formen exekutiven Handelns

57 Ein anderes Problem stellt sich insoweit, als die Exekutive ihre Aufgaben in **vielfältigen Formen** wahrnimmt, denn sie ist nicht stets verpflichtet, in öffentlich-rechtlicher Form zu handeln. Vielmehr hat sie in bestimmten Fällen ein **Wahlrecht**. Damit stellt sich die Frage, ob die Exekutive unabhängig von der Form ihres Handelns immer an die Grundrechte gebunden ist.

##### aa) Öffentlich-rechtliche Formen

58 Sofern die Exekutive bei der Erfüllung ihrer hoheitlichen Aufgaben **öffentlich-rechtlich** handelt (z.B. beim Erlass von Verwaltungsakten, Rechtsverordnungen oder Satzungen), ist sie unstreitig gemäß Art. 1 Abs. 3 GG an die Grundrechte gebunden.

##### bb) Privatrechtliche Formen

59 Sofern die Exekutive privatrechtlich handelt, sind drei Handlungsformen zu unterscheiden: das **Verwaltungsprivatrecht**, die **erwerbswirtschaftliche Betätigung** der Verwaltung und die privatrechtlichen **Hilfsgeschäfte** der Verwaltung.[53]

---

53 Vgl. *Kingreen/Poscher* Grundrechte Rn. 234.

#### (1) Verwaltungsprivatrecht

Verwaltungsprivatrecht liegt vor, wenn ein öffentlich-rechtlicher Verwaltungsträger unmittelbar hoheitliche Aufgaben in privatrechtlicher Form erfüllt. 60

Beim Verwaltungsprivatrecht hat die Exekutive grundsätzlich die **Wahl** sowohl hinsichtlich der **Organisationsform** ihres Handelns (öffentlich-rechtlich organisierter Eigen- oder Regiebetrieb; AG, GmbH) als auch hinsichtlich der **Ausgestaltung der Leistungs- und Benutzungsverhältnisse** (Abschluss privatrechtrechtlicher oder öffentlich-rechtlicher Verträge).[54]

#### (2) Erwerbswirtschaftliche Betätigung

Erwerbswirtschaftliche Betätigung der Exekutive liegt vor, wenn die Exekutive eigene unternehmerische Tätigkeit entfaltet. 61

Dies ist dann der Fall, wenn sie in unternehmerischer Weise am Wirtschaftverkehr teilnimmt bzw. sich an einem im Wettbewerb mit anderen Unternehmen stehenden privaten Unternehmen beteiligt.

#### (3) Hilfsgeschäft

Ein privatrechtliches Hilfsgeschäft der Exekutive liegt vor, wenn die Exekutive Geschäfte zur Bedarfsdeckung tätigt. 62

Es ist inzwischen wohl unstreitig, dass die Exekutive auch dann gemäß Art. 1 Abs. 3 GG an die Grundrechte gebunden ist, sofern sie verwaltungsprivatrechtlich, erwerbswirtschaftlich oder hilfsgeschäftlich tätig ist.[55] In allen drei Bereichen privatrechtlichen Handelns gilt jedoch übereinstimmend, dass ein privatrechtliches Unternehmen nur dann an die Grundrechte gebunden ist, wenn die Exekutive **mehr als die Hälfte der Anteile** an dem privatrechtlichen Unternehmen hält.[56] **Andernfalls** kann die Bindung an die Grundrechte für die Exekutive **nur** bedeuten, dass sie ihren **rechtlichen Einfluss so ausüben** muss, dass **durch das privatrechtliche Unternehmen keine Grundrechtsverstöße** begangen werden.[57] 63

### c) Sonderstatusverhältnisse

Grundrechtsverpflichtet ist die Exekutive auch im sog. **Sonderstatusverhältnis**. Bei einem Sonderstatusverhältnis handelt es sich um eine besondere Beziehung zwischen Bürger und Staat, die über das allgemeine Staats-Bürger-Verhältnis hinausgeht. 64

**Beispiel** Beamte, Strafgefangene, Soldaten und Schüler an öffentlichen Schulen befinden sich in einem solchen Sonderstatusverhältnis. ■

---

54 Vgl. *Kingreen/Poscher* Grundrechte Rn. 234.

55 Vgl. *BVerfG* (K) NJW 2016, 3153; *BGH* NJW 2015, 2892 (anders noch *BGHZ* 154,146); *Kingreen/Poscher* Grundrechte Rn. 235; Sodan/Ziekow-*Sodan* Grundkurs Öffentliches Recht § 23 Rn. 1; *Hufen* Staatsrecht II § 7 Rn. 11.

56 Vgl. *BVerfGE* 128, 226.

57 Vgl. *Kingreen/Poscher* Grundrechte Rn. 235.

65 Während nach früher herrschender Ansicht in den damals sog. besonderen Gewaltverhältnissen die Grundrechte keine Anwendung fanden, hat nach der grundlegenden Strafgefangenen-Entscheidung des *Bundesverfassungsgerichts*[58] ein Umdenken eingesetzt. Seit dieser Entscheidung ist anerkannt, dass die Exekutive auch in den Sonderstatusverhältnissen an die Grundrechte gebunden ist und der rechtsstaatliche Vorbehalt des Gesetzes hier ebenfalls gilt. Eingriffe in Grundrechte bedürfen daher auch in Sonderstatusverhältnissen einer formellgesetzlichen Grundlage.[59]

### 3. Judikative als Grundrechtsverpflichtete

66 Gemäß Art. 1 Abs. 3 GG ist auch die Judikative an die Grundrechte als unmittelbar geltendes Recht gebunden. Der Begriff der „Rechtsprechung" ist im Sinne des Art. 92 GG zu verstehen und erfasst daher **alle staatlichen Gerichte**.[60] Aus rechtsstaatlicher Perspektive ist die Bindung der Judikative an die Grundrechte eine Selbstverständlichkeit, denn in gerichtlichen Verfahren treten die Gerichte den Beteiligten gegenüber „formell und in unmittelbarer Ausübung staatlicher Hoheitsgewalt" auf.[61] Dementsprechend sind die Gerichte verpflichtet, bei der Anwendung und der Auslegung einfachen Rechts die Grundrechte zu beachten, insbesondere haben sie bei der Anwendung und der Auslegung privatrechtlicher Normen die Ausstrahlungswirkung bzw. die mittelbare Drittwirkung der Grundrechte zu berücksichtigen.

**Hinweis**

Ob die Judikative ihre Grundrechtsbindung hinreichend beachtet hat, kann Gegenstand einer Urteilsverfassungsbeschwerde sein (s.u. Rn. 732).

» Sittenwidrige Bürgschaftsverträge gehören im Zivilrecht zum Pflichtwissen im Examen. Nutzen Sie die Gelegenheit, um diese Problempunkte zu wiederholen! «

**Beispiel** T ist weitgehend vermögenslos. Als Arbeiter in einer Tuchfabrik verdient er lediglich knapp 700 € netto im Monat. Sonstiges Vermögen besitzt er nicht. Sein Vater V ist Immobilienmakler. Er möchte seinen Kreditrahmen bei der Sparkasse um einige hunderttausend Euro erhöhen. Die Sparkasse ist hierzu bereit, verlangt jedoch eine Bürgschaftserklärung des T, die dieser abgibt. Später wird T aus der Bürgschaft in Anspruch genommen. T hält die Bürgschaftserklärung nach den gegebenen Umständen für sittenwidrig und erhebt Klage vor dem zuständigen Zivilgericht. – Ob die Bürgschaftserklärung des T sittenwidrig ist, hat das Zivilgericht anhand der zivilrechtlichen Generalklausel des § 138 BGB zu beurteilen. Bei der Anwendung und der Auslegung des § 138 BGB muss das Gericht die Ausstrahlungswirkung der Grundrechte (hier insbesondere des Grundrechts auf Privatautonomie aus Art. 2 Abs. 1 GG) beachten. Wenn das Gericht zur Überzeugung gelangen sollte, dass es sich bei der Bürgschaftserklärung des T, die einen einseitig verpflichtenden Vertrag darstellt, um einen Vertrag handelt, der einen der beiden Vertragspartner ungewöhnlich stark belastet und das Ergebnis von „strukturell ungleicher Verhandlungsstärke" ist, ist das Gericht zur Überprüfung des Bürgschaftsvertrages verpflichtet. ■

58 *BVerfGE* 33,1 – Strafgefangene.
59 Vgl. *Manssen* Staatsrecht II Rn. 107.
60 Vgl. Jarass/Pieroth-*Pieroth* Art. 92 Rn. 2 ff. (6).
61 Vgl. *BVerfGE* 52, 203.

# B. Grundrechte als Freiheitsrechte in der Fallbearbeitung

## Verletzung von Freiheitsrechten durch ein formelles Gesetz oder durch eine Maßnahme der Exekutive oder Judikative 67

**I. Eröffnung des Schutzbereichs**

1. Sachlicher Schutzbereich
2. Persönlicher Schutzbereich
   a) Grundrechtsfähigkeit
      aa) Begriff
      bb) Grundrechtsfähige Personen
         (1) Natürliche Personen
            (a) Dauer der Grundrechtsfähigkeit
            (b) Personenmehrheiten
               Personenmehrheiten Rn. 81 f.
         (2) Juristische Personen des Privatrechts
         (3) Juristische Personen des öffentlichen Rechts
            (a) Grundsatz
            (b) Ausnahmen
               (aa) Justizgrundrechte
               (bb) Juristische Personen des öffentlichen Rechts im formellen Sinne
               (cc) Grundrechtsdienende juristische Personen des öffentlichen Rechts
                  Landesmedienanstalten Rn. 98
   b) Grundrechtsberechtigung
      aa) Jedermann-Grundrechte
      bb) Persönlich beschränkte Grundrechte
         (1) Deutschen-Grundrechte
            Staatenlose und Nicht-EU-Ausländer Rn. 104
            EU-Ausländer Rn. 105
         (2) Weitere Grundrechte
   c) Grundrechtsmündigkeit
      Minderjährige Rn. 110
3. Grundrechtskonkurrenz
   a) Begriff
   b) Grundsatz
      aa) Grundrechtskonkurrenz innerhalb der Freiheitsrechte
      bb) Exkurs: Grundrechtskonkurrenz innerhalb der Gleichheitsrechte
      cc) Grundrechtskonkurrenz im Verhältnis zwischen Freiheits- und Gleichheitsrechten
   c) Ausnahme

**II. Eingriff in den Schutzbereich des Freiheitsrechts**

1. Vorliegen eines Eingriffs
   a) Klassischer Eingriffsbegriff
   b) Neuer Eingriffsbegriff
   c) Besonderheit: Grundrechte mit normgeprägtem Schutzbereich und Grundrechte unter Regelungsvorbehalt
2. Grundrechtsverzicht

PRÜFUNGSSCHEMA

PRÜFUNGSSCHEMA

**III. Verfassungsrechtliche Rechtfertigung des Eingriffs**
1. Freiheitsrechte unter Gesetzesvorbehalt
   a) Beschränkbarkeit des Freiheitsrechts („Schranke")
      aa) Einfacher Gesetzesvorbehalt
      bb) Qualifizierter Gesetzesvorbehalt
   b) Verfassungsrechtliche Grenzen der Beschränkung des Freiheitsrechts („Schranken-Schranken")
      (Formelle und materielle) Verfassungsmäßigkeit des Gesetzes, insbesondere
      – Verhältnismäßigkeitsgrundsatz
        Welche Gesetzeszwecke dürfen berücksichtigt werden? Rn. 144
      – Wesensgehalt
        Ermittlung des Wesensgehalts Rn. 150 ff.
   c) Grundrechtsverwirkung
2. Vorbehaltlos gewährleistete Freiheitsrechte
3. Maßnahme der Exekutive oder Judikative
   a) Grundrechtsschranke
   b) Verfassungsgemäße gesetzliche Grundlage für die Maßnahme der Exekutive oder Judikative
   c) Verfassungsmäßigkeit der Maßnahme der Exekutive oder Judikative
      aa) Verfassungskonforme, vor allem grundrechtskonforme, Anwendung und Auslegung der gesetzlichen Grundlage
      bb) Verhältnismäßigkeit der Maßnahme der Exekutive oder Judikative
      cc) Bestimmtheitsgrundsatz

## I. Vorbemerkung und Obersatz

68 Prüfungsschemata zu den Freiheitsrechten gibt es bekanntlich viele. Neben dem **dreistufigen Aufbau**, der sich durchgesetzt hat[62] und daher auch diesem Skript zugrunde liegt, wird häufig auch ein zweistufiger Aufbau vorgeschlagen. Bei diesem Aufbau werden die Eröffnung des Schutzbereichs und der Eingriff in einem Prüfungspunkt zusammengefasst und als „Eingriff in den Schutzbereich" überschrieben. Vorgeschlagen wird außerdem ein vierstufiger Aufbau. Bei ihm wird die Prüfung des Übermaßverbotes bzw. der praktischen Konkordanz in einen eigenständigen Prüfungspunkt verlagert. Denken Sie stets daran: Prüfungsschemata sind nur gedankliche Stützen und sollen Ihnen lediglich als Orientierung bei der Fallbearbeitung dienen. Deshalb dürfen Sie in der Fallbearbeitung keinesfalls immer alle Punkte des Prüfungsschemas in der Fallbesprechung ansprechen, sondern nur auf die Punkte (näher) eingehen, die tatsächlich Probleme aufwerfen.

69 Bevor Sie in der Fallbearbeitung Ihre eigentliche Prüfung beginnen, müssen Sie vorab klären, welche Freiheitsrechte überhaupt **thematisch einschlägig** sein könnten. Hierfür ist es notwendig, den Sachverhalt in groben Zügen gedanklich unter die einzelnen Grundrechte zu subsumieren. Behandelt Ihr Fall z.B. eine Versammlung, kommen als möglicherweise einschlägige Freiheitsrechte insbesondere die Grundrechte aus Art. 8 Abs. 1 GG, Art. 5 Abs. 1 S. 1 Var. 1 GG und Art. 2 Abs. 1 GG in Betracht. Kommen Sie nach dieser Vorabprüfung zu dem

62 Vgl. Sodan/Ziekow-*Sodan* Grundkurs Öffentliches Recht § 24 Rn. 2; *Papier/Krönke* Grundkurs Öffentliches Recht 2 Rn. 125, 127 ff.

Ergebnis, dass mehrere Grundrechte thematisch einschlägig sein könnten, beginnen Sie Ihre Prüfung grundsätzlich mit dem sachnächsten Freiheitsrecht, im o.g. *Beispiel* also mit Art. 8 Abs. 1 GG (vgl. zu einer Ausnahme unten Rn. 117). Jedes Freiheitsrecht prüfen Sie danach getrennt nacheinander. In diesem Rahmen werden auch die Grundrechtskonkurrenzen besprochen.

Jede Grundrechtsprüfung beginnt mit einem **Obersatz**, der allgemein wie folgt formuliert werden könnte: „Der Hoheitsakt des/der … (hier den Hoheitsträger nennen) könnte … (hier den/die möglicherweise verletzten Grundrechtsträger nennen) in seinem/ihrem Grundrecht auf … aus Art. … GG (hier möglicherweise verletztes Freiheitsrecht nennen) verletzen." **70**

**JURIQ-Klausurtipp**

Formulieren Sie den Obersatz möglichst präzise. Dies erleichtert nicht nur Ihnen den Einstieg in die Prüfung, sondern dient auch dem Korrektor als Orientierung.

## II. Eröffnung des Schutzbereichs des Freiheitsrechts

Ihre eigentliche Prüfung beginnen Sie mit der Untersuchung, ob der Schutzbereich des möglicherweise verletzten Freiheitsrechts eröffnet ist. Innerhalb des Schutzbereichs wird herkömmlich zwischen dem sachlichen und dem persönlichen Schutzbereich unterschieden; außerdem können Grundrechtskonkurrenzen relevant werden. Ob der Schutzbereich eines Freiheitsrechts tatsächlich eröffnet ist, prüfen Sie durch Auslegung der thematisch einschlägigen Grundrechte zunächst anhand ihres Wortlauts, danach anhand ihrer systematischen Stellung sowie ihres Sinns und Zwecks; ergänzend können die historische Auslegung und die genetische Auslegung herangezogen werden. **71**

### 1. Sachlicher Schutzbereich

Zunächst prüfen Sie, ob der sachliche Schutzbereich des Freiheitsrechts eröffnet ist. Freiheitsrechte schützen **Tätigkeiten, Verhaltensweisen, Rechtsgüter etc.** Indem Sie ein Freiheitsrecht auslegen, werden Sie erkennen, ob der sachliche Schutzbereich des Grundrechts eröffnet ist. Bei diesem Prüfungspunkt ist es unverzichtbar, die wichtigsten Definitionen der Begriffe, die zum sachlichen Schutzbereich der Freiheitsrechte gehören, zu kennen. **72**

**Beispiel** Art. 5 Abs. 1 S. 1 GG schützt u.a. die freie Meinungsäußerung. Ob der sachliche Schutzbereich des Art. 5 Abs. 1 S. 1 Var. 1 GG in einem konkreten Fall eröffnet ist, hängt entscheidend davon ab, ob eine „Meinung" geäußert wurde. ■

Manche Freiheitsrechte enthalten **sachliche Begrenzungen** des Schutzbereichs, die Sie ebenfalls beachten müssen, weil das Grundrecht in diesem Falle zwar thematisch einschlägig, aber wegen der sachlichen Begrenzung nicht in seinem Schutzbereich eröffnet sein kann. **73**

**Beispiel** Art. 8 Abs. 1 GG gewährleistet die Versammlungsfreiheit. Vom sachlichen Schutzbereich erfasst sind jedoch nur solche Versammlungen, die „friedlich und ohne Waffen" durchgeführt werden. Unfriedliche und bewaffnete Versammlungen fallen daher nicht in den sachlichen Schutzbereich des Art. 8 Abs. 1 GG. Grundrechtlicher Schutz kann in diesem Falle nur über das Auffanggrundrecht aus Art. 2 Abs. 1 GG begehrt werden. ■

**Hinweis**

Im Zweifel legen Sie den sachlichen Schutzbereich *weit* aus. Auch das *Bundesverfassungsgericht* legt den Schutzbereich im Zweifel extensiv aus, um einen möglichst weit reichenden Grundrechtsschutz zu gewährleisten. Es gilt also: **„In dubio pro libertate"** („im Zweifel zugunsten der Freiheit").

### 2. Persönlicher Schutzbereich

74 Die Eröffnung des persönlichen Schutzbereichs prüfen Sie in drei Schritten:

**JURIQ-Klausurtipp**

Denken Sie noch einmal daran: Das Prüfungsschema dient Ihnen nur als Orientierung. Auf einzelne Prüfungsschritte brauchen Sie nur dann näher einzugehen, wenn sie in Ihrer Fallbearbeitung problematisch und daher erörterungsbedürftig sind! Keinesfalls dürfen Sie das Schema in Ihrer Falllösung stur abarbeiten.

#### a) Grundrechtsfähigkeit

#### aa) Begriff

75 Im ersten Schritt prüfen Sie die Grundrechtsfähigkeit der Person(en), die in dem zu prüfenden Freiheitsrecht möglicherweise verletzt ist/sind.

76 **Grundrechtsfähig** ist jeder, der generell Träger von Grundrechten sein kann.

Für die Frage, ob eine Person grundrechtsfähig ist, ist damit eine abstrakte, d.h. **vom konkreten Einzelfall unabhängige** Betrachtung maßgeblich.

» Wiederholen Sie ggf. an dieser Stelle die zivilrechtliche Rechtsfähigkeit! «

77 Materiell-rechtlich betrachtet, entspricht die Grundrechtsfähigkeit der Rechtsfähigkeit im Zivilrecht.

**Beispiel** Ein Nichtdeutscher im Sinne des Art. 116 GG ist grundrechtsfähig, weil er generell Träger von Grundrechten (z.B. Art. 4, Art. 2 Abs. 2 S. 1, Art. 2 Abs. 1 GG) sein kann. Dass er hinsichtlich der Deutschengrundrechte (z.B. Art. 8 Abs. 1, Art. 12 Abs. 1 S. 1 GG) nicht berechtigt ist, ist (erst) eine Frage seiner Grundrechtsberechtigung (s.u. Rn. 99 ff.). ■

#### bb) Grundrechtsfähige Personen

78 Generell können sowohl natürliche als auch juristische Personen grundrechtsfähig sein.

#### (1) Natürliche Personen

79 Grundrechtsfähig sind zunächst natürliche Personen, d.h. **Menschen**.[63]

63 Vgl. *Ipsen* Staatsrecht II Rn. 61.

**(a) Dauer der Grundrechtsfähigkeit** Die Grundrechtsfähigkeit natürlicher Personen beginnt grundsätzlich mit der **Vollendung der Geburt** und dauert bis zum **Tod**. Abweichend hiervon hat das *Bundesverfassungsgericht* die Grundrechte aus Art. 2 Abs. 2 S. 1 GG und Art. 1 Abs. 1 GG auch beim **Nasciturus** (werdendes Leben) angewendet.[64] Außerdem hat das *Bundesverfassungsgericht* ein **postmortales Persönlichkeitsrecht** anerkannt.[65] Hiernach endet die staatliche Verpflichtung, den Einzelnen gegen Angriffe auf seine Menschenwürde zu schützen, erst nach Ablauf eines angemessenen Zeitraums nach dem Tod. 80

**(b) Personenmehrheit** Nach den bisherigen Ausführungen wissen wir, dass einzelne natürliche Personen grundrechtsfähig sind. Nun stellt sich aber die Frage, wie der Fall zu beurteilen ist, wenn sich mehrere natürliche Personen zusammenschließen. Grundrechtsfähig sind in diesem Falle – nach den bisherigen Erörterungen – unproblematisch die einzelnen natürlichen Personen als Mitglieder der Personenmehrheit. Grundrechtsfähig könnte aber auch die Personenmehrheit selbst sein. 81

**Beispiel** D, E und F bilden hobbymäßig eine Musikband. Meist musizieren sie stundenlang am Wochenende in der Wohnung des D. Der Vermieter des D wohnt unmittelbar unter D und ist über die musikalischen Aktivitäten seines Mieters wenig erfreut. Daher will er das Musizieren am Wochenende zukünftig weitestgehend unterbinden. ■

Schließen sich mehrere natürliche Personen zu einer schlichten Personenmehrheit zusammen, ist diese **Personenmehrheit nicht grundrechtsfähig**. Grundrechtsfähig sind nur die einzelnen Mitglieder dieser schlichten Personenmehrheit. In unserem *Beispielsfall* (Rn. 81) ist die Musikband als schlichte Personenmehrheit daher selbst nicht grundrechtsfähig. Die einzelnen Bandmitglieder D, E und F können sich demgegenüber jeweils selbständig u.a. auf das Grundrecht auf Kunstfreiheit aus Art. 5 Abs. 3 S. 1 Var. 1 GG berufen (beachte hier die Ausstrahlungswirkung der Grundrechte!). 82

### (2) Juristische Personen des Privatrechts

Im Gegensatz zu schlichten Personenmehrheiten können sich **inländische juristische Personen** gemäß Art. 19 Abs. 3 GG auf Grundrechte berufen, soweit die Grundrechte ihrem Wesen nach auf die juristische Person anwendbar sind. Art. 19 Abs. 3 GG begründet somit eine eigene Grundrechtsfähigkeit juristischer Personen. 83

**JURIQ-Klausurtipp**

In der Fallbearbeitung ist Art. 19 Abs. 3 GG immer dann von Bedeutung, wenn eine überindividuelle Person *eigene* Grundrechtsverletzungen geltend macht.

**Beispiel** E und F aus dem *Beispiel* oben (Rn. 81) arbeiten beide als angestellte Elektriker. Eines Tages beschließen sie, sich gemeinsam beruflich selbständig zu machen. Hierfür gründen sie eine OHG. Den Beitrag, den sie für das laufende Kalenderjahr an die Handwerkskammer entrichten sollen, halten sie für überhöht. Überhaupt halten sie die Mitgliedschaft in der Kammer an sich für völlig überflüssig. ■

64 Vgl. *BVerfGE* 39, 1; 88, 203 – Abtreibungsurteile.
65 Vgl. *BVerfGE* 30, 173 – Mephisto.

**84** Ob sich eine juristische Person auf Art. 19 Abs. 3 GG berufen kann, prüfen Sie in drei Schritten: Im ersten Schritt untersuchen Sie, ob es sich bei der Personenmehrheit um eine **juristische Person** i.S.d. Art. 19 Abs. 3 GG handelt. Der in Art. 19 Abs. 3 GG verwendete Begriff der „juristischen Person" ist ein **verfassungsrechtlicher Begriff**, der weiter gefasst ist als der einfach-gesetzliche Begriff der „juristischen Person". Während der einfach-gesetzliche Begriff der „juristischen Person" lediglich vollrechtsfähige Personenmehrheiten erfasst, umfasst der verfassungsrechtliche Begriff der „juristischen Person" sowohl jede Personenmehrheit, die nach dem einfachen Recht Vollrechtsfähigkeit (z.B. rechtsfähiger Verein, GmbH, AG) oder Teilrechtsfähigkeit (z.B. GbR, OHG) besitzt, als auch sonstige Personenmehrheiten, sofern sie eine hinreichende Selbständigkeit und gefestigte innere Organisation aufweisen, die eine einheitliche Willensbildung und -bekundung nach außen hin ermöglichen.[66] Für unser *Beispiel* oben (Rn. 83) bedeutet dies, dass die von E und F gegründete OHG keine schlichte Personenmehrheit, sondern vielmehr eine juristische Person i.S.d. Art. 19 Abs. 3 GG ist, so dass die erste Voraussetzung des Art. 19 Abs. 3 GG vorliegt.

**85** Im zweiten Schritt gehen Sie der Frage nach, ob es sich bei der juristischen Person um eine **inländische** Personenmehrheit handelt, denn nur inländische juristische Personen können sich auf Art. 19 Abs. 3 GG berufen. Diese Voraussetzung ist erfüllt, wenn die juristische Person ihren Sitz, und zwar den Sitz ihrer Hauptverwaltung, im Inland, d.h. im Staatsgebiet der Bundesrepublik Deutschland, hat (sog. **Sitztheorie**). In unserem *Beispiel* oben (Rn. 83) ist diese Voraussetzung ohne weiteres zu bejahen. – Juristische Personen, die ihren Sitz in einem anderen **Mitgliedstaat der EU** haben, müssen wegen des Anwendungsvorrangs der Grundfreiheiten im Binnenmarkt (Art. 26 Abs. 2 AEUV) und des allgemeinen Diskriminierungsverbotes wegen der Staatsangehörigkeit (Art. 18 AEUV) den inländischen juristischen Personen **gleichgestellt** werden.[67] Hätten E und F in unserem *Beispiel* oben (Rn. 83) eine der OHG vergleichbare Handelsgesellschaft in einem Mitgliedstaat der EU gegründet, dürfte diese Gesellschaft im Inland nicht schlechter als die nach deutschem Gesellschaftsrecht gegründete OHG behandelt werden; ihr müsste vielmehr derselbe Grundrechtsschutz wie der nach deutschem Gesellschaftsrecht gegründeten OHG gewährt werden.

### Hinweis

Bei der vom *Bundesverfassungsgericht* nunmehr vollzogenen Erstreckung der Grundrechtsberechtigung auf juristische Personen aus einem Mitgliedstaat der Europäischen Union handelt es sich um eine europarechtlich veranlasste **Anwendungserweiterung des deutschen Grundrechtsschutzes**. Gegen diese Anwendungserweiterung könnten zwar der eindeutige Wortlaut des Art. 19 Abs. 3 GG (die Formulierung „inländisch" bezieht sich auf das Staatsgebiet der Bundesrepublik Deutschland) sowie der Sinn und Zweck des Art. 19 Abs. 3 GG sprechen.[68] Für die Anwendungserweiterung werden aber die folgenden zwei Gründe angeführt:[69] Zum einen wirke sich die Anwendungserweiterung hier ausschließlich zugunsten der ihren Sitz im EU-Ausland habenden Grundrechtsträger aus und sei daher nicht von vornherein unzulässig; zum anderen zwinge der Grundsatz des Anwendungsvorrangs des Gemeinschaftsrechts dazu, dass gegenläufige mitgliedstaatliche Normen (einschließlich Normen des Verfassungsrechts) bis zur Grenze

66 Vgl. zum Ganzen *Papier/Krönke* Grundkurs Öffentliches Recht 2 Rn. 97 f.
67 Vgl. *BVerfGE* 129, 78 – Designermöbel; anders noch *BVerfGE* 21, 207; 23, 229; 100, 313.
68 Vgl. näher *BVerfGE* 21, 207; 23, 229; 100, 313.
69 Vgl. zum Ganzen: *Epping/Patzke* Ad Legendum 2013, 40.

der Identität des Grundgesetzes (Art. 23 Abs. 1 i.V.m. Art. 79 Abs. 3 GG bzw. Art. 4 Abs. 2 AEUV)[70] unangewendet bleiben müssen. Da die Anwendungserweiterung der Grundrechtsberechtigung auf juristische Personen mit Sitz in einem Mitgliedstaat der Europäischen Union die Identität des Grundgesetzes nicht verletze, müsse Art. 19 Abs. 3 GG europarechtskonform ausgelegt und angewendet werden.

Beachten Sie, dass juristische Personen aus **Nicht-EU-Staaten grundsätzlich nicht grundrechtsfähig** sind. Auf sie ist Art. 19 Abs. 3 GG nach seinem Wortlaut nicht anwendbar. Die Privilegien, die juristischen Personen aus EU-Mitgliedsstaaten infolge gemeinschaftsrechtlicher Vorgaben zuteil werden, gelten für sonstige ausländische juristische Personen nicht. Eine **Ausnahme** ist jedoch hinsichtlich der sog. **Justizgrundrechte** anerkannt.[71]

Auf die Staatsangehörigkeit der Personen, die sich zu einer juristischen Person i.S.d. Art. 19 Abs. 3 GG zusammengeschlossen haben, kommt es nicht an. In unserem *Beispiel* oben (Rn. 83) wäre es danach für die Qualifizierung der OHG als inländische juristische Person unerheblich, wenn z.B. E ägyptischer Staatsangehöriger wäre und F die chinesische Staatsangehörigkeit besäße. 86

Im dritten Schritt untersuchen Sie, ob das Grundrecht, auf das sich die inländische juristische Person beruft, **„seinem Wesen nach"** auf diese inländische juristische Person anwendbar ist. Die wesensmäßige Anwendbarkeit setzt zunächst voraus, dass das betreffende Grundrecht eine **korporative Seite** aufweist, d.h. kollektiv ausgeübt werden kann. Eine kollektive Seite in diesem Sinne ist z.B. bei den Grundrechten aus Art. 2 Abs. 1, Art. 9, Art. 12 Abs. 1, Art. 13, Art. 14 Abs. 1, Art. 101 Abs. 1 S. 2, Art. 103 Abs. 1 GG anerkannt. In unserem *Beispiel* oben (Rn. 83) steht das Grundrecht aus Art. 12 Abs. 1 GG in Rede. Es kann kollektiv ausgeübt werden. 87

Ob ein Grundrecht seinem Wesen nach auf juristische Personen anwendbar ist, hängt des Weiteren entscheidend davon ab, ob die Grundrechtsgewährleistungen auch von einer juristischen Person selbst wahrgenommen werden können. Dies ist der Fall, wenn sich die juristische Person in einer **„grundrechtstypischen Gefährdungslage"**, die mit der Lage einer natürlichen Person vergleichbar ist, befindet.[72] Das in Rede stehende Grundrecht darf daher weder an die physische Existenz noch an die natürlichen Eigenschaften des Menschen anknüpfen. In unserem *Beispiel* oben (Rn. 83) kann sich die OHG auf die Grundrechte aus Art. 12 Abs. 1 GG, Art. 9 Abs. 1 GG und Art. 2 Abs. 1 GG berufen. Als Pflichtmitglied in der Handwerkskammer befindet sich die OHG in einer typischen Gefährdungslage, die der Lage vergleichbar ist, wenn eine Einzelperson Pflichtmitglied in der Kammer ist. Die möglicherweise verletzten Grundrechte knüpfen weder an die physische Existenz noch an die natürlichen Eigenschaften des Menschen an. 88

#### (3) Juristische Personen des Öffentlichen Rechts

**(a) Grundsatz** Die Grundrechte binden gemäß Art. 1 Abs. 3 GG die gesamte (deutsche) öffentliche Gewalt. Demzufolge sind juristische Personen des öffentlichen Rechts (Körperschaften des öffentlichen Rechts, Anstalten und Stiftungen), die hoheitliche Aufgaben wahrnehmen, nicht grundrechtsfähig. Hierzu gehören etwa kommunale Gebietskörperschaften 89

70 Vgl. zuletzt *BVerfGE* 126, 286.
71 Vgl. *BVerfGE* 21, 362.
72 Vgl. *BVerfGE* 45, 63.

(Länder, Kommunen oder Gemeinden),[73] öffentlich-rechtliche Sparkassen,[74] Innungen nach der Handwerksordnung, gesetzliche Krankenkassen,[75] Rentenversicherungsträger[76] etc.

**Beispiel** Die Gemeinde H liegt in der Nähe eines genehmigten Planungsgebiets für Braunkohletagebau in NRW. Der Gemeinderat beschließt, dass sich die Gemeinde zur generellen Gegnerin von Braunkohle als Energiequelle erklärt. Stattdessen will sich die Gemeinde für erneuerbare Energien einsetzen. Die Rechtsaufsichtsbehörde beanstandet den Beschluss des Gemeinderates. H fühlt sich in ihrem Grundrecht auf freie Meinungsäußerung aus Art. 5 Abs. 1 S. 1 Var. 1 GG verletzt. Zu Recht? – Eine Verletzung des Grundrechts aus Art. 5 Abs. 1 S. 1 Var. 1 GG kommt nur in Betracht, wenn H Träger von Grundrechten ist. Als Körperschaft des öffentlichen Rechts ist H Teil der Exekutive, so dass sie sich nicht auf Grundrechte berufen kann. Sie fühlt sich demnach zu Unrecht in ihrem Grundrecht aus Art. 5 Abs. 1 S. 1 Var. 1 GG verletzt. ■

90 Dass juristische Personen des öffentlichen Rechts nicht grundrechtsfähig sind, hat das *Bundesverfassungsgericht* **ursprünglich** damit begründet, es sei mit dem Wesen der Grundrechte unvereinbar, wenn die öffentliche Gewalt gleichzeitig Träger und Adressat von Grundrechten sei (sog. **Konfusionsargument**).[77] Hiergegen ist in der Literatur jedoch eingewendet worden, die öffentliche Gewalt stelle keinen monolithischen Block dar; vielmehr könnten juristische Personen des öffentlichen Rechts in unterschiedlichen Rechtspositionen durchaus Träger einerseits von Rechten und andererseits von Pflichten sein.[78] In seiner **jüngeren Rechtsprechung** stellt das *Bundesverfassungsgericht* zur Begründung der fehlenden Grundrechtsfähigkeit juristischer Personen des öffentlichen Rechts auf die **Funktion** einer juristischen Person des öffentlichen Rechts ab und führt dazu aus, die juristische Person handele aufgrund gesetzlicher Zuständigkeiten und nicht in Wahrnehmung von Freiheit. Bei einem Übergriff durch ein anderes Organ der öffentlichen Gewalt gehe es der Sache nach daher um einen **Kompetenzkonflikt** und nicht um einen Eingriff in subjektive Rechte.[79]

91 **(b) Ausnahmen** Der Grundsatz, dass juristische Personen des öffentlichen Rechts nicht grundrechtsfähig sind, gilt jedoch nicht ausnahmslos; vielmehr sind **drei Ausnahmen** anerkannt, die Sie unbedingt kennen müssen:

92 **(aa) Justizgrundrechte** Die erste Ausnahme betrifft die Geltung der Rechtsweggarantie des Art. 19 Abs. 4 S. 1 GG und der übrigen Justizgrundrechte (s.u. Rn. 655 ff.).[80]

**Beispiel** Die Stadt B baut einen neuen Bahnhof. Die mit der Projektplanung beauftragten Architekten berechnen die Statik des Vordachs versehentlich falsch. Infolge dieses Fehlers stürzt das Vordach kurz vor der Eröffnung des Bahnhofs ein. Die Stadt B nimmt die Architekten gerichtlich in Anspruch. – Um ihre zivilrechtlichen Ansprüche gegen die Architekten gerichtlich verfolgen zu können, kann sich die Stadt B z.B. auf die auch für sie geltende Rechtsweggarantie des Art. 19 Abs. 4 S. 1 GG berufen. ■

73 Vgl. *BVerfGE* 61, 82.
74 Vgl. *BVerfGE* 75, 192.
75 Vgl. *BVerfGE* 39, 302.
76 Vgl. *BVerfGE* 21, 362.
77 Vgl. *BVerfGE* 21, 362.
78 Vgl. *Schoch* Jura 2001, 201.
79 Vgl. *BVerfG* (K) DVBl. 2001, 63.
80 Vgl. *BVerfGE* 6, 45.

**(bb) Juristische Personen des öffentlichen Rechts im formellen Sinne** Die zweite Ausnahme betrifft die Geltung der Grundrechte zugunsten sog. **juristischer Personen des öffentlichen Rechts im formellen Sinne**. Ihnen wird der Status einer Körperschaft des öffentlichen Rechts verliehen, ohne dass sie jedoch hoheitliche Aufgaben wahrnehmen. Gerade weil sie **keine hoheitlichen Aufgaben** wahrnehmen, kann ihnen die Grundrechtsfähigkeit nicht abgesprochen werden. 93

**Beispiel** Eine juristische Person des öffentlichen Rechts im formellen Sinne ist das Bayerische Rote Kreuz. Es ist eine Körperschaft des öffentlichen Rechts, die jedoch keine hoheitlichen Aufgaben wahrnimmt. ■

**(cc) Grundrechtsdienende juristische Personen des öffentlichen Rechts** Die wohl bekannteste und wichtigste Ausnahme betrifft die Geltung bestimmter Grundrechte zugunsten sog. **„grundrechtsdienender" juristischer Personen des öffentlichen Rechts**. Diese juristischen Personen nehmen gesetzlich zugewiesene Aufgaben wahr, die einem unmittelbar durch bestimmte Grundrechte zugewiesenen Lebensbereich zuzuordnen sind. In diesem Bereich dienen die juristischen Personen des öffentlichen Rechts der Grundrechtsverwirklichung des Einzelnen und verteidigen die Grundrechte in einem Bereich, in dem sie gegenüber der öffentlichen Gewalt eigenständig und unabhängig sind.[81] Da sie sich insoweit in einer sog. **grundrechtstypischen Gefährdungslage** befinden,[82] können sie sich auf das betreffende Freiheitsrecht berufen. 94

Zu den grundrechtsdienenden juristischen Personen des öffentlichen Rechts gehören zum einen die **staatlichen Universitäten** sowie **deren Fakultäten**. 95

**Beispiel** Staatliche Universitäten, die u.a. die freie wissenschaftliche Betätigung der dort Tätigen gewährleisten sollen, sind Träger des Grundrechts aus Art. 5 Abs. 3 S. 1 Var. 2 GG und können grundsätzlich Eingriffe in ihre organisatorischen Strukturen abwehren, die einer freien wissenschaftlichen Betätigung entgegenstehen.[83] ■

**Öffentlich-rechtliche Rundfunkanstalten** können sich auf das Grundrecht auf Rundfunkfreiheit[84] und auf das mit ihr in funktionellem Zusammenhang stehende Fernmeldegeheimnis[85] berufen. 96

**Religionsgesellschaften mit dem Status einer Körperschaft des öffentlichen Rechts** (Art. 140 GG i.V.m. Art. 137 Abs. 5 WRV) können sich auf das Grundrecht auf Glaubensfreiheit berufen.[86] 97

**Hinweis**

Die dritte Ausnahme, die partielle Grundrechtsfähigkeit grundrechtsdienender juristischer Personen des öffentlichen Rechts, ist ein Klassiker in Prüfungen! Wichtig ist, dass Sie erklären können, warum es diese Ausnahmen gibt. Dies gilt umso mehr, als mittlerweile die Tendenz zu beobachten ist, dass es zu Erweiterungen dieser Ausnahme kommen könnte.

81 Vgl. *BVerfGE* 15, 256.
82 Vgl. *Kingreen/Poscher* Grundrechte Rn. 1210.
83 Vgl. *BVerfGE* 85, 360.
84 Vgl. *BVerfGE* 59, 231.
85 Vgl. *BVerfGE* 107, 299.
86 Vgl. *BVerfGE* 19, 1.

98 Eine solche Erweiterung steht für **Landesmedienanstalten** im Hinblick auf das Grundrecht auf Rundfunkfreiheit zur Diskussion.[87] Das *Bundesverfassungsgericht* hat die Frage der Grundrechtsberechtigung von Landesmedienanstalten in Bezug auf Art. 5 Abs. 1 S. 2 Var. 2 GG bislang allerdings – soweit ersichtlich – offen gelassen.[88]

**JURIQ-Klausurtipp**

Seien Sie in der Fallbearbeitung äußerst vorsichtig, den Kreis der grundrechtsdienenden und damit partiell grundrechtsfähigen juristischen Personen des öffentlichen Rechts zu erweitern. Jedenfalls müssen Sie gute Argumente liefern, um eine solche Erweiterung begründen zu können. Denken Sie dabei insbesondere an das Erfordernis einer grundrechtstypischen Gefährdungslage. Keinesfalls dürfen Sie die Grundrechtsfähigkeit allein deshalb bejahen, weil die juristische Person des öffentlichen Rechts generell rechtsfähig ist (eine Universität kann z.B. privatrechtlich Eigentum erwerben).

### b) Grundrechtsberechtigung

99 Die **Grundrechtsberechtigung** baut auf der Grundrechtsfähigkeit auf. Grundrechtsberechtigt ist (nur) derjenige, der **grundrechtsfähig** ist. Die Grundrechtsberechtigung setzt also Grundrechtsfähigkeit voraus.[89]

**Grundrechtsberechtigt** ist derjenige, dem im konkreten Fall ein sachlich einschlägiges Grundrecht persönlich zugeordnet werden kann.

**Beispiel** Art. 12 Abs. 1 GG gewährleistet sachlich die Berufsfreiheit. Persönlich erfasst werden nach dieser Bestimmung nur „alle Deutschen". Nichtdeutsche können sich demnach grundsätzlich nicht auf das spezielle Freiheitsrecht aus Art. 12 Abs. 1 GG, sondern nur auf das Auffanggrundrecht aus Art. 2 Abs. 1 GG berufen. ■

100 Sie sehen den Unterschied zwischen Grundrechtsberechtigung und Grundrechtsfähigkeit: Bei der Grundrechtsberechtigung geht es um die Frage, wer sich **im konkreten Fall** auf das sachlich einschlägige Grundrecht berufen kann, während die Grundrechtsfähigkeit *unabhängig* vom konkreten Einzelfall bestimmt wird. Spätestens hier wird klar: Eine Person, die schon nicht grundrechtsfähig ist, kann auch nicht grundrechtsberechtigt sein.

#### aa) Jedermann-Grundrechte

101 Die meisten Grundrechte stehen allen Personen zu. Deshalb nennt man sie auch **„Jedermann-Grundrechte"**. Die Jedermann-Grundrechte erkennen Sie im Grundgesetz bereits am Wortlaut eines Grundrechts. Bei den Jedermann-Grundrechten ist z.B. von „jeder", „jedermann" oder „niemand" die Rede (z.B. Art. 2 Abs. 1 und Abs. 2 S. 1, Art. 4 Abs. 3 S. 1, Art. 5 Abs. 1 S. 1 GG).

87 Vgl. dafür *VerfGH Bayern* NVwZ-RR 1994, 509; dagegen *VerfGH Sachsen* NJW 1997, 3015.
88 Vgl. *BVerfGE* 88, 25.
89 Vgl. *Sachs* Verfassungsrecht II – Grundrechte A 6 Rn. 1.

#### bb) Persönlich beschränkte Grundrechte

Es gibt jedoch auch Grundrechte, deren persönlicher Schutzbereich beschränkt ist. 102

##### (1) Deutschen-Grundrechte

Hierzu gehören vor allem die sog. **Deutschengrundrechte** (auch Bürgergrundrechte 103 genannt). Grundrechtsberechtigt sind hier nur **Deutsche i.S.d. Art. 116 GG**. Die Deutschengrundrechte erkennen Sie in aller Regel bereits am Wortlaut des Grundgesetzes. Diese Grundrechte beziehen sich ausdrücklich nur auf „alle Deutschen“ (z.B. Art. 8, Art. 9 Abs. 1, Art. 11 Abs. 1, Art. 12 Abs. 1 GG). Dass das Wahlrecht gemäß Art. 38 Abs. 1 S. 1 GG auch nur Deutschen zusteht, ergibt sich dagegen zwar nicht unmittelbar aus dem Wortlaut der Bestimmung, folgt aber aus der Natur der Sache. Die Wahlen sind Ausdruck des Demokratieprinzips und der Volkssouveränität und damit ein Recht des Staatsvolks der Bundesrepublik Deutschland, das von den Deutschen i.S.d. Art. 116 GG gebildet wird.[90]

Bei den Deutschengrundrechten stellt sich die Frage, auf welche Grundrechte sich **Staaten-** 104 **lose** und **Nicht-EU-Ausländer** berufen können, wenn sie sich nicht auf die den Deutschen i.S.d. Art. 116 GG vorbehaltenen Deutschengrundrechte berufen können.

**Beispiel** M ist iranischer Staatsangehöriger und lebt seit seiner Geburt in Deutschland, wo er seit einigen Jahren als erfolgreicher Geschäftsmann arbeitet. Weil Geschäftsbeziehungen zum Iran zunehmend durch bürokratische Behinderungen erschwert werden, beschließt er zusammen mit einigen anderen Betroffenen, für ungehinderte Geschäftsbeziehungen zum Iran zu demonstrieren. ■

In unserem *Beispiel* ist M nicht Deutscher i.S.d. Art. 116 GG. Er kann sich daher nicht auf das an sich thematisch und sachlich einschlägige Freiheitsrecht aus Art. 8 Abs. 1 GG berufen, da es allein Deutschen i.S.d. Art. 116 GG vorbehalten ist. Fraglich ist daher, ob und ggf. auf welches Freiheitsrecht sich M berufen kann. – Dies ist streitig. Das *Bundesverfassungsgericht* und die herrschende Meinung in der Literatur nehmen an, Staatenlose und Nicht-EU-Ausländer könnten sich zwar nicht auf ein spezielles, nur Deutschen gewährleistetes Grundrecht, statt dessen aber auf das Auffanggrundrecht aus Art. 2 Abs. 1 GG berufen; grundrechtlicher Schutz werde nach Maßgabe der allgemeinen Handlungsfreiheit gewährleistet.[91] Für unseren *Beispielsfall* bedeutet dies, dass sich M zwar nicht auf das spezielle Freiheitsrecht aus Art. 8 Abs. 1 GG, aber auf das Grundrecht aus Art. 2 Abs. 1 GG berufen kann. – Nach anderer Ansicht kommt dies gerade nicht in Betracht. Diese Ansicht beruft sich darauf, es gehöre gerade zum Regelungsgehalt der Deutschengrundrechte, Nichtdeutschen einen entsprechenden Grundrechtsschutz nicht zu gewährleisten.[92] Unter Zugrundelegung dieser Auffassung könnte sich M weder auf Art. 8 Abs. 1 GG noch auf Art. 2 Abs. 1 GG berufen. Er würde somit keinen grundrechtlichen Schutz genießen.

Bei den Deutschengrundrechten ist ferner problematisch, auf welche Grundrechte sich **EU-** 105 **Ausländer** berufen können. Im Gegensatz zu den Staatenlosen und den Nicht-EU-Ausländern (s.o. Rn. 104) genießen sie insofern Privilegien, als für sie gemäß Art. 18, 20 AEUV ein allgemeines Diskriminierungsverbot und zusätzlich besondere Diskriminierungsverbote (etwa

90 Vgl. Jarass/Pieroth-*Pieroth* Art. 38 Rn. 5.
91 Vgl. *BVerfGE* 35, 382; *Sachs* Verfassungsrecht II – Grundrechte A 6 Rn. 16 f.
92 Vgl. *Schwabe* NJW 1974, 1044.

Art. 45 und 56 AEUV) gelten. Diese Bestimmungen sind wegen des Anwendungsvorrangs des Gemeinschaftsrechts vor mitgliedstaatlichem Recht auch bei der Auslegung der Grundrechte des Grundgesetzes zu beachten.

**Beispiel** Dasselbe *Beispiel* wie oben Rn. 104; M ist hier jedoch belgischer Staatsangehöriger. ■

Auf welche Grundrechte sich EU-Ausländer berufen können, ist streitig. Nach einer Ansicht sind die Deutschengrundrechte gemeinschaftsrechtskonform auszulegen mit der Folge, dass sich die EU-Ausländer auf die Deutschengrundrechte berufen können.[93] Legt man – dieser Ansicht folgend – in unserem *Beispielsfall* Art. 8 Abs. 1 GG gemeinschaftsrechtskonform aus, müssten sich auch EU-Ausländer auf das Deutschengrundrecht aus Art. 8 Abs. 1 GG berufen können. Im *Beispielsfall* könnte sich M demnach auf das Grundrecht aus Art. 8 Abs. 1 GG berufen.

Nach anderer Ansicht ist dies nach dem Wortlaut der Deutschengrundrechte ausgeschlossen. Hiernach können sich EU-Ausländer auf das Grundrecht aus Art. 2 Abs. 1 GG berufen. Bei der Anwendung und der Auslegung des Art. 2 Abs. 1 GG müssten wegen der gemeinschaftsrechtlichen Diskriminierungsverbote und des Prinzips der praktischen Anwendbarkeit („effet utile") aber die strengen Maßstäbe des speziellen Freiheitsrechts angelegt werden, so dass im Ergebnis derselbe Schutzumfang zu gewährleisten sei.[94] Auf der Grundlage dieser Ansicht könnte sich M zwar formell nur auf das Grundrecht aus Art. 2 Abs. 1 GG berufen; hinsichtlich des materiellen Schutzumfangs wäre er aber Deutschen gleichzustellen.

#### (2) Weitere Grundrechte

106 Zu den Freiheitsrechten, deren persönlicher Schutzbereich beschränkt ist, gehören ferner die Grundrechte, die wegen ihres jeweiligen Sachzusammenhangs eine Sonderstellung einnehmen.

**Beispiel** Art. 16 Abs. 1 GG schützt die deutsche Staatsangehörigkeit. Auf dieses Grundrecht können sich dementsprechend nur deutsche Staatsangehörige i.S.d. Art. 116 Abs. 1 Var. 1 GG und somit nicht alle Deutschen i.S.d. Art. 116 GG berufen. ■

### c) Grundrechtsmündigkeit

107 **Grundrechtsmündig** ist jeder, der fähig ist, ein Grundrecht, dessen Träger er ist, entsprechend seiner Einsichts- und Entscheidungsfähigkeit selbständig auszuüben.

108 Auf Grundrechte soll sich nur derjenige berufen können, der grundrechtsmündig ist. Während die Grundrechtsmündigkeit bei geschäftsfähigen Personen unproblematisch gegeben ist, stellt sich die Frage der Grundrechtsmündigkeit bei nicht geschäftsfähigen, vor allem bei **minderjährigen Personen**.[95]

**»** Wiederholen Sie die Geschäftsfähigkeit im Zivilrecht! **«**

109 Im Zivilrecht sind Minderjährige im Alter unter 7 Jahren nicht geschäftsfähig sowie im Alter zwischen 7 und 18 Jahren beschränkt geschäftsfähig (vgl. §§ 104, 106 BGB). Das BGB knüpft die Geschäftsfähigkeit von Personen damit an bestimmte Altersgrenzen. Das Grundgesetz

---

93 Vgl. *Wernsmann* Jura 2000, 657.

94 Vgl. Dreier-*Dreier* GG I Vorb. vor Art. 1 Rn. 116.

95 Vgl. *Hufen* Staatsrecht II § 6 Rn. 41.

enthält Altersgrenzen dagegen nur in Art. 12a Abs. 1 GG und Art. 38 Abs. 2 GG. Andere Altersgrenzen finden sich im einfachen öffentlichen Recht (vgl. z.B. § 5 S. 2 RelKErzG).

**Beispiele** Kann sich der achtjährige B auf die Grundrechte aus Art. 1 Abs. 1, Art. 2 Abs. 2 S. 1, Art. 4 Abs. 1 und Abs. 3, Art. 14 Abs. 1 und Art. 12a GG berufen? ■

Ob bzw. wann ein Minderjähriger in der Ausübung seiner Grundrechte beschränkt ist, ist umstritten. Nach einer Ansicht ist die individuelle Einsichts- und Entscheidungsfähigkeit der konkret betroffenen Person maßgeblich (sog. **gleitende Altersgrenze**). Danach ist ein Minderjähriger grundrechtsmündig, wenn er fähig ist, die Tragweite der Grundrechte zu erkennen. Indizien ergeben sich dabei aus den oben (Rn. 109) genannten normierten Altersgrenzen. Unter Zugrundelegung dieser Ansicht wird sich B je nach seiner individuellen Einsichts- und Entscheidungsfähigkeit jedenfalls auf die Grundrechte aus Art. 1 Abs. 1, Art. 2 Abs. 2 S. 1 und Art. 14 Abs. 1 GG berufen können. – Eine andere Ansicht stellt demgegenüber auf die Grenzen ab, die der Gesetzgeber generell gezogen hat (sog. **starre Altersgrenze**). Dies führt dazu, dass ein Minderjähriger hinsichtlich der Grundrechte, die an die menschliche Existenz anknüpfen, stets, hinsichtlich solcher Grundrechte, deren Ausübung mit privatrechtlichen Regelungen verbunden ist, entsprechend den Altersgrenzen für die Geschäftsfähigkeit im BGB (§§ 2, 104 ff. BGB) und hinsichtlich der Grundrechte, die erst ab einem bestimmten Alter relevant werden, erst ab dem festgelegten Zeitpunkt (z.B. Art. 12a, Art. 38 Abs. 2 GG; § 5 S. 2 RelKErzG) grundrechtsmündig ist. Auf der Grundlage dieser Ansicht kann sich B auf jeden Fall nur auf die Grundrechte aus Art. 1 Abs. 1, Art. 2 Abs. 2 S. 1 GG und Art. 14 Abs. 1 GG berufen. Hinsichtlich der anderen Grundrechte hat B demgegenüber noch nicht die jeweiligen Altersgrenzen erreicht. 110 P

**JURIQ-Klausurtipp**

Wie Sie sehen, unterscheiden sich die beiden Ansichten nur in der Begründung, nicht aber im Ergebnis. In der Fallbearbeitung können Sie daher an sich regelmäßig offen lassen, welcher Ansicht zu folgen ist, wenn der Minderjährige in den Bereich einer gesetzlichen Altersbestimmung fällt.

### 3. Grundrechtskonkurrenzen

#### a) Begriff

Auf der Ebene des Schutzbereichs können sich **Grundrechtskonkurrenzen** ergeben. Grundrechte können miteinander konkurrieren, wenn **derselbe Lebenssachverhalt den Schutzbereich mehrerer Grundrechte desselben Grundrechtsträgers eröffnet**. 111

**Beispiel** G ist ordentlicher Professor und Inhaber eines naturwissenschaftlichen Instituts an einer staatlichen Universität. Zur Verbesserung der Lehre in den Naturwissenschaften beschließt der zuständige Landesgesetzgeber, die in Vorlesungen angewendete Methodik zu vereinheitlichen. Für G bedeutet die Neuregelung, dass er zukünftig nicht mehr frei entscheiden kann, wie er seinen Studenten den Vorlesungsstoff vermittelt, sondern dass er detaillierten gesetzlichen Vorgaben folgen muss, die jede Flexibilität vermissen lassen. G ist mit diesem Beschluss überhaupt nicht einverstanden und fühlt sich in seinen Grundrechten verletzt, zumal die Kollegen der anderen Fachbereiche nach wie vor frei lehren dürfen. Dies sieht G überhaupt nicht ein und hält die Neuregelung für willkürlich. ■

**Hinweis**

Unterscheiden Sie den Begriff der Grundrechtskonkurrenz, den wir sogleich näher behandeln werden, von dem Begriff der **Grundrechtskollision**. Die Grundrechtskollision ist erst bei der Schrankenprüfung von Bedeutung (s.u. Rn. 156 ff.).

112 Die Frage, welches Grundrecht einem anderen Grundrecht vorgeht, welches Grundrecht von einem anderen Grundrecht verdrängt wird oder welches Grundrecht neben einem anderen Grundrecht steht, ist allein wegen der unterschiedlichen Schranken, denen die einzelnen Grundrechte unterliegen (einfacher oder qualifizierter Gesetzesvorbehalt; schrankenlos gewährleistetes Grundrecht), von erheblicher Bedeutung. Schließlich richtet sich nach der jeweiligen Schranke, ob und ggf. wie weit die öffentliche Gewalt in ein Grundrecht zulässigerweise eingreifen darf.

**JURIQ-Klausurtipp**

In der Fallbearbeitung empfiehlt es sich, in einem allerersten Schritt den Sachverhalt grob daraufhin zu überprüfen, welche Grundrechte überhaupt thematisch einschlägig sein könnten (s.o. Rn. 69). Ist der Schutzbereich mehrerer Grundrechte desselben Grundrechtsträgers eröffnet, haben Sie einen Fall der Grundrechtskonkurrenz und müssen das Verhältnis der Grundrechte zueinander bestimmen.

### b) Grundsatz

113 Bei der Lösung von Grundrechtskonkurrenzen geht es im Grunde um die konkrete Anwendung des Grundsatzes, dass das speziellere Grundrecht dem allgemeineren Grundrecht vorgeht („**lex-specialis**-Regel"). Sind die Merkmale des Schutzbereichs eines Grundrechts vollständig in einem anderen Grundrecht enthalten und enthält dieses andere Grundrecht darüber hinaus zumindest ein weiteres Tatbestandsmerkmal (sog. **logische Spezialität**) bzw. ist dieses andere Grundrecht – bei nur unvollständiger Überdeckung der Schutzbereiche der beiden Grundrechte – sachnäher (sog. **normative Spezialität**), geht dieses Grundrecht vor.[96]

#### aa) Grundrechtskonkurrenz innerhalb der Freiheitsrechte

114 Dies gilt insbesondere für die Konkurrenzen zwischen den Freiheitsrechten. So könnte in unserem *Beispielsfall* oben (Rn. 111) G in seinem Grundrecht auf Lehrfreiheit, in seinem Grundrecht auf Berufsfreiheit, in seinem Grundrecht auf allgemeine Handlungsfreiheit und in seinem Grundrecht auf allgemeine Gleichbehandlung verletzt sein. Bei den Art. 5 Abs. 3 S. 1 Var. 2, Art. 12 Abs. 1 und Art. 2 Abs. 1 GG handelt es sich um Freiheitsrechte und bei Art. 3 Abs. 1 GG um ein Gleichheitsrecht. Die universitäre Lehrtätigkeit kann an sich unter alle drei genannten Freiheitsrechte subsumiert werden: Einschlägig ist aber Art. 5 Abs. 3 S. 1 Var. 2 GG als *lex specialis* gegenüber den anderen beiden Freiheitsrechten. Die Lehrfreiheit steht zur allgemeinen Handlungsfreiheit im Verhältnis einer logischen Spezialität und zur Berufsfreiheit im Verhältnis einer normativen Spezialität.

96 Vgl. auch *Hufen* Staatsrecht II § 6 Rn. 45 f.

**JURIQ-Klausurtipp**

In der Fallbearbeitung gilt daher folgende Prüfungsreihenfolge: spezielle Freiheitsrechte vor dem allgemeinen Freiheitsrecht aus Art. 2 Abs. 1 GG. Art. 2 Abs. 1 GG ist ein Auffanggrundrecht und greift nur, wenn der Schutzbereich eines speziellen Freiheitsrechts nicht eröffnet ist (s.u. Rn. 190). In unserem *Beispiel* (Rn. 111) ist der Schutzbereich des Art. 5 Abs. 3 S. 1 Var. 2 GG eröffnet. Art. 2 Abs. 1 GG tritt daher hinter diesem speziellen Freiheitsrecht als subsidiäres Freiheitsrecht zurück.

#### bb) Exkurs: Grundrechtskonkurrenz innerhalb der Gleichheitsrechte

Bei den Gleichheitsrechten, bei denen zwischen dem allgemeinen Gleichheitsrecht und den speziellen Gleichheitsrechten zu unterscheiden ist (s.o. Rn. 26 und s.u. Rn. 675), gilt ebenfalls die **lex specialis**-Regelung, d.h. spezielle Gleichheitsrechte verdrängen in ihrem Anwendungsbereich das allgemeine Gleichheitsrecht. 115

**Beispiel** Der Gesetzgeber erlässt ein Gesetz, nach dem behinderten Menschen der Zutritt zu öffentlichen Einrichtungen (z.B. Schwimmbädern) untersagt werden kann. – Das Gesetz kann behinderte Menschen sowohl in ihrem Grundrecht aus Art. 3 Abs. 1 GG als auch in ihrem Grundrecht aus Art. 3 Abs. 3 S. 2 GG verletzen. Da Art. 3 Abs. 1 GG vollständig in Art. 3 Abs. 3 S. 2 GG enthalten ist und Art. 3 Abs. 3 S. 2 GG darüber hinaus ein weiteres Tatbestandselement enthält, ist Art. 3 Abs. 3 S. 2 GG wegen logischer Spezialität vorrangig gegenüber Art. 3 Abs. 1 GG anwendbar und damit Prüfungsmaßstab der gesetzlichen Regelung. ■

#### cc) Grundrechtskonkurrenz im Verhältnis zwischen Freiheits- und Gleichheitsrechten

Freiheits- und Gleichheitsrechte stehen **grundsätzlich nebeneinander** (sog. **Idealkonkurrenz**).[97] In unserem *Beispiel* oben (Rn. 111) ist daher neben dem Grundrecht aus Art. 5 Abs. 3 S. 1 Var. 2 GG auch das Grundrecht aus Art. 3 Abs. 1 GG zu prüfen. 116

### c) Ausnahme

Wie gesehen, kommt für die Lösung von Grundrechtskonkurrenzen grundsätzlich die *lex specialis*-Regelung zur Anwendung. Abgesehen von der im Verhältnis zwischen Freiheits- und Gleichheitsrechten gegebenen Idealkonkurrenz (oben Rn. 116) gilt dieser Grundsatz vor allem bei den speziellen Freiheitsrechten allerdings nicht ausnahmslos. Wenn derselbe Lebenssachverhalt den Schutzbereich mehrerer Grundrechte desselben Grundrechtsträgers eröffnet, müssen die Grundrechte nicht immer im Verhältnis *lex specialis/lex generalis* stehen. Es kann durchaus vorkommen, dass ein Lebenssachverhalt den Schutzbereich mehrerer Grundrechte desselben Grundrechtsträgers eröffnet, die in Idealkonkurrenz zueinander stehen. 117

**Beispiel** Bei einer Versammlung ist das Grundrecht aus Art. 5 Abs. 1 S. 1 Var. 1 GG selbständig neben Art. 8 Abs. 1 GG anwendbar, weil nach der Rechtsprechung des *Bundesverfassungsgerichts* die versammlungsspezifischen Tätigkeiten des Art. 8 GG zwingend auf den

97 Vgl. *Hufen* Staatsrecht II § 6 Rn. 46.

Zweck der (öffentlichen) Meinungsbildung und Meinungskundgabe gerichtet sind.[98] Wird ein Versammlungsverbot erwogen, muss es somit auch am Grundrecht aus Art. 5 Abs. 1 S. 1 Var. 1 GG gemessen werden (s. auch unten Rn. 325, 456). ■

**JURIQ-Klausurtipp**

Stehen mehrere Grundrechte nebeneinander, beginnen Sie Ihre Prüfung mit dem Grundrecht, das den stärksten Schutz bietet. Welches der möglicherweise verletzten Grundrechte den stärksten Schutz bietet, erkennen Sie an den Schranken der betreffenden Grundrechte. Ein schrankenlos gewährleistetes Grundrecht (z.B. Art. 4 Abs. 1 GG) genießt stärkeren Schutz als ein nur unter Gesetzesvorbehalt garantiertes Grundrecht (z.B. Art. 12 Abs. 1 GG; Art. 8 Abs. 1 GG). Ein hoheitlicher Eingriff ist bei mehreren einschlägigen Grundrechten nur dann verfassungsrechtlich gerechtfertigt, wenn er die Anforderungen erfüllt, die das am stärksten geschützte Grundrecht aufstellt. Stehen z.B. die Grundrechte aus Art. 4 Abs. 1 GG und Art. 12 Abs. 1 GG nebeneinander, ist eine staatliche Maßnahme nur dann gerechtfertigt, wenn sie den Anforderungen des Art. 4 Abs. 1 GG genügt. Ihre Prüfung beginnen Sie demnach mit Art. 4 Abs. 1 GG. Bei nebeneinander stehenden und mit unterschiedlichen Schranken ausgestatteten Grundrechten prüfen Sie ausnahmsweise das Grundrecht mit dem stärksten Schutz zuerst, auch wenn es vielleicht nicht das sachnächste Grundrecht ist (vgl. hierzu oben Rn. 69).

## III. Eingriff in den Schutzbereich des Freiheitsrechts

118 Ist der Schutzbereich eines Freiheitsrechts eröffnet, prüfen Sie nun, ob die Maßnahme der öffentlichen Gewalt in den Schutzbereich des Freiheitsrechts eingreift. Dabei gehen Sie in zwei Schritten vor:

**JURIQ-Klausurtipp**

Beachten Sie in der Fallbearbeitung unbedingt zwei Punkte:

1. Sprechen Sie unter dem Prüfungspunkt „Eingriff" nicht bereits von einer Verletzung eines Grundrechts! Ob eine Grundrechtsverletzung vorliegt, ist erst das Ergebnis Ihrer gesamten Prüfung. Eine Verletzung ist gegeben, wenn und soweit ein hoheitlicher Eingriff in ein Grundrecht verfassungsrechtlich nicht gerechtfertigt und daher unzulässig ist.
2. Benennen Sie den möglichen Eingriffsakt konkret.

### 1. Vorliegen eines Eingriffs

119 Nicht jede belastende Maßnahme der öffentlichen Gewalt stellt einen Eingriff in den Schutzbereich eines Freiheitsrechts dar. Ein Eingriff liegt vielmehr nur dann vor, wenn er eine **bestimmte Qualität** aufweist. Sog. „Bagatelleingriffe" weisen diese Eingriffsqualität nicht auf.

**Beispiel** Die Stadt A verstärkt die Polizeipräsenz auf ihren Straßen in der Innenstadt, um die Kleinkriminalität effektiver zu bekämpfen. Zu diesem Zwecke setzt sie verstärkt Streifenbeamte zu Fuß, auf dem Fahrrad und auf dem Pferd ein. Der Rentner T, der in der

98 Vgl. *BVerfG* (K) NJW 2001, 2459 – Loveparade/Fuckparade.

Innenstadt wohnt und sich oft draußen aufhält, fühlt sich durch die sichtbar verstärkte Polizeipräsenz in seinen Grundrechten verletzt. – In Betracht käme allenfalls eine Verletzung der allgemeinen Handlungsfreiheit des T. Der Schutzbereich dieses Grundrechts ist zwar eröffnet; es liegt aber kein relevanter Eingriff in dieses Grundrecht vor, so dass eine Grundrechtsverletzung zu verneinen ist. Daran ändert sich auch dadurch nichts, dass sich T persönlich belästigt fühlt. ■

Beim Begriff des Eingriffs ist zwischen dem klassischen Eingriffsbegriff und dem neuen Ein- 120
griffsbegriff zu unterscheiden.

### a) Klassischer Eingriffsbegriff

Nach dem **klassischen Eingriffsbegriff** liegt ein Eingriff vor, wenn er final, unmittelbar, 121
durch Rechtsakt sowie mit Befehl und Zwang gegenüber dem Einzelnen angeordnet bzw. durchgesetzt wird.

Der **klassische Eingriffsbegriff** hat demnach **vier Voraussetzungen**:[99] **„Finalität"** bedeutet, dass die staatliche Maßnahme gezielt, also beabsichtigt, freiheitsverkürzend wirken soll. – **„Unmittelbar"** wirkt ein Rechtsakt, wenn er direkt auf die Herbeiführung bestimmter (belastender) Rechtsfolgen bei den Grundrechtsberechtigten gerichtet ist, es also nicht erst noch eines Vollzugsaktes bedarf, um die beabsichtigten Rechtsfolgen herbeizuführen. – **„Rechtsakt"** sind z.B. Parlamentsgesetze, Rechtsverordnungen, Satzungen, Verwaltungsakte, Gerichtsentscheidungen etc. – **„Mit Befehl und Zwang"** kennzeichnet die beim klassischen Eingriffsbegriff typische Imperativität des staatlichen Handelns.

**Beispiel** Die Eheleute S haben ohne Baugenehmigung ein kleines Wochenendhaus in einem Naturschutzgebiet in Nordrhein-Westfalen gebaut. Nach einigen Jahren bemerkt die zuständige Baubehörde dies und verfügt den Abriss des Hauses. – Die Abrissverfügung ist ein Verwaltungsakt i.S.d. § 35 S. 1 VwVfG NW. Als imperativer Hoheitsakt zielt er darauf ab, die Eheleute S in ihren Grundrechten zu beeinträchtigen. Dies geschieht unmittelbar, da die Abrissverfügung keines weiteren Vollzugsaktes bedarf, um gegenüber S rechtliche Wirkung zu entfalten. ■

**JURIQ-Klausurtipp**

Eine ausführlichere Prüfung der Begriffsmerkmale des klassischen Eingriffsbegriffs sind nur dann notwendig, wenn eines der Merkmale tatsächlich problematisch sein sollte (z.B. die Finalität der staatlichen Maßnahme). Ansonsten ist eine ausführlichere Prüfung entbehrlich. Es genügt dann vielmehr, den Eingriff unter Benennung des konkreten Eingriffsaktes zu bejahen.

### b) Neuer Eingriffsbegriff

Angesichts der heute vielfältigen Handlungsmöglichkeiten der Exekutive reicht der klas- 122
sische Eingriffsbegriff allein nicht mehr aus, um alle denkbaren Erscheinungsformen grundrechtsrelevanter Eingriffe der Exekutive zu erfassen. Daher hat sich ein **neuer Eingriffsbegriff** entwickelt.

99 Vgl. hierzu *Kingreen/Poscher* Grundrechte Rn. 292.

123 Nach dem **neuen Eingriffsbegriff** bedeutet Eingriff jedes staatliche Handeln, das dem Einzelnen ein Verhalten, das in den Schutzbereich eines Grundrechts fällt, ganz oder teilweise unmöglich macht, gleichgültig, ob diese Wirkung final oder unbeabsichtigt, unmittelbar oder mittelbar, rechtlich oder faktisch, mit oder ohne Befehl und Zwang erfolgt. Dabei muss die erzielte Wirkung einer der öffentlichen Gewalt zuzuordnenden Maßnahme zurechenbar sein.[100]

Ein Vergleich der Definitionen des klassischen Eingriffsbegriffs und des neuen Eingriffsbegriffs zeigt, dass **alle vier Voraussetzungen des klassischen Eingriffsbegriffs erweitert** wurden. Dies hat zur Folge, dass nunmehr auch z.B. **faktische Maßnahmen** Eingriffscharakter haben können.

**Beispiel** Die Stadt D hat eine neue Kläranlage in Betrieb genommen, sehr zum Leidwesen der Bewohner einer nahe gelegenen Wohnsiedlung. Täglich werden sie durch den Lärm und den Gestank, die von der Anlage ausgehen, belästigt. Einige Bewohner leiden bereits unter Schlafstörungen, Übelkeit etc. – Die Stadt D könnte durch das Betreiben der Kläranlage das Grundrecht der Bewohner auf körperliche Unversehrtheit verletzen. Dann müsste ein Eingriff in den eröffneten Schutzbereich dieses Freiheitsrechts vorliegen. Dies bedarf näherer Prüfung, denn ein Eingriff nach dem klassischen Begriffsverständnis liegt ersichtlich nicht vor. Vielmehr erzielt D mit dem Betrieb der Kläranlage eine Wirkung bei den Bewohnern, die sie überhaupt nicht beabsichtigt, die sich aber gleichwohl so negativ auf das Grundrecht der Bewohner aus Art. 2 Abs. 2 S. 1 GG auswirkt, dass sie einem Grundrechtseingriff gleichsteht. ■

124 Schwieriger zu beurteilen ist die Frage nach dem Vorliegen eines Eingriffs bei **mittelbaren Eingriffen**. Kennzeichnend für diese ist, dass die öffentliche Gewalt eine bestimmte (belastende oder begünstigende) Maßnahme gegen einen bestimmten Adressaten richtet, die beeinträchtigende Wirkung jedoch nicht bei diesem, sondern bei einem Dritten eintritt.

**Beispiel**[101] Die Bundesregierung informiert das Parlament und die Öffentlichkeit über die Osho-Bewegung, die ihr angehörenden Gruppierungen sowie ihre Ziele und Aktivitäten. Dabei bezeichnet sie die Osho-Bewegung u.a. als „Psychosekte", die „destruktiv" und „pseudoreligiös" agiere. – Die Informationstätigkeit der Bundesregierung richtet sich an das Parlament und die Öffentlichkeit und beeinträchtigt das Wirken der Osho-Bewegung. ■

### c) Besonderheit: Grundrechte mit normgeprägtem Schutzbereich und Grundrechte unter Regelungsvorbehalt

125 Vom Eingriff im gerade behandelten Sinne zu unterscheiden sind zunächst Ausgestaltungen oder Konkretisierungen der Schutzbereiche von Grundrechten durch den Gesetzgeber. In diesen Fällen will der Gesetzgeber nicht ein grundrechtlich geschütztes Verhalten unterbinden; im Gegenteil, er will Verhaltensmöglichkeiten eröffnen, damit der Einzelne das Grundrecht überhaupt erst ausüben kann. Schutzbereiche von Grundrechten, die einer solchen gesetzlichen Ausgestaltung und Konkretisierung bedürfen, nennt man sog. **normgeprägte Schutzbereiche.**[102]

100 Vgl. *Papier/Krönke* Grundkurs Öffentliches Recht 2 Rn. 135.
101 Nach *BVerfGE* 105, 279.
102 Vgl. zum Ganzen *Kingreen/Poscher* Grundrechte Rn. 266.

**Beispiel** Erst durch den Gesetzgeber wird aus einem Zusammenleben von Mann und Frau die Ehe (Art. 6 Abs. 1 GG) und zusammen mit Kindern die Familie (Art. 6 Abs. 1 GG) oder aus einem Haben Eigentum (Art. 14 Abs. 1 GG). ■

**126** Bei den normgeprägten Grundrechten ist problematisch, dass sie einerseits auf Ausgestaltung angelegt sind, damit der Einzelne von ihnen Gebrauch machen kann, und andererseits die öffentliche Gewalt verpflichten, die Ausgestaltungen vorzunehmen. Die gesetzgeberische Pflicht zur Ausgestaltung eines Grundrechts kann allerdings nicht bedeuten, dass der Gesetzgeber über das Grundrecht verfügen darf. Wenn der Gesetzgeber Grundrechte ausgestaltet, muss er sich vielmehr an den Grundrechten messen lassen. Eine gesetzgeberische Regelung, die „mit der Tradition bricht", ist grundsätzlich keine Ausgestaltung des Schutzbereichs, sondern wie ein Eingriff in den Schutzbereich zu behandeln.[103]

**127** Außerdem gibt es Grundrechte, bei denen der Gesetzgeber berechtigt oder verpflichtet ist, das Grundrecht durch nähere Regelung auszugestalten (sog. **Grundrechte unter Regelungsvorbehalt**). Solche Grundrechte erkennen Sie bereits an ihrem Wortlaut, denn bei ihnen heißt es, das Nähere werde durch ein Gesetz bestimmt oder geregelt (z.B. Art. 4 Abs. 3 S. 2, Art. 12a Abs. 2 S. 3, Art. 104 Abs. 2 S. 4 GG). Bei den Grundrechten unter Regelungsvorbehalt darf der Gesetzgeber den Grundrechtsgehalt als solchen nicht verändern, insbesondere nicht verkürzen; er darf die grundrechtlichen Gewährleistungen aber durch Modalitäten, Formen und Verfahren handhabbar machen.[104]

**128** Solange die grundrechtlichen Gewährleistungen nicht geschmälert werden, stellen die gesetzlichen Konkretisierungen des Schutzbereichs eines unter Regelungsvorbehalt stehenden Grundrechts keinen Eingriff dar.[105] Für den prüfungsrelevanten Regelungsvorbehalt des Art. 12 Abs. 1 S. 2 GG nimmt die überwiegende Ansicht, zu der auch das *Bundesverfassungsgericht* gehört, jedenfalls an, dass es sich hierbei um einen Gesetzesvorbehalt handelt.[106]

**Beispiel** Der deutsche Staatsangehörige A betreibt seit Jahrzehnten eine Schmiede in einem dicht besiedelten Wohngebiet. Kürzlich hat er leistungsstärkere Maschinen erworben, die nicht mehr nur – wie bisher – tagsüber, sondern auch nachts laufen sollen. – Zum Schutz der Gesundheit von Nachbarn, die von immissionsträchtigen Handwerksbetrieben betroffen sind, erlässt der Gesetzgeber einige Zeit später ein seit längerem geplantes Gesetz, nach dem das Arbeiten in Handwerksbetrieben zwischen 22 Uhr und 5 Uhr ausnahmslos untersagt ist. A ist mit dieser Regelung nicht einverstanden. – Im hier interessierenden Sachzusammenhang soll allein das Grundrecht des A auf Berufsfreiheit behandelt werden. Der Schutzbereich des Art. 12 Abs. 1 GG ist eröffnet, denn A ist Deutscher i.S.d. Art. 116 Abs. 1 GG und übt einen Beruf i.S.d. Art. 12 Abs. 1 GG aus. Art. 12 Abs. 1 S. 2 GG sieht nun vor, dass die Berufsausübung durch Gesetz oder aufgrund eines Gesetzes geregelt werden kann. Von dieser Befugnis hat der Gesetzgeber Gebrauch gemacht. Auch bei der Ausgestaltung von Grundrechten durch nähere gesetzliche Regelung unterliegt der Gesetzgeber verfassungsrechtlichen Vorgaben. Das Gesetz ist daher (nur dann) verfassungsrechtlich gerechtfertigt, wenn es eine verfassungsmäßige, insbesondere verhältnismäßige, Konkretisierung des Regelungsvorbehalts des Art. 12 Abs. 1 S. 2 GG darstellt. ■

---

103 Vgl. zum Ganzen *Kingreen/Poscher* Grundrechte Rn. 270; *Michael/Morlok* Grundrechte Rn. 43 f. Die dogmatische Handhabung der Grundrechtsausgestaltung ist im Einzelnen nicht unumstritten.

104 Vgl. *Kingreen/Poscher* Grundrechte Rn. 276.

105 Vgl. *Hufen* Staatsrecht II § 8 Rn. 2.

106 Vgl. zum Ganzen *Kingreen/Poscher* Grundrechte Rn. 276, 934; auch *Manssen* Staatsrecht II Rn. 639; *BVerfGE* 54, 224; 237.

**JURIQ-Klausurtipp**

Sie sehen: Trotz dogmatischer Besonderheiten dürften die Grundrechte unter Regelungsvorbehalt (ebenso wie die Grundrechte mit normgeprägtem Schutzbereich) in der Fallbearbeitung wie Grundrechte unter Eingriffsvorbehalt geprüft werden.

## 2. Grundrechtsverzicht

129 Ein Eingriff gleich welcher Art liegt nicht vor, wenn der Grundrechtsberechtigte im konkreten Fall wirksam auf sein Grundrecht verzichtet hat. Während früher angenommen wurde, auf Grundrechte könne nicht verzichtet werden, wird heute differenziert argumentiert, weil der Verzicht auf die Ausübung eines Grundrechts als eine **besondere Form des Freiheitsgebrauchs** angesehen werden kann.[107]

**Beispiel** M hat ihre Zusage erhalten, Richterin in der ordentlichen Gerichtsbarkeit zu werden. Bevor sie zur Richterin auf Probe ernannt werden kann, muss sie sich beim Amtsarzt untersuchen lassen. Dazu gehört u.a. eine Blutentnahme. M erklärt sich gegenüber dem Amtsarzt ausdrücklich einverstanden. ■

130 Ob ein wirksamer Grundrechtsverzicht vorliegt, prüfen Sie in zwei Schritten: Im ersten Schritt prüfen Sie, ob der Grundrechtsberechtigte zur **Disposition** über das jeweilige Grundrecht **befugt** ist. Dabei ist zu differenzieren: Einige Grundrechte sind bereits nach ihrem Wortlaut ausdrücklich vom Willen des Grundrechtsberechtigten abhängig. Diese Grundrechte sind verzichtbar. So ergibt z.B. ein Umkehrschluss aus Art. 6 Abs. 3 GG, dass Kinder mit dem Willen der Erziehungsberechtigten von der Familie getrennt werden dürfen. Bei anderen Grundrechten bringt der Verfassungstext dagegen zum Ausdruck, dass ein Verzicht ausgeschlossen ist. Diese Grundrechte sind für den Berechtigten nicht disponibel. So sind gemäß Art. 9 Abs. 3 S. 2 GG Abreden, die die Koalitionsfreiheit nach Art. 9 Abs. 3 S. 1 GG einschränken oder zu behindern suchen, nichtig, hierauf gerichtete Maßnahmen rechtswidrig. Im Übrigen müssen Sie bei jedem einzelnen Grundrecht prüfen, ob ein Verzicht auf die Ausübung des Grundrechts in Betracht kommt. Um dies herauszufinden, untersuchen Sie die **Funktion** des jeweiligen Grundrechts. In unserem *Beispiel* oben (Rn. 129) steht das Grundrecht der M auf körperliche Unversehrtheit in Rede. Bei ihm handelt es sich seiner Funktion nach um ein primär klassisches Freiheitsrecht, das auf die Abwehr staatlicher Eingriffe gerichtet und auf dessen Gewährleistung verzichtet werden kann.

131 Eine generelle Grenze für die Abgabe eines wirksamen Grundrechtsverzichts ist stets dann erreicht, wenn der **Menschenwürdegehalt** des Berechtigten betroffen ist, weil die Menschenwürde nicht zur Disposition des Einzelnen steht (s.u. Rn. 182).

132 Wenn und soweit der Grundrechtsberechtigte zur Disposition über das jeweilige Grundrecht befugt ist, gehen Sie im zweiten Schritt der Frage nach, ob eine ausdrückliche oder konkludente **Verzichtserklärung** des Grundrechtsberechtigten vorliegt. Ob dies der Fall ist, hängt von den Umständen des Einzelfalls ab. Auf jeden Fall muss eine **eindeutige Erklärung** vorliegen.[108] In unserem *Beispiel* oben (oben Rn. 129) hat sich M ausdrücklich mit der Blutent-

107 Vgl. *Geiger* NVwZ 1989, 35.

108 Vgl. Jarass/Pieroth-*Jarass* Vorb. vor Art. 1 Rn. 36.

nahme einverstanden erklärt. Dies stellt eine eindeutige Erklärung dar; demnach liegt eine Verzichtserklärung vor. Die Verzichtserklärung muss außerdem **wirksam abgegeben** werden. Dies ist der Fall, wenn sie **freiwillig** erfolgt.[109] Daran fehlt es, wenn ohne den Verzicht gewichtige Nachteile entstehen.[110] In unserem *Beispiel* hat sich M freiwillig in diesem Sinne mit der Blutentnahme einverstanden erklärt. Der Freiwilligkeit steht nicht entgegen, dass vom (positiven) Ergebnis der amtsärztlichen Untersuchung die Ernennung der M als Richterin auf Probe abhängt. Durch die Pflicht, sich vor der Ernennung amtsärztlich untersuchen zu lassen, entsteht bei M kein faktischer Zwang, den Verzicht erklären zu müssen. Zweifel an der Freiwilligkeit des Verzichts wären daher unbegründet. Sollte die Ausübung eines Grundrechts mehreren Personen zustehen (z.B. denkbar bei Art. 13 GG), setzt eine wirksame Verzichtserklärung nach herrschender Meinung voraus, dass die Verzichtserklärung von allen Grundrechtsberechtigten abgegeben wird.[111]

**JURIQ-Klausurtipp**

Verwechseln Sie den Grundrechtsverzicht nicht mit einem **Nichtgebrauch** von Grundrechten. Ein Nichtgebrauch liegt vor, wenn der Berechtigte sein Grundrecht tatsächlich nicht ausübt. Dies ist z.B. der Fall, wenn ein Einzelner davon absieht, einem privatrechtlichen Verein beizutreten.

## IV. Verfassungsrechtliche Rechtfertigung des Eingriffs

Liegt ein Eingriff in den Schutzbereich eines Freiheitsrechts vor, heißt dies noch nicht, dass dieses Freiheitsrecht verletzt ist. Eine Grundrechtsverletzung liegt vielmehr nur vor, wenn und soweit der Eingriff in den Schutzbereich des Freiheitsrechts verfassungsrechtlich nicht gerechtfertigt und damit unzulässig ist. Die Prüfung im Einzelnen richtet sich danach, ob in den Schutzbereich eines unter Gesetzesvorbehalt stehenden Freiheitsrechts oder eines vorbehaltlos gewährleisteten Freiheitsrechts eingegriffen wird. 133

### 1. Freiheitsrechte unter Gesetzesvorbehalt

Bei Freiheitsrechten unter Gesetzesvorbehalt prüfen Sie die verfassungsrechtliche Rechtfertigung in drei Schritten: 134

#### a) Beschränkbarkeit des Freiheitsrechts („Schranke")

Die meisten Freiheitsrechte stehen unter einem **Gesetzesvorbehalt**. Bei diesen Freiheitsrechten können die grundrechtlichen Gewährleistungen „durch Gesetz" oder „aufgrund eines Gesetzes" eingeschränkt werden. Wegen des rechtsstaatlichen Vorbehalts des Gesetzes ist ein solcher Grundrechtseingriff aber nur zulässig, wenn ein formelles Gesetz, d.h. ein Parlamentsgesetz, den Grundrechtseingriff vorsieht.[112] Je nach Gesetzgebungszuständigkeit (Art. 70 ff. GG) kann es sich bei dem formellen Gesetz um ein Bundes- oder ein Landesgesetz handeln.[113] 135

109 Vgl. Jarass/Pieroth-*Jarass* Vorb. vor Art. 1 Rn. 36.
110 Vgl. *BVerwGE* 119, 123.
111 In Bezug auf Art. 13 GG vgl. Jarass/Pieroth-*Jarass* Art. 13 Rn. 10.
112 Vgl. *Papier/Krönke* Grundkurs Öffentliches Recht 2 Rn. 141; *Manssen* Staatsrecht II Rn. 173.
113 Vgl. *Manssen* Staatsrecht II Rn. 173.

**Hinweis**

Es gibt auch Grundrechte, die **verfassungsunmittelbaren Schranken** unterliegen (z.B. Art. 9 Abs. 2 GG). Bei ihnen wird der Eingriff unmittelbar auf das Grundgesetz gestützt; ein formelles Gesetz als Eingriffsgrundlage ist hier nicht notwendig.

136 Freiheitsrechte können einem sog. einfachen Gesetzesvorbehalt oder einem sog. qualifizierten Gesetzesvorbehalt unterliegen.

### aa) Einfacher Gesetzesvorbehalt

137 Ein **einfacher Gesetzesvorbehalt** liegt vor, wenn der Wortlaut des betreffenden Freiheitsrechts für den Grundrechtseingriff nur verlangt, dass der Eingriff „durch Gesetz" oder „aufgrund eines Gesetzes" erfolgt, und an das eingreifende Gesetz damit keine besonderen Anforderungen stellt.[114]

**Beispiel** Art. 8 Abs. 2 GG sieht vor, dass Versammlungen unter freiem Himmel durch Gesetz oder aufgrund eines Gesetzes beschränkt werden können. ■

138 Die Formulierung **„durch Gesetz"** bedeutet, dass das Grundrecht durch ein selbstvollziehendes formelles Gesetz eingeschränkt werden kann. Sieht ein Grundrecht demgegenüber die Einschränkungsmöglichkeit **„aufgrund eines Gesetzes"** vor, bedeutet dies, dass Eingriffe, die auf ein formelles Gesetz gestützt sind, zulässig sind. So kann ein formelles Gesetz die Exekutive dazu ermächtigen, selbst Grundrechtseinschränkungen vorzunehmen, vor allem in Form von materiellen Gesetzen (Rechtsverordnungen, Satzungen).[115]

139 Ob und ggf. inwieweit ein Eingriff in den Schutzbereich eines Freiheitsrechts *aufgrund eines Gesetzes* überhaupt zulässig ist, bestimmt sich nach der sog. **Wesentlichkeitstheorie** des *Bundesverfassungsgerichts* (s. dazu Skript „Staatsorganisationsrecht"). Nach ihr muss der parlamentarische Gesetzgeber die für die Ausübung der Grundrechte wesentlichen Entscheidungen selbst treffen. Wird die Wesentlichkeitstheorie nicht beachtet, ist der Eingriff in den Schutzbereich eines Grundrechts allein aus diesem Grunde bereits verfassungsrechtlich nicht gerechtfertigt und damit unzulässig.

### bb) Qualifizierter Gesetzesvorbehalt

140 Ein qualifizierter Gesetzesvorbehalt liegt vor, wenn der Wortlaut des betreffenden Freiheitsrechts für den Grundrechtseingriff nicht nur verlangt, dass der Eingriff „durch Gesetz" oder „aufgrund eines Gesetzes" erfolgt, sondern **zusätzlich besondere Anforderungen an das eingreifende Gesetz** stellt.[116] Eingriffe sind hiernach nur unter bestimmten Voraussetzungen (vgl. z.B. Art. 11 Abs. 2 GG „… für die Fälle eingeschränkt werden, in denen eine ausreichende Lebensgrundlage nicht vorhanden ist und der Allgemeinheit daraus besondere Lasten entstehen würden …"), zu bestimmten Zwecken (vgl. z.B. Art. 5 Abs. 2 GG „…, den gesetzlichen Bestimmungen zum Schutz der Jugend …") oder mit bestimmten Mitteln (vgl. Art. 5 Abs. 2 GG „… in den Vorschriften der allgemeinen Gesetze, …") zulässig.[117]

---

114 Vgl. *Kingreen/Poscher* Grundrechte Rn. 304.
115 Vgl. *Papier/Krönke* Grundkurs Öffentliches Recht 2 Rn. 142.
116 Vgl. *Kingreen/Poscher* Grundrechte Rn. 307; *Papier/Krönke* Grundkurs Öffentliches Recht 2 Rn. 141.
117 Vgl. Sodan/Ziekow-*Sodan* Grundkurs Öffentliches Recht § 24 Rn. 17.

### b) Verfassungsrechtliche Grenzen der Beschränkung des Freiheitsrechts („Schranken-Schranken")

Die oben (Rn. 135 ff.) dargestellten Gesetzesvorbehalte erlauben es der Legislative, selbst in die Grundrechte einzugreifen bzw. die Exekutive oder die Judikative zu Eingriffen in die Grundrechte zu ermächtigen. Nachdem Sie in einem ersten Schritt die Beschränkbarkeit des Freiheitsrechts („Schranke") festgestellt haben, prüfen Sie nun in einem zweiten Schritt, ob die verfassungsrechtlichen Grenzen dieser Beschränkbarkeit bei dem Grundrechtseingriff im konkreten Fall eingehalten wurden („Schranken-Schranken"). **141**

#### aa) (Formelle und materielle) Verfassungsmäßigkeit des Gesetzes

Das Parlamentsgesetz, das den legislativen Eingriff in den Schutzbereich des Grundrechts selbst bewirkt bzw. die Exekutive oder die Judikative zu einem Eingriff ermächtigt, muss **(formell und materiell) verfassungsgemäß** sein. Die Verfassungsmäßigkeit des Gesetzes prüfen Sie nach der üblichen Vorgehensweise (s. Skript „Staatsorganisationsrecht").[118] Im Folgenden sollen zwei besonders relevante Prüfungspunkte hervorgehoben werden: **142**

> **Hinweis**
>
> Bei der Prüfung der verfassungsrechtlichen Rechtfertigung von Eingriffen in den Schutzbereich von Freiheitsrechten durch Gesetz ist die Bestimmtheitsprüfung üblicherweise eine Frage der materiellen Verfassungsmäßigkeit des Gesetzes.[119]

#### bb) insbesondere: Wahrung des Verhältnismäßigkeitsgrundsatzes

Bei der Prüfung der Verfassungsmäßigkeit des Parlamentsgesetzes untersuchen Sie im Rahmen der materiellen Verfassungsmäßigkeit insbesondere, ob das Gesetz **verhältnismäßig** in das Freiheitsgrundrecht eingreift. Denn der Gesetzgeber muss bei seinem Eingriff das sog. **Übermaßverbot** beachten. **143**

> **JURIQ-Klausurtipp**
>
> Dieser Prüfungspunkt bildet das Kernstück vieler Fallbearbeitungen. Deshalb sollten Sie diesem Punkt besondere Aufmerksamkeit widmen! Zum Gegenstück des Übermaßverbotes, dem Untermaßverbot, s.o. Rn. 41.

Die Verhältnismäßigkeit ist ein ungeschriebener verfassungsrechtlicher Grundsatz, der nach ständiger Rechtsprechung des *Bundesverfassungsgerichts* (auch) für den grundrechtseinschränkenden Gesetzgeber gilt.[120] Der Gesetzgeber ist nicht völlig frei, wie weit er unter Gesetzesvorbehalt stehende Grundrechte einschränkt. Vielmehr ist er aufgrund des Übermaßverbotes verpflichtet, Begrenzungen bei Einschränkungsmöglichkeiten zu beachten. Damit besteht zwischen dem einschränkenden Gesetz und der hierdurch eingeschränkten Freiheitsgarantie eine Wechselwirkung dergestalt, dass das Gesetz, das ein Freiheitsrecht ein- **144**

118 Vgl. z.B. *Papier/Krönke* Grundkurs Öffentliches Recht 2 Rn. 146 ff.
119 Vgl. nur *Papier/Krönke* Grundkurs Öffentliches Recht 2 Rn. 156.
120 Vgl. *BVerfGE* 7, 377 – Apothekenurteil.

schränken kann, seinerseits im Lichte dieses Freiheitsrechts ausgelegt werden muss (sog. **Wechselwirkungslehre**).[121] Um diesem Erfordernis zu genügen, muss der Gesetzgeber einen verhältnismäßigen Ausgleich zwischen der grundrechtlichen Gewährleistung und dem Eingriff in das Grundrecht herstellen. Die Verhältnismäßigkeit prüfen Sie in vier Schritten: Im ersten Schritt untersuchen Sie, ob das eingreifende Gesetz einen **verfassungsrechtlich legitimen Zweck** verfolgt. Der Gesetzgeber hat bei der Bestimmung des Gesetzeszwecks einen weiten Gestaltungsspielraum mit der Folge, dass sich der Gesetzeszweck nicht unbedingt aus der Verfassung ergeben muss. Verfolgt er mit einem Gesetz mehrere Zwecke, muss zumindest einer dieser Zwecke verfassungsrechtlich legitim sein.

Steht ein Gesetz zur Überprüfung beim *Bundesverfassungsgericht* an, ist umstritten, ob es alle denkbaren Zwecke oder nur den- oder diejenigen Zweck(e) berücksichtigen darf, den/die der Gesetzgeber bei Erlass des Gesetzes vor Augen hatte. Das *Bundesverfassungsgericht* bezieht im Zweifel auch solche Zwecke in seine Prüfung ein, die der Gesetzgeber selbst nicht in Betracht gezogen hat.[122]

**145** Liegt ein verfassungsrechtlich legitimer Zweck vor, prüfen Sie im zweiten Schritt, ob das Gesetz zur Erreichung dieses Zwecks **geeignet** ist. Geeignet ist das Gesetz, wenn es den verfassungsrechtlich legitimen Zweck fördert, indem es überhaupt etwas zur Erreichung des Gesetzeszwecks beiträgt.[123] – Ist dies der Fall, gehen Sie im dritten Schritt der Frage nach, ob das Gesetz zur Erreichung des Zwecks **erforderlich** ist. Erforderlichkeit ist gegeben, wenn es zur Erreichung des Zwecks kein milderes, aber ebenso effektives Mittel gibt.[124] – Bejahen Sie die Erforderlichkeit des Gesetzes, prüfen Sie im vierten Schritt die Angemessenheit bzw. Zumutbarkeit des Gesetzes (sog. **Verhältnismäßigkeit im engeren Sinne**). Ein Gesetz ist angemessen bzw. zumutbar, wenn dieses Gesetz und der mit ihm verfolgte verfassungsrechtlich legitime Zweck in einem „recht gewichteten und wohl abgewogenen Verhältnis" zueinander stehen.[125] Es ist also eine eigenständige Gewichtung und Abwägung durchzuführen.[126]

**JURIQ-Klausurtipp**

Bei der Frage der Angemessenheit des Gesetzes kommt es auf Ihre Argumentation an. Alle für und gegen das Gesetz sprechenden Interessen fließen in die Abwägung ein. Für Sie bedeutet das, alle denkbar relevanten Interessen möglichst konkret herauszuarbeiten. Sodann werden die verschiedenen Interessen nach dem Grad ihrer Beeinträchtigung gewichtet.

**146** Bei der Prüfung der Angemessenheit bzw. Zumutbarkeit eines Eingriffs nimmt das *Bundesverfassungsgericht* in seinen Entscheidungen mitunter eine sog. **„Schutzbereichsverstärkung"** vor. Das Gericht prüft an dieser Stelle dann weitere Grundrechte, die (mangels Eröffnung des Schutzbereichs oder mangels Eingriffs) selbst nicht verletzt sind, mit.

121 Vgl. *BVerfGE* 7, 198 – Lüth.
122 Vgl. *BVerfG* (K) NJW 1998, 1776.
123 Vgl. *BVerfGE* 30, 292.
124 Vgl. *Kingreen/Poscher* Grundrechte Rn. 336.
125 Vgl. *Kingreen/Poscher* Grundrechte Rn. 340.
126 Vgl. *Kingreen/Poscher* Grundrechte Rn. 342 ff.

### Hinweis

Das *Bundesverfassungsgericht* setzt bei der Schutzbereichsverstärkung das unmittelbar einschlägige Grundrecht und das nur mittelbar einschlägige Grundrecht in Verbindung zueinander und benennt die Grundrechte ausdrücklich mit „Art. ... GG i.V.m. Art. ... GG".

**Beispiel 1**[127] Die Beschlagnahme von Datenträgern eines Rechtsanwalts wurde vom *Bundesverfassungsgericht* in erster Linie am Recht auf informationelle Selbstbestimmung gemessen, dabei wurde aber die Berufsfreiheit des Rechtsanwalts mitberücksichtigt, obgleich ein berufsspezifischer Eingriff nicht vorliegt. ■

**Beispiel 2**[128] Das Schächten wurde vom *Bundesverfassungsgericht* in erster Linie an der Berufsfreiheit des muslimischen Metzgers (türkischer Staatsangehöriger) nach Art. 2 Abs. 1 GG gemessen, der Aspekt der Glaubensfreiheit wurde im Rahmen der Berufsfreiheit mitberücksichtigt. ■

**Beispiel 3**[129] Die verfassungsrechtlichen Anforderungen an das Verfahren und die gerichtliche Kontrolle von Prüfungsentscheidungen im Bereich von Qualifikationsentscheidungen, die Voraussetzung für den Zugang zur Stellung eines Hochschullehrers sind (also namentlich die Habilitation), wurden vom *Bundesverfassungsgericht* in erster Linie an der Berufsfreiheit des Habilitanden (Art. 12 Abs. 1 GG bzw. im entschiedenen Fall Art. 2 Abs. 1 GG, weil der Betroffene die österreichische Staatsbürgerschaft inne hat) gemessen und durch das Grundrecht der Wissenschaftsfreiheit verstärkt. ■

Bei der Schutzbereichsverstärkung handelt es sich „methodisch und im Ergebnis" um eine **147**
**„Flexibilisierung der deutschen Grundrechtsdogmatik"**.[130] Dogmatisch ist insoweit noch vieles im Unklaren, so z.B. die Voraussetzungen des Bezugs zu einem Grundrecht jenseits eines Eingriffs in seinen Schutzbereich, die Folgen der Berücksichtigung des nur mittelbar einschlägigen Grundrechts.[131] Das Vorgehen des *Bundesverfassungsgerichts* ist in der Literatur deshalb umstritten und hat sich bislang nicht durchgesetzt.[132]

### JURIQ-Klausurtipp

Da das Vorgehen des *Bundesverfassungsgerichts* zu Modifikationen im Rahmen der Abwägung führt und viele dogmatische Fragen noch ungeklärt sind, wird in der juristischen Ausbildungsliteratur die Anwendung einer Schutzbereichsverstärkung für die Fallbearbeitung ohne Weiteres abgelehnt,[133] zumindest aber „zu größter Vorsicht" geraten, „auf diese Methodik zurückzugreifen"[134], bzw. empfohlen, „in Zweifelsfällen weiterhin alle Grundrechte einzeln zu prüfen"[135].[136]

127 Vgl. *BVerfGE* 113, 29.
128 Vgl. *BVerfGE* 104, 337.
129 Vgl. *BVerfGK* 18, 158.
130 Vgl. *Michael/Morlok* Grundrechte Rn. 57.
131 Vgl. *Michael/Morlok* Grundrechte Rn. 57.
132 Kritisch z.B. *Spielmann* JuS 2004, 371.
133 Vgl. *Kingreen/Poscher* Grundrechte Rn. 262.
134 Vgl. *Michael/Morlok* Grundrechte Rn. 57.
135 Vgl. *Manssen* Staatsrecht II Rn. 208.
136 Vgl. weitere Einzelheiten bei *Michael/Morlok* Grundrechte Rn. 56 ff.; *Manssen* Staatsrecht II Rn. 208 f.; *Kingreen/Poscher* Grundrechte Rn. 262; *Hufen* Staatsrecht II § 6 Rn. 46.

Auch wenn das *Bundesverfassungsgericht* in seinen Entscheidungen mitunter eine Schutzbereichsverstärkung durchführt, dürfte ein entsprechendes Vorgehen in einer Prüfungsarbeit nicht ohne Weiteres möglich sein. Die Anwendung der Schutzbereichsverstärkung müsste vielmehr zunächst erläutert, vor allem dogmatisch begründet werden.[137]

**148** In unserem *Beispiel* oben (Rn. 128) hatten wir festgestellt, dass der Gesetzgeber von dem Regelungsvorbehalt des Art. 12 Abs. 1 S. 2 GG Gebrauch gemacht hat und dass das Gesetz daher verfassungsrechtlich gerechtfertigt ist, wenn es eine verfassungsmäßige, insbesondere verhältnismäßige, Konkretisierung des Regelungsvorbehalts des Art. 12 Abs. 1 S. 2 GG darstellt. Das Gesetz, das das ausnahmslose Nachtarbeitsverbot für handwerkliche Kleinbetriebe vorsieht, ist formell verfassungsgemäß. Zu prüfen ist, ob das Gesetz auch materiell verfassungsgemäß ist. Fraglich ist, ob das Gesetz verhältnismäßig ist. Das Gesetz hat den verfassungsrechtlich legitimen Zweck, die Gesundheit von immissionsbetroffenen Nachbarn zu schützen. Zur Erreichung dieses Zwecks ist das Nachtarbeitsverbot geeignet. Zur Erreichung dieses Zwecks müsste das Nachtarbeitsverbot auch erforderlich sein. Dies ist der Fall, wenn es kein milderes, aber ebenso effektives Mittel gibt, um den Gesetzeszweck zu erreichen. Das ist hier zu verneinen, weil die Möglichkeit besteht, anstelle eines gesetzlich normierten ausnahmslosen Nachtarbeitsverbotes ein sog. präventives Verbot mit Erlaubnisvorbehalt im Gesetz vorzusehen. Dies würde bedeuten, dass nächtliches Arbeiten zunächst verboten ist, die zuständige Behörde nach Prüfung der tatsächlichen und rechtlichen Umstände im Einzelfall das Nachtarbeitsverbot (ggf. unter Erteilung von Auflagen) aber erlauben kann. Die Entscheidung über ein Nachtarbeitsverbot würde hierdurch in das Ermessen der zuständigen Behörde gestellt. Dieses Vorgehen würde gewährleisten, dass die widerstreitenden Interessen einerseits des Gewerbetreibenden (u.a. Ausschöpfung seiner wirtschaftlichen Kapazitäten) und andererseits der Nachbarn (Gesundheitsschutz) im Einzelfall zu einem angemessenen Ausgleich gebracht werden. So wäre Nachtarbeit zu erlauben, wenn die Nachbarn durch geeignete und zumutbare bauliche Maßnahmen auf dem Betriebsgelände vor den vom Handwerksbetrieb ausgehenden Immissionen geschützt werden (z.B. besondere Lärmdämmung o.Ä.). Damit erweist sich das ausnahmslose Nachtarbeitsverbot als nicht erforderlich, um den Gesetzeszweck zu erreichen. Das Gesetz ist somit unverhältnismäßig, demnach materiell verfassungswidrig und folglich verfassungsrechtlich nicht gerechtfertigt. A ist in seinem Grundrecht auf Berufsfreiheit aus Art. 12 Abs. 1 GG verletzt. – Hilfsweise unterstellt, das Gesetz ist erforderlich, müsste es angemessen sein. Nach der sog. Dreistufentheorie des *Bundesverfassungsgerichts* (s.u. Rn. 585 ff.) sind Eingriffe in die Berufsausübungsfreiheit angemessen, wenn vernünftige Erwägungen des Allgemeinwohls die Ausübungsregelungen zweckmäßig erscheinen lassen, wobei der Gesetzgeber einen relativ weiten Gestaltungsspielraum besitzt. Das Gesetz bezweckt den Schutz der Gesundheit von immissionsbetroffenen Nachbarn. Die Nachbarn sollen in ihrer Nachtruhe geschützt werden, die der notwenigen gesundheitlichen Regeneration dient. Permanente nächtliche Beeinträchtigungen der Nachtruhe durch betriebsbedingte Immissionen können das körperliche Wohlbefinden der Nachbarn nicht unerheblich schmälern. Dies sind vernünftige Allgemeinwohlerwägungen, die das Gesetz zweckmäßig erscheinen lassen. Bei unterstellter Erforderlichkeit erweist sich das Gesetz demnach als angemessen. Es ist verfassungsrechtlich gerechtfertigt. A ist somit nicht in seinem Grundrecht auf Berufsfreiheit aus Art. 12 Abs. 1 GG verletzt.

137 Vgl. hierzu näher *Michael/Morlok* Grundrechte Rn. 57 f.

### cc) insbesondere: Wahrung des Wesensgehalts

Eine letzte verfassungsrechtliche Grenze für Eingriffe der Legislative in den Schutzbereich eines Grundrechts bildet die Wesensgehaltsgarantie des Art. 19 Abs. 2 GG.[138] 149

**Beispiel** Der Landesgesetzgeber ergänzt sein Polizeigesetz um eine Bestimmung, nach der der Schusswaffengebrauch zulässig ist, wenn er das einzige Mittel zur Abwehr einer gegenwärtigen Lebensgefahr darstellt. Wird hierdurch der Wesensgehalt i.S.d. Art. 19 Abs. 2 GG des Grundrechts auf Leben aus Art. 2 Abs. 2 S. 1 GG angetastet? ■

Umstritten ist, wie der Wesensgehalt von Grundrechten zu ermitteln ist. Fest steht, dass der Wesensgehalt für **jedes einzelne Grundrecht gesondert** bestimmt werden muss.[139] Zur generellen Ermittlung des Wesensgehalts von Grundrechten werden zwei Theorien vertreten: die Theorie vom absoluten Wesensgehalt und die Theorie vom relativen Wesensgehalt.[140] 150

Die **Theorie vom absoluten Wesensgehalt** betrachtet den Wesensgehalt eines Grundrechts als eine feste, vom Einzelfall und von der konkreten Frage unabhängige Größe. Der Wesensgehalt eines Grundrechts ist demnach ein Grundrechtskern, der **unabhängig von der konkreten Fallgestaltung unantastbar** ist. Nach dieser Theorie ist es ausgeschlossen, den Wesensgehalt einzelfallbezogen zu ermitteln. In unserem *Beispiel* oben (Rn. 149) entzieht der Schusswaffengebrauch demjenigen, der vom Schuss getroffen wird, das Recht auf Leben. Die *allgemeine* Gewährleistung des Rechts auf Leben wird hierdurch jedoch nicht angetastet. Nach der Theorie vom absoluten Wesensgehalt ist das Grundrecht auf Leben somit nicht verletzt. 151

Die von der h.M. vertretene **Theorie vom relativen Wesensgehalt** ermittelt den Wesensgehalt von Grundrechten, indem sie auf das jeweilige Grundrecht abstellt und den Wesensgehalt **für jeden einzelnen Fall gesondert** bestimmt. Durch eine Gewichtung und eine Abwägung der im Einzelfall beteiligten öffentlichen und privaten Rechtsgüter und Interessen ermittelt diese Theorie, ob der Wesensgehalt eines Grundrechts angetastet ist. Eine Antastung soll nicht gegeben sein, wenn dem Grundrecht das geringere Gewicht für die konkret zu entscheidende Frage beizumessen ist;[141] umgekehrt ist der Wesensgehalt angetastet, wenn er beeinträchtigt ist, obwohl ihm das größere Gewicht für die konkret zu entscheidende Frage zukommt. 152

**Hinweis**

Sie sehen: Mit dieser Vorgehensweise rückt die h.M. in die Nähe der Verhältnismäßigkeitsprüfung.

Nach der Theorie vom relativen Wesensgehalt wird in unserem *Beispiel* oben (Rn. 149) demjenigen, der vom Schuss getroffen wird, durch den Schusswaffengebrauch das Recht auf Leben entzogen. Ob hierdurch der Wesensgehalt des Grundrechts aus Art. 2 Abs. 2 S. 1 GG angetastet worden ist, entscheidet die Theorie vom relativen Wesensgehalt danach, ob der Schusswaffengebrauch im konkreten Einzelfall verhältnismäßig war. 153

138 Vgl. *Manssen* Staatsrecht II Rn. 210.
139 Vgl. *BVerfGE* 22, 180.
140 Vgl. *Kingreen/Poscher* Grundrechte Rn. 352 ff.
141 Vgl. *BVerwGE* 47, 330.

**JURIQ-Klausurtipp**

Folgen Sie der herrschenden Theorie vom relativen Wesensgehalt, bedeutet dies für Sie in der Fallbearbeitung, dass Sie nach der Verhältnismäßigkeitsprüfung zur Frage der Verletzung des Wesensgehalts allenfalls – bei entsprechenden Anhaltspunkten im Sachverhalt – noch kurz auf den Wesensgehalt eingehen können bzw. müssen. Keinesfalls sollten Sie die ohnehin selten praktisch relevant werdende Problematik des Wesensgehalts aber überbewerten.

#### c) Grundrechtsverwirkung

154 Grundrechte können schließlich auch verwirkt werden. Die **Grundrechtsverwirkung** ist in Art. 18 GG **abschließend** geregelt. Sie ist Ausdruck des Prinzips der „streitbaren Demokratie", die auf Selbstverteidigung angelegt ist.[142] Art. 18 GG enthält damit kein Grundrecht, sondern eine **Grundrechtsbeschränkung**.[143] Verwirkt werden können nur die in Art. 18 S. 1 GG genannten Grundrechte. Die Verwirkung und ihr Ausmaß werden gemäß Art. 18 S. 2 GG durch das *Bundesverfassungsgericht* ausgesprochen. Das einschlägige Verfahren, das ggf. mit der Feststellung der Verwirkung von Grundrechten durch das *Bundesverfassungsgericht* endet, ist in **Art. 93 Abs. 1 Nr. 5 GG, § 13 Nr. 1 i.V.m. §§ 36 ff. BVerfGG** näher geregelt.

155 In der Praxis ist es sehr schwer, den Nachweis einer Grundrechtsverwirkung zu führen. Dieser Umstand und das sehr umständliche Verfahren gemäß §§ 36 ff. BVerfGG sind ursächlich dafür, dass Art. 18 GG praktisch ohne Bedeutung geblieben ist.[144] Eine Verwirkung von Grundrechten ist – soweit ersichtlich – bis heute nicht ausgesprochen worden. Vor diesem Hintergrund dürfte die Relevanz des Art. 18 GG für die Fallbearbeitung entsprechend gering sein.

### 2. Vorbehaltlos gewährleistete Freiheitsrechte

156 Im Gegensatz zu den unter Gesetzesvorbehalt stehenden Freiheitsrechten werden einige Freiheitsrechte nach ihrem Wortlaut vorbehaltlos gewährleistet (z.B. Art. 4 Abs. 1, Art. 5 Abs. 3 S. 1 GG). Dies bedeutet jedoch **nicht**, dass die vorbehaltlos verbürgten Freiheitsrechte **schrankenlos garantiert** sind. Eine generelle Beschränkungsmöglichkeit von Grundrechten gebietet bereits der Grundsatz der Einheit der Verfassung.[145] Nach Ansicht des *Bundesverfassungsgerichts* und der herrschenden Lehre unterliegen die vorbehaltlos gewährleisteten Freiheitsrechte **verfassungsimmanenten Schranken** in Gestalt anderer verfassungsrechtlich verbürgter Rechtspositionen.[146] Das vorbehaltlos gewährleistete Grundrecht kann somit durch **kollidierendes Verfassungsrecht** eingeschränkt werden. Dies gilt jedoch nicht für die Menschenwürde gemäß Art. 1 Abs. 1 GG. Sie ist das einzige Grundrecht, das auch nicht durch kollidierendes Verfassungsrecht einschränkbar ist. Dies folgt bereits aus dem Wortlaut des Art. 1 Abs. 1 S. 1 GG („unantastbar").

157 Als kollidierendes Verfassungsrecht kommen insbesondere **Grundrechte Dritter** und **sonstige Rechtsgüter von Verfassungsrang** in Betracht. Zu letzteren gehören z.B. Verfassungsgrundsätze (etwa die freiheitlich-demokratische Grundordnung in Art. 20 Abs. 1 GG) oder

142 Vgl. *BVerfGE* 28, 36.
143 Vgl. Jarass/Pieroth-*Jarass* Art. 18 Rn. 1.
144 Vgl. *Hufen* Staatsrecht II § 9 Rn. 38.
145 Vgl. *Manssen* Staatsrecht II Rn. 166.
146 Vgl. *BVerfGE* 28, 243; vgl. auch *Hufen* Staatsrecht II § 9 Rn. 30 ff.

Staatszielbestimmungen (etwa der Tierschutz in Art. 20a GG) und nach nicht unbestrittener Ansicht des *Bundesverfassungsgerichts*[147] auch reine Kompetenznormen (z.B. Art. 70 ff. GG). Ein weiteres, wichtiges und prüfungsrelevantes Beispiel für kollidierendes Verfassungsrecht ist Art. 7 Abs. 1 GG. Diese Bestimmung garantiert die **Schulhoheit** des Staates. Sie berechtigt die öffentliche Gewalt u.a., die Ausbildungs- und Unterrichtsziele sowie die Ausbildungs- und Unterrichtsinhalte festzulegen.

**Beispiel** Ein Landesgesetzgeber ergänzt sein Schulgesetz um eine Bestimmung, nach der Schülerinnen und Schüler aus religiösen Gründen nur anlässlich religiöser Feiertage vom Unterricht befreit werden dürfen. Diese Befreiung darf nicht für mehr als zwei Kalendertage pro Schuljahr erteilt werden. Mit dieser neuen Regelung soll insbesondere die Integration von Schülerinnen und Schülern mit Migrationshintergrund gefördert werden. – Das vorbehaltlos gewährleistete Grundrecht der Schülerinnen und Schüler auf Glaubensfreiheit kann nur durch kollidierendes Verfassungsrecht eingeschränkt werden. Als solches kommt die in Art. 7 Abs. 1 GG gewährleistete staatliche Schulhoheit des Staates in Betracht. ■

Zwischen den widerstreitenden verfassungsrechtlich geschützten Rechtspositionen ist im **158** Wege der **praktischen Konkordanz** ein gerechter Ausgleich herzustellen mit dem Ziel, die widerstreitenden Verfassungsrechtsgüter zur jeweils optimalen Wirksamkeit zu bringen. In unserem *Beispiel* oben (Rn. 157) könnte die in Art. 7 Abs. 1 GG gewährleistete staatliche Schulhoheit die Glaubensfreiheit der Schülerinnen und Schüler einschränken. Der Staat ist kraft seiner Schulhoheit u.a. berechtigt, die Ausbildungs- und Unterrichtsziele und die Ausbildungs- und Unterrichtsinhalte festzulegen sowie das Unterrichtswesen zu organisieren. Hierunter fällt auch die Befugnis, zur Sicherstellung eines geregelten Schulablaufs und zur besseren Integration von Schülerinnen und Schülern mit Migrationshintergrund Regelungen zu treffen, wann Unterrichtsbefreiungen aus religiösen Gründen erteilt werden dürfen. Dieser Befugnis des Staates steht das Grundrecht der Schülerinnen und Schüler auf Glaubensfreiheit gegenüber. Dieses garantiert den Schülerinnen und Schülern, einen Glauben zu haben, ihn zu bekennen und nach ihm zu leben. Daher kann ihre Grundrechtsausübung die Befreiung von bestimmten verpflichtenden Schulveranstaltungen erforderlich machen. Diese verfassungsrechtlich geschützten Rechtsgüter sind im Wege der praktischen Konkordanz in einen gerechten Ausgleich zu bringen. Der grundrechtlichen Gewährleistung der Glaubensfreiheit als einem sehr persönlichen, der Menschenwürde nahestehenden Grundrecht wird nicht Genüge getan, wenn Schülerinnen und Schüler aus religiösen Gründen allein anlässlich religiöser Feiertage vom Unterricht befreit werden können. Die Schulhoheit muss gegenüber der für die Entfaltung der Persönlichkeit wichtigen Glaubensfreiheit zurücktreten. Das Grundrecht der Schülerinnen und Schüler auf Glaubensfreiheit wird somit durch die staatliche Schulhoheit unangemessen eingeschränkt und demnach verletzt.

### 3. Maßnahme der Exekutive oder der Judikative

Steht nicht der Eingriff in den Schutzbereich eines Freiheitsrechts durch einen parlamentari- **159** schen Rechtsetzungsakt, sondern durch einen **Rechtsanwendungsakt,** d.h. durch eine Maßnahme der Exekutive oder der Judikative (z.B. Rechtsverordnung, Satzung, Verwaltungsakt oder gerichtliche Entscheidung), in Rede, verläuft die Prüfung der verfassungsrechtlichen

147 Vgl. *BVerfGE* 53, 30.

Rechtfertigung anders. Im Vordergrund der Prüfung steht hier die Frage, ob die Maßnahme der Exekutive oder der Judikative, d.h. der Rechtsanwendungsakt, verfassungsrechtlich gerechtfertigt ist. Wegen des rechtsstaatlichen Vorbehalts des Gesetzes muss die Maßnahme der Exekutive oder der Judikative ihrerseits auf einem verfassungsmäßigen Parlamentsgesetz beruhen und selbst verfassungsgemäß sein. Es empfiehlt sich, diese Prüfung in drei Schritten vorzunehmen:

**JURIQ-Klausurtipp**

Beachten Sie, dass gerade hier Prüfungsschemata lediglich eine Orientierungshilfe bieten und keinesfalls starr angewendet werden dürfen, denn gerade bei der Überprüfung von Rechtsanwendungsakten kommt es maßgeblich auch darauf an, wer welchen Rechtsanwendungsakt überprüft. Im Verfassungsrecht steht die Verfassungsmäßigkeit staatlicher Maßnahmen zur Prüfung an. Prüft z.B. das *Bundesverfassungsgericht* im Rahmen einer Verfassungsbeschwerde nach Art. 93 Abs. 1 Nr. 4a GG eine gerichtliche Entscheidung, gilt zudem ein eingeschränkter Prüfungsmaßstab, weil das *Bundesverfassungsgericht* gerichtliche Entscheidungen lediglich auf die Verletzung sog. spezifischen Verfassungsrechts überprüft (s.u. Rn. 766). Im Verwaltungsrecht geht es dagegen um die Rechtmäßigkeit von Maßnahmen der Exekutive. Für die Lösung dieser Fälle gibt es Prüfungsschemata, die den Besonderheiten dieser Prüfung Rechnung tragen, indem sie zu Ihrer Gedächtnisunterstützung zusätzliche Prüfungspunkte enthalten.[148] Achten Sie auf diese Unterschiede![149]

#### a) Grundrechtsschranken

160 Ihre Prüfung beginnen Sie mit der Frage nach den Grundrechtsschranken (vgl. dazu bereits oben Rn. 135 ff.). Sie untersuchen, ob das möglicherweise verletzte Freiheitsrecht **einschränkbar** ist, d.h., ob es aufgrund eines formellen Gesetzes durch eine Maßnahme der Exekutive oder der Judikative eingeschränkt werden kann.

#### b) Verfassungsmäßige gesetzliche Grundlage für die Maßnahme der Exekutive oder der Judikative

161 Kann das möglicherweise verletzte Grundrecht aufgrund eines formellen Gesetzes durch eine Maßnahme der Exekutive oder der Judikative eingeschränkt werden, benennen Sie nun die **formell-gesetzliche Grundlage**, auf der die Maßnahme der Exekutive oder der Judikative beruht.

**Beispiel** Die Stadt Köln widerruft die dem W zum Betrieb einer Gaststätte erteilte Erlaubnis wegen Unzuverlässigkeit. Der Widerruf ist ein Verwaltungsakt i.S.d. § 35 S. 1 VwVfG NW, der auf der Grundlage des § 15 Abs. 2 GastG ergeht. ■

162 Die **gesetzliche Grundlage** muss **verfassungsgemäß** sein. An dieser Stelle prüfen Sie die (formelle und materielle) Verfassungsmäßigkeit der gesetzlichen Grundlage, auf der die Maßnahme der Exekutive oder der Judikative beruht. Insoweit kann auf die Ausführungen oben (Rn. 141) verwiesen werden.

148 Vgl. allgemein in diesem Zusammenhang auch *Augsberg/Viellechner* JuS 2008, 407.
149 Vgl. zum Ganzen auch *Kingreen/Poscher* Grundrechte Rn. 400.

**JURIQ-Klausurtipp**

Wenn die Maßnahme der Exekutive oder der Judikative auf einem gängigen, seit langem angewendeten formellen Gesetz beruht (z.B. einer landesrechtlichen Spezial- oder Generalermächtigung), wird die Verfassungsmäßigkeit der formell-gesetzlichen Grundlage in aller Regel nicht problematisch sein. Anders kann sich für Sie die Situation in der Fallbearbeitung darstellen, wenn etwa eine Maßnahme der Exekutive auf einem materiellen Gesetz (Rechtsverordnung; Satzung) beruht, das gerade erlassen wurde. Hier sollten Sie die Angaben im Sachverhalt aufmerksam studieren, ob sich Anhaltspunkte für eine Verfassungswidrigkeit der materiell-gesetzlichen Grundlage ergeben. Beachten Sie, dass Sie in diesem Falle eine doppelte Prüfung vornehmen müssen: Nicht nur die materiell-gesetzliche Grundlage für die Maßnahme der Exekutive muss verfassungsgemäß sein; vielmehr muss auch das materielle Gesetz selbst auf einer verfassungsgemäßen formell-gesetzlichen Grundlage beruhen (denken Sie in diesem Zusammenhang bei Rechtsverordnungen auf Bundesebene an Art. 80 GG und bei Rechtsverordnungen auf Landesebene an die entsprechende landesrechtliche Bestimmung [z.B. Art. 70 Verf. NW])!

#### c) Verfassungsmäßigkeit der Maßnahme der Exekutive oder der Judikative

Die Maßnahme der Exekutive oder der Judikative muss ihrerseits verfassungsgemäß sein. **163**
Dies prüfen Sie in drei Schritten:

#### aa) Verfassungskonforme, vor allem grundrechtskonforme, Anwendung und Auslegung der gesetzlichen Grundlage

Die Maßnahme der Exekutive oder der Judikative ist verfassungsgemäß, wenn sie die formell-gesetzliche Grundlage verfassungskonform, insbesondere grundrechtskonform, anwendet und auslegt. Der Sache nach prüfen Sie also, ob sich die Maßnahme der Exekutive oder der Judikative **im Rahmen der formell-gesetzlichen Grundlage** hält. **164**

**Beispiel** K will sich ein neues Einfamilienhaus bauen. Die Behörde lehnt den Bauantrag des K mit der Begründung ab, die Entscheidung über die Baugenehmigung stehe in ihrem Ermessen und dieses habe sie – aus nicht nachvollziehbaren – Gründen dahingehend ausgeübt, dass dem K die Baugenehmigung zu versagen sei. K fühlt sich in seinem Grundrecht auf Baufreiheit aus Art. 14 Abs. 1 S. 1 GG verletzt. ■

In unserem *Beispiel* (Rn. 164) ist zu prüfen, ob sich die Versagung der Baugenehmigung im Rahmen der gesetzlichen Grundlage hält. Nach den einschlägigen landesrechtlichen Regelungen in den Landesbauordnungen (z.B. § 74 Abs. 1 BauO NW 2018) ist eine Baugenehmigung zu erteilen, wenn dem Bauvorhaben keine öffentlich-rechtlichen Vorschriften entgegenstehen. Bei der Baugenehmigung handelt es sich um ein sog. präventives Verbot mit Erlaubnisvorbehalt. Das Bauen ist zunächst verboten. Wegen der durch Art. 14 Abs. 1 S. 1 GG gewährleisteten Baufreiheit erwächst dem Bauherrn aber ein Anspruch auf Erteilung der Baugenehmigung, wenn sein Bauvorhaben alle gesetzlichen Voraussetzungen für die Baugenehmigung erfüllt. Dies hat die Baubehörde bei K verkannt. Sie hat eine Ermessensentscheidung getroffen, obgleich sie zur Erteilung der Baugenehmigung verpflichtet war (vgl. z.B. Wortlaut des § 74 Abs. 1 BauO NW 2018: „ist zu erteilen"). Die Versagung der Baugenehmigung hält sich demnach nicht im Rahmen der gesetzlichen Grundlage und ist damit verfassungsrechtlich nicht gerechtfertigt. **165**

Das Prinzip der **verfassungskonformen Auslegung** ist besonderer Ausdruck der objektiven Bedeutung der Grundrechte. In der Praxis hat der Rechtsanwender häufig verschiedene Möglichkeiten, wie er ein Gesetz auslegt. Welche Auslegungsvariante der Rechtsanwender zu wählen hat, **166** ist von Verfassungs wegen bestimmt. Bestehen mehrere Auslegungsvarianten, von denen eine Variante verfassungsgemäß und eine andere Variante verfassungswidrig ist, muss sich der Rechtsanwender für die verfassungsgemäße Auslegungsvariante des Gesetzes entscheiden.[150]

**Beispiel** § 14 VersG ist nach Auffassung des *Bundesverfassungsgerichts* verfassungskonform dahingehend auszulegen, dass bei Spontanversammlungen die Anmeldepflicht entfällt und bei Eilversammlungen der Anmeldezeitraum dahingehend zu verkürzen ist, dass die Eilversammlung anzumelden ist, sobald die Teilnehmer die Möglichkeit hierzu haben.[151] ■

167 Nichts anderes gilt für die **grundrechtskonforme Auslegung** als Sonderfall der verfassungskonformen Auslegung. Hier ist bei mehreren verfassungsgemäßen Auslegungsvarianten diejenige Variante zu wählen, die den Gewährleistungsgehalt des Grundrechts am weitestgehenden beachtet.[152]

#### bb) Verhältnismäßigkeit der Maßnahme der Exekutive oder der Judikative

168 Wendet die Exekutive oder die Judikative die formell-gesetzliche Grundlage verfassungskonform, insbesondere grundrechtskonform, an, untersuchen Sie in einem nächsten Schritt die **Verhältnismäßigkeit** der Maßnahme der Exekutive oder der Judikative. Insoweit kann grundsätzlich auf die Ausführungen oben (Rn. 143 ff.) verwiesen werden. Im Gegensatz zur Legislative sind die Exekutive und die Judikative jedoch an das geltende Recht gebunden. Sie besitzen daher vor allem keinen vergleichbaren Gestaltungsspielraum, wie ihn die Legislative hat.

#### cc) Bestimmtheitsgrundsatz

169 Erweist sich die Maßnahme der Exekutive oder der Judikative als verhältnismäßig, untersuchen Sie in einem letzten Prüfungsschritt, ob die Maßnahme dem rechtsstaatlichen **Bestimmtheitsgrundsatz** genügt. Danach muss erkennbar sein, welcher Eingriff durch die Maßnahme der Exekutive oder der Judikative zugelassen oder vorgenommen wird.

**Hinweis**

Bei der Prüfung der verfassungsrechtlichen Rechtfertigung von Eingriffen in den Schutzbereich von Freiheitsrechten durch Gesetz gehört die Bestimmtheitsprüfung dagegen üblicherweise zur materiellen Verfassungsmäßigkeit des Gesetzes (s.o. Rn. 141).

**Online-Wissens-Check**

**Nehmen Sie an, dass in der Fallbearbeitung ein Deutschengrundrecht sachlich einschlägig ist. Auf welches Grundrecht kann sich ein Staatenloser oder ein Nicht-EU-Ausländer berufen?**

Überprüfen Sie jetzt online Ihr Wissen zu den in diesem Abschnitt erarbeiteten Themen. Unter **www.juracademy.de/skripte/login** steht Ihnen ein Online-Wissens-Check speziell zu diesem Skript zur Verfügung, den Sie kostenlos nutzen können. Den Zugangscode hierzu finden Sie auf der Codeseite.

150 Vgl. *Kingreen/Poscher* Grundrechte Rn. 8c.
151 Vgl. *BVerfGE* 85, 69.
152 Vgl. *Kingreen/Poscher* Grundrechte Rn. 8a f.

# 3. Teil
# Freiheitsrechte

Die weitaus meisten Grundrechte sind Freiheitsrechte. Mit den prüfungsrelevantesten Freiheitsrechten werden wir uns nun im Folgenden näher befassen. **170**

## A. Menschenwürde (Art. 1 Abs. 1 GG)

### I. Bedeutung und Grundrechtscharakter

Die Menschenwürde ist in Art. 1 Abs. 1 GG garantiert. Schon ihre herausgehobene systematische Stellung am Anfang des Grundgesetzes und zugleich an der Spitze des Grundrechtskataloges in Abschnitt I des Grundgesetzes unterstreicht die Stellung der Menschenwürde als **„oberster Wert"** des Grundgesetzes.[1] Die Menschenwürde steht damit im Mittelpunkt des grundgesetzlichen Wertesystems.[2] Dies hat zur Folge, dass Art. 1 Abs. 1 GG die Bedeutung der anderen Bestimmungen im Grundgesetz beeinflusst. Viele Grundrechte sind Ausfluss der Menschenwürde und daher stets im Lichte dieses tragenden Verfassungswertes auszulegen.[3] Dies gilt v.a. für das durch Art. 1 Abs. 1 i.V.m. Art. 2 Abs. 1 GG geschützte allgemeine Persönlichkeitsrecht (s.u. Rn. 191 f.). Die besondere Bedeutung der Menschenwürde im grundgesetzlichen Gefüge zeigt sich auch darin, dass sie unter die sog. **„Ewigkeitsklausel"** des Art. 79 Abs. 3 GG fällt. Die Menschenwürde kann danach nicht durch eine Verfassungsänderung eingeschränkt werden. **171**

Ob es sich bei der Menschenwürde überhaupt um ein Grundrecht handelt, ist nicht unumstritten.[4] Dagegen wird z.B. vorgebracht, diese Bestimmung habe bereits nach ihrem Wortlaut lediglich programmatischen Charakter. Als systematisches Argument wird zudem Art. 1 Abs. 3 GG angeführt und unter Berufung auf dessen Wortlaut darauf hingewiesen, die öffentliche Gewalt sei an die „nachfolgenden" Grundrechte gebunden; Art. 1 Abs. 1 GG sei demnach nicht erfasst. Dagegen wendet die h.M., angeführt vom *Bundesverfassungsgericht*, jedoch vor allem ein, sowohl die Überschrift des Abschnitt I mit dem Titel „Die Grundrechte" als auch Art. 142 GG, der besagt, dass ungeachtet der Vorschrift des Art. 31 GG Bestimmungen der Landesverfassungen auch insoweit in Kraft bleiben, als sie in Übereinstimmung mit den Art. 1 bis 18 GG Grundrechte gewährleisten, belege die Grundrechtsqualität auch der Menschenwürde. **172**

**» Überlegen Sie, bevor Sie im Text weiterlesen, zunächst selbst, ob Art. 1 Abs. 1 GG überhaupt ein Grundrecht sein kann! Was könnte dafür und was dagegen sprechen? «**

**JURIQ-Klausurtipp**

Ob Art. 1 Abs. 1 GG ein Grundrecht enthält, ist praktisch an sich allein nur für die Frage relevant, ob jemand die Verletzung dieser Bestimmung mittels Verfassungsbeschwerde nach Art. 93 Abs. 1 Nr. 4a GG geltend machen kann. Grundsätzlich wird Ihnen auch diese Frage

1 Vgl. *BVerfGE* 5, 85.
2 Vgl. *BVerfGE* 35, 202 – Lebach.
3 Vgl. *BVerfGE* 6, 32 – Elfes.
4 Vgl. die Übersicht zum Meinungsstand z.B. bei Sachs-*Höfling* Art. 1 Rn. 5 ff.

keine Schwierigkeiten bereiten, weil Sie regelmäßig eine Fallkonstellation zu prüfen haben werden, in der nicht allein die Verletzung der Menschenwürde, sondern gleichzeitig die Verletzung auch anderer Grundrechte in Betracht kommt. Sind die Verletzungen dieser anderen Grundrechte zulässigerweise gerügt worden, muss das *Bundesverfassungsgericht* auch eine Verletzung des Art. 1 Abs. 1 GG prüfen. – Sollte demgegenüber ausnahmsweise tatsächlich allein eine Verletzung der Menschenwürde in Rede stehen, stellen Sie den Meinungsstreit zu Beginn Ihrer Prüfung fallbezogen dar und schließen sich – nicht nur klausurtaktisch empfehlenswert – der h.M. an.

173 Qualifiziert man mit der h.M. Art. 1 Abs. 1 GG als Grundrecht, prüfen Sie eine Verletzung der Menschenwürde wie die Verletzung jedes anderen Abwehrrechts:

PRÜFUNGSSCHEMA

**Menschenwürde (Art. 1 Abs. 1 GG)**

**I. Eröffnung des Schutzbereichs**
- 1. Sachlicher Schutzbereich
  - a) Menschenwürde
    - Begriff der Menschenwürde Rn. 176
  - b) Relevante Fallkonstellationen
- 2. Persönlicher Schutzbereich

**II. Eingriff in den Schutzbereich**

## II. Schutzbereich

174 Zunächst prüfen Sie, ob der sachliche Schutzbereich und der persönliche Schutzbereich der Menschenwürde eröffnet sind.

### 1. Sachlicher Schutzbereich

175 Die Eröffnung des sachlichen Schutzbereichs prüfen Sie in zwei Schritten:

#### a) Begriff der Menschenwürde

176 Im ersten Schritt gilt es, den Begriff der Menschenwürde zu klären. Was unter dem Begriff der „Menschenwürde" konkret zu verstehen ist, ist nicht leicht zu bestimmen. Dementsprechend schwierig ist es, den sachlichen Schutzbereich des Art. 1 Abs. 1 GG allgemein zu definieren. Es gibt verschiedene Ansätze, den sachlichen Schutzbereich zu beschreiben:[5] Positiv wird er beschrieben als der „allgemeine Eigenwert, der dem Menschen kraft seiner Persönlichkeit zukommt".[6] Meist wird er – im Anschluss an *Dürig* – negativ beschrieben. Danach darf der Mensch nicht zum bloßen Objekt staatlichen Handelns gemacht und nicht einer Behandlung ausgesetzt werden, die seine Subjektsqualität prinzipiell in Frage stellt (sog. **Objektformel**).[7] Gelegentlich werden diese beiden Beschreibungen auch kombiniert. Der Schutzbereich der

5 Vgl. zum Ganzen *Manssen* Staatsrecht II Rn. 232 f.

6 Vgl. *BVerfGE* abw. M. 30, 173.

7 Vgl. *BVerfGE* 50, 166.

Menschenwürde wird dann beschrieben als der soziale Wert- und Achtungsanspruch des Menschen, der es verbietet, den Menschen zum bloßen Objekt des Staates zu machen oder ihn einer Behandlung auszusetzen, die seine Subjektqualität prinzipiell in Frage stellt.[8] Das *Bundesverfassungsgericht* hat den Schutzbereich der Menschenwürde in einer jüngeren Entscheidung wie folgt beschrieben: Jeder Mensch besitze als Person eine Würde ohne Rücksicht auf seine Eigenschaften, seinen körperlichen oder geistigen Zustand, seine Leistungen und seinen sozialen Status.[9] Es verzichtet damit ebenfalls auf eine abstrakte Definition der Menschenwürde und bestimmt sie vielmehr anhand der **Objektformel im konkreten Einzelfall**.[10]

**JURIQ-Klausurtipp**

In der Fallbearbeitung sollten Sie einen Ansatz wählen, der die sog. Objektformel (mit-)enthält. So verfährt auch das *Bundesverfassungsgericht* . Obwohl Sie den Schutzbereich hierbei bereits vom Eingriff her bestimmen, ist ein solcher Ansatz gerade für die Fallbearbeitung praktikabel.

### b) Relevante Fallkonstellationen

Im zweiten Schritt gehen Sie der Frage nach, ob die so bestimmte Menschenwürde in Ihrer Fallbearbeitung relevant ist. Die Menschenwürde kann in vielen **Konstellationen** relevant werden. Hierzu gehören z.B. folgende aktuelle Fälle:[11] **177**

- Verletzung der **körperlichen Identität oder Integrität**

**Beispiele** Sog. Gefahrenabwendungsfolter: Um das Versteck einer entführten Geisel, die die Polizei noch am Leben glaubt, zu erfahren, soll der mutmaßliche Entführer unter Gewaltandrohung dazu veranlasst werden, das Versteck der Geisel preiszugeben.[12] – Sog. „wrongful birth" bzw. „wrongful life" bzw. „Kind als Schaden": Die *Zivilgerichte* bejahen eine Schadensersatzhaftung von Ärzten, die eine fehlgeschlagene Sterilisation oder eine fehlerhafte genetische Beratung vor der Zeugung eines Kindes zu verantworten haben, gegenüber den betroffenen Eltern für entstehende Unterhaltspflichten. Zwischen den beiden Senaten des *Bundesverfassungsgerichts* ist umstritten, ob die Haftung des Arztes gegen die Menschwürde verstößt.[13] – Heimliche Vaterschaftstests.[14] ■

- Verletzung der **geistig-seelischen Integrität**

**Beispiel** Strafrestaussetzung bei lebenslanger Freiheitsstrafe.[15] ■

- fehlende **Grundsicherung individuellen oder sozialen Lebens**

**Beispiele** Gewährleistung eines menschenwürdigen Existenzminimums;[16] menschenwürdige Ausgestaltung des Strafvollzugs.[17] ■

---

8 Vgl. *BVerfGE* 109, 133 – lebenslange Sicherheitsverwahrung.
9 Vgl. *BVerfGE* 115, 118 – Luftsicherheitsgesetz.
10 Vgl. *BVerfGE* 30, 1 – Abhörurteil.
11 Vgl. hierzu und zu weiteren Beispielen Grundrechte Rn. 417 und Rn. 426 f.; ausführlich *Hufen* Staatsrecht II § 10 Rn. 47 ff.
12 Vgl. *BVerfGK* 4, 283.
13 Verneinend der 1. Senat: *BVerfGE* 96, 375; bejahend der 2. Senat: *BVerfGE* 96, 409.
14 Vgl. *BVerfGE* 117, 202.
15 Vgl. *BVerfGE* 117, 71.
16 Vgl. *BVerfGE* 125, 175; 132, 134; 142, 353; NJW 2014, 3425.
17 Vgl. *BVerfG* (K) NJW-RR 2011, 1043; *BVerfGK* 20, 125; NJW 2016, 389.

- Verletzung des **postmortalen Persönlichkeitsrechts**, das nach Ansicht des *Bundesverfassungsgerichts* allein über Art. 1 Abs. 1 GG geschützt wird.[18] Nach Ansicht des *Bundesverfassungsgerichts* wird „der sittliche, personale und soziale Geltungswert, den die Person durch ihre eigene Lebensleistung erworben hat", durch das postmortale Persönlichkeitsrecht gegen Äußerungen, die darauf gerichtet sind, die betroffene Person herabzusetzen bzw. verächtlich zu machen, geschützt.[19]
- Beeinträchtigung des **Kernbereichs privater Lebensgestaltung**

**Beispiele** Online-Durchsuchung[20]; Anordnung einer Betreuung.[21] ■

- sonstige Fallkonstellationen

**Beispiele** Schockwerbung;[22] finaler Rettungsabschuss gemäß § 14 Abs. 3 LuftSiG, sofern es um unbeteiligte Personen (Besatzung oder Passagiere) geht;[23] Verständigungen im Strafverfahren.[24] ■

**178** Beachten Sie, dass der sachliche Schutzbereich des Art. 1 Abs. 1 GG nur dann eröffnet ist, wenn die Menschenwürde **in erheblicher Weise** durch eine Maßnahme der öffentlichen Gewalt berührt wird. Die Menschenwürde ist dementsprechend nicht tangiert, wenn es z.B. um die Zahlung einer Geldbuße im Ordnungswidrigkeitenverfahren,[25] die Leichenöffnung im Ermittlungsverfahren[26] oder den Friedhofszwang für Urnen[27] geht.

### 2. Persönlicher Schutzbereich

**179** Nach seinem Wortlaut handelt es sich bei der Menschenwürde aus Art. 1 Abs. 1 GG um ein Jedermann-Grundrecht. Grundrechtsberechtigt ist daher **jede natürliche Person**. Unerheblich ist, ob sich der Träger seiner Würde bewusst ist oder sie selbst zu wahren weiß.[28] Geschützt sind auch der **Nasciturus** (werdendes Leben) und über das postmortale Persönlichkeitsrecht auch **Verstorbene**.

## III. Eingriff in den Schutzbereich

**180** Ist der Schutzbereich des Art. 1 Abs. 1 GG eröffnet, prüfen Sie das Vorliegen eines Eingriffs in den Schutzbereich.

**JURIQ-Klausurtipp**

Hierzu werden Sie nicht viel sagen können und müssen, weil Sie dies bei der Anwendung eines Ansatzes, der die Objektformel (mit-)enthält, im Grunde bereits in dem Prüfungspunkt zuvor geprüft und bejaht haben.

---

18 Vgl. *BVerfGK* 9, 83 – Marlene Dietrich.
19 Vgl. *BVerfG* (K) NJW 2001, 2957 – Wilhelm Kaisen.
20 Vgl. *BVerfGE* 120, 274.
21 Vgl. *BVerfG* (K) NJW 2016, 2559.
22 Vgl. *BVerfGE* 107, 275 – Benetton II.
23 Vgl. *BVerfGE* 115, 118 – Luftsicherheitsgesetz.
24 Vgl. *BVerfGE* 133, 168.
25 Vgl. *BVerfGE* 9, 167.
26 Vgl. *BVerfG* (K) NJW 1994, 783.
27 Vgl. *BVerfGE* 50, 256.
28 Vgl. *BVerfGE* 39, 1 – Abtreibungsurteil.

Gegenüber den sonstigen Abwehrrechten weist die Menschenwürde aber eine Besonderheit auf, die mit ihrer herausragenden Stellung als oberster Wert des Grundgesetzes zusammenhängt (vgl. oben Rn. 171). Diese Besonderheit besteht darin, dass die Menschenwürde nicht durch eine Maßnahme der öffentlichen Gewalt beeinträchtigt werden darf. Die Menschenwürde gilt **absolut**. Daher sind Eingriffe in den Schutzbereich des Art. 1 Abs. 1 GG stets unzulässig.[29] **181**

**JURIQ-Klausurtipp**

Für die Fallbearbeitung bedeutet dies, dass Sie an dieser Stelle mit Ihrer Grundrechtsprüfung bereits am Ende angelangt sind. Bejahen Sie die Eröffnung des Schutzbereichs des Art. 1 Abs. 1 GG, liegt zwangsläufig ein Eingriff in den Schutzbereich vor. Dieser ist stets unzulässig.

Denken Sie gleichwohl auch bei Art. 1 Abs. 1 GG stets daran, terminologisch zwischen einem Eingriff in den Schutzbereich der Menschenwürde und deren Verletzung zu unterscheiden (s.o. Rn. 118)!

Die Absolutheit der Menschenwürde hat zwei Konsequenzen: Zum einen steht sie – jedenfalls nach Ansicht der Rechtsprechung[30] – **nicht zur Disposition des Grundrechtsberechtigten**.[31] **182**

**Beispiel** Beim sog. Zwergenweitwurf (oben Rn. 44) ist es daher unerheblich, dass der kleinwüchsige Artist damit einverstanden ist, wie ein Wurfgerät behandelt zu werden. ■

Zum anderen besteht sie **ohne die Möglichkeit eines Güterausgleichs**.[32] Art. 1 Abs. 1 GG unterliegt nach seinem Wortlaut („unantastbar") keinen Schranken. Dies gilt nicht nur für geschriebene Schranken, sondern auch für kollidierendes Verfassungsrecht.[33] **183**

# B. Allgemeine Handlungsfreiheit (Art. 2 Abs. 1 GG)

## I. Überblick

Das Recht auf freie Entfaltung der Persönlichkeit aus Art. 2 Abs. 1 GG garantiert nach ganz h.M. die allgemeine Handlungsfreiheit. Aufgrund dieses weiten Verständnisses des sachlichen Schutzbereichs ist das Grundrecht aus Art. 2 Abs. 1 GG im Grunde in allen Lebensbereichen thematisch einschlägig. Hierdurch ergeben sich materiell-rechtliche Abgrenzungsprobleme gegenüber den anderen Freiheitsrechten. Das weite Verständnis hat im Zusammenwirken mit den großzügigen Schranken des Art. 2 Abs. 1 GG auch prozessuale Auswirkungen, die sich in der Praxis deutlich bemerkbar machen (s.u. Rn. 190). Vor diesem Hintergrund verwundert es nicht, dass die allgemeine Handlungsfreiheit in der verfassungsrechtlichen Praxis eine große Bedeutung hat. Daher sollten Sie diesem Grundrecht entsprechende Aufmerksamkeit widmen. **184**

29 Vgl. Sodan/Ziekow-*Sodan* Grundkurs Öffentliches Recht § 26 Rn. 11.
30 Vgl. dazu *Hufen* Staatsrecht II § 10 Rn. 36 m.w.N.
31 Vgl. *BVerwGE* 64, 274 – Peep-Show; 115 189 – Laserdrome (str.).
32 Vgl. *Manssen* Staatsrecht II Rn. 225.
33 Vgl. *Kingreen/Poscher* Grundrechte Rn. 430.

185 Art. 2 Abs. 1 GG prüfen Sie wie folgt:

PRÜFUNGSSCHEMA

### Allgemeine Handlungsfreiheit (Art. 2 Abs. 1 GG)

**I. Eröffnung des Schutzbereichs**

1. Sachlicher Schutzbereich
   a) Allgemeine Handlungsfreiheit
      aa) Umfassendes Begriffsverständnis
         - Wettbewerbsfreiheit Rn. 189
         - Recht am eingerichteten und ausgeübten Gewerbebetrieb Rn. 189
         - Zwangsmitgliedschaften Rn. 189
         - Beschränkungen der Bewegungsfreiheit Rn. 189
      bb) Folgen des umfassenden Begriffsverständnisses
   b) Allgemeines Persönlichkeitsrecht
      aa) Selbstbestimmungsrecht
      bb) Selbstbewahrungsrecht
      cc) Selbstdarstellungsrecht
      dd) Grundrecht auf Vertraulichkeit und Integrität informationstechnischer Systeme
2. Persönlicher Schutzbereich
   a) Allgemeine Handlungsfreiheit
   b) Allgemeines Persönlichkeitsrecht
      - Juristische Personen i.S.d. Art. 19 Abs. 3 GG Rn. 202

**II. Eingriff in den Schutzbereich**

1. Allgemeine Handlungsfreiheit
   - Eingriffe i.S.d. neuen Eingriffsbegriffs Rn. 205
2. Allgemeines Persönlichkeitsrecht
3. Grundrechtsverzicht

**III. Verfassungsrechtliche Rechtfertigung des Eingriffs**

1. Beschränkbarkeit (Schranken)
   a) Verfassungsmäßige Ordnung
   b) Rechte anderer
   c) Sittengesetz
      - Begriff des Sittengesetzes Rn. 216
2. Verhältnismäßigkeit
   (beim allgemeinen Persönlichkeitsrecht: Sphärentheorie)

## II. Eröffnung des Schutzbereichs

186 Kommt eine Verletzung des Grundrechts auf allgemeine Handlungsfreiheit in Betracht, beginnen Sie Ihre Prüfung mit der Frage, ob der sachliche Schutzbereich und der persönliche Schutzbereich des Grundrechts aus Art. 2 Abs. 1 GG eröffnet sind.

## 1. Sachlicher Schutzbereich

### a) Allgemeine Handlungsfreiheit

#### aa) Umfassendes Begriffsverständnis

Der Gewährleistungsinhalt der allgemeinen Handlungsfreiheit ist seit langem geklärt. Nach **187** ganz h.M. garantiert Art. 2 Abs. 1 GG die allgemeine Handlungsfreiheit im umfassenden Sinne.[34] Unter Berufung auf Art. 2 Abs. 1 GG kann danach jeder **„tun und lassen, was er will"**.[35] Geschützt wird jedes menschliche Verhalten ohne Rücksicht darauf, welches Gewicht ihm für die Persönlichkeitsentfaltung zukommt,[36] wobei nicht nur aktives Handeln, sondern auch Nichthandeln erfasst ist.[37] In den sachlichen Schutzbereich des Art. 2 Abs. 1 GG fallen daher rechtlich bedeutende Handlungsmöglichkeiten wie z.B. die Privatautonomie im Rechtsverkehr,[38] die wirtschaftliche Handlungsfähigkeit,[39] aber auch an sich alltägliche Betätigungen wie z.B. das Taubenfüttern im Park[40] oder Motorradfahren.[41]

> **Hinweis**
>
> Vor allem früher wurde der sachliche Schutzbereich des Art. 2 Abs. 1 GG demgegenüber teilweise enger gefasst. Geschützt wurde nach dieser Ansicht nur ein auf den Kernbereich der Persönlichkeit bezogener Lebensbereich (sog. Persönlichkeitskerntheorie).[42]

Das weite Verständnis des sachlichen Schutzbereichs des Art. 2 Abs. 1 GG stützt die h.M. u.a. **188** auf die Entstehungsgeschichte dieser Bestimmung, denn schon eine Entwurfsfassung des Art. 2 Abs. 1 GG sah vor, dass „jedermann (...) die Freiheit (hat), zu tun und zu lassen, was die Rechte anderer nicht verletzt und nicht gegen die verfassungsmäßige Ordnung oder das Sittengesetz verstößt".[43] Diese Formulierung wurde später fallengelassen, weil sie zu wenig würdevoll erschien,[44] und durch die inhaltsgleiche aktuelle Formulierung ersetzt.

Bei drei Betätigungsbereichen ist umstritten, ob sie in den sachlichen Schutzbereich des **189** Art. 2 Abs. 1 GG fallen:

Dies betrifft zunächst die Wettbewerbsfreiheit und das Recht am eingerichteten und ausgeübten Gewerbebetrieb. Als spezielles Freiheitsgrundrecht kommt insoweit das Grundrecht aus Art. 12 Abs. 1 GG oder aus Art. 14 Abs. 1 GG in Betracht (dazu unten Rn. 570, 625).

In Streit steht ferner die Freiheit vor Zwangsmitgliedschaften in öffentlich-rechtlichen Zwangskörperschaften, wobei die h.M. mit dem *Bundesverfassungsgericht* hier Art. 2 Abs. 1 GG anwendet (dazu unten Rn. 489).[45]

---

34 Vgl. *BVerfGE* 6, 32 – Elfes (st. Rspr.).
35 Vgl. *Hufen* Staatsrecht II § 14 Rn. 4.
36 Vgl. *BVerfGE* 80, 137 – Reiten im Walde.
37 Vgl. Sodan/Ziekow-*Sodan* Grundkurs Öffentliches Recht § 27 Rn. 3.
38 Vgl. *BVerfGE* 114, 1.
39 Vgl. *BVerfG* (K) FamRZ 2012, 1283.
40 Vgl. *BVerfGE* 54, 143.
41 Vgl. *OVG NW* NJW 1996, 2049.
42 So auch abw. M. in *BVerfGE* 80, 137 – Reiten im Walde.
43 Vgl. JöR n.F. 1 (1951), S. 54.
44 Vgl. *Hufen* Staatsrecht II § 14 Rn. 2.
45 Vgl. *BVerfGE* 10, 89.

Umstritten ist schließlich, ob Beeinträchtigungen der Bewegungsfreiheit zu einem bestimmten Ort hin (z.B. Platzverweis, Wohnungsverweisung) in den Schutzbereich des Grundrechts aus Art. 2 Abs. 2 S. 2 GG oder aus Art. 2 Abs. 1 GG fallen (dazu unten Rn. 258 f.).

#### bb) Folgen des umfassenden Begriffsverständnisses

190 Der weite sachliche Schutzbereich des Art. 2 Abs. 1 GG hat vor allem **zwei Folgen**:[46]

1. Art. 2 Abs. 1 GG ist gegenüber den speziellen Freiheitsrechten ein **Auffanggrundrecht**. Soweit der sachliche (und persönliche) Schutzbereich eines speziellen Freiheitsrechts eröffnet ist, tritt die allgemeine Handlungsfreiheit hinter diesem speziellen Freiheitsrecht zurück.[47] Art. 2 Abs. 1 GG ist somit nur **subsidiär** anwendbar.

**Beispiel 1** Das Recht auf freie Meinungsäußerung wird durch Art. 5 Abs. 1 S. 1 Var. 1 GG garantiert. Im Anwendungsbereich dieser speziellen grundrechtlichen Verbürgung tritt das Grundrecht aus Art. 2 Abs. 1 GG zurück. ■

**Beispiel 2** Art. 11 Abs. 1 GG schützt die Einreise in das Bundesgebiet. Die Ausreise aus dem Bundesgebiet wird nicht von Art. 11 Abs. 1 GG, wohl aber von Art. 2 Abs. 1 GG gewährleistet.[48] Art. 2 Abs. 1 GG ist hier ausnahmsweise nicht subsidiär. ■

**Beispiel 3**[49] Gesetzliche Bestimmungen, die die Ausgestaltung der Arbeitsbeziehungen regeln, sind an Art. 12 Abs. 1 GG zu messen. Die allgemeine Handlungsfreiheit gewährleistet allgemein die Vertragsfreiheit. Wenn die Vertragsfreiheit aber gerade im Bereich der durch Art. 12 Abs. 1 GG geschützten beruflichen Betätigung durch eine hoheitliche Maßnahme betroffen ist, ist Art. 12 Abs. 1 GG als lex specialis Prüfungsmaßstab und tritt Art. 2 Abs. 1 GG als nur subsidiäres Freiheitsrecht hinter Art. 12 Abs. 1 GG zurück. ■

**JURIQ-Klausurtipp**

Wegen der Subsidiarität des Art. 2 Abs. 1 GG beginnen Sie ihre Grundrechtsprüfung mit den speziellen Freiheitsrechten. Soweit der (sachliche und persönliche) Schutzbereich auch nur eines speziellen Freiheitsrechts eröffnet ist, tritt Art. 2 Abs. 1 GG grundsätzlich dahinter zurück. Das bedeutet jedoch nicht, dass Sie den subsidiären Art. 2 Abs. 1 GG völlig unerwähnt lassen. Nach der Prüfung des speziellen Freiheitsrechts nennen Sie als weiteres mögliches verletztes Freiheitsrecht Art. 2 Abs. 1 GG und verneinen eine Verletzung dieses Grundrechts unter Hinweis auf seine nur subsidiäre Anwendbarkeit.

2. Wegen seiner Funktion als Auffanggrundrecht und seiner großzügigen Schranken kann unter Berufung auf eine Verletzung des Art. 2 Abs. 1 GG im Wege der Verfassungsbeschwerde nach Art. 93 Abs. 1 Nr. 4a GG letztlich **jede belastende Maßnahme** der öffentlichen Gewalt angegriffen werden. Diese Folge ist v.a. in der Praxis von erheblicher Bedeutung, denn auf diesem Wege kann die Verfassungsbeschwerde z.B. auch darauf gestützt werden, dass eine Maßnahme der öffentlichen Gewalt in formeller Hinsicht (z.B. Zuständigkeit, Verfahren, Form) zu beanstanden ist (s.u. Rn. 764). Diese Maßnahme ist dann nicht Bestandteil der verfassungsmäßigen Ordnung (s.u. Rn. 214).

---

46 Vgl. *Kingreen/Poscher* Grundrechte Rn. 436 ff.

47 So die h.M.; vgl. *BVerfGE* 6, 32 – Elfes; *Kingreen/Poscher* Grundrechte Rn. 437, 439; *Hufen* Staatsrecht II § 14 Rn. 16.

48 Vgl. *Hufen* Staatsrecht II § 14 Rn. 12.

49 Vgl. *BVerfGE* 116, 202.

### b) Allgemeines Persönlichkeitsrecht

Als Teilbereich der allgemeinen Handlungsfreiheit hat das *Bundesverfassungsgericht* richterrechtlich das **allgemeine Persönlichkeitsrecht** entwickelt. Es wird auf Art. 2 Abs. 1 GG i.V.m. Art. 1 Abs. 1 GG gestützt. Die Wurzeln des allgemeinen Persönlichkeitsrechts liegen in Art. 2 Abs. 1 GG, weil es – wie die allgemeine Handlungsfreiheit – in allen Lebensbereichen relevant ist. Das allgemeine Persönlichkeitsrecht steht aber auch in Verbindung zur Menschenwürde gemäß Art. 1 Abs. 1 GG, weil es – wie dieses – den Menschen in seiner Qualität als Subjekt schützt.[50] 191

**Hinweis**

Unterscheiden Sie vom allgemeinen Persönlichkeitsrecht als grundrechtliche Gewährleistung das allgemeine Persönlichkeitsrecht im BGB, das als sonstiges Recht i.S.d. § 823 Abs. 1 BGB anerkannt ist und für dessen Verletzung entgegen § 253 BGB Entschädigung in Geld verlangt werden kann.[51]

Das allgemeine Persönlichkeitsrecht soll die engere persönliche Lebenssphäre und die Erhaltung ihrer Grundbedingungen gewährleisten, die sich durch die traditionellen konkreten Freiheitsgarantien nicht abschließend erfassen lassen, namentlich auch im Hinblick auf moderne Entwicklungen und die mit ihnen verbundenen neuen Gefährdungen für den Schutz der menschlichen Persönlichkeit.[52] Mittlerweile gibt es **vier verschiedene Arten geschützter Entfaltungsweisen des Einzelnen**: das Selbstbestimmungsrecht, das Selbstbewahrungsrecht, das Selbstdarstellungsrecht und das sog. Grundrecht auf „Gewährleistung der Vertraulichkeit und Integrität informationstechnischer Systeme".[53] 192

#### aa) Selbstbestimmungsrecht

Als **Selbstbestimmungsrecht** gewährleistet das allgemeine Persönlichkeitsrecht dem Grundrechtsberechtigten, seine **Identität selbst zu bestimmen**. Hierzu gehört u.a. das Recht, sich der eigenen Identität zu vergewissern; ferner gehört hierzu die Freiheit, nicht in einer Weise belastet zu werden, die die Identitätsbildung und -behauptung massiv beeinträchtigt. 193

**Beispiele** Recht auf Kenntnis der eigenen Abstammung;[54] Bestimmung der eigenen Fortpflanzung;[55] Recht auf selbstbestimmte Sexualität;[56] Recht auf sexuelle Selbstbestimmung;[57] Recht auf einen der Sexualität entsprechenden Personenstand[58] und Vornamen[59] sowie auf Eingehung einer eingetragenen Lebenspartnerschaft;[60] Recht auf geschlechtliche Identität derjenigen, die sich dauerhaft weder dem männlichen noch dem weib-

50 Vgl. *Kingreen/Poscher* Grundrechte Rn. 441.
51 Vgl. *BVerfGE* 34, 269 – Soraya.
52 Vgl. *BVerfGE* 54, 148.
53 Vgl. zu den drei zuerst genannten Arten und zu den nachfolgenden Ausführungen *Kingreen/Poscher* Grundrechte Rn. 441 ff.; zur zuletzt genannten Art *BVerfGE* 120, 274 – Online-Durchsuchung.
54 Vgl. *BVerfGE* 79, 256; 90, 263; 96, 56; 117, 202; 141, 186.
55 Vgl. *BVerfGE* 88, 203 – Schwangerschaft.
56 Vgl. *BVerfGE* 47, 46 – Sexualkundeunterricht.
57 Vgl. *BVerfGE* 120, 224 – Inzestverbot bei Geschwistern.
58 Vgl. *BVerfGE* 49, 286 – Transsexuelle I.
59 Vgl. *BVerfGE* 115, 1 – Transsexuelle II.
60 Vgl. *BVerfGE* 128, 109 – Transsexuelle III.

lichen Geschlecht zuordnen lassen;[61] Recht des Vaters auf Kenntnis, ob ein rechtlich ihm zugeordnetes Kind tatsächlich von ihm abstammt;[62] Recht eines Strafgefangenen auf Förderung seiner sozialen Integration.[63] ■

### bb) Selbstbewahrungsrecht

194 Als **Selbstbewahrungsrecht** gewährleistet das allgemeine Persönlichkeitsrecht dem Grundrechtsberechtigten, **für sich und allein zu bleiben**. Als Selbstbewahrungsrecht sind das Recht auf Rückzug und Abschirmung in erster Linie sozial, aber auch räumlich zu verstehen.

**Beispiele** Schutz von Krankenakten;[64] Vertraulichkeit von Tagebüchern;[65] Verweigerung des Umgangs mit den eigenen Kindern;[66] Rückzug an abgeschiedene Orte;[67] dauerhafte polizeiliche Observation.[68] ■

### cc) Selbstdarstellungsrecht

195 Als **Selbstdarstellungsrecht** gewährleistet das allgemeine Persönlichkeitsrecht dem Grundrechtsberechtigten, **herabsetzender, verfälschender, entstellender und unerbetener öffentlicher Darstellung,** aber auch **unerbetener heimlicher Wahrnehmungen seiner Person entgegenzutreten.**

**Beispiele** Schutz der persönlichen Ehre;[69] dazu gehört Schutz vor Äußerungen, die geeignet sind, sich abträglich auf das Bild des Einzelnen in der Öffentlichkeit auszuwirken;[70] Recht am eigenen Bild[71] und Wort;[72] dazu gehört Schutz vor einem heimlichen Mit- oder Abhören und Aufnehmen;[73] Schutz vor technischen Manipulationen;[74] Recht auf Gegendarstellung[75] und Berichtigung;[76] rechtliche Beurteilung von mehrdeutigen Meinungsäußerungen;[77] Anforderungen an die Wiedergabe von Zitaten.[78] ■

196 In Anknüpfung an das Recht auf Selbstdarstellung hat das *Bundesverfassungsgericht* ein umfassendes **Recht auf informationelle Selbstbestimmung** entwickelt.[79] Dieses Recht folgt aus der dem Selbstbestimmungsgedanken entspringenden Befugnis des Einzelnen, **„grundsätzlich selbst zu entscheiden, wann und innerhalb welcher Grenzen persönliche**

61 Vgl. *BVerfGE* 147, 1 – Drittes Geschlecht.
62 Vgl. *BVerfGE* 117, 202.
63 Vgl. *BVerfGE* 35, 202 – Lebach.
64 Vgl. *BVerfGE* 32, 373.
65 Vgl. *BVerfGE* 80, 367 – Tagebuch.
66 Vgl. *BVerfGE* 121, 69.
67 Vgl. *BVerfGE* 101, 361 – Caroline I.
68 Vgl. *BVerfGK* 20, 128.
69 Vgl. *BVerfGE* 54, 208.
70 Vgl. *BVerfGE* 99, 185.
71 Vgl. *BVerfGE* 35, 202 – Lebach; 101, 361 – Caroline I.
72 Vgl. *BVerfGE* 54, 158.
73 Vgl. *BVerfGE* 34, 238.
74 Vgl. *BVerfG* (K) NJW 2005, 3271.
75 Vgl. *BVerfGE* 63, 131.
76 Vgl. *BVerfGE* 97, 125.
77 Vgl. *BVerfGE* 114, 339 – Stolpe.
78 Vgl. *BVerfG* (K) NJW 2013, 774.
79 Vgl. *BVerfGE* 65, 1 – Volkszählung.

**Lebenssachverhalte offenbart werden"**.[80] Das informationelle Selbstbestimmungsrecht enthält sowohl ein Recht auf Abwehr staatlicher Datenerhebungen und -verarbeitungen als auch ein Recht auf deren Kenntnis.[81]

**Beispiele** Das Recht auf informationelle Selbstbestimmung ist z.B. in folgenden Zusammenhängen relevant geworden: bei der offenen Videoüberwachung öffentlicher Orte;[82] bei dem Zugriff auf personenbezogene Verbindungsdaten nach Abschluss des Telekommunikationsvorgangs;[83] bei der automatisierten Kennzeichenerfassung;[84] bei einer präventiven polizeilichen Rasterfahndung nach islamischen Terroristen;[85] bei der Bewertung von Lehrern im Internet (www.spickmich.de);[86] bei der Zuordnung von Telekommunikationsnummern zu ihren Anschlussinhabern;[87] bei der Errichtung einer Antiterrordatei;[88] bei der Speicherung von Daten für behördliche Aufgabenerfüllung;[89] bei der Identitätsfeststellung bei Versammlungen.[90] ■

Das Recht auf informationelle Selbstbestimmung stellt ein **Auffangrecht** dar. Es stellt den informationsbezogenen Umgang der öffentlichen Gewalt mit den Bürgern umfassend unter einen Rechtfertigungszwang. Dies hat eine umfangreiche informations- und datenschutzrechtliche Gesetzgebung ausgelöst.[91] **197**

### dd) Gewährleistung der Vertraulichkeit und Integrität informationstechnischer Systeme

Als eine besondere Ausprägung des allgemeinen Persönlichkeitsrechts betrachtet das *Bundesverfassungsgericht* das **„Grundrecht auf Gewährleistung der Vertraulichkeit und Integrität informationstechnischer Systeme"**.[92] Diese Ausprägung und Konkretisierung des allgemeinen Persönlichkeitsrechts hat das *Bundesverfassungsgericht* im Jahre 2008 neu geschaffen. Das *Bundesverfassungsgericht* sah sich zu der Entwicklung einer weiteren Fallgruppe des allgemeinen Persönlichkeitsrechts veranlasst, weil nach seiner Auffassung die bisher anerkannten Gewährleistungen zur Sicherung und Bewahrung der Privatheit des Einzelnen[93] nicht ausreichen, um die Persönlichkeit des Einzelnen beim Umgang mit informationstechnischen Systemen, in denen persönliche Verhältnisse, soziale Kontakte und ausgeübte Tätigkeiten der Nutzer enthalten sind (z.B. Personalcomputer, Laptops, Tablets, Smartphones etc.), insgesamt umfassend zu schützen. Der Einzelne sei bei diesen Systemen der Gefahr einer heimlichen Infiltration ausgesetzt. **198**

---

80 Vgl. *BVerfGE* 65, 1 – Volkszählung.
81 Vgl. *BVerfGE* 120, 378 – automatisierte Kennzeichenerfassung.
82 Vgl. *BVerfGK* 10, 330.
83 Vgl. *BVerfGE* 115, 166 – Vorratsdatenspeicherung.
84 Vgl. *BVerfGE* 120, 378 – automatisierte Kennzeichenerfassung.
85 Vgl. *BVerfGE* 115, 320 – Rasterfahndung.
86 Vgl. *BGHZ* 181, 328.
87 Vgl. *BVerfGE* 130, 151.
88 Vgl. *BVerfGE* 133, 277 – Antiterrordatei.
89 Vgl. *BVerfG* (K) Beschluss vom 13.5.2015 – 1 BvR 99/11 – juris.
90 Vgl. *BVerfG* (K) NVwZ 2016, 53.
91 Vgl. zum Ganzen *Kingreen/Poscher* Grundrechte Rn. 449.
92 Vgl. *BVerfGE* 120, 274 – Online-Durchsuchung; krit. hierzu *Sachs/Krings* JuS 2008, 481.
93 Vgl. *BVerfGE* 118, 168.

199 Die neu entwickelte Ausprägung des allgemeinen Persönlichkeitsrechts gewährleistet zweierlei: zum einen (und vor allem) **Vertraulichkeitsschutz**, indem das Interesse des Nutzers daran geschützt wird, dass die Erwartung hinsichtlich der Nutzung eines informationstechnischen Systems, das vom Schutzbereich des Grundrechts erfasst wird, nicht enttäuscht wird und die vom System erzeugten, verarbeiteten und gespeicherten Daten vertraulich bleiben;[94] zum anderen **Integritätsschutz**, indem das Interesse des Nutzers daran geschützt wird, dass auch die Integrität des Systems gewahrt bleibt und dieses nicht beschädigt wird, Datenbestände nicht manipuliert werden und auf das System nicht so zugegriffen wird, dass dessen Leistungen, Funktionen und Speicherinhalte durch Dritte genutzt werden können.[95]

### 2. Persönlicher Schutzbereich

#### a) Allgemeine Handlungsfreiheit

200 Nach dem Wortlaut des Art. 2 Abs. 1 GG hat „jeder" ein Recht auf freie Entfaltung der Persönlichkeit. Bei dem Grundrecht auf allgemeine Handlungsfreiheit handelt es sich somit um ein Jedermann-Grundrecht. Demgemäß können sich zunächst alle lebenden[96] **natürlichen Personen** auf Art. 2 Abs. 1 GG berufen.[97] Dazu gehören daher z.B. auch Kinder, Behinderte und Geisteskranke. Als Jedermann-Grundrecht steht Art. 2 Abs. 1 GG auch **Ausländern** zu.[98] Besondere Bedeutung hat dies im Bereich der Deutschengrundrechte (dazu bereits oben Rn. 103 ff.).

201 Neben natürlichen Personen können sich auch **juristische Personen i.S.d. Art. 19 Abs. 3 GG** auf die allgemeine Handlungsfreiheit berufen.[99] Dies gilt insbesondere dann, wenn *sachbezogene* Entfaltungsmöglichkeiten in Rede stehen. Dazu gehört etwa der Schutz vor Zwangsmitgliedschaften oder der Schutz der wirtschaftlichen Dispositionsfreiheit.

#### b) Allgemeines Persönlichkeitsrecht

202 In den persönlichen Schutzbereich des allgemeinen Persönlichkeitsrechts fallen alle **natürlichen Personen**.

Ob und ggf. inwieweit sich **juristische Personen i.S.d. Art. 19 Abs. 3 GG** auf das allgemeine Persönlichkeitsrecht berufen können, ist noch nicht abschließend geklärt.[100] Zivilrechtlich erkennt der *Bundesgerichtshof* ihnen den Schutz des allgemeinen Persönlichkeitsrechts zu.[101] Das *Bundesverfassungsgericht* hat ihnen das Recht am gesprochenen Wort zuerkannt.[102] Auf verfassungsrechtlicher Ebene scheidet eine einheitliche Beantwortung der Frage ohnehin aus, weil wegen der vielfältigen Schutzwirkungen des allgemeinen Persönlichkeitsrechts eine generelle, einheitliche Antwort nicht möglich ist. Gewisse Schutzwirkungen wie z.B. das Recht am eigenen Bild oder der Anspruch auf Resozialisierung können juristischen Personen jedenfalls wesensmäßig nicht zustehen.

---

94 Vgl. *BVerfGE* 120, 274 – Online-Durchsuchung.
95 Vgl. *BVerfGE* 120, 274 – Online-Durchsuchung.
96 Vgl. *BVerfGE* 30, 173 – Mephisto.
97 Vgl. *BVerfGE* 53, 185.
98 Vgl. *BVerfGE* 35, 282.
99 Vgl. *BVerfGE* 44, 353.
100 Vgl. zum Ganzen Epping/Hillgruber-*Lang* BeckOK Grundgesetz Art. 2 Rn. 50.
101 Vgl. *BGHZ* 81, 75.
102 Vgl. *BVerfGE* 106, 28.

**JURIQ-Klausurtipp**

In der Fallbearbeitung sollten Sie daher zunächst darauf hinweisen, dass die Frage der Anwendbarkeit des allgemeinen Persönlichkeitsrechts auf juristische Personen i.S.d. Art. 19 Abs. 3 GG ungeklärt ist, und sich sodann je nach den gegebenen Umständen im Einzelfall für oder gegen einen grundrechtlichen Schutz entscheiden. Hier wird es weniger auf Ihr Ergebnis, als vielmehr auf Ihre Argumentation ankommen!

## III. Eingriff in den Schutzbereich

Ist der Schutzbereich des Grundrechts aus Art. 2 Abs. 1 GG eröffnet, prüfen Sie in zwei Schrit- **203**
ten, ob ein Eingriff in den Schutzbereich vorliegt:

### 1. Allgemeine Handlungsfreiheit

Ein Eingriff in die allgemeine Handlungsfreiheit liegt unproblematisch vor, wenn es sich um **204**
einen Eingriff i.S.d. **klassischen Eingriffsbegriffs** (s.o. Rn. 121) handelt.

**Beispiel** Die Stadt K hat kürzlich eine Satzung erlassen, nach der das Füttern von Enten im öffentlichen Gelände verboten ist und als Ordnungswidrigkeit geahndet wird. O schert sich nicht um dieses Verbot und füttert weiterhin jeden Morgen „ihre" Enten im städtischen Weiher. Dies bemerken Mitarbeiter des Ordnungsamtes, verbieten ihr das Füttern und verhängen ein Bußgeld in Höhe von 25 €. – Da das hobbymäßig betriebene Füttern von Enten nicht unter ein spezielles Freiheitsrecht subsumiert werden kann, ist der Schutzbereich der allgemeinen Handlungsfreiheit eröffnet. Das Verbot und die Verhängung des Bußgeldes (jeweils ein Verwaltungsakt) stellen klassische Eingriffe dar, denn bei ihnen handelt es sich um Eingriffe, die final, unmittelbar, durch Rechtsakt und mit Befehl und Zwang gegenüber O angeordnet bzw. durchgesetzt werden. ■

Umstritten ist aber, ob auch Eingriffe i.S.d. **neuen Eingriffsbegriffs** (s.o. Rn. 122 ff.) die allge- **205**
meine Handlungsfreiheit beeinträchtigen.

**Beispiel** K, ein passionierter Radfahrer, fühlt sich durch die staatliche Zulassung von Pkws in seiner allgemeinen Handlungsfreiheit verletzt. ■

Nach wohl überwiegender Ansicht schützt die allgemeine Handlungsfreiheit grundsätzlich **206**
nicht gegen Eingriffe i.S.d. neuen Eingriffsbegriffs. Zur Begründung beruft sich diese Ansicht darauf, dass andernfalls die Möglichkeit, eine Verfassungsbeschwerde zu erheben, ausufern würde. Um dieser Gefahr zu begegnen, plädiert diese Ansicht dafür, einen Eingriff in die allgemeine Handlungsfreiheit nur dann zu bejahen, wenn eine *rechtliche* (nicht faktische!) Maßnahme vorliegt, die *gegenüber dem betroffenen Einzelnen* (nicht gegenüber einem Dritten!) ergeht.[103] In unserem *Beispiel* oben (Rn. 205) bedeutet dies, dass die Zulassung von Pkws zwar eine rechtliche Maßnahme darstellt, diese aber nicht gegenüber K ergeht. Ein Eingriff in die allgemeine Handlungsfreiheit des K aus Art. 2 Abs. 1 GG liegt demnach nicht vor.

103 Vgl. zum Ganzen *Kingreen/Poscher* Grundrechte Rn. 454 f.

### 2. Allgemeines Persönlichkeitsrecht

207 Beim allgemeinen Persönlichkeitsrecht ist anerkannt, dass **alle beeinträchtigenden staatlichen Maßnahmen** Eingriffe darstellen. Im Gegensatz zur allgemeinen Handlungsfreiheit erfolgen hier die meisten Eingriffe durch faktische Beeinträchtigungen. Faktische Beeinträchtigungen des allgemeinen Persönlichkeitsrechts sind z.B. die Erhebung, die Speicherung und die Weitergabe von personenbezogenen Daten. Ein klassischer Eingriff liegt dagegen etwa in der staatlichen Anordnung, Schuluniformen zu tragen; hier wird das Recht der Selbstdarstellung als Teil des allgemeinen Persönlichkeitsrechts beeinträchtigt.

208 In das vom *Bundesverfassungsgericht* neu geschaffene Grundrecht auf „Gewährleistung der Vertraulichkeit und Integrität informationstechnischer Systeme" kann die öffentliche Gewalt sowohl aus präventiven als auch aus repressiven Gründen eingreifen.[104]

### 3. Grundrechtsverzicht

209 Ein Eingriff in die allgemeine Handlungsfreiheit und das allgemeine Persönlichkeitsrecht liegt nicht vor, wenn der Grundrechtsberechtigte im konkreten Fall auf seinen grundrechtlichen Schutz verzichtet hat, also in den Eingriff eingewilligt hat.

**Beispiel** Die vierte Ehe des prominenten Ex-Sportlers D ist schon nach wenigen Wochen zerbrochen. D verkauft die „Story" exklusiv an einen privaten deutschen TV-Sender. ■

210 In unserem *Beispiel* gilt das allgemeine Persönlichkeitsrecht nicht unmittelbar, weil der private deutsche TV-Sender nicht grundrechtsverpflichtet ist. Die Grundrechte binden gemäß Art. 1 Abs. 3 GG nur die öffentliche Gewalt als unmittelbar geltendes Recht. In das Verhältnis zwischen dem privaten deutschen TV-Sender und D strahlt das allgemeine Persönlichkeitsrecht aber über die zivilrechtlichen Generalklauseln aus (Ausstrahlungswirkung!). Da D mit der Vermarktung seiner „Story" einverstanden ist, verzichtet er insoweit auf den Schutz, den ihm das allgemeine Persönlichkeitsrecht (Recht der Selbstdarstellung) an sich gewähren würde.

211 Etwas anderes gilt allerdings dann, wenn der Grundrechtsberechtigte unter Druck oder in einer Zwangslage gehandelt hat oder wenn die Veröffentlichung in einer Form erfolgt, die durch die Einwilligung nicht gedeckt ist.[105] – Erklärt sich D in unserem *Beispiel* oben (Rn. 209) nur deshalb mit der Vermarktung seiner „Story" einverstanden, weil ihm zuvor damit gedroht wurde, ansonsten pikante private Fotos zu veröffentlichen, genießt er den Schutz des Rechts der Selbstdarstellung, da ein wirksamer Grundrechtsverzicht nicht vorliegt.

## IV. Verfassungsrechtliche Rechtfertigung des Eingriffs

212 Liegt ein Eingriff in den Schutzbereich des Grundrechts aus Art. 2 Abs. 1 GG vor, untersuchen Sie nun in zwei Schritten, ob der Grundrechtseingriff verfassungsrechtlich gerechtfertigt ist.

104 Vgl. *BVerfGE* 120, 274 – Onlinedurchsuchung.
105 Vgl. *Hufen* Staatsrecht II § 11 Rn. 22.

## 1. Beschränkbarkeit (Schranken)

### a) Überblick

Das Grundrecht aus Art. 2 Abs. 1 GG steht unter Schrankenvorbehalten, die sowohl für die allgemeine Handlungsfreiheit als auch für das allgemeine Persönlichkeitsrecht gelten.[106] Als Schrankenvorbehalte nennt Art. 2 Abs. 1 GG die „verfassungsmäßige Ordnung", die „Rechte anderer" und das „Sittengesetz" (sog. **„Schrankentrias"**).[107] 213

### b) Verfassungsmäßige Ordnung

> **Verfassungsmäßige Ordnung** bedeutet verfassungsmäßige Rechtsordnung, d.h. die Gesamtheit der Normen, die formell und materiell mit der Verfassung in Einklang stehen. 214

Die verfassungsmäßige Ordnung bildet in der Praxis – und damit auch in Ihrer Fallbearbeitung – den wichtigsten Schrankenvorbehalt. Bedingt durch die Ausweitung des sachlichen Schutzbereichs des Art. 2 Abs. 1 GG (s.o. Rn. 187 ff.), wird der Schrankenvorbehalt der verfassungsmäßigen Ordnung **weit** gefasst. Zur verfassungsmäßigen Ordnung gehören nach der Rechtsprechung des *Bundesverfassungsgerichts* „nicht nur die vom Normgeber gesetzten verfassungsmäßigen Vorschriften, sondern auch deren Auslegung durch den Richter und ebenso die im Wege zulässiger richterlicher Rechtsfortbildung getroffenen Entscheidungen".[108]

### c) Rechte anderer

Der Schrankenvorbehalt **„Rechte anderer"** umfasst **alle subjektiven Rechte**. Da sie einer gesetzlichen Grundlage bedürfen, sind sie bereits **Bestandteil der verfassungsmäßigen Ordnung**. Daher hat dieser Schrankenvorbehalt **keine eigenständige Bedeutung**.[109] 215

### d) Sittengesetz

Was unter dem dritten Schrankenvorbehalt, dem **„Sittengesetz"**, zu verstehen ist, ist umstritten. Diskutiert werden überlieferte Moralvorstellungen, die Grundsätze von Treu und Glauben oder Verhaltensmaßstäbe der großen christlichen Konfessionen.[110] Sofern man hierunter die altbewährten und praktikablen Rechtsbegriffe „gute Sitten" sowie „Treu und Glauben" versteht, sind diese normiert (§§ 138, 242, 826 BGB) und damit bereits **Bestandteil der verfassungsmäßigen Ordnung**. Wie der Schrankenvorbehalt der „Rechte anderer" hat das „Sittengesetz" daher praktisch **keine Bedeutung**.[111] 216

## 2. Verhältnismäßigkeit

Damit eine Maßnahme der öffentlichen Gewalt verfassungsrechtlich gerechtfertigt und damit zulässig ist, genügt es nicht, dass die Beschränkung selbst verfassungsgemäß ist. Vielmehr muss die grundrechtsbeschränkende Maßnahme der öffentlichen Gewalt auch die grund- 217

106 Vgl. *BVerfGE* 65, 1 – Volkszählung.
107 Vgl. *Hufen* Staatsrecht II § 14 Rn. 20.
108 So z.B. *BVerfGE* 74, 129.
109 Vgl. *Kingreen/Poscher* Grundrechte Rn. 462.
110 Vgl. Sodan/Ziekow-*Sodan* Grundkurs öffentliches Recht § 27 Rn. 16.
111 Vgl. *Kingreen/Poscher* Grundrechte Rn. 465.

rechtliche Substanz des Art. 2 Abs. 1 GG selbst wahren.[112] Dadurch wird verhindert, dass der Gewährleistungsinhalt des Art. 2 Abs. 1 GG wegen der vielfältigen Eingriffsmöglichkeiten leerläuft.[113] Um diesen Anforderungen gerecht zu werden, hat das *Bundesverfassungsgericht* als Abwägungsdirektive ausgegeben: „Je mehr dabei der gesetzliche Eingriff elementare Äußerungsformen der menschlichen Handlungsfreiheit berührt, umso sorgfältiger müssen die zu seiner Rechtfertigung vorgebrachten Gründe gegen den grundsätzlichen Freiheitsanspruch des Bürgers abgewogen werden".[114] Diese Abwägungsdirektive gilt sowohl für die allgemeine Handlungsfreiheit als auch für das allgemeine Persönlichkeitsrecht.[115] Für das allgemeine Persönlichkeitsrecht wird diese Abwägungsdirektive durch die vom *Bundesverfassungsgericht* entwickelte, nicht unumstrittene sog. **Sphärentheorie** konkretisiert. Nach der Sphärentheorie sind drei Bereiche zu unterscheiden:

218 1. Zunächst gibt es die sog. **Intimsphäre**. Bei ihr handelt es sich um den letzten unantastbaren Bereich menschlicher Freiheit.[116] Hierzu gehören etwa „Äußerungen innerster Gefühle oder (...) Ausdrucksformen der Sexualität".[117] Eingriffe der öffentlichen Gewalt in die Intimsphäre sind **stets unzulässig**. Eine Abwägung der widerstreitenden öffentlichen und privaten Interessen findet hier nicht statt.[118]

**Beispiele** Lauschangriffe auf die Wohnung;[119] Schutz der sexuellen Selbstbestimmung.[120] ■

219 2. Die sog. **Privatsphäre** umfasst die private, der Öffentlichkeit entzogene Lebensgestaltung. Hierzu gehört der engere persönliche Lebensbereich, vor allem der Bereich innerhalb der Familie. Eingriffe in die Privatsphäre sind nur zulässig, wenn sie unter **strenger Wahrung des Verhältnismäßigkeitsgrundsatzes im überwiegenden Allgemeininteresse** erfolgen. Dies gilt insbesondere auch für solche Eingriffe, mit denen der Betroffene nicht rechnet, denen er sich nicht entziehen kann oder die er nicht wahrnehmen kann.[121]

**Beispiele** DNA-Analyse;[122] GPS-Beobachtung;[123] Rasterfahndung;[124] private Angelegenheiten Prominenter.[125] ■

Als besonders intensiven Eingriff hat das *Bundesverfassungsgericht* die heimliche Infiltration informationstechnischer Systeme (s.o. Rn. 198) eingestuft. Sie ist nur verhältnismäßig, wenn eine konkrete oder sich immerhin konkretisierende Gefahr für ein überragend wichtiges Rechtsgut vorliegt.[126] Abgesehen davon, darf die heimliche Infiltration grundsätzlich nur auf richterliche Anordnung erfolgen.

220 3. Die sog. **Individual- oder Sozialsphäre** umfasst den Lebensbereich, in dem sich der Einzelne bewusst in der Öffentlichkeit bewegt. Sie schützt damit das Ansehen des Einzelnen

112 Vgl. die anschauliche Verhältnismäßigkeitsprüfung in *BVerfG* (K) NJW 2012, 1062 – Sonnenstudio.
113 Vgl. *BVerfGE* 6, 32 – Elfes.
114 Vgl. *BVerfGE* 17, 306.
115 Vgl. *Kingreen/Poscher* Grundrechte Rn. 461.
116 Vgl. *BVerfGE* 6, 32 – Elfes.
117 Vgl. *BVerfGE* 109, 279 – Lauschangriff.
118 Vgl. *BVerfGE* 27, 1.
119 Vgl. *BVerfGE* 109, 279.
120 Vgl. *BVerfGE* 47, 46 – Sexualkundeunterricht; 120, 224 – Inzestverbot.
121 Vgl. *Kingreen/Poscher* Grundrechte Rn. 461.
122 Vgl. *BVerfGE* 103, 21.
123 Vgl. *BVerfGE* 112, 304.
124 Vgl. *BVerfGE* 115, 320.
125 Vgl. *BVerfGE* 120, 180 – Caroline II.
126 Vgl. *BVerfGE* 120, 274 – Onlinedurchsuchung.

in der Öffentlichkeit. Eingriffe in die Individual- oder Sozialsphäre sind unter den **allgemeinen Voraussetzungen** zulässig.[127]

### JURIQ-Klausurtipp

Wie Sie sehen, geht es im Grunde um nichts anderes als um eine besonders ausgeprägte Verhältnismäßigkeitsprüfung. In der Fallbearbeitung prüfen Sie daher zuerst, in welche Sphäre die zu rechtfertigende staatliche Maßnahme eingreift, und danach, ob der Eingriff am Maßstab der für diese Sphäre geltenden Anforderungen gerechtfertigt ist.

Bei der neu geschaffenen Ausprägung des allgemeinen Persönlichkeitsrechts, dem Grundrecht auf „Gewährleistung der Vertraulichkeit und Integrität informationstechnischer Systeme", verlangt das *Bundesverfassungsgericht* bei der Prüfung der Angemessenheit einer präventiven heimlichen Maßnahme, dass tatsächliche Anhaltspunkte für eine konkrete Gefahr für die als überragend wichtig angesehenen Rechtsgüter Leib, Leben, Freiheit der Person und solche Güter der Allgemeinheit, deren Bedrohung die Grundlagen oder den Bestand des Staates oder die Grundlagen der menschlichen Existenz berührt, vorliegen.[128] Der unantastbare Kernbereich privater Lebensgestaltung bildet auch bei dieser neuen Ausprägung des allgemeinen Persönlichkeitsrechts die absolute Grenze eines staatlichen Eingriffs. Um sicherzustellen, dass der unantastbare Kernbereich auch bei Maßnahmen geschützt wird, die den Kernbereich nur unbeabsichtigt berühren, muss der Gesetzgeber Vorkehrungen schaffen, die gewährleisten, dass der unantastbare Kernbereich je nach Eigenart der betreffenden staatlichen Maßnahme und je nach Vorgehen der öffentlichen Gewalt bei ihrem Vollzug geschützt wird.[129] **221**

127 Vgl. *BVerfGE* 35, 202 – Lebach.
128 Vgl. *BVerfGE* 120, 274 – Onlinedurchsuchung.
129 Vgl. *BVerfGE* 35, 202 – Lebach.

## V. Übungsfall Nr. 1

222 „Gas runter!"[130]

T wohnt in der Nähe der Stadt H. Nach H fährt er täglich, manchmal sogar mehrmals am Tag. T erreicht die Stadt H über die Bundesautobahn (BAB) 1. Die von T benutzte Teilstrecke der BAB 1 nach H und zurück ist – im Vergleich zum Bundesdurchschnitt – weit überdurchschnittlich befahren. Obwohl die Teilstrecke der BAB 1 nach H und zurück weitgehend dreispurig ausgebaut ist, ist der Verkehr auf diesem Streckenteil regelmäßig sehr dicht. Ca. 20 km vor der Stadt H werden die Autofahrer besonders herausgefordert: Im Abstand von ca. 2,1 km (der Bundesdurchschnitt liegt bei 5,4 km) wechseln sich zwei Autobahnkreuze, ein Autobahndreieck und zahlreiche sonstige Ab- und Auffahrten ab. Außerdem führt die BAB 1 auf dieser Strecke über zwei Brücken und durch einen Tunnel. Unzählige Verkehrsschilder säumen den Straßenrand. Dazu gehören auch solche Schilder, mit denen die zulässige Höchstgeschwindigkeit auf 100 km/h begrenzt ist. T, der schnelles Autofahren über alles liebt, sieht diese Geschwindigkeitsbegrenzungen überhaupt nicht ein. Er fühlt sich in seinem „Recht auf Autofahren" verletzt.
Zu Recht?

### 223 Lösung

#### I. Verletzung spezieller Freiheitsrechte?

T fühlt sich durch die behördlich angeordneten Geschwindigkeitsbegrenzungen in seinem Recht auf Autofahren verletzt. Fraglich ist, ob dieses Recht in den sachlichen Schutzbereich eines speziellen Freiheitsrechts fällt. Vom Sachzusammenhang her könnte man an das Grundrecht auf Freizügigkeit denken. Dieses gewährleistet das Recht, an jedem Ort innerhalb der Bundesrepublik Wohnsitz und Aufenthalt zu nehmen, wobei nicht der Wohnsitz und Aufenthalt selbst, sondern die dorthin führende Fortbewegung zwecks Ortswechsels grundrechtlich geschützt wird. Einen Anspruch auf die Benutzung eines bestimmten Fortbewegungsmittels garantiert dieses Grundrecht jedoch nicht. Schon aus diesem Grunde kommt es hinsichtlich des von T als verletzt gerügten Rechts auf Autofahren nicht in Betracht, denn das Recht auf Autofahren beinhaltet ein Recht auf Mobilität mit einem bestimmten Fortbewegungsmittel, nämlich einem Pkw. Im Vordergrund steht dabei zudem nicht die (zielgerichtete) Fortbewegung zwecks Ortswechsels, sondern die Mobilität überhaupt. Das von T als verletzt gerügte Recht auf Autofahren fällt demnach nicht in den sachlichen Schutzbereich des Grundrechts aus Art. 11 Abs. 1 GG.

#### II. Verletzung des Grundrechts aus Art. 2 Abs. 1 GG

Da auch andere spezielle Freiheitsrechte offensichtlich nicht einschlägig sind, kommt eine Verletzung des subsidiär geltenden Grundrechts des T auf allgemeine Handlungsfreiheit in Betracht. T ist in seinem Grundrecht aus Art. 2 Abs. 1 GG verletzt, wenn und soweit ein verfassungsrechtlich nicht gerechtfertigter Eingriff in den Schutzbereich dieses Grundrechts vorliegt.

##### 1. Eröffnung des Schutzbereichs

Zunächst müssten der sachliche Schutzbereich und der persönliche Schutzbereich des Grundrechts aus Art. 2 Abs. 1 GG eröffnet sein.

130 Nach *BVerwG* NJW 2001, 3139.

a) Sachlicher Schutzbereich

Der sachliche Schutzbereich des Art. 2 Abs. 1 GG müsste eröffnet sein. Art. 2 Abs. 1 GG gewährleistet nach ganz h.M. die allgemeine Handlungsfreiheit im umfassenden Sinne. Sie garantiert dem Einzelnen „zu tun und zu unterlassen, was er will" und schützt damit jede Form menschlicher Freiheitsentfaltung. Dazu gehört auch, mobil zu sein, mit welchem Verkehrsmittel, an welchen Orten und mit welcher Geschwindigkeit auch immer.[131] Das von T als verletzt gerügte Recht auf Autofahren fällt somit in den sachlichen Schutzbereich der allgemeinen Handlungsfreiheit aus Art. 2 Abs. 1 GG.

b) Persönlicher Schutzbereich

Indem der grundrechtliche Schutz des Art. 2 Abs. 1 GG „jedem" zusteht, worunter jedenfalls alle natürliche Personen fallen, zu denen T ohne Zweifel gehört, ist der persönliche Schutzbereich des Jedermann-Grundrechts aus Art. 2 Abs. 1 GG ebenfalls eröffnet.

c) Ergebnis zu 1.

Der Schutzbereich des Grundrechts auf allgemeine Handlungsfreiheit ist eröffnet.

2. Eingriff in den Schutzbereich

Es müsste ein Eingriff in den Schutzbereich der allgemeinen Handlungsfreiheit vorliegen. Die auf der Teilstrecke der BAB 1 vorgesehenen Geschwindigkeitsbegrenzungen beeinträchtigen T in seinem Recht auf Autofahren. Die Geschwindigkeitsbegrenzungen werden mittels behördlicher Verkehrszeichen angeordnet, die rechtlich als Allgemeinverfügungen i.S.d. § 35 S. 2 VwVfG zu qualifizieren sind. Es handelt sich somit um Eingriffe der Exekutive i.S.d. des klassischen Eingriffsbegriffs.

3. Verfassungsrechtliche Rechtfertigung der Geschwindigkeitsbegrenzungen

Zu prüfen ist, ob die Geschwindigkeitsbegrenzungen verfassungsrechtlich gerechtfertigt sind.

Die allgemeine Handlungsfreiheit wird nach dem Wortlaut des Art. 2 Abs. 1 GG nicht schrankenlos gewährleistet, sondern steht unter der sog. Schrankentrias (verfassungsmäßige Ordnung, Rechte anderer, Schutzgesetz), wobei allein der Schrankenvorbehalt der verfassungsmäßigen Ordnung in der Praxis relevant ist. Dieser Schrankenvorbehalt könnte auch das Recht des T auf Autofahren einschränken.

Als Folge des weit verstandenen sachlichen Schutzbereichs des Art. 2 Abs. 1 GG ist unter der verfassungsmäßigen Ordnung die Gesamtheit der Normen zu verstehen, die formell und materiell verfassungsgemäß sind.

a) Verfassungsgemäße gesetzliche Grundlage für die Geschwindigkeitsbegrenzungen auf der BAB 1

Nach dem rechtsstaatlichen Vorbehalt des Gesetzes bedarf die behördliche Anordnung von Geschwindigkeitsbegrenzungen einer gesetzlichen Grundlage. Als solche dient § 45 Abs. 1 S. 1 i.V.m. Abs. 9 S. 3 StVO.

Zweifel an der Verfassungsmäßigkeit des § 45 Abs. 1 S. 1 i.V.m. Abs. 9 S. 3 StVO, der seinerseits auf dem verfassungsgemäßen § 6 Abs. 1 StVG beruht, bestehen nicht. Somit liegt eine verfassungsgemäße gesetzliche Grundlage für die Geschwindigkeitsbegrenzungen auf der BAB 1 vor.

b) Verfassungsmäßigkeit der Geschwindigkeitsbegrenzungen selbst

Die Geschwindigkeitsbegrenzungen auf der BAB 1 müssten ihrerseits verfassungsgemäß sein. Dies wäre dann der Fall, wenn § 45 Abs. 1 S. 1 i.V.m. Abs. 9 S. 3 StVO verfassungskonform, insbesondere grundrechtskonform, angewendet und ausgelegt worden wäre, die Geschwindigkeitsbegrenzungen verhältnismäßig wären und dem rechtsstaatlichen Bestimmtheitsgrundsatz genügen würden.

Zweifel bestehen insoweit vorliegend allein hinsichtlich der Verhältnismäßigkeit der Geschwindigkeitsbegrenzungen. Die Geschwindigkeitsbegrenzungen wären verhältnismäßig, wenn sie einem verfassungsrechtlich legitimen Zweck dienen würden und zur Erreichung dieses Zwecks geeignet, erforderlich und angemessen wären.

131 Vgl. *BVerwG* NVwZ 1986, 918 – Recht auf Autofahren.

Die Geschwindigkeitsbegrenzungen dienen dem verfassungsrechtlich legitimen Zweck, die Unfallgefahr auf der betreffenden Teilstrecke der BAB 1 zu reduzieren. Dadurch werden nicht nur das Leben und die Gesundheit der Verkehrsteilnehmer, sondern auch deren Privateigentum sowie das Eigentum der öffentlichen Hand geschützt.

Zur Erreichung dieses Zwecks sind die Geschwindigkeitsbegrenzungen geeignet und mangels milderen, aber ebenso geeigneten Mittels erforderlich.

Zu prüfen ist abschließend, ob die Geschwindigkeitsbegrenzungen auch angemessen sind. Die Angemessenheit bestimmt sich nach einer Abwägung der widerstreitenden Interessen im Einzelfall. T hat als Vielfahrer und zudem als passionierter Autofahrer ein persönliches Interesse daran, sich beim Autofahren frei zu entfalten und so schnell fahren zu können und zu dürfen, wie es ihm beliebt. Da er auf der BAB 1 jedoch nicht allein fährt, kann sein individuelles Interesse kaum ausschlaggebend sein. Vielmehr stehen dem Interesse des T die Interessen der öffentlichen Gewalt und die Interessen der zahlreichen anderen Autofahrer gegenüber. Deren Interessen sind darauf gerichtet, Rechtsgüter wie Leben, körperliche Unversehrtheit und Eigentum zu schützen. Bei ihnen handelt es sich um gewichtige grundrechtlich geschützte Rechtsgüter, gegenüber denen das durch Art. 2 Abs. 1 GG geschützte Recht auf Autofahren weniger stark schützenswert ist. Die Geschwindigkeitsbegrenzungen sind demnach angemessen und folglich verhältnismäßig.

#### c) Ergebnis zu 3.

Die Geschwindigkeitsbegrenzungen auf der BAB 1 sind demnach verfassungsrechtlich gerechtfertigt und damit zulässig.

### 4. Ergebnis zu II.

Die Geschwindigkeitsbegrenzungen verletzen T nicht in seinem Grundrecht auf allgemeine Handlungsfreiheit.

## III. Ergebnis

Die Geschwindigkeitsbegrenzungen verletzen T nicht in seinem Recht auf Autofahren.

# C. Recht auf Leben und körperliche Unversehrtheit (Art. 2 Abs. 2 S. 1 GG)

## I. Überblick

Art. 2 Abs. 2 S. 1 GG beinhaltet zwei Abwehrrechte: das **Recht auf Leben** und das **Recht auf körperliche Unversehrtheit**. Mit dem Grundrecht auf Leben bekennt sich Art. 2 Abs. 2 S. 1 GG zum grundsätzlichen Wert des Menschenlebens.[132] Seit seinem Abtreibungsurteil leitet das *Bundesverfassungsgericht* aus der objektiv-rechtlichen Dimension des Art. 2 Abs. 2 S. 1 GG auch eine **staatliche Pflicht zum Schutz von Leben** ab.[133] Schutzpflichten sind **auch zugunsten des Rechts auf körperliche Unversehrtheit** anerkannt (s.u. Rn. 248 f.). 224

Die Abwehrrechte aus Art. 2 Abs. 2 S. 1 GG prüfen Sie wie folgt: 225

**Recht auf Leben und körperliche Unversehrtheit (Art. 2 Abs. 2 S. 1 GG)**

PRÜFUNGSSCHEMA

**I. Eröffnung des Schutzbereichs**
- 1. Sachlicher Schutzbereich
  - a) Recht auf Leben
  - b) Recht auf körperliche Unversehrtheit
- 2. Persönlicher Schutzbereich
  - Nasciturus Rn. 230

**II. Eingriff in den Schutzbereich**
- 1. Vorliegen eines Eingriffs
  - Unwesentliche Beeinträchtigungen der körperlichen Unversehrtheit Rn. 235 ff.
- 2. Einwilligung

**III. Verfassungsrechtliche Rechtfertigung des Eingriffs**
- 1. Beschränkbarkeit (Schranke)
- 2. Schranken-Schranken
  - a) Spezielle Schranken-Schranken
    - aa) Art. 102 GG
    - bb) Art. 104 Abs. 1 S. 2
  - b) Allgemeine Schranken-Schranke (Verhältnismäßigkeit)

## II. Eröffnung des Schutzbereichs

Zunächst prüfen Sie, ob der sachliche Schutzbereich und der persönliche Schutzbereich des Grundrechts aus Art. 2 Abs. 2 S. 1 GG eröffnet sind. 226

132 Vgl. *BVerfGE* 18, 112 – Auslieferung.

133 Vgl. *BVerfGE* 39, 1.

### 1. Sachlicher Schutzbereich

#### a) Recht auf Leben

227 **Leben** meint das körperliche Dasein, d.h. die biologisch-physische Existenz des Menschen.

Das Recht auf Leben schützt das **körperliche Dasein des Menschen** vom Zeitpunkt seines Entstehens bis zum Eintritt seines Todes, und zwar unabhängig von seinen Lebensumständen sowie seiner körperlichen und seelischen Befindlichkeit.[134] Nach nicht unbestrittener Auffassung des *Bundesverfassungsgerichts* beginnt das menschliche Dasein spätestens 14 Tage nach der Empfängnis und endet mit dem Tod.[135] Nach überwiegender Auffassung setzt der Tod mit dem Hirntod ein.[136]

Nach h.M. kann aus dem Recht auf Leben **kein „Recht auf Selbstmord"** abgeleitet werden.[137] Ein Recht auf Selbstmord ist nur über die allgemeine Handlungsfreiheit nach Art. 2 Abs. 1 GG geschützt.

#### b) Recht auf körperliche Unversehrtheit

228 **Körperliche Unversehrtheit** meint die Gesundheit im biologisch-physiologischen Sinne und das psychisch-seelische Wohlbefinden.

Das Recht auf körperliche Unversehrtheit gewährleistet zum einen die **Gesundheit** im biologisch-physiologischen Sinne,[138] einschließlich der Integrität der Körpersphäre.[139] Über den Wortlaut hinaus garantiert das Recht auf körperliche Unversehrtheit auch das **psychisch-seelische Wohlbefinden**. Dieses erweiterte Verständnis ergibt sich aus dem Zusammenhang des Art. 2 Abs. 2 S. 1 GG mit der Menschenwürde, die den Schutz der Identität und der Integrität ebenfalls nicht auf den körperlichen Bereich beschränkt, und aus der Entstehungsgeschichte des Grundrechtsartikels,[140] denn Psychoterror, seelische Folterungen und entsprechende Verhörmethoden, die im Dritten Reich zu den Verbrechen jener Zeit gehörten, sollten unter der Geltung des Grundgesetzes geächtet werden. Das Recht auf körperliche Unversehrtheit schützt damit jedenfalls vor solchen psychischen Beeinträchtigungen, die **in ihren Wirkungen körperlichen Schmerzen gleichkommen**.[141] Dazu gehören z.B. psychische Folterungen und seelische Quälereien.[142]

### 2. Persönlicher Schutzbereich

229 Gemäß Art. 2 Abs. 2 S. 1 GG genießt „jeder" das Recht auf Leben und körperliche Unversehrtheit. Art. 2 Abs. 2 S. 1 GG stellt demnach ein Jedermann-Grundrecht dar, so dass alle **natürlichen Personen** unabhängig von ihrem geistigen oder körperlichen Zustand grundrechtsberechtigt sind. Lebensunwertes Leben ist dem Grundgesetz unbekannt.[143]

---

134 Vgl. *BVerfGE* 115, 118.
135 Vgl. *BVerfGE* 39, 1 – Abtreibungsurteil.
136 Vgl. *Manssen* Staatsrecht II Rn. 293.
137 Vgl. *Hufen* Staatsrecht II § 13 Rn. 5.
138 Vgl. *BVerfGE* 56, 54.
139 Vgl. *Ipsen* Staatsrecht II Rn. 257.
140 Vgl. *Kingreen/Poscher* Grundrechte Rn. 472.
141 Vgl. Sodan/Ziekow-*Sodan* Grundkurs Öffentliches Recht § 28 Rn. 4.
142 Vgl. *BVerfGE* 56, 54.
143 Vgl. *Manssen* Staatsrecht II Rn. 292.

Umstritten ist, ob der **Nasciturus** grundrechtsberechtigt ist. Während eine Ansicht dies mit der Begründung ablehnt, eine subjektive Rechtsstellung dürfte zu weitgehend sein,[144] bejaht eine andere Ansicht die Grundrechtsberechtigung des Nasciturus. Dafür sprechen nicht nur die Anerkennung der Schutzwürdigkeit des ungeborenen Lebens, sondern auch der primäre Abwehrcharakter der Grundrechte sowie die Notwendigkeit der Effektivität des Grundrechtsschutzes.[145] 230

**JURIQ-Klausurtipp**

In der Fallbearbeitung kommt es weniger auf das Ergebnis, als vielmehr darauf an, dass Sie das Problem der Grundrechtsberechtigung des Nasciturus kennen, fallbezogen darstellen und sich mit einer eigenen Begründung einer Ansicht anschließen.

## III. Eingriff in den Schutzbereich

Ist der Schutzbereich des Grundrechts aus Art. 2 Abs. 2 S. 1 GG eröffnet, prüfen Sie in zwei Schritten, ob ein Eingriff in den Schutzbereich des Rechts auf Leben und körperliche Unversehrtheit vorliegt: 231

### 1. Vorliegen eines Eingriffs

Eingriffe in das Recht auf Leben bestehen zunächst in jedem **Entzug** oder jeder **Gefährdung** des Lebens. 232

**Beispiele** Ein Eingriff in das Leben stellt ohne Zweifel die staatlich veranlasste Tötung eines Menschen dar, z.B. durch die Vollstreckung der Todesstrafe, durch den finalen polizeilichen Todesschuss oder den finalen Rettungsabschuss gemäß § 14 Abs. 3 LuftSiG;[146] bei der Sterbehilfe, die das Sterben erleichtert, ohne das Leben zu verkürzen, oder auch das Leben entsprechend dem Willen des Patienten verkürzt, soll dies jedoch nicht zwingend der Fall sein.[147] ■

Eingriffe in das Recht auf körperliche Unversehrtheit bestehen ferner in **jeder Antastung der körperlichen Unversehrtheit**. Solche Eingriffe liegen nicht nur dann vor, wenn Schmerzen zugefügt oder empfunden werden, sondern auch, wenn die Gesundheit geschädigt oder gefährdet wird. 233

**Beispiel** Menschenversuche; Zwangskastration; Zwangssterilisation; Impfzwang;[148] körperliche Strafen und Züchtigungen; Blutentnahme; Verabreichung von Brechmitteln;[149] Erteilung oder Versagung einer immissionsschutzrechtlichen Genehmigung;[150] Unterbringung eines Strafgefangenen mit anderen rauchenden Mitgefangenen.[151] ■

144 Vgl. *Manssen* Staatsrecht II Rn. 294.
145 Vgl. Sodan/Ziekow-*Sodan* Grundkurs Öffentliches Recht § 28 Rn. 6.
146 Vgl. dazu *BVerfGE* 115, 118 – Luftsicherheitsgesetz.
147 Vgl. dazu *Kingreen/Poscher* Grundrechte Rn. 473.
148 Vgl. *BVerwGE* 9, 78.
149 Vgl. *BVerfG* (K) NStZ 2000, 96.
150 Vgl. *Hufen* Staatsrecht II § 13 Rn. 11.
151 Vgl. *BVerfGK* 20, 249.

234 Zusammenfassend lässt sich festhalten, dass als Eingriffe in das Recht auf Leben und körperliche Unversehrtheit sowohl **klassische Eingriffe** als auch **faktische bzw. mittelbare Eingriffe** in Betracht kommen.

235 Umstritten ist, ob ein Eingriff in das Recht auf **körperliche Unversehrtheit** vorliegt, wenn diese nur **unwesentlich beeinträchtigt** wird.

**Beispiel 1** Der Bundesminister für Verteidigung ordnet an, dass alle männlichen Soldaten ihr Kopfhaar nur noch nach bestimmten Regeln tragen dürfen. ■

**Beispiel 2** Die Polizei hat endlich den brutalen Räuber G gefasst. Äußerlich ist er kaum wiederzuerkennen, nachdem er sich auf seiner mehrmonatigen Flucht lange Haare und einen Vollbart wachsen gelassen hatte. Zwecks Identifizierung kürzt die Polizei ihm unter Anwendung von Gewalt die Kopf- und Barthaare. ■

236 In unserem *Beispiel 1* (oben Rn. 235) ist umstritten, ob überhaupt ein Eingriff in die körperliche Unversehrtheit vorliegt. Nach einer Ansicht ist dies wegen der Geringfügigkeit des Eingriffs nicht der Fall. Art. 2 Abs. 2 S. 1 GG schützt nach dieser Ansicht nicht gegen jede als unangenehm empfundene Einwirkung auf den Körper.[152] In einem solchen Fall ist nach dieser Ansicht nur das Grundrecht aus Art. 2 Abs. 1 GG einschlägig.[153] Nach anderer Ansicht liegt dagegen ein Eingriff in die körperliche Unversehrtheit vor.[154] Die Geringfügigkeit des Eingriffs kann aber bei der Verhältnismäßigkeit der Anordnung berücksichtigt werden.[155]

**JURIQ-Klausurtipp**

In der Fallbearbeitung ist auch hier wieder entscheidend, dass Sie das Problem erkennen, die verschiedenen Ansichten fallbezogen erörtern und sich mit eigenen Argumenten einer Ansicht anschließen.

237 Nicht umstritten ist demgegenüber die Lösung in unserem *Beispiel 2* (oben Rn. 235). Da die Kürzung des Kopf- und Barthaares hier zwangsweise durch die Polizei erfolgt, liegt ein Eingriff in die körperliche Unversehrtheit vor.[156]

### 2. Einwilligung

238 Ein Eingriff in das Recht auf Leben und körperliche Unversehrtheit kann zu verneinen sein, wenn der Betroffene zuvor in den Eingriff eingewilligt hat.[157]

**Beispiel 1** Eine ärztliche Heilbehandlung greift nicht in die körperliche Unversehrtheit des Betroffenen ein, wenn er zuvor in die Behandlung eingewilligt hat.[158] ■

**Beispiel 2** Ein im Maßregelvollzug untergebrachter Mensch darf nur dann gegen seinen natürlichen Willen medizinisch zwangsbehandelt werden, wenn er krankheitsbedingt zur

152 Vgl. *BVerwGE* 46, 1.
153 Vgl. *BVerwGE* 125, 85.
154 Vgl. Sachs-*Murswiek* Art. 2 Rn. 154.
155 Vgl. allgemein *Kingreen/Poscher* Grundrechte Rn. 474.
156 Vgl. *BVerfGE* 47, 239.
157 Vgl. Dreier-*Schulze-Fielitz* GG I Art. 2 II Rn. 55.
158 Vgl. *Kingreen/Poscher* Grundrechte Rn. 474.

Einsicht in die Behandlungsbedürftigkeit oder zum Handeln gemäß dieser Einsicht nicht fähig ist. Maßnahmen der medizinischen Zwangsbehandlung dürfen nur als *ultima ratio* und nur dann vorgenommen werden, wenn sie hinsichtlich des Behandlungsziels, das ihren Einsatz rechtfertigt, Erfolg versprechen und für den Betroffenen nicht mit Belastungen verbunden sind, die außer Verhältnis zu dem erwartbaren Nutzen stehen. Zum Schutz der Grundrechte des Betroffenen sind besondere verfahrensmäßige Sicherungen geboten. Die wesentlichen Voraussetzungen für die Zulässigkeit der medizinischen Zwangsbehandlung bedürfen einer klaren und bestimmten gesetzlichen Regelung. Dies gilt auch für die Anforderungen an das Verfahren.[159] ■

**Hinweis**

Bei der Zwangsbehandlung eines Untergebrachten liegt ein Eingriff auch dann vor, wenn ein Betreuer des Untergebrachten in die Maßnahme eingewilligt hat. Die Einwilligung lässt den Eingriff, der darin liegt, dass die Maßnahme gegen den natürlichen Willen des Betroffenen erfolgt, unberührt.[160]

## IV. Verfassungsrechtliche Rechtfertigung des Eingriffs

Liegt ein Eingriff in das Recht auf Leben und körperliche Unversehrtheit vor, prüfen Sie schließlich in zwei Schritten, ob der Eingriff verfassungsrechtlich gerechtfertigt ist: **239**

### 1. Beschränkbarkeit (Schranke)

Nach dem Wortlaut des Art. 2 Abs. 2 S. 3 GG kann in das Recht auf Leben und körperliche Unversehrtheit **„auf Grund eines Gesetzes"** eingegriffen werden. Wegen der Intensität, die staatliche Eingriffe in den Schutzbereich des Art. 2 Abs. 2 S. 1 GG haben können, verlangt die Wesentlichkeitstheorie jedoch, dass Eingriffe in das Leben und in der Regel auch Eingriffe in die körperliche Unversehrtheit durch **formelles Gesetz** geregelt sein müssen.[161] So sieht z.B. § 81a StPO körperliche Eingriffe zu Untersuchungszwecken vor. **240**

### 2. Schranken-Schranken

Beim Grundrecht aus Art. 2 Abs. 2 S. 1 GG gibt es spezielle Schranken-Schranken und eine allgemeine Schranken-Schranke (Verhältnismäßigkeit). **241**

**JURIQ-Klausurtipp**

In der Fallbearbeitung beginnen Sie Ihre Prüfung mit den speziellen Schranken-Schranken. Kommen Sie zu dem Ergebnis, dass eine spezielle Schranken-Schranke greift, ist Ihre Prüfung beendet. Andernfalls setzen Sie Ihre Prüfung mit der Verhältnismäßigkeit als allgemeiner Schranken-Schranke fort.

---

159 Vgl. *BVerfGE* 128, 282; 129, 269.
160 Vgl. *BVerfGE* 10, 302.
161 Vgl. *Kingreen/Poscher* Grundrechte Rn. 476.

### a) Spezielle Schranken-Schranken

242 Art. 2 Abs. 2 S. 1 GG hat **zwei spezielle Schranken-Schranken**: Art. 102 GG und Art. 104 Abs. 1 S. 2 GG.

#### aa) Art. 102 GG

243 **Todesstrafe** ist die von Staats wegen angeordnete Tötung eines Menschen zur Ahndung einer Straftat.

Art. 102 GG bildet eine **absolute Schranken-Schranke**. Wie Sie anhand der Definition der Todesstrafe erkennen, betrifft die Todesstrafe die **repressive Tötung eines Menschen**.

**Beispiel** Die Öffentlichkeit verlangt, dass der brutale Kinderschänder O zu Tode verurteilt und gehängt wird. – Das Aufhängen wäre eine repressive Tötung des Staates, denn mit ihr würden die Straftaten des O geahndet. ■

244 Daraus ergibt sich aber im Umkehrschluss, dass eine *präventive* staatliche Tötung verfassungsrechtlich grundsätzlich legitimiert ist. Voraussetzung ist hier aber u.a. stets, dass sie die *ultima ratio* bildet. Das gilt z.B. für den finalen polizeilichen Todesschuss oder den finalen Rettungsabschuss.

#### bb) Art. 104 Abs. 1 S. 2 GG

245 Eine weitere spezielle Schranken-Schranke für Art. 2 Abs. 2 S. 1 GG stellt Art. 104 Abs. 1 S. 2 GG dar. Danach dürfen festgehaltene Personen, d.h. Personen, die sich im staatlichen Gewahrsam befinden, weder körperlich noch seelisch misshandelt werden. Der Begriff der Misshandlung ist nach h.M. **weit** zu verstehen. Erfasst sind daher nicht nur menschenunwürdige Behandlungen.

**Beispiel** X hat einen schweren Versicherungsbetrug begangen. Mit dem ergaunerten Geld aus der Lebensversicherung ist er durchgebrannt. Nach seiner Festnahme verhört ihn die Polizei 15 Stunden ohne Unterbrechung. Diese Vernehmungsmethode misshandelt X körperlich. ■

### b) Allgemeine Schranken-Schranke (Verhältnismäßigkeit)

246 Greifen weder Art. 102 GG noch Art. 104 Abs. 1 S. 2 GG, prüfen Sie die Verhältnismäßigkeit. Wegen der besonders sensiblen Rechtsgüter Leben und körperliche Unversehrtheit ist hier ein **strenger Maßstab** anzulegen. Denken Sie beim Recht auf Leben auch an den eng damit verknüpften Menschenwürdegehalt![162]

**Beispiel**[163] Der 88-jährige B ist herzkrank. Trotz gesundheitlicher Risiken beschließt das zuständige *Landgericht*, die Hauptverhandlung wegen gemeinschaftlichen Mordes in drei Fällen gegen B zu eröffnen. B meint, dadurch werde er in seinem Grundrecht aus Art. 2 Abs. 2 S. 1 GG verletzt. Zu Recht? Nach Ansicht des *Bundesverfassungsgerichts* nein: Das *Bundesverfassungsgericht* steht auf dem Standpunkt, aus dem Rechtsstaatsprinzip folge

162 Vgl. *BVerfGE* 115, 118 – Luftsicherheitsgesetz.
163 Nach *BVerfG* (K) EuGRZ 2009, 645.

grundsätzlich die Pflicht der Staates, eine funktionstüchtige Rechtspflege zu gewährleisten und damit den staatlichen Strafanspruch durch Einleitung und Durchführung eines Strafverfahrens durchzusetzen. Gefährde die Fortsetzung eines Strafverfahrens das Leben oder die körperliche Unversehrtheit des Angeklagten, so müsse der Konflikt zwischen dieser staatlichen Pflicht und dem Grundrecht des Angeklagten aus Art. 2 Abs. 2 S. 1 GG durch Abwägung der widerstreitenden Interessen gelöst werden. Hierbei seien v.a. die Art, der Umfang und die mutmaßliche Dauer des Strafverfahrens, die Art und die Intensität der zu befürchtenden Schädigung sowie die Möglichkeiten, dieser entgegenzuwirken, beachtlich. Im Fall eines solchen Konflikts könne nur eine hinreichend sichere Prognose über den Schadenseintritt die Einstellung des Verfahrens rechtfertigen. ■

## V. Objektiv- und verfahrensrechtliche Funktion des Art. 2 Abs. 2 S. 1 GG

Art. 2 Abs. 2 S. 1 GG hat – neben der subjektiv-rechtlichen Funktion als Abwehrrecht – auch eine objektiv-rechtliche und eine verfahrensrechtliche Funktion. 247

### 1. Objektiv-rechtliche Funktion des Art. 2 Abs. 2 S. 1 GG

Art. 2 Abs. 2 S. 1 GG i.V.m. Art. 1 Abs. 1 GG verpflichtet die öffentliche Gewalt, sich **schützend und fördernd vor die Rechte auf Leben und körperliche Unversehrtheit** zu stellen. Insbesondere müssen diese Rechte vor rechtswidrigen Eingriffen von dritter Seite bewahrt werden. Die staatliche Schutzpflicht erstreckt sich aber nicht auf jede denkbare oder entfernt mögliche Grundrechtsgefährdung, solange hierzu keine gefestigten wissenschaftlichen Erkenntnisse vorliegen.[164] 248

**Beispiel** Der Industriekonzern Y beantragt bei der zuständigen Behörde die Erteilung einer Betriebsgenehmigung für ein modernes Werk in Norddeutschland. Unweit des Werkes liegt eine Wohnsiedlung. – Die zuständige Behörde ist hier verpflichtet, das Leben und die körperliche Unversehrtheit u.a. der Bewohner der nahe gelegenen Wohnsiedlung gegen Beeinträchtigungen durch Y zu schützen. In der Praxis wird die Betriebsgenehmigung ggf. nur unter Auflagen erteilt werden können. So kann Y z.B. verpflichtet werden, bestimmte Maßnahme zum Immissionsschutz zu erfüllen.[165] ■

Bei der Erfüllung ihrer Schutzpflichten hat die öffentliche Gewalt einen **erheblichen Spielraum**.[166] Nur ausnahmsweise kann der Staat verpflichtet sein, zur Erfüllung seiner Schutzpflichten Strafnormen zu erlassen. Jedenfalls stellt diese Maßnahme eine *ultima ratio* dar.[167] 249

### 2. Verfahrensrechtliche Funktion des Art. 2 Abs. 2 S. 1 GG

Grundrechtsschutz kann auch durch die Gestaltung von Verfahren bewirkt werden. Die Grundrechte beeinflussen daher auch das Verfahrensrecht, soweit dies für einen effektiven Grundrechtsschutz relevant ist.[168] 250

164 Vgl. *BVerfGK* 17, 57 – CERN, Schwarze Löcher.
165 Vgl. in diesem Zusammenhang auch *BVerfGK* 16, 370 – Schacht Konrad.
166 Vgl. *BVerfGE* 77, 381.
167 Vgl. *BVerfGE* 39, 1 – Abtreibungsurteil.
168 Vgl. *BVerfG* (K) NVwZ 2009, 1489.

**Beispiel**[169] Das Haus der U ist zwangsversteigert worden. Gegen den Zuschlagsbeschluss des zuständigen *Vollstreckungsgerichts* wehrt sich U mit der Begründung, im Falle der Aufrechterhaltung des Zuschlagsbeschlusses bestehe bei ihr eine akute Suizidgefahr. Diese belegt sie mit fachärztlichen Attesten. – Das Grundrecht aus Art. 2 Abs. 2 S. 1 GG verpflichtet hier die *Vollstreckungsgerichte*, bei der Auslegung und der Anwendung der vollstreckungsrechtlichen Verfahrensvorschriften der Wertentscheidung des Grundgesetzes Rechnung zu tragen und die dem Schuldner in der Zwangsvollstreckung gewährleisteten Grundrechte zu berücksichtigen. In besonders gelagerten Einzelfällen kann dies dazu führen, dass die Vollstreckung aus einem vollstreckbaren Titel für einen gewissen, u.U. auch längeren Zeitraum einzustellen ist. Das gilt jedenfalls dann, wenn ein schwerwiegender Eingriff in das Grundrecht aus Art. 2 Abs. 2 S. 1 GG konkret zu besorgen ist und eine am Grundsatz der Verhältnismäßigkeit orientierte Abwägung zwischen den widerstreitenden, grundrechtlich geschützten Interessen der an der Vollstreckung Beteiligten zu einem Vorrang der Belange des Vollstreckungsschuldners führt. Die *Vollstreckungsgerichte* haben in ihrer Verfahrensgestaltung die erforderlichen Vorkehrungen zu treffen, damit Verfassungsverletzungen durch Zwangsvollstreckungsmaßnahmen möglichst ausgeschlossen werden und dadurch der sich aus dem Recht auf Leben und körperliche Unversehrtheit ergebenden Schutzpflicht staatlicher Organe Genüge getan wird.[170] Bei seiner Beschwerdeentscheidung muss das *Vollstreckungsgericht* daher das Vorbringen der U zu ihrer akuten Suizidgefahr entsprechend berücksichtigen. ■

## D. Freiheit der Person (Art. 2 Abs. 2 S. 2 GG)

### I. Überblick

**»** **Lesen Sie unbedingt zunächst Art. 2 Abs. 2 S. 2 GG und Art. 104 GG aufmerksam durch, damit Sie gleich das Verhältnis beider Bestimmungen zueinander verstehen! «**

**251** Art. 2 Abs. 2 S. 2 GG gewährleistet zusammen mit Art. 104 GG die Freiheit der Person. Diese bildet die **Grundlage der allgemeinen Rechtsstellung und der Entfaltungsmöglichkeiten des Einzelnen**, so dass ihr unter den Grundrechten ein hoher Rang zukommt.[171] Als Grundrecht steht die Freiheit der Person in der Tradition des **„habeas corpus"**, das das älteste Menschenrecht darstellt und in allen Menschenrechtskatalogen enthalten ist.[172] Es regelt das Festhalten von Personen und soll insbesondere vor willkürlicher Verhaftung schützen.[173] Auch wenn Art. 2 Abs. 2 S. 2 GG und Art. 104 GG aus redaktionellen Gründen an verschiedenen Stellen im Grundgesetz stehen, bilden sie gleichwohl eine **Einheit**, die sich graphisch wie folgt darstellen lässt:

---

169 Vgl. *BVerfG* (K) NJW 2007, 2910; auch NJW-RR 2014, 584; 1290; s. ferner *BVerfG* (K) NJW-RR 2014, 583; Beschluss vom 15.5.2019 – 2 BVR 2425/18 in Bezug auf Lebensgefahr.

170 Vgl. zum Ganzen *BVerfG* (K) NJW 2007, 2910; s. in diesem Zusammenhang auch *BVerfG* (K) NJW-RR 2012, 393.

171 Vgl. *BVerfGE* 65, 317.

172 Vgl. *Ipsen* Staatsrecht II Rn. 265.

173 Vgl. näher dazu *Hufen* Staatsrecht II § 21 Rn. 1 f.

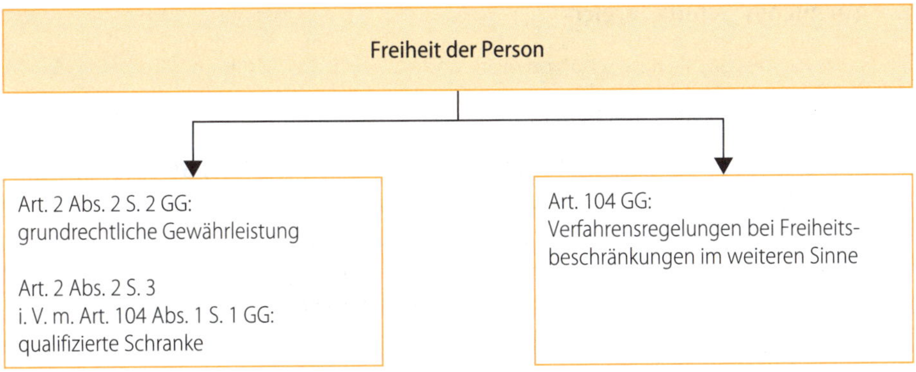


Danach enthält Art. 2 Abs. 2 S. 2 GG das Freiheitsrecht, nämlich die Freiheit der Person. Art. 2 252
Abs. 2 S. 3 GG enthält einen Schrankenvorbehalt, der durch Art. 104 Abs. 1 S. 1 GG qualifiziert wird. Art. 104 GG ist kein eigenständiges Grundrecht, sondern legt Verfahrensregeln bei Freiheitsbeschränkungen im weiteren Sinne fest.[174] Das Grundrecht aus Art. 2 Abs. 2 S. 2 GG prüfen Sie wie folgt:

PRÜFUNGSSCHEMA

### Freiheit der Person (Art. 2 Abs. 2 S. 2 GG)

**I. Eröffnung des Schutzbereichs**
1. Sachlicher Schutzbereich
   a) Begriff der Freiheit der Person
   b) Positive Bewegungsfreiheit
      aa) Fortbewegungsfreiheit
      bb) Hinbewegungsfreiheit
      Hinbewegungsfreiheit Rn. 258 f.
   c) Negative Bewegungsfreiheit
      Negative Bewegungsfreiheit Rn. 260 ff.
2. Persönlicher Schutzbereich

**II. Eingriff in den Schutzbereich**
1. Freiheitsentziehung
2. Sonstige Freiheitsbeschränkung

**III. Verfassungsrechtliche Rechtfertigung des Eingriffs**
1. Schrankenvorbehalt
2. Verfahrensregeln für Einschränkungen
3. Verhältnismäßigkeit

## II. Eröffnung des Schutzbereichs

Ihre Grundrechtsprüfung beginnen Sie mit der Frage, ob der sachliche Schutzbereich und der 253
persönliche Schutzbereich des Grundrechts aus Art. 2 Abs. 2 S. 2 GG eröffnet sind.

174 Vgl. Sodan/Ziekow-*Sodan* Grundkurs Öffentliches Recht § 29 Rn. 1.

### 1. Sachlicher Schutzbereich

254 Die Eröffnung des sachlichen Schutzbereichs prüfen Sie in drei Schritten:

#### a) Begriff der Freiheit der Person

255 Art. 2 Abs. 2 S. 2 GG schützt die Freiheit der Person, d.h. die **körperliche Bewegungsfreiheit** vor staatlichen Eingriffen.[175] Zwar lässt der Wortlaut des Art. 2 Abs. 2 S. 2 GG vermuten, dass sogar die Freiheit von jeglichem staatlichem Zwang gewährleistet sein könnte; die Entstehungsgeschichte (Anlehnung an den habeas corpus-Gedanken, s.o. Rn. 251), Art. 104 GG und der Zusammenhang mit Art. 2 Abs. 2 S. 1 GG sprechen aber für eine Beschränkung des Gewährleistungsinhalts auf die körperliche Bewegungsfreiheit.

#### b) Positive Bewegungsfreiheit

256 Unter die körperliche Bewegungsfreiheit fällt zunächst die sog. **positive Bewegungsfreiheit**.

#### aa) Fortbewegungsfreiheit

257 Unter die positive Bewegungsfreiheit fällt unstreitig die Freiheit des Einzelnen, sich von einem Ort *fort*zubewegen und jeden beliebigen anderen Ort aufzusuchen (sog. ***Fort*bewegungsfreiheit**). Dort, wo man nicht bleiben will, muss man auch nicht bleiben.

**Beispiel** C sitzt in einer Vorlesung. Da sie das Thema der Vorlesung nicht interessiert, entschließt sie sich, die Vorlesung vorzeitig zu verlassen. – Jeder Mensch hält sich zu jeder Sekunde an einem bestimmten Ort auf. Normalerweise kann er diesen Ort aus eigenem Entschluss verlassen. So ist es auch bei C. Sie kann sich in Ausübung ihres Grundrechts aus Art. 2 Abs. 2 S. 2 GG von ihrem gegenwärtigen Aufenthaltsort, dem Hörsaal, fortbewegen, mag dies dem Dozenten auch missfallen. ■

#### bb) Hinbewegungsfreiheit

258 Umstritten ist, ob die positive Bewegungsfreiheit auch die Freiheit umfasst, sich zu einem *bestimmten* Ort *hin*zubewegen **(sog. *Hin*bewegungsfreiheit)**, d.h. einen bestimmten Ort aufzusuchen.

**Beispiel** Die Polizei hat den Pariser Platz in Berlin abgesperrt, weil ausländische Staatsgäste in drei Stunden das Brandenburger Tor besuchen werden. K ist als Tourist in Berlin. Der Pariser Platz ist für ihn daher ein Muss. Die Polizei kennt jedoch keine Gnade und erteilt K einen Platzverweis. ■

175 Vgl. *Kingreen/Poscher* Grundrechte Rn. 496.

Nach einer Ansicht garantiert das Grundrecht aus Art. 2 Abs. 2 S. 2 GG das Recht, jeden Ort **259**
aufzusuchen.[176] Dies umfasst die Freiheit, einen bestimmten Ort aufzusuchen. In unserem *Beispiel* oben (Rn. 258) kann sich K nach dieser Ansicht daher auf das Grundrecht aus Art. 2 Abs. 2 S. 2 GG berufen. – Nach anderer Ansicht, zu der auch das *Bundesverfassungsgericht* gehört, wird das Recht, einen bestimmten Ort aufzusuchen, demgegenüber nicht vom Grundrecht aus Art. 2 Abs. 2 S. 2 GG umfasst.[177] Das Recht, einen bestimmten Ort aufzusuchen, soll durch das Grundrecht auf Freizügigkeit aus Art. 11 Abs. 1 GG geschützt sein.[178] Nach dieser Ansicht kann sich K nicht auf das Grundrecht aus Art. 2 Abs. 2 S. 2 GG, wohl aber auf die Freizügigkeit berufen.

#### c) Negative Bewegungsfreiheit

Umstritten ist außerdem, ob die körperliche Bewegungsfreiheit auch eine sog. **negative** **260**
**Bewegungsfreiheit** gewährleistet, d.h. die Freiheit, einen bestimmten Ort zu meiden bzw. nicht zu verlassen.

**Beispiel** M schert sich im Allgemeinen nicht um Verkehrsregeln. Dies ist ihm teuer zu stehen gekommen. Inzwischen hat er etliche Punkte in Flensburg und musste mehrfach Bußgelder bezahlen. Deshalb verpflichtet ihn die zuständige Straßenverkehrsbehörde – gestützt auf § 48 StVO –, an einem Verkehrsunterricht teilzunehmen. Die Ladung zum Verkehrsunterricht enthält den Hinweis, dass M bei Nichterscheinen eine Ordnungswidrigkeit begeht, die mit Bußgeld geahndet werden kann. ■

Nach einer in der Literatur teilweise vertretenen Ansicht gewährleistet das Grundrecht aus **261**
Art. 2 Abs. 2 S. 2 GG auch die sog. negative Bewegungsfreiheit. Das Gebot, sich zu einem bestimmten Zeitpunkt an einem bestimmten Ort aufzuhalten, enthalte ein Bündel von Verboten, andere Orte aufzusuchen.[179] Auf der Grundlage dieser Ansicht kann sich M in unserem *Beispiel* oben (Rn. 260) auf das Grundrecht aus Art. 2 Abs. 2 S. 2 GG berufen, denn die Ladung zum Verkehrsunterricht, der zu festen Zeiten stattfindet, verbietet ihm, in dieser Zeit andere Orte aufzusuchen.

Nach anderer Ansicht, zu der auch das *Bundesverfassungsgericht* gehört,[180] ist demgegenüber **262**
eine Berufung auf das Grundrecht aus Art. 2 Abs. 2 S. 2 GG ausgeschlossen. Ungeachtet möglicher Sanktionen bleibt die körperliche Bewegungsfreiheit als solche erhalten. In unserem *Beispiel* oben (Rn. 260) kann sich M nach dieser Ansicht demnach nicht auf die Freiheit der Person berufen. Etwas anderes würde nach dieser Ansicht nur gelten, wenn M mit staatlichem unmittelbarem Zwang zum Verkehrsunterricht gebracht würde.

### 2. Persönlicher Schutzbereich

In den persönlichen Schutzbereich des Jedermann-Grundrechts aus Art. 2 Abs. 2 S. 2 GG fallen **263**
alle **natürlichen Personen**, und zwar unabhängig von ihrer Geschäftsfähigkeit. Auf juristische Personen und Personenvereinigungen ist das Grundrecht dagegen nicht anwendbar.[181]

---

176 Vgl. z.B. Sachs-*Murswiek* Art. 2 Rn. 229.
177 Vgl. *BVerfGE* 94, 166.
178 Vgl. *Ipsen* Staatsrecht II Rn. 265.
179 Vgl. bei Sodan/Ziekow-*Sodan* Grundkurs Öffentliches Recht § 29 Rn. 3 m.N.
180 Vgl. *BVerfGE* 22, 21.
181 Vgl. *Manssen* Staatsrecht II Rn. 311.

## III. Eingriff in den Schutzbereich

» Diese Unterscheidung ist wichtig für das allgemeine Verständnis des Art. 104 GG und für die spätere Prüfung der verfassungsrechtlichen Rechtfertigung von Eingriffen! «

264 Ist der Schutzbereich des Art. 2 Abs. 2 S. 2 GG eröffnet, prüfen Sie, ob ein Eingriff in den Schutzbereich vorliegt.

In die Freiheit der Person wird durch **Freiheitsbeschränkungen im weiteren Sinne** eingegriffen. Dazu gehören die Freiheitsentziehung (Freiheitsbeschränkung im engeren Sinne) und sonstige Freiheitsbeschränkungen. Art. 104 GG nennt beide Arten von Eingriffen.

### 1. Freiheitsentziehung

265 **Freiheitsentziehung** ist eine Beschränkung der körperlichen Bewegungsfreiheit, die auf einen eng umgrenzten Raum und nicht nur kurzfristig erfolgt.

Bei der Freiheitsentziehung handelt es sich um eine **spezielle Freiheitsbeschränkung**. Sie ist die gravierendste Form von Freiheitsbeschränkung. Sie beschränkt die körperliche Bewegungsfreiheit **räumlich** und **zeitlich**: In räumlicher Hinsicht bedeutet Freiheitsentziehung, dass die körperliche Bewegungsfreiheit auf einen eng umgrenzten Raum beschränkt wird. In zeitlicher Hinsicht bedeutet Freiheitsentziehung, dass die körperliche Bewegungsfreiheit nicht nur kurzfristig erfolgt.

**Beispiele** Freiheitsentziehungen sind z.B. Freiheitsstrafe, Untersuchungshaft, Unterbringung in geschlossenen Anstalten, Arrest, nicht nur kurzfristige Fixierung von Patienten.[182] ■

### 2. Sonstige Freiheitsbeschränkungen

266 **Sonstige Freiheitsbeschränkungen** sind alle Maßnahmen, die keine Freiheitsentziehung darstellen.

Sonstige Freiheitsbeschränkungen sind Maßnahmen, die den Einzelnen **durch physischen Zwang oder Drohung** daran hindern, einen **begrenzten Raum zu verlassen**. In zeitlicher Hinsicht sind die sonstigen Freiheitsbeschränkungen auf die **Dauer der Durchführung einer bestimmten Maßnahme** begrenzt.

**Beispiel** L und X waren in eine Massenschlägerei verwickelt. Da sich beide gegenüber der Polizei nicht ausweisen können, nimmt die Polizei die beiden mit auf die Wache. Danach dürfen L und X wieder nach Hause gehen. – Die zwangsweise Mitnahme des L und X auf die Wache beschränkt die beiden Personen nur während der Dauer der Feststellung und der Aufnahme ihrer Personalien in ihrer körperlichen Bewegungsfreiheit. ■

## IV. Verfassungsrechtliche Rechtfertigung des Eingriffs

267 Bejahen Sie einen Eingriff in den Schutzbereich des Art. 2 Abs. 2 S. 2 GG, prüfen Sie anschließend in drei Schritten die verfassungsrechtliche Rechtfertigung des Eingriffs:

182 Vgl. *BVerfG* NJW 2018, 2619.

### 1. Schrankenvorbehalt

Wie die Grundrechte aus Art. 2 Abs. 2 S. 1 GG (s.o. Rn. 240) steht das Grundrecht auf Freiheit 268
der Person unter dem Vorbehalt des Art. 2 Abs. 2 S. 3 GG, nach dem in die Freiheit der Person „aufgrund eines Gesetzes" eingegriffen werden kann. **Art. 104 Abs. 1 S. 1 GG** überlagert jedoch den einfachen Gesetzesvorbehalt des Art. 2 Abs. 2 S. 3 GG und normiert eine **qualifizierte Schranke** für die Eingriffe in die Freiheit der Person. Erforderlich ist für alle Freiheitsbeschränkungen daher ein **formelles Gesetz**.

### 2. Verfahrensregeln für Einschränkungen

Einschränkungen der Freiheit der Person sind nicht allein am Maßstab des formellen Geset- 269
zes i.S.d. Art. 104 Abs. 1 S. 1 GG zu messen. Vielmehr müssen auch die **Verfahrensregeln**, die Art. 104 GG im Weiteren festlegt, eingehalten werden. Im Überblick gilt folgendes:

» Arbeiten Sie diese Passage des Skripts unbedingt parallel mit dem Gesetzestext durch! «

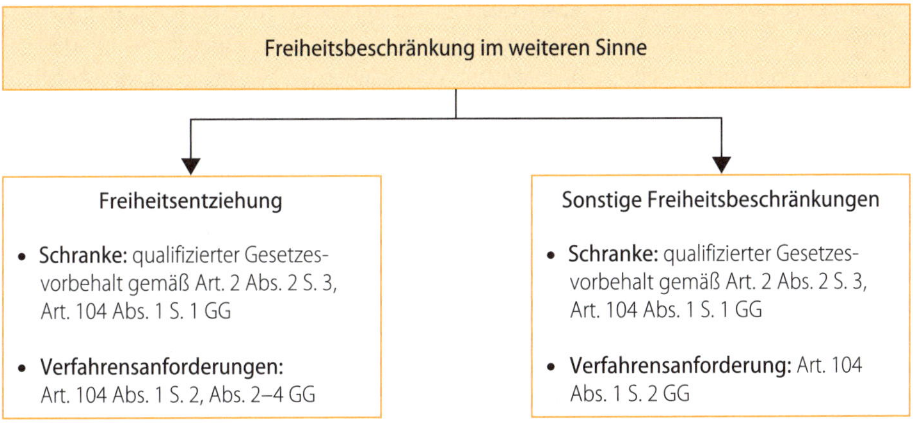


Bei **Freiheitsentziehungen** sind – neben Art. 104 Abs. 1 S. 1 GG – die Verfahrensregeln des 270
Art. 104 Abs. 1 S. 2 GG sowie Art. 104 Abs. 2 bis 4 GG zu beachten.[183] Bei **sonstigen Freiheitsbeschränkungen** ist – neben Art. 104 Abs. 1 S. 1 GG – dagegen nur die Verfahrensregel des Art. 104 Abs. 1 S. 2 GG zu berücksichtigen.

» Lesen Sie die zitierten Bestimmungen! Aus Platzgründen werden sie hier nicht im Einzelnen dargestellt. Wichtig ist, dass Sie die Bestimmungen kennen und vor allem mit ihrer Systematik vertraut sind. Detailwissen benötigen Sie nicht. «

**JURIQ-Klausurtipp**

Achten Sie bei der Fallbearbeitung auf Anhaltspunkte im Sachverhalt, die darauf hindeuten, dass Verfahrensregeln des Art. 104 GG verletzt sein könnten. Denken Sie aber daran: Art. 104 Abs. 2 bis 4 GG gelten nur für Freiheitsentziehungen!

183 S. hierzu *BVerfGE* 105, 239 – Abschiebehaft.

### 3. Verhältnismäßigkeit

271 Bei der Prüfung der Verhältnismäßigkeit ist zu berücksichtigen, dass die Freiheit der Person ein hohes Rechtsgut darstellt.[184] Einschränkungen sind daher nur aus **besonders gewichtigen Gründen** zulässig.[185] Vor allem bei der Untersuchungshaft, die vielfach Gegenstand bundesverfassungsgerichtlicher Entscheidungen war, ist zu bedenken, dass sich „das Gewicht des Freiheitsanspruchs gegenüber dem Interesse an einer wirksamen Strafverfolgung mit zunehmender Dauer der Untersuchungshaft regelmäßig vergrößern wird".[186]

# E. Grundrechte aus Art. 4 GG

## I. Überblick

272 Art. 4 GG enthält **drei Grundrechte**: das Grundrecht auf Glaubensfreiheit (Art. 4 Abs. 1, Abs. 2 GG), auf Gewissensfreiheit (Art. 4 Abs. 1 GG) und auf Kriegsdienstverweigerung (Art. 4 Abs. 3 GG). Von den drei Grundrechten ist vor allem das Grundrecht auf Glaubensfreiheit in der Praxis relevant und damit auch prüfungsrelevant. Die Glaubensfreiheit hat über ihre Ausstrahlungswirkung außerdem erhebliche Bedeutung im Privatrecht, insbesondere im Arbeitsrecht.[187]

273 Die Grundrechte auf Glaubens- und Gewissensfreiheit bestehen unabhängig voneinander. Das Grundrecht auf Kriegsdienstverweigerung ist gegenüber der Gewissensfreiheit eigenständig. Als spezielleres Grundrecht verdrängt es in seinem Anwendungsbereich die Gewissensfreiheit.[188] Als weniger prüfungsrelevantes Grundrecht wird das Kriegsdienstverweigerungsrecht in diesem Skript nicht behandelt.

**Hinweis**

In engem Sachzusammenhang mit Art. 4 GG stehen **Art. 136 bis 139, 141 WRV**. Sie sind über **Art. 140 GG** in das Grundgesetz inkorporiert und **„vollgültiges Verfassungsrecht"**.[189] Z.T. enthalten sie grundrechtsgleiche Gewährleistungen, die den grundrechtlichen Schutz aus Art. 4 GG konkretisieren bzw. ergänzen. Art. 139 WRV enthält eine Institutsgarantie.

184 Vgl. *BVerfGE* 22, 180.
185 Vgl. *BVerfGE* 65, 317; zur mangelnden Erforderlichkeit eines mehrstündigen polizeilichen Festhaltens zwecks Identitätsfeststellung *BVerfG* (K) NVwZ 2011, 743; zur Sicherungsverwahrung *BVerfGE* 128, 326.
186 Vgl. *BVerfGE* 53, 152; 128, 326.
187 Vgl. *Manssen* Staatsrecht II Rn. 346.
188 Vgl. Jarass/Pieroth-*Jarass* Art. 4 Rn. 52.
189 Vgl. *BVerfGE* 19, 206.

## II. Glaubensfreiheit (Art. 4 Abs. 1, Abs. 2 GG)

Die Glaubensfreiheit prüfen Sie wie folgt: 274

### Glaubensfreiheit (Art. 4 Abs. 1, Abs. 2 GG)

**I. Eröffnung des Schutzbereichs**
1. Sachlicher Schutzbereich
   a) Art. 4 Abs. 1, Abs. 2 GG als einheitliches Grundrecht
   b) Glaubensbegriff
      Glaubensbegriff Rn. 278 ff.
   c) Gewährleistungsumfang
2. Persönlicher Schutzbereich
   a) Individuelle Glaubensfreiheit
   b) Kollektive Glaubensfreiheit
   c) Korporative Glaubensfreiheit
      Wirtschaftliche Aktivitäten Rn. 287

**II. Eingriff in den Schutzbereich**

**III. Verfassungsrechtliche Rechtfertigung des Eingriffs**
1. Beschränkbarkeit (Schranke)
   a) Grundsatz: Kollidierendes Verfassungsrecht
   b) Ausnahmen: Geschriebene Gesetzesvorbehalte in Art. 140 GG i.V.m. Art. 136 ff. WRV
2. Schranken-Schranke
   a) Grundsatz: Praktische Konkordanz
   b) Ausnahme: Verhältnismäßigkeit

PRÜFUNGSSCHEMA

### 1. Eröffnung des Schutzbereichs

275 Zuerst prüfen Sie, ob der sachliche Schutzbereich und der persönliche Schutzbereich des Grundrechts auf Glaubensfreiheit eröffnet sind.

#### a) Sachlicher Schutzbereich

276 Die Eröffnung des sachlichen Schutzbereichs untersuchen Sie in drei Schritten:

#### aa) Art. 4 Abs. 1, Abs. 2 als einheitliches Grundrecht

277 Anders als der Wortlaut vermuten lassen könnte, gewährleistet Art. 4 Abs. 1, Abs. 2 GG nach Auffassung des *Bundesverfassungsgerichts*, dem das Schrifttum in weiten Teilen folgt,[190] ein „umfassend zu verstehendes **einheitliches Grundrecht**" der Glaubensfreiheit.[191] Art. 4 Abs. 1, Abs. 2 GG gewährleistet die Freiheit, einen Glauben oder eine Weltanschauung zu bilden, zu haben, zu äußern und entsprechend zu handeln. Kurz gesagt: Die Glaubensfreiheit schützt **jedes glaubens- oder weltanschaulich-motivierte Denken, Reden oder Handeln.**[192]

---

190 Vgl. *Kingreen/Poscher* Grundrechte Rn. 604, 607.
191 Vgl. *BVerfGE* 108, 282.
192 Vgl. *Kingreen/Poscher* Grundrechte Rn. 607.

### bb) Begriff des Glaubens

278 Die Glaubensfreiheit gehört zu den schwer definierbaren Grundrechten, weil sie wesentlich von subjektiven Vorstellungen und vom Selbstverständnis der jeweiligen Religionsgemeinschaft abhängt. Die öffentliche Gewalt darf den Glauben nicht anhand objektiver Kriterien definieren. Allerdings ist es für die Rechtsanwendung notwendig, Kriterien an der Hand zu haben, nach denen entschieden werden kann, ob eine bestimmte Haltung als Religion oder als Weltanschauung anzusehen ist.[193] Daher gibt es vielfältige Bemühungen, um dem Begriff des Glaubens Konturen zu geben. Bei allen Definitionsversuchen werden die Stellung des Menschen und seine Beziehung zu einer höheren Macht beschrieben. Der Glaubensbegriff des Art. 4 GG hat danach übereinstimmend ein **objektives Element** und ein **subjektives Element**:[194]

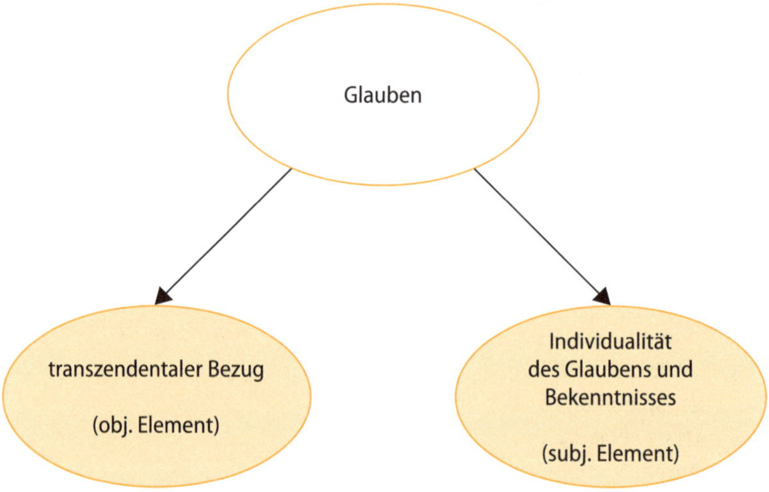


279 Der Glaubensbegriff umfasst sowohl **religiöse Anschauungen**, die das Wesen der Welt vor allem durch eine Gottesvorstellung und einen Jenseitsbezug erklären wollen, als auch **Weltanschauungen**, die die Stellung des Menschen in der Welt antireligiös oder atheistisch erklären wollen.[195] Maßgeblich ist letztlich, dass eine Wahrheitsüberzeugung gebildet wird, die das Wesen der Welt und die metaphysische Stellung des Einzelnen in der Welt betrifft.[196]

**Beispiele** Glauben sind z.B. die großen Weltreligionen wie das Christentum und der Islam; Weltanschauung ist z.B. die Sichtweise der Osho-Bewegung.[197] ■

280 Um den Glaubensbegriff nicht ausufern zu lassen, fordert das *Bundesverfassungsgericht*, dass ein fragliches Verhalten nach seinem geistigen Gehalt und seinem äußeren Erscheinungsbild eine **religiös motivierte Handlung** darstellen muss.[198] Unter den Glaubensbegriff fallen demnach keine Aktivitäten, die ausschließlich oder primär wirtschaftlichen Zielen dienen.[199]

193 Vgl. zum Ganzen *Hufen* Staatsrecht II § 22 Rn. 6.
194 Vgl. zum Ganzen *Hufen* Staatsrecht II § 22 Rn. 6 und ff.
195 Vgl. Sodan/Ziekow-*Sodan* Grundkurs Öffentliches Recht § 31 Rn. 2.
196 Vgl. Sodan/Ziekow-*Sodan* Grundkurs Öffentliches Recht § 31 Rn. 2.
197 Vgl. *BVerfGE* 105, 279 – Osho.
198 Vgl. *BVerfGE* 83, 341.
199 Vgl. *BVerwGE* 90, 112.

**Beispiel** M betreibt im nordrhein-westfälischen Wallfahrtsort K ein kleines Lädchen und verkauft dort Marienstatuen und andere religiöse Gegenstände mit Gewinnerzielungsabsicht. – Da die Verkaufstätigkeit der M allein wirtschaftlichen Zielen dient, fällt diese Tätigkeit nicht in den sachlichen Schutzbereich der Glaubensfreiheit. ■

**Hinweis**

Derjenige, der die Glaubensfreiheit aus Art. 4 Abs. 1, Abs. 2 GG in Anspruch nehmen will, muss **plausibel darlegen**, dass sein Verhalten glaubensbegleitet ist. Hierfür genügt die bloße Behauptung, sich glaubensbegleitet zu verhalten, nicht.[200]

### cc) Gewährleistungsumfang

Die Glaubensfreiheit schützt das sog. **forum internum**, d.h. das Recht, einen Glauben oder eine Weltanschauung zu bilden und inne zu haben, sowie das sog. **forum externum**, d.h. das Recht, diesen Glauben oder diese Weltanschauung nach außen kundzutun und das gesamte Verhalten an den Lehren dieses Glaubens oder dieser Weltanschauung auszurichten und demgemäß zu handeln.[201] **281**

**Beispiele** Zum forum externum gehören z.B. kultische Handlungen wie Beten, Gottesdienste, Sakramente, Prozessionen, Glockenläuten, Muezzinrufe, Tragen bestimmter religiös motivierter Kleidung oder Symbole (z.B. Kreuz, Nonnenhabit, Kopftuch, Niqab,[202] Dastar[203]), Opfergaben, freireligiöse oder atheistische Feiern;[204] rituelles Verhalten wie Fasten; religiöse Erziehung; Schächten von Tieren;[205] Ablehnung einer medizinischen Behandlung aus religiösen Gründen.[206] ■

Neben dieser positiven Glaubensfreiheit wird auch die **negative Glaubensfreiheit** geschützt. **282**
Sie garantiert die Freiheit, keinen oder keinen bestimmten Glauben bzw. keine oder keine bestimmte Weltanschauung zu haben. Einige Verhaltensweisen der negativen Glaubensfreiheit sind sogar ausdrücklich geregelt, vgl. Art. 7 Abs. 2 GG; Art. 7 Abs. 3 S. 3 GG; Art. 136 Abs. 3 S. 1 WRV i.V.m. Art. 140 GG; Art. 136 Abs. 4 WRV i.V.m. Art. 140 GG; Art. 141 WRV i.V.m. Art. 140 GG.

**Beispiele** Die negative Glaubensfreiheit wird z.B. in folgenden Konstellationen relevant: freiwilliges überkonfessionelles Schulgebet außerhalb des Schulunterrichts in nicht bekenntnisfreien Schulen;[207] Kruzifix im Klassenzimmer;[208] Recht auf Austritt aus einer Religionsgemeinschaft und Schutz vor Zwangsmitgliedschaften in Religions- oder Weltanschauungsgemeinschaften.[209] ■

200 Vgl. *BVerfGE* 47, 327.
201 Vgl. *BVerfGE* 32, 98 – Gesundbeter.
202 Vgl. *VGH München* NVwZ 2014, 1109.
203 Vgl. hierzu *BVerwG* Urteil vom 4.7.2019 – 3 C 24.17.
204 Vgl. auch *BVerfGE* 24, 236 – Aktion Rumpelkammer.
205 Vgl. *BVerfGE* 104, 337; str.
206 Vgl. *BVerfGE* 32, 98 – Gesundbeter.
207 Vgl. *BVerfGE* 52, 223 – Schulgebet.
208 Vgl. *BVerfGE* 93, 1 – Kruzifix.
209 Vgl. *BVerfGE* 44, 37.

#### b) Persönlicher Schutzbereich

**283** Im Rahmen des persönlichen Schutzbereichs können **drei Formen der Glaubensfreiheit** unterschieden werden:

##### aa) Individuelle Glaubensfreiheit

**284** Die Glaubensfreiheit ist ein Jedermann-Grundrecht. In den persönlichen Schutzbereich fällt daher jede einzelne **natürliche Person** (sog. **individuelle Glaubensfreiheit**) ohne Rücksicht auf ihre Staatsangehörigkeit, ihr Alter etc. Sofern Minderjährige im Hinblick auf die Glaubensfreiheit noch nicht grundrechtsmündig sind (s.o. Rn. 107 ff.), werden sie von ihren gesetzlichen Vertretern (i.d.R. ihren Eltern) vertreten.

**Beispiel** Der achtjährige A, der einer nichtchristlichen Glaubensrichtung angehört, erträgt es nicht, dass in seinem Klassenzimmer in einer staatlichen Gemeinschaftsschule ein Kreuz an der Wand hängt. – A ist als Achtjähriger noch nicht grundrechtsmündig (vgl. § 5 Abs. 2 RelKErzG). Zur Geltendmachung einer Verletzung seiner Glaubensfreiheit müssen ihn daher seine Eltern vertreten. ■

**Hinweis**

Das RelKErzG hält eine verfassungskonforme Regelung des Verhältnisses zwischen der Glaubensfreiheit von Minderjährigen und dem elterlichen Erziehungsrecht aus Art. 6 Abs. 2 GG bereit.[210] Danach dürfen Minderjährige nach Vollendung des 12. Lebensjahres nicht gegen ihren Willen mit einem anderen als dem bisherigen Bekenntnis erzogen werden. Nach Vollendung des 14. Lebensjahres trifft der Minderjährige allein die Entscheidungen in Glaubensfragen.

##### bb) Kollektive Glaubensfreiheit

**285** Gerade die Glaubensfreiheit stellt ein Grundrecht dar, das darauf angelegt ist, zusammen mit anderen Gläubigen in einer **Gruppe** wahrgenommen zu werden (sog. **kollektive Glaubensfreiheit**).

**Beispiele** Kirchliche Gottesdienste oder Prozessionen. ■

##### cc) Korporative Glaubensfreiheit

**286** Auf die Glaubensfreiheit können sich auch **juristische Personen** oder **sonstige Vereinigungen** berufen, deren Zweck die Pflege oder die Förderung des religiösen oder weltanschaulichen Bekenntnisses oder die Verkündung des Glaubens ihrer Mitglieder ist (sog. **korporative Glaubensfreiheit**).[211] Dies gilt für alle Vereinigungen unabhängig von ihrer Rechtsform. Erfasst sind demnach juristische Personen des Privatrechts und nicht rechtsfähige Vereine[212] ebenso wie Religionsgesellschaften oder weltanschauliche Vereinigungen, die gemäß Art. 137 Abs. 5, Abs. 7 WRV i.V.m. Art. 140 GG den Status einer öffentlich-rechtlichen Körperschaft haben (z.B. die katholische Kirche und die evangelische Kirche). Trotz ihres Status als juristische Person des öffentlichen Rechts sind sie nicht Teil des Staates, vgl. Art. 137 Abs. 1 WRV i.V.m. Art. 140 GG.

---

210 Vgl. *BVerfGE* 30, 415.

211 Vgl. *BVerfGE* 19, 129.

212 Vgl. *BVerfGE* 24, 236 – Aktion Rumpelkammer.

Probleme ergeben sich, wenn eine religiöse Gemeinschaft zugleich wirtschaftlich aktiv ist. 287
Dann stellt sich die Frage, ob sich eine solche Vereinigung ebenfalls auf die Glaubensfreiheit berufen kann.

**Beispiel**[213] Ein katholischer Jugendverein sammelt Geld für religiöse Zwecke. Hierfür organisiert er eine Altkleidersammlung (Aktion Rumpelkammer). – Ob die Altkleidersammlung des Vereins in den Schutzbereich der Glaubensfreiheit fällt, bestimmt sich entscheidend nach dem Selbstverständnis des Vereins. Das *Bundesverfassungsgericht* hat die Glaubensfreiheit weit interpretiert und entschieden, dass auch die karitative Tätigkeit einer Religionsgemeinschaft in den Schutzbereich der Glaubensfreiheit fällt. Wirtschaftliche Erfolge als solche schließen – wie hier im *Beispielsfall* – die Glaubensfreiheit nicht aus. Etwas anderes gilt jedoch dann, wenn die ideellen Zielsetzungen nur vorgeschoben sind, um Gewinn zu erzielen.[214] ■

## 2. Eingriff in den Schutzbereich

Ist der Schutzbereich der Glaubensfreiheit eröffnet, prüfen Sie nun, ob ein Eingriff in den 288
Schutzbereich vorliegt. Als Eingriff kommt **jede staatliche Maßnahme** in Betracht, die die von Art. 4 Abs. 1, Abs. 2 GG **geschützten Tätigkeiten regelt** oder **nicht nur unwesentlich behindert**. Erfasst werden vielfältige Formen von Eingriffen: Hierzu gehören zunächst **unmittelbare gezielte staatliche Eingriffe**.

**Beispiele** Der gravierendste Fall eines solchen Eingriffs dürfte das Verbot einer religiösen Vereinigung nach Art. 9 Abs. 2 GG bzw. § 3 VereinsG zum Schutz der freiheitlich demokratischen Ordnung sein.[215] Weitere *Beispiele*: Verbot, aus Glaubensgründen warmblütige Tiere zu schächten;[216] staatliche Anordnung, in allen Klassenzimmern einer Schule ein Kreuz oder Kruzifix anzubringen;[217] Verbot für Lehrerinnen[218] und Erzieherinnen[219], in einer öffentlichen Schule bzw. Kindertagesstätte ein Kopftuch zu tragen; strafrechtliche Sanktion für einen Ehemann, der aus religiösen Gründen keine medizinische Hilfe für seine schwerkranke Ehefrau holt;[220] Verpflichtung einer muslimischen Schülerin zur Teilnahme am koedukativen Sportunterricht.[221] ■

Den direkten Eingriffen stehen **indirekte Eingriffe** gleich, die die Glaubensfreiheit beein- 289
trächtigen.

**Beispiel** Die zuständige Gaststättenbehörde erteilt einer GmbH die Genehmigung zum Betreiben einer Diskothek unmittelbar neben einer katholischen Kirche. – Die Betriebsgenehmigung greift zwar nicht unmittelbar, aber mittelbar in die Glaubensfreiheit der katholischen Religionsgesellschaft ein. ■

Eingriffscharakter können auch **Realakte** haben. 290

---

213 Nach *BVerfGE* 24, 236 – Aktion Rumpelkammer.
214 Vgl. *BVerfGE* 105, 279 – Osho.
215 Vgl. *Hufen* Staatsrecht II § 22 Rn. 22.
216 Vgl. *BVerfGE* 104, 337.
217 Vgl. *BVerfGE* 93, 1 – Kruzifix.
218 Vgl. *BVerfGE* 108, 282; 138, 296.
219 Vgl. *BVerfG* (K) NJW 2017, 381.
220 Vgl. *BVerfGE* 32, 98 – Gesundbeter.
221 Vgl. *BVerwGE* 94, 82.

**Beispiel**[222] Die Bundesregierung nennt in einer parlamentarischen Anfrage die Osho-Bewegung eine „Psychosekte“, die „antireligiös“ und „destruktiv“ sei. – Die Osho-Bewegung genießt den Schutz der Glaubensfreiheit. In dieses Grundrecht greift die Bundesregierung durch ihre Äußerungen ein, indem sie die Osho-Bewegung durch die Verwendung des Begriffs „Psychosekte“ verbunden mit den Attributen „antireligiös“ und „destruktiv“ in der Öffentlichkeit herabsetzt. Die Äußerungen der Bundesregierung sind darauf gerichtet, der Osho-Bewegung die Gewinnung neuer Mitglieder zu erschweren. ■

### 3. Verfassungsrechtliche Rechtfertigung des Eingriffs

291 Liegt ein Eingriff in die Glaubensfreiheit vor, prüfen Sie dessen verfassungsrechtliche Rechtfertigung in zwei Schritten:

#### a) Beschränkbarkeit (Schranke)

#### aa) Grundsatz

292 Hinsichtlich der Beschränkbarkeit gilt, dass die Glaubensfreiheit nach ihrem Wortlaut grundsätzlich **vorbehaltlos gewährleistet** ist, demnach keiner (geschriebenen) Schranke unterliegt.

**Hinweis**

Gleichwohl bedürfen Eingriffe in die Glaubensfreiheit wegen des rechtsstaatlichen Vorbehalts des Gesetzes immer einer formell-gesetzlichen Grundlage. Die formell-gesetzliche Grundlage kann aber den Eingriff in die Glaubensfreiheit nicht rechtfertigen. Da die Glaubensfreiheit schrankenlos gewährleistet ist, kann nur Verfassungsrecht den Eingriff rechtfertigen.

293 Dass die Glaubensfreiheit vorbehaltlos gewährleistet ist, bedeutet jedoch nicht, dass sie schrankenlos garantiert ist. Die Glaubensfreiheit kann vielmehr durch **kollidierendes Verfassungsrecht** eingeschränkt werden.[223] Kollidierendes Verfassungsrecht können **Grundrechte Dritter** sein.

**Beispiel**[224] V ist Lehrerin an einer staatlichen Schule in NRW. Aus religiösen Gründen trägt sie während ihres Dienstes ein Kopftuch. Das SchulG NW enthält ein striktes und generelles Kopftuchverbot für Lehrkräfte in öffentlichen Schulen. Unter Berufung auf dieses gesetzliche Kopftuchverbot fordert die zuständige Schulbehörde V auf, ihr Kopftuch während des Dienstes abzulegen. Dieser Aufforderung kommt V nicht nach. V fühlt sich in ihrer Glaubensfreiheit verletzt. Zu Recht? – Das religiös motivierte Tragen des Kopftuchs unterfällt als Verhaltensform des forum externum der positiven Glaubensfreiheit. In diese Freiheit greift die auf das gesetzliche Kopftuchverbot gestützte Aufforderung der Schulbehörde ein. Die positive Glaubensfreiheit der V ist vorbehaltlos gewährleistet, unterliegt also keinem geschriebenen Gesetzesvorbehalt. Eingeschränkt werden kann die positive Glaubensfreiheit demnach nur

222 Nach *BVerfGE* 105, 279 – Osho.
223 Vgl. *BVerfGE* 32, 98 – Gesundbeter.
224 In Anlehnung an *BVerfGE* 138, 296 – Kopftuchurteil II; zur Kopftuchproblematik bereits *BVerfGE* 108, 282 – Kopftuchurteil I, wodurch *BVerwGE* 116, 359 aufgehoben wurde.

durch verfassungsimmanente Schranken. Dazu gehören z.B. die Grundrechte Dritter, wie hier die negative Glaubensfreiheit der Schüler, die dem Anblick des religiös motiviert getragenen Kopftuchs ausgesetzt sind. ■

Daneben kommen als kollidierendes Verfassungsrecht auch **andere mit Verfassungsrang ausgestattete Rechtsgüter** in Betracht. Von großer praktischer Bedeutung ist hier der staatliche Bildungs- und Erziehungsauftrag, der in Art. 7 Abs. 1 GG verankert ist (dazu näher unten Rn. 415). **294**

**Beispiel**[225] Die 15-jährige A ist muslimischen Glaubens und Schülerin an einer staatlichen Schule in NRW. In Kürze steht eine mehrtägige Klassenfahrt mit mehrmaliger Übernachtung außerhalb des Elternhauses auf dem Programm. In NRW gehört die Teilnahme an Klassenfahrten, die verbindliche außerschulische Veranstaltungen darstellen, zur Schulpflicht. A weigert sich gleichwohl, an der Klassenfahrt teilzunehmen, und beruft sich auf ihren Glauben. Dieser verbiete ihr, ohne eine bestimmte männliche Begleitung außerhalb des Elternhauses zu übernachten. Außerdem habe sie auf der Klassenfahrt nicht die Möglichkeit, nach ihrem Glauben zu leben. Sie beantragt daher eine Befreiung von der Klassenfahrt. – A genießt den Schutz der Glaubensfreiheit aus Art. 4 Abs. 1, Abs. 2 GG. Die Ablehnung der Befreiung greift in die Glaubensfreiheit der A ein. Einschränkbar ist die Glaubensfreiheit nur durch kollidierendes Verfassungsrecht. Als solches käme hier der staatliche Bildungs- und Erziehungsauftrag gemäß Art. 7 Abs. 1 GG in Betracht. Zu diesem gehört u.a. die Erziehung der Schüler in sozialem Verhalten. Dieses kann durch eine gemeinsame Fahrt im Klassenverbund gefördert werden. ■

#### bb) Ausnahmen

Der Grundsatz, dass die Glaubensfreiheit vorbehaltlos gewährleistet ist, gilt jedoch nicht ausnahmslos, denn für **spezielle Bereiche** der Glaubensfreiheit existieren in den Art. 136 ff. WRV i.V.m. Art. 140 GG **geschriebene Gesetzesvorbehalte**:[226] Für die korporative Glaubensfreiheit sieht Art. 137 Abs. 3 S. 1 WRV einen Vorbehalt zugunsten des „für alle geltenden Gesetzes" vor. Hierzu gehören z.B. die Bestimmungen des Bundesimmissionsschutzgesetzes hinsichtlich des liturgischen Glockengeläuts[227] und baurechtliche Bestimmungen hinsichtlich der Höhe eines Minaretts. **295**

Art. 136 Abs. 3 S. 2 WRV gilt auch für die individuelle Glaubensfreiheit. Ob sich aus Art. 136 Abs. 1 WRV ein Gesetzesvorbehalt für Art. 4 Abs. 1 und Abs. 2 GG ergibt, ist umstritten.[228] **296**

**JURIQ-Klausurtipp**

In der Fallbearbeitung müssen Sie entscheiden, welcher Ansicht Sie folgen wollen. Wenn Sie sich der (noch) h.M. anschließen wollen, können Sie auf die genetische Auslegung des Art. 136 Abs. 1 WRV verweisen. Denn die Glaubensfreiheit sollte gerade nicht den weitreichenden Eingriffsmöglichkeiten eines einfachen Gesetzesvorbehaltes unterworfen werden.[229]

225 Nach *OVG NW* NJW 2003, 1754; *VG Aachen* NJW 2002, 3191; vgl. auch *VG Hamburg* KirchE 59, 300.
226 Vgl. zum Ganzen Sodan/Ziekow-*Sodan* Grundkurs Öffentliches Recht § 31 Rn. 18.
227 Vgl. *BVerwGE* 68, 62.
228 Vgl. zum Meinungsstand Epping/Hillgruber-*Germann* Art. 4 Rn. 47.2 f.
229 Vgl. *Kingreen/Poscher* Grundrechte Rn. 635.

### b) Schranken-Schranke

#### aa) Grundsatz

297 Die Glaubensfreiheit und die mit ihr in Widerstreit stehenden Verfassungsrechtsgüter müssen nun grundsätzlich (s.o. Rn. 293 f.) im Wege der **praktischen Konkordanz** in einen gerechten Ausgleich gebracht werden. Dabei sind die widerstreitenden Verfassungsrechtsgüter möglichst weitgehend zur Geltung zu bringen. – In unserem *Kopftuch-Beispiel* oben (Rn. 293) steht der positiven Glaubensfreiheit der kopftuchtragenden Lehrerin aus Art. 4 Abs. 1, Abs. 2 GG die staatliche Neutralitätspflicht gemäß Art. 137 Abs. 1 WRV i.V.m. Art. 140 GG, der staatliche Bildungs- und Erziehungsauftrag aus Art. 7 Abs. 1 GG, die negative Religionsfreiheit der Schüler aus Art. 4 Abs. 1, Abs. 2 GG, das religiöse Erziehungsrecht ihrer Eltern aus Art. 6 Abs. 2 GG und deren eigene negative Religionsfreiheit aus Art. 4 Abs. 1, Abs. 2 GG gegenüber. Mit dem Thema Kopftuchverbot für Lehrkräfte im öffentlichen Schuldienst war im Jahr 2015 das *Bundesverfassungsgericht* erneut befasst. In seiner zweiten Kopftuchentscheidung hat das *Bundesverfassungsgericht* die Angemessenheit des gesetzlichen Kopftuchverbotes mangels hinreichend konkreter Gefahr für die widerstreitenden Verfassungsrechtsgüter verneint. Eine Beeinträchtigung der negativen Glaubensfreiheit der Schüler – und infolge dessen auch die ihrer Eltern – wird vom *Bundesverfassungsgericht* verneint. Solange die Lehrkräfte, die nur ein solches äußeres Erscheinungsbild an den Tag legen, nicht verbal für ihre Position oder für ihren Glauben würben und die Schülerinnen und Schüler über ihr Auftreten hinausgehend zu beeinflussen versuchten, werde deren negative Glaubensfreiheit grundsätzlich nicht beeinträchtigt. Die Schülerinnen und Schüler würden lediglich mit der ausgeübten positiven Glaubensfreiheit der Lehrkräfte in Form einer glaubensgemäßen Bekleidung konfrontiert, was im Übrigen durch das Auftreten anderer Lehrkräfte mit anderem Glauben oder anderer Weltanschauung in aller Regel relativiert und ausgeglichen werde. Das religiöse Erziehungsrecht der Eltern, ihre Kinder vom Einfluss kopftuchtragender Lehrkräfte fernzuhalten, wird vom *Bundesverfassungsgericht* als nicht beeinträchtigt angesehen, weil die negative Glaubensfreiheit der Schüler nicht beeinträchtigt sei. Die staatliche Neutralitätspflicht wird vom *Bundesverfassungsgericht* nicht als strikte Trennung von Staat und Kirche, sondern vielmehr als eine „die Glaubensfreiheit aller Bekenntnisse gleichermaßen fördernde Haltung" angesehen. In Verbindung mit Art. 7 Abs. 1 GG soll die staatliche Neutralitätspflicht „die bloß am äußeren Erscheinungsbild hervortretende Sichtbarkeit religiöser ... Zugehörigkeit einzelner Lehrkräfte", unabhängig von deren Religion, ebenfalls nicht ausschließen.[230]

**Hinweis**

Anders liegt der Fall nach Ansicht des *Bundesverfassungsgerichts* jedoch, wenn das äußere Erscheinungsbild von Lehrkräften zu einer hinreichend konkreten Gefährdung oder Störung des Schulfriedens oder der staatlichen Neutralität führt oder wesentlich dazu beiträgt.[231] Wann eine solche hinreichend konkrete Gefährdung oder Störung des Schulfriedens oder der staatlichen Neutralität vorliegen soll, ist derzeit allerdings noch unklar. Eine Konkretisierung dieses Kriteriums wird notfalls von den Gerichten vorzunehmen sein, sobald sie mit umstrittenen Gefährdungssituationen befasst werden.

230 Vgl. zum Ganzen *BVerfGE* 138, 296; ebenso für den Kindergartenbereich *BVerfG* (K) NJW 2017, 381.
231 Vgl. zum Ganzen *BVerfGE* 138, 296; ebenso für den Kindergartenbereich *BVerfG* (K) NJW 2017, 381.

In unserem *Klassenfahrt-Beispiel* oben (Rn. 294) steht der positiven Glaubensfreiheit der A der staatliche Bildungs- und Erziehungsauftrag aus Art. 7 Abs. 1 GG gegenüber. Bei ihrer Entscheidung über die Befreiung von der Klassenfahrt ist die staatliche Schulverwaltung verpflichtet, alle ihr zur Verfügung stehenden zumutbaren organisatorischen Möglichkeiten auszuschöpfen, um die Teilnahme der A an der Klassenfahrt zu ermöglichen (z.B. durch Erlaubnis, dass A in männlicher Begleitung mitfährt); dann – und nur dann –, wenn die Schulverwaltung dieser Pflicht nicht nachkommt oder nicht nachkommen kann, ist der Konflikt in der Form zu lösen, dass ein Anspruch auf Befreiung von der bestimmten Unterrichtsveranstaltung besteht.[232] 298

**Hinweis**

In der Rechtsprechung wurde die Frage einer Befreiung von Schülerinnen und Schülern von schulischen Pflichtveranstaltungen aus Glaubensgründen auch in anderen Fallkonstellationen relevant, so z.B. bei der Befreiung muslimischer Schülerinnen[233] und muslimischer Schüler[234] vom koedukativen Schwimm- und Sportunterrichtunterricht.

Konfliktpotenzial mit dem staatlichen Bildungs- und Erziehungsauftrag kann darüber hinaus auch mit dem religiösen Erziehungsrecht der Eltern (Art. 6 Abs. 2 S. 1 GG) bestehen. In der Praxis wurde dieses Konfliktpotenzial ebenfalls bei der Frage der Befreiung von Schülerinnen und Schülern von schulischen Pflichtveranstaltungen relevant, so z.B. bei der Befreiung eines Schülers, dessen Eltern der Glaubensgemeinschaft der Zeugen Jehovas angehören, von der Teilnahme an der Vorführung eines Spielfilms, in dem das Praktizieren schwarzer Magie dargestellt wird.[235]

Eine Befreiung von schulischen Pflichtveranstaltungen aus Glaubensgründen der Schülerinnen und Schüler bzw. aufgrund von religiösen Erziehungsvorstellungen der Eltern kann nur in Ausnahmefällen verlangt werden.[236]

### bb) Ausnahme

Soweit ausnahmsweise ein geschriebener Gesetzesvorbehalt existiert (s.o. Rn. 295 f.), prüfen Sie die Verhältnismäßigkeit des gesetzlichen Eingriffs. 299

## 4. Objektiv-rechtliche Funktionen des Art. 4 Abs. 1, Abs. 2 GG

Das Grundrecht aus Art. 4 Abs. 1, Abs. 2 GG hat auch objektiv-rechtliche Funktionen. So verpflichtet Art. 4 Abs. 1, Abs. 2 GG die öffentliche Gewalt zum **Schutz der Glaubensfreiheit vor rechtswidrigen Eingriffen**. Diese Schutzverpflichtung kann durch andere Verfassungsbestimmungen (z.B. durch Art. 139 WRV i.V.m. Art. 140 GG)[237] konkretisiert werden. Außerdem hat 300

232 Vgl. *VG Aachen* NJW 2002, 3191; hierzu auch *OVG Bremen* NordÖR 2014, 92.

233 Vgl. z.B. *BVerwGE* 94, 82; 147, 362; *VGH Hessen* NVwZ 2013, 159; *OVG Bremen* NVwZ-RR 2012, 842; *OVG NW* NVwZ-RR 2009, 923; *VG Aachen* KirchE 57, 5; *EGMR* NVwZ-RR 2018, 505 bzgl. eines Falls aus der Schweiz.

234 Vgl. *VG Düsseldorf* NWVBl. 2006, 68.

235 Vgl. *BVerwG* NJW 2014, 804.

236 Vgl. *BVerwGE* 147, 362 (unter Aufgabe von *BVerwGE* 94, 82) bzgl. Glaubensfreiheit einer Schülerin; *BVerwG* NJW 2014, 804 – Krabat – bzgl. religiösem Erziehungsrecht der Eltern.

237 Vgl. *BVerfGE* 125, 39 – Ladenöffnungszeiten an Adventssonntagen.

Art. 4 Abs. 1, Abs. 2 GG eine **leistungs- und teilhaberechtliche Komponente**. Auch wenn sich aus Art. 4 GG keine Ansprüche auf bestimmte staatliche Leistungen ableiten lassen, so entfaltet Art. 4 GG bezogen auf die finanzielle Förderung von Religionsgesellschaften doch auch leistungs- und teilhaberechtliche Wirkungen. Diese können den Staat auch zu Vorkehrungen organisatorischer Art verpflichten. Dabei ist auch das Gebot religiöser und weltanschaulicher Neutralität des Staates zu berücksichtigen.[238]

## III. Gewissensfreiheit (Art. 4 Abs. 1 GG)

### 1. Überblick

301 Die Gewissensfreiheit aus Art. 4 Abs. 1 GG steht im engen sachlichen Zusammenhang mit der Glaubensfreiheit. Gleichwohl ist sie ein **eigenständiges Grundrecht**, weil das Gewissen – im Gegensatz zum Glauben – eine strikt individuelle Ausrichtung hat. Daher können insbesondere Art. 136 ff. WRV i.V.m. Art. 140 GG kaum sinnvoll auf die Gewährleistung der Gewissensfreiheit übertragen werden.[239]

302 Die Gewissensfreiheit prüfen Sie wie folgt:

PRÜFUNGSSCHEMA

**Gewissensfreiheit (Art. 4 Abs. 1 GG)**

**I. Eröffnung des Schutzbereichs**
- 1. Sachlicher Schutzbereich
  - a) Begriff des Gewissens
  - b) Gewährleistungsumfang
- 2. Persönlicher Schutzbereich

**II. Eingriff in den Schutzbereich**

**III. Verfassungsrechtliche Rechtfertigung des Eingriffs**
- 1. Beschränkbarkeit (Schranke)
- 2. Praktische Konkordanz (Schranken-Schranke)

### 2. Eröffnung des Schutzbereichs

303 Sie beginnen Ihre Prüfung mit der Untersuchung, ob der sachliche Schutzbereich und der persönliche Schutzbereich der Gewissensfreiheit eröffnet sind.

238 Vgl. zum Ganzen *BVerfGE* 123, 148.
239 Vgl. Sodan/Ziekow-*Sodan* Grundkurs Öffentliches Recht § 31 Rn. 20.

### a) Sachlicher Schutzbereich

Ob der sachliche Schutzbereich der Gewissensfreiheit eröffnet ist, prüfen Sie in zwei Schritten: **304**

#### aa) Begriff des Gewissens

**Gewissen** ist ein real erfahrbares seelisches Phänomen, dessen Forderungen, Mahnungen und Warnungen für den Menschen unmittelbar evidente Gebote unbedingten Sollens darstellen. **305**

Die Gewissensfreiheit schützt die Freiheit des Einzelnen, ernste sittliche Entscheidungen anhand der für ihn in einer bestimmten Lage als **bindend und unbedingt verpflichtend** erachteten Kategorien von **„Gut"** und **„Böse"** so vorzunehmen, dass er nicht in ernste Gewissensnöte gerät.[240]

**Beispiel**[241] Das Land B führt durch Landesgesetz die integrierte Gesamtschule als Regelschule ein. Die Eltern des Schülers T lehnen es aus Gewissensgründen ab, T auf die Gesamtschule zu schicken. Liegt eine Gewissensentscheidung vor? – Diese Frage ist zu verneinen, denn die Frage, ob ein Kind zur Gesamtschule geht, ist keine an den Kategorien von „Gut" oder „Böse" orientierte Entscheidung der Eltern in Bezug auf ihr eigenes Verhalten. Bei der Weigerung der Eltern des T handelt es sich nur um die fehlende Bereitschaft, demokratische Mehrheitsentscheidungen zu akzeptieren. Dies stellt jedoch keine Gewissensentscheidung i.S.d. Art. 4 Abs. 1 GG dar. ■

**JURIQ-Klausurtipp**

Gewissensentscheidungen müssen also an den Kategorien von „Gut" und „Böse" orientiert sein. In der Fallbearbeitung sollten Sie zudem darauf achten, dass der Betroffene die Entscheidung als unbedingt verpflichtend erachtet.

#### bb) Gewährleistungsumfang

Wie die Glaubensfreiheit (oben Rn. 281) gewährleistet die Gewissensfreiheit ein **forum internum**, d.h. das Recht, eine Gewissensüberzeugung zu bilden und zu haben, sowie ein **forum externum**, d.h. das Recht, die Gewissensüberzeugung nach außen kundzutun und der Gewissensüberzeugung entsprechend zu handeln. Wie bei der Glaubensfreiheit (oben Rn. 280) muss derjenige, der sich auf eine Gewissensentscheidung beruft, diese **glaubhaft** machen.[242] **306**

### b) Persönlicher Schutzbereich

Wie die Glaubensfreiheit (oben Rn. 284) stellt die Gewissensfreiheit ein Jedermann-Grundrecht dar. In den persönlichen Schutzbereich der Gewissensfreiheit fällt daher jede **natürliche Person**. Juristische Personen und sonstige Personenvereinigungen fallen demgegenüber nicht in den persönlichen Schutzbereich der Gewissensfreiheit.[243] **307**

---

240 Vgl. *BVerfGE* 12, 45 – Kriegsdienstverweigerung.
241 Nach *Manssen* Staatsrecht II Rn. 353 (Fall 29).
242 Vgl. *BVerwG* NVwZ 1989, 60.
243 Vgl. *BVerfG* (K) NJW 1990, 241.

### 3. Eingriff in den Schutzbereich

308 Ist der Schutzbereich eröffnet, prüfen Sie nun, ob ein Eingriff in den Schutzbereich der Gewissensfreiheit vorliegt. Ein Eingriff ist bei **jeder staatlichen Maßnahme** gegeben, die das **geschützte Verhalten regelt** oder **faktisch** bzw. **mittelbar nicht unerheblich beeinträchtigt**.

**Beispiele** Verweigerung der Lohnfortzahlung bei Abtreibung;[244] Disziplinarmaßnahmen gegen Soldaten wegen Befehlsverweigerung;[245] kein Eingriff demgegenüber bei Steuerverweigerung aus Gewissensgründen.[246] ■

### 4. Verfassungsrechtliche Rechtfertigung des Eingriffs

309 Liegt ein Eingriff in die Gewissensfreiheit vor, prüfen Sie in zwei Schritten, ob der Eingriff verfassungsrechtlich gerechtfertigt ist:

#### a) Beschränkbarkeit (Schranke)

310 Wie die Glaubensfreiheit (oben Rn. 292) wird die Gewissensfreiheit **vorbehaltlos gewährleistet**. Deshalb kann auch hier nur **kollidierendes Verfassungsrecht** die Gewissensfreiheit beschränken. Dazu gehören – neben Grundrechten Dritter – sonstige verfassungsrechtlich geschützte Rechtsgüter.

**Beispiele** Die verfassungsrechtlich geschützte Funktionsfähigkeit des Berufsbeamtentums (Art. 33 Abs. 5 GG) kann als Rechtfertigung dafür dienen, dass ein Postbeamter trotz Gewissenskonflikten Postsendungen der „Scientology"-Organisation zustellen muss.[247] – Die Wissenschaftsfreiheit gemäß Art. 5 Abs. 3 S. 1 Var. 2 GG kann es rechtfertigen, dass bestimmte Studiengänge mit Tierversuchen angeboten werden.[248] ■

#### b) Praktische Konkordanz (Schranken-Schranke)

311 Die mit der Gewissensfreiheit kollidierenden Verfassungsrechtsgüter müssen sodann im Wege der praktischen Konkordanz in einen gerechten Ausgleich gebracht werden. – In unserem *Postbeamten-Beispiel* oben (Rn. 310) verlangt die verfassungsrechtlich in Art. 33 Abs. 5 GG geschützte Funktionsfähigkeit des Beamtentums, dass der Beamte unter grundsätzlicher Zurückstellung persönlicher Belange das ihm übertragene Amt ausübt. Die Gewissensfreiheit eines Postbeamten kann sich gegenüber diesem dem Allgemeinwohl dienenden Belang nur dann durchsetzen, wenn der Postbeamte zuvor vergeblich von den ihm zumutbaren Möglichkeiten Gebrauch gemacht hat, um seinen Gewissenskonflikt mit den Mitteln des Beamtenrechts, z.B. durch Umsetzung, zu lösen. – In unserem *Studiengang-Beispiel* oben (Rn. 310) stehen sich die Wissenschaftsfreiheit aus Art. 5 Abs. 3 S. 1 Var. 2 GG einerseits und die Gewissensfreiheit aus Art. 4 Abs. 1 GG andererseits gegenüber. Die Gewissensfreiheit kann durch die Wissenschaftsfreiheit nicht zulässigerweise eingeschränkt werden, wenn derjenige, der die Tierversuche aus Gewissensgründen ablehnt, substantiiert darlegen kann, dass gleichwertige alternative Lernmethoden zur Verfügung stehen.

244 Vgl. *BVerfG* (K) NJW 1990, 241.
245 Vgl. *BVerwGE* 127, 302.
246 Vgl. *BVerfG* (K) NJW 2003, 2600.
247 Vgl. *BVerwGE* 113, 361.
248 Vgl. *BVerfG* (K) NVwZ 2000, 909; *BVerwGE* 105, 73.

## IV. Übungsfall Nr. 2

„Betraum in der Schule“[249] 312

Der 14-jährige M ist streng gläubiger Muslim. Nach seinem Glaubensbekenntnis ist er verpflichtet, fünfmal täglich zu festgelegten Zeiten zu beten. Diese Verpflichtung sieht M für sich als verbindlich an und erfüllt sie nachweislich. Seit Kurzem besucht M ein bekenntnisfreies staatliches Gymnasium in B. Als er dort in einer Pause in einer Flurecke des Schulgebäudes betet, wird er von Mitschülern beobachtet. Gestützt auf eine (verfassungsgemäße) Bestimmung des LSchulG untersagt die Schulleitung M daraufhin das Beten in der Schule und weist darauf hin, in Deutschland seien religiöse Bekundungen an öffentlichen Schulen nicht erlaubt. Nach Auffassung der Schule kann M sein Gebet grundsätzlich auch nach Schulschluss nachholen. Sein Gebet in der Schule stelle eine Werbung für seinen Glauben dar, die nicht zu dulden sei, weil die negative Glaubensfreiheit der Mitschüler verletzt werde.

M will dies nicht hinnehmen. Er fühlt sich in seinem Grundrecht auf Glaubensfreiheit verletzt. Zu Recht?

### Lösung 313

Die Untersagung des Gebets in der Schule verletzt M in seinem Grundrecht auf Glaubensfreiheit, wenn und soweit die hoheitliche Untersagung des Gebets einen nicht gerechtfertigten Eingriff in seine Glaubensfreiheit darstellt.

#### I. Eröffnung des Schutzbereichs

Zunächst müssten der sachliche Schutzbereich und der persönliche Schutzbereich der Glaubensfreiheit eröffnet sein.

##### 1. Sachlicher Schutzbereich

Die Glaubensfreiheit wird in Art. 4 Abs. 1, Abs. 2 GG umfassend und einheitlich gewährleistet. Sie garantiert nicht nur die innere Freiheit, zu glauben oder nicht zu glauben, sondern auch die äußere Freiheit, den Glauben zu bekunden. Die äußere Freiheit umfasst insbesondere auch das Beten. Der sachliche Schutzbereich des Art. 4 Abs. 1, Abs. 2 GG ist demnach eröffnet.

##### 2. Persönlicher Schutzbereich

Als Jedermann-Grundrecht erfasst Art. 4 Abs. 1, Abs. 2 GG insbesondere jede natürliche Person (sog. individuelle Glaubensfreiheit). Somit fällt prinzipiell auch M in den persönlichen Schutzbereich der Glaubensfreiheit. Fraglich ist, ob seiner Berufung auf das Grundrecht aus Art. 4 Abs. 1, Abs. 2 GG entgegenstehen könnte, dass M erst 14 Jahre alt ist. M könnte in diesem



---

249 Der Fall lehnt sich an die Entscheidung des *VG Berlin* NVwZ-RR 2010, 189 an. Die stattgebende Entscheidung des *VG Berlin* wurde durch Urteil des *OVG Berlin-Brandenburg* (NVwZ 2010, 1310) abgeändert. Das *Bundesverwaltungsgericht* (*BVerwGE* 141, 223) hat die Revision des Klägers als unbegründet zurückgewiesen. Aufgrund der im konkreten Fall gegebenen Umstände (heterogene religiöse Zusammensetzung der Schülerschaft an der Schule mit einem Klima, in dem sich an religiösem Verhalten ebenso wie an offener Distanz zu religiösen Geboten aus durchaus geringem Anlass Konflikte entzünden) überwog nach Ansicht des *Bundesverwaltungsgerichts* das Gebot, den Schulfrieden zu wahren, die positive Glaubensfreiheit des Schülers. Je nach den tatsächlichen Umständen im konkreten Fall kann also durchaus auch ein anderes Abwägungsergebnis in Betracht kommen.

Alter noch nicht grundrechtsmündig sein mit der Folge, dass er nicht selbst eine mögliche Verletzung des Grundrechts aus Art. 4 Abs. 1, Abs. 2 GG geltend machen kann. § 5 Satz 1 RelKErzG sieht jedoch vor, dass ein Minderjähriger ab der Vollendung des 14. Lebensjahres selbst sein religiöses Bekenntnis bestimmen kann. Ab diesem Alter geht der Gesetzgeber somit von einer hinreichenden Einsichtsfähigkeit Minderjähriger hinsichtlich Glaubensfragen aus mit der Folge, dass Minderjährige sich selbst auf die Glaubensfreiheit berufen können. Als 14-Jähriger ist M folglich hinsichtlich der Glaubensfreiheit grundrechtsmündig. Er unterfällt damit dem persönlichen Schutzbereich des Art. 4 Abs. 1, Abs. 2 GG und kann eine Verletzung dieses Grundrechts selbst geltend machen.

#### 3. Ergebnis zu I.

Der Schutzbereich der Glaubensfreiheit ist somit eröffnet.

## II. Eingriff in den Schutzbereich

Es müsste ein Eingriff in den Schutzbereich der Glaubensfreiheit vorliegen. Jede staatliche Maßnahme, durch die das grundrechtlich geschützte Verhalten geregelt oder in sonstiger Weise nicht unerheblich behindert wird, greift in die Glaubensfreiheit ein. Die Untersagung des Gebets durch die Schule stellt einen solchen Eingriff dar.

## III. Verfassungsrechtliche Rechtfertigung der Untersagung

Zu prüfen ist, ob die Untersagung des Gebets durch die Schule verfassungsrechtlich gerechtfertigt ist.

#### 1. Beschränkbarkeit (Schranke)

Die Schule hat die Untersagung des Gebets auf eine verfassungsgemäße gesetzliche Grundlage gestützt. Hierzu war sie nach dem rechtsstaatlichen Grundsatz des Vorbehalts des Gesetzes verpflichtet.

Allerdings wird die Glaubensfreiheit aus Art. 4 Abs. 1, Abs. 2 GG vorbehaltlos gewährleistet. Daher kann nur kollidierendes Verfassungsrecht die Glaubensfreiheit beschränken. Als kollidierendes Verfassungsrecht kommen generell Grundrechte Dritter oder andere Verfassungsrechtsgüter in Betracht. Im vorliegenden Fall kommen als kollidierendes Verfassungsrecht der staatliche Bildungs- und Erziehungsauftrag gemäß Art. 7 Abs. 1 GG sowie die negative Glaubensfreiheit der Mitschüler, Lehrer und sonstigen Personen in der Schule aus Art. 4 Abs. 1, Abs. 2 GG in Betracht. Diese beiden verfassungsrechtlichen Rechtspositionen einerseits und die positive Glaubensfreiheit des M andererseits sind gegeneinander abzuwägen und im Wege der praktischen Konkordanz in einen gerechten Ausgleich zu bringen.

#### 2. Praktische Konkordanz

#### a) Staatlicher Bildungs- und Erziehungsauftrag gemäß Art. 7 Abs. 1 GG

M beruft sich auf die positive Glaubensfreiheit. Die Glaubensfreiheit ist vorbehaltlos garantiert und steht als höchstpersönliche Freiheitsgewährleistung im engen Zusammenhang mit der Garantie der Menschenwürde aus Art. 1 Abs. 1 S. 1 GG und dem Recht auf Persönlichkeitsentfaltung aus Art. 2 Abs. 1 GG. Diese Zusammenschau zeigt, welchen hohen Stellenwert die Glaubensfreiheit des M an sich besitzt. – Der Glaubensfreiheit des M steht der staatliche Bildungs- und Erziehungsauftrag gemäß Art. 7 Abs. 1 GG gegenüber. Dieser umfasst die Gesamtheit der staatlichen Befugnisse zur Organisation, Leitung und Planung des Schulwesens. Dazu gehört auch die Ordnung des Schulbetriebs. Der Schulbetrieb könnte gefährdet werden, wenn M einmal täglich in der Schule „öffentlich“, d.h. jedenfalls für seine Mitschüler, Lehrer und andere Personen sichtbar betet. Hierdurch könnte vor allem das friedliche Zusammenleben in der bekenntnisfreien Schule gefährdet werden. Dagegen spricht allerdings, dass es gerade zum friedlichen Zusammenleben in einer bekenntnisfreien Schule gehört, dass insbesondere die Schüler lernen, die religiöse Überzeugung anderer zu tolerieren und zu respektieren. Außerdem sind die Mitschüler, Lehrer und andere Personen dem Gebet des M nicht unentziehbar ausgesetzt; sie können vielmehr den Ort zu der Zeit, wenn M dort betet, meiden.

Um die hoch anzusiedelnde Glaubensfreiheit des M und den staatlichen Bildungs- und Erziehungsauftrag in einen gerechten Ausgleich zu bringen, ist die Schule verpflichtet, alles ihr organisatorisch Mögliche zu unternehmen, um die widerstreitenden Belange schonend auszugleichen. Es kann davon ausgegangen werden, dass es der Schule organisatorisch möglich ist, M zumutbare Bedingungen dafür zu schaffen, dass er in einem für andere Personen nicht ohne weiteres zugänglichen Bereich des Schulgeländes ungestört beten kann. Dadurch würde zugleich die Gefahr gebannt, dass sich M dem Vorwurf aussetzt, für seinen Glauben zu werben. Die hoheitliche Untersagung des Gebets hindert M demgegenüber daran, in der Schule zu beten; er kann seine Glaubensfreiheit aufgrund der Untersagung nicht ausüben. Die Untersagung trifft M demnach ungleich schwerer als ein ordnungsgemäßer Schulbetrieb es erfordert. Der staatliche Bildungs- und Erziehungsauftrag kann die Glaubensfreiheit des M demnach nicht einschränken.

#### b) Negative Glaubensfreiheit der Mitschüler, Lehrer und sonstigen Personen in der Schule aus Art. 4 Abs. 1, Abs. 2 GG

Zu prüfen ist, ob die negative Glaubensfreiheit der Mitschüler, Lehrer und sonstigen Personen in der Schule die Untersagung des Gebets durch die Schule rechtfertigen kann. Die öffentliche Gewalt ist nicht verpflichtet, die negative Glaubensfreiheit dieses Personenkreises zu gewährleisten. Die staatliche Pflicht zu weltanschaulich-religiöser Neutralität gebietet es nicht, religiöse Bekundungen generell zu verbieten. Die weltanschaulich-religiöse Neutralität ist vielmehr als offene und übergreifende Neutralität zu verstehen. Dagegen gebietet die positive Glaubensfreiheit, den Raum für die aktive Betätigung der Glaubensüberzeugung und die Verwirklichung der autonomen Persönlichkeit auf weltanschaulich-religiösem Gebiet zu sichern. Vor diesem Hintergrund und dem zu lit. a) Gesagten kann auch die negative Glaubensfreiheit der Mitschüler, Lehrer und sonstigen Personen in der Schule die positive Glaubensfreiheit des M nicht einschränken.

### 3. Ergebnis zu III.

Weder der staatliche Bildungs- und Erziehungsauftrag noch die negative Glaubensfreiheit können die positive Glaubensfreiheit des M einschränken. Die Untersagung des Gebets durch die Schule ist folglich verfassungsrechtlich nicht gerechtfertigt und damit unzulässig.

## IV. Ergebnis

Die Untersagung des Gebets durch die Schule verletzt M in seinem Grundrecht auf Glaubensfreiheit.

# F. Kommunikationsgrundrechte (Art. 5 Abs. 1 GG)

## I. Überblick

314 **Art. 5 Abs. 1 GG** gewährleistet fünf eigenständige Grundrechte, die thematisch verwandt sind (Kommunikation) und deshalb auch **Kommunikationsgrundrechte** genannt werden: die **Meinungsfreiheit** (Art. 5 Abs. 1 S. 1 Var. 1 GG), die **Informationsfreiheit** (Art. 5 Abs. 1 S. 1 Var. 2 GG), die **Pressefreiheit** (Art. 5 Abs. 1 S. 2 Var. 1 GG), die **Rundfunkfreiheit** (Art. 5 Abs. 1 S. 2 Var. 2 GG) und die **Filmfreiheit** (Art. 5 Abs. 1 S. 2 Var. 3 GG). Das Grundrecht auf Meinungsfreiheit ist „eines der vornehmsten Menschenrechte überhaupt".[250] Zusammen mit den anderen Kommunikationsgrundrechten aus Art. 5 Abs. 1 GG ist es für die freiheitlich-demokratische Grundordnung von grundlegender Bedeutung, denn die Kommunikationsgrundrechte ermöglichen erst eine ständige geistige Auseinandersetzung und sind daher **Grundlage jeder Freiheit**.[251] Die Informationsfreiheit ergänzt dabei die anderen vier Kommunikationsgrundrechte aus der „Empfängerperspektive".[252]

315 **Art. 5 Abs. 2 GG** enthält **drei Schranken** für die Grundrechte aus Art. 5 Abs. 1 GG. **Art. 5 Abs. 1 S. 3 GG** wird dogmatisch als **„Schranken-Schranke"** eingeordnet. Er legt fest, dass auch die Schranken des Art. 5 Abs. 2 GG keine (Vor-)Zensur erlauben.

316 Mit allen fünf Kommunikationsgrundrechten werden wir uns im Folgenden näher befassen. Aufbautechnisch unterscheiden sich die fünf Grundrechte in ihren Gewährleistungsinhalten, weshalb diese getrennt behandelt werden. Die Prüfungsstufen „Eingriff" und „verfassungsrechtliche Rechtfertigung des Eingriffs" sind dagegen im Wesentlichen gleich ausgestaltet, so dass sie zusammenhängend dargestellt werden können. Daraus ergibt sich folgendes Prüfungsschema:

250 Vgl. *BVerfGE* 7, 198 – Lüth.
251 Vgl. *BVerfGE* 7, 198 – Lüth.
252 Vgl. *BVerfGE* 90, 27 – Parabolantenne I.

**Kommunikationsgrundrechte (Art. 5 Abs. 1 GG)**

PRÜFUNGSSCHEMA

**I. Eröffnung des Schutzbereichs**
- 1. **Meinungsfreiheit** (Art. 5 Abs. 1 S. 1 Var. 1 GG)
  - a) Sachlicher Schutzbereich
    - aa) Begriff der Meinung
      - Tatsachenäußerungen Rn. 321
    - bb) Gewährleistungsumfang
  - b) Persönlicher Schutzbereich
- 2. **Informationsfreiheit** (Art. 5 Abs. 1 S. 1 Var. 2 GG)
  - a) Sachlicher Schutzbereich
    - aa) Begriff der allgemein zugänglichen Quelle
    - bb) Gewährleistungsumfang
  - b) Persönlicher Schutzbereich
- 3. **Pressefreiheit** (Art. 5 Abs. 1 S. 2 Var. 1 GG)
  - a) Sachlicher Schutzbereich
    - aa) Begriff der Presse
    - bb) Gewährleistungsumfang
  - b) Persönlicher Schutzbereich
- 4. **Rundfunkfreiheit** (Art. 5 Abs. 1 S. 2 Var. 2 GG)
  - a) Sachlicher Schutzbereich
    - aa) Begriff des Rundfunks
    - bb) Begriff der Berichterstattung
  - b) Persönlicher Schutzbereich
- 5. **Filmfreiheit** (Art. 5 Abs. 1 S. 2 Var. 3 GG)
  - a) Sachlicher Schutzbereich
    - aa) Begriff des Films
    - bb) Begriff der Berichterstattung
  - b) Persönlicher Schutzbereich

**II. Eingriff in den Schutzbereich**

**III. Verfassungsrechtliche Rechtfertigung des Eingriffs**
- 1. **Beschränkbarkeit** (Schranken)
  - a) Schrankentrias des Art. 5 Abs. 2 GG
    - aa) Allgemeine Gesetze
    - bb) Gesetzliche Bestimmungen zum Schutze der Jugend
    - cc) Recht der persönlichen Ehre
  - b) Art. 17a Abs. 1 GG
- 2. **Schranken-Schranken**
  - a) Wechselwirkungslehre
  - b) Zensurverbot gemäß Art. 5 Abs. 1 S. 3 GG

## II. Eröffnung des Schutzbereichs

Ihre Grundrechtsprüfung beginnen Sie mit der Frage, ob der sachliche Schutzbereich und der persönliche Schutzbereich eines Kommunikationsgrundrechts eröffnet sind. **317**

## 1. Meinungsfreiheit (Art. 5 Abs. 1 S. 1 Var. 1 GG)

### a) Sachlicher Schutzbereich

318 Die Eröffnung des sachlichen Schutzbereichs der Meinungsfreiheit aus Art. 5 Abs. 1 S. 1 Var. 1 GG untersuchen Sie in zwei Schritten:

#### aa) Begriff der Meinung

319 Sie beginnen mit dem zentralen Begriff dieses Grundrechts, nämlich dem der Meinung. Zur Klärung dieses Begriffs vorab folgende *Beispiele*:

**Beispiel 1** Der bekennende Antimilitarist W verteilt während des 1. Golfkrieges Handzettel, auf denen geschrieben steht: „Soldaten sind Mörder!" oder „Soldaten sind potentielle Mörder!" ■

**Beispiel 2** Wie *Beispiel 1*. Beim Verteilen der Handzettel begegnet W unmittelbar einem seiner „Freunde". Dem in Uniform daherkommenden Leutnant gibt W keinen Handzettel, sondern schreit ihm die Worte „Soldaten sind Mörder!" lieber direkt ins Gesicht. ■

**Beispiel 3** Bei der Volkszählung werden die Bürger aufgefordert, u.a. Auskünfte über ihren Arbeitsplatz und ihre Wohnung zu geben. ■

**Beispiel 4** Im Wahlkampf wettert ein SPD-Politiker, die CSU sei die „NPD Europas". Dadurch erhofft er sich einen Stimmenzuwachs zugunsten seiner Partei. ■

**Beispiel 5** G leugnet, dass im Dritten Reich Juden in Konzentrationslagern ermordet wurden. ■

**Beispiel 6** Ein Plakat zeigt den früheren bayerischen Ministerpräsidenten S als kopulierendes Schwein. ■

320 **Meinung** sind vor allem Werturteile jeglicher Thematik.

Eine Meinung zeichnet sich dadurch aus, dass sie ein **Element „der Stellungnahme, des Dafürhaltens, des Meinens im Rahmen einer geistigen Auseinandersetzung"** aufweist. Ob die Äußerung begründet oder grundlos, emotional oder rational ist, als wertvoll oder wertlos, gefährlich oder harmlos eingeschätzt wird, ist unerheblich.[253] Ebenso wenig kommt es darauf an, ob mit der Meinungsäußerung öffentliche oder private Zwecke verfolgt werden.[254] Die Meinung kann sogar beleidigend, wie sich aus einem Rückschluss aus der Schranke „Recht der persönlichen Ehre" in Art. 5 Abs. 2 GG ergibt,[255] oder scharfe Polemik sein.[256] Der Begriff der Meinung ist daher grundsätzlich **weit** auszulegen.[257] Maßgeblich für das Verständnis einer Äußerung ist die Ermittlung ihres **objektiven Sinns** aus Sicht eines unvoreingenommenen und verständigen Publikums. Ausgangspunkt hierbei ist immer der Wortlaut der Äußerung. Der Wortlaut legt den Sinn der Äußerung jedoch nicht abschließend fest. Der Sinn der Äußerung wird vielmehr auch von dem sprachlichen Kontext, in dem die umstrittene Äußerung steht, und von den erkennbaren Begleitumständen,

253 Vgl. *BVerfGE* 33, 1.
254 Vgl. zum Ganzen *BVerfGE* 61, 1.
255 Vgl. *Kingreen/Poscher* Grundrechte Rn. 650.
256 Vgl. *BVerfG* (K) NJW 2012, 1273 – Verunglimpfung Deutschlands.
257 Vgl. *BVerfGE* 61, 1.

unter denen sie fällt, bestimmt.[258] – In unserem *Beispiel 1* (oben Rn. 319) formuliert W ein (Un-)Werturteil über Soldaten und den Soldatenberuf und äußert somit eine Meinung.[259] Das *Bundesverfassungsgericht* bejahte das Vorliegen einer Meinung ferner z.B. beim Aufruf zum Boykott von Filmen des nationalsozialistischen Regisseurs Veit Harlan,[260] bei der Werbung mit dem Greenpeace-Symbol auf Briefumschlägen[261] oder dann, wenn kommerzielle Werbung meinungsbildenden Inhalt hat.[262]

Von der Meinung sind **Tatsachen** abzugrenzen. Tatsachen sind objektive, dem Beweis 321
zugängliche Umstände. Wesensmerkmal von Tatsachenäußerungen ist, dass zwischen der Äußerung und der Realität eine **objektive Beziehung** besteht und die Äußerung **beweisbar** oder **widerlegbar** ist.

Umstritten ist, ob Tatsachenäußerungen in den sachlichen Schutzbereich der Meinungsfreiheit fallen. Teilweise wird vertreten, Tatsachenäußerungen seien keine Meinungsäußerungen, weil sie keine Wertung enthielten.[263] Das *Bundesverfassungsgericht* differenziert dagegen:[264] Die **Äußerung einer Tatsache** stellt im strengen Sinne **keine Äußerung einer Meinung** dar, weil ihr gerade das für eine Meinung charakteristische Element der Wertung fehlt. So liegt der Fall in unserem *Beispiel 3* (oben Rn. 319): Die erteilten Auskünfte sind entweder richtig oder falsch; sie enthalten kein Werturteil, sondern geben lediglich Auskunft über objektive, dem Beweis zugängliche Fakten.[265] – Wenn und soweit eine **Tatsachenäußerung jedoch Voraussetzung für die Bildung einer Meinung** ist, wird die Tatsachenäußerung von der **Meinungsfreiheit** geschützt.[266] In unserem *Beispiel 4* (oben Rn. 319) verwendet der SPD-Politiker die genannte Äußerung im Wahlkampf. Wörtlich genommen, handelt es sich bei dieser Äußerung um eine offensichtlich falsche Mitteilung, weil die CSU nicht mit einer (nicht existenten) NPD Europas identisch sein kann. Die Äußerung ist ohne Substanz und enthält aus wahltaktischen Gründen nichts weiter als ein Pauschalurteil über die CSU. Sobald man daher versucht, den Sinn des geäußerten Satzes zu erschließen, wird die Grenze zur Meinung überschritten.[267]

Abgesehen von Tatsachenäußerungen, die Voraussetzung für die Meinungsbildung sind, ste- 322
hen auch **Fragen** unter dem Schutz der Meinungsfreiheit.[268] Die **bewusste Behauptung unwahrer Tatsachen** fällt demgegenüber nicht in den sachlichen Schutzbereich der Meinungsfreiheit, weil sie zur Meinungsbildung auf zutreffender Tatsachengrundlage nicht beitragen kann. So liegt der Fall in unserem *Beispiel 5* (oben Rn. 319): Die sog. Auschwitzlüge ist erwiesen unwahr. Dies steht bereits zum Zeitpunkt der Äußerung fest. Auch wenn diese Behauptung der Bekräftigung einer Meinung dient, wird sie nicht geschützt.[269]

---

258 Vgl. zum Ganzen *BVerfG* (K) NJW 2009, 3016.
259 Vgl. *BVerfGE* 93, 266.
260 Vgl. *BVerfGE* 7, 198 – Lüth.
261 Vgl. *BVerwGE* 72, 183.
262 Vgl. *BVerfGE* 71, 162.
263 Vgl. *Huster* NJW 1996, 487.
264 Vgl. *BVerfGE* 94, 1.
265 Vgl. *BVerfGE* 65, 1 – Volkszählung.
266 Vgl. *BVerfGE* 54, 208.
267 Vgl. zum Ganzen *BVerfGE* 61, 1.
268 Vgl. *BVerfGE* 85, 1.
269 Vgl. *BVerfGE* 85, 1.

> **Hinweis**
>
> An die Wahrheitspflicht dürfen allerdings keine Anforderungen gestellt werden, die dazu führen, dass kaum jemand mehr bereit ist, von der Meinungsfreiheit Gebrauch zu machen.[270] Gefordert werden darf daher nur ein vertretbarer Aufwand, um die Richtigkeit der Tatsachenbehauptung zu überprüfen.

**323** Oft fällt die Abgrenzung von Tatsachen und Meinungen schwer, weil Tatsachen und Meinungen häufig miteinander verbunden werden und erst gemeinsam den Sinn einer Äußerung ausmachen. In einem solchen Fall ist eine Trennung der tatsächlichen und wertenden Bestandteile nur zulässig, wenn dadurch der Sinn der Äußerung nicht verfälscht wird. Sofern dies nicht möglich ist, muss die Äußerung dann im Interesse eines wirksamen Grundrechtsschutzes insgesamt als Meinungsäußerung angesehen und in den Schutzbereich der Meinungsfreiheit einbezogen werden, denn andernfalls würde eine wesentliche Verkürzung des Grundrechtsschutzes drohen.[271] Merken Sie sich hier: **Im Zweifel ist von einer Meinung auszugehen!** So liegt der Fall in unserem *Beispiel 1* (oben Rn. 319): Die Äußerung des W, Soldaten seien Mörder, besagt nicht, dass Soldaten in der Vergangenheit einen Mord begangen haben. Vielmehr kommt hierin nach Auffassung des *Bundesverfassungsgerichts* ein (Un-)Werturteil über Soldaten und den Soldatenberuf zum Ausdruck (oben Rn. 320). Sogar eine Meinung mit beleidigendem Inhalt kann in den sachlichen Schutzbereich der Meinungsfreiheit fallen (oben Rn. 320), nicht jedoch eine Äußerung, bei der nicht mehr die sachliche Auseinandersetzung, sondern die Diffamierung eines Adressaten im Vordergrund steht (sog. **„Schmähkritik“**),[272] wobei der Begriff der Schmähkritik von Verfassungs wegen eng zu verstehen ist.[273] In unserem *Beispiel 2* (oben Rn. 319) kritisiert W – anders als in *Beispiel 1* (ebenda) – das Soldatentum nicht im Allgemeinen, sondern konkretisiert seinen Vorwurf, Soldaten seien Mörder, auf den Leutnant. Auf der Grundlage der Rechtsprechung des *Bundesverfassungsgerichts* dürfte von einer Schmähkritik auszugehen sein.[274] Das *Bundesverfassungsgericht* lässt die Schmähkritik regelmäßig auf der Ebene der verfassungsrechtlichen Rechtfertigung hinter dem allgemeinen Persönlichkeitsrecht (Ehrenschutz) des Betroffenen zurücktreten.[275] In unserem *Beispiel 2* verletzt W daher mit seiner Schmähkritik den Leutnant in seinem allgemeinen Persönlichkeitsrecht.

#### bb) Gewährleistungsumfang

**324** Art. 5 Abs. 1 S. 1 Var. 1 GG gewährleistet das **Äußern** und das **Verbreiten einer Meinung** in Wort, Schrift und Bild. Die Begriffe **Wort, Schrift** und **Bild** sind jeweils **weit** auszulegen. Geschützt ist daher **jede Form der Meinungskundgabe, soweit sie sich auf eine geistige Auseinandersetzung beschränkt.**[276] Vom sachlichen Schutzbereich erfasst sind demnach z.B. das gesprochene Wort, das gesungene Wort, die akustische Übermittlung von Worten über Schallwellen (etwa Tonträger), Aufkleber, Plaketten. Etwas anderes gilt jedoch für Meinungsäußerungen, soweit sie darauf gerichtet sind, dem Adressaten z.B. durch **Ausübung wirtschaftlichen Drucks** eine Meinung aufzuzwingen.

---

270 Vgl. *BVerfGE* 85, 1.
271 Vgl. zum Ganzen *BVerfGE* 90, 241.
272 Vgl. *BVerfGE* 82, 272.
273 Vgl. *BVerfG* (K) NJW 2016, 2870.
274 Vgl. *BVerfGE* 93, 266.
275 Vgl. *BVerfGE* 66, 116 – Wallraff; vgl. aber auch *BVerfG* (K) NJW 2009, 3016.
276 Vgl. *BVerfGE* 25, 256 – Blinkfüer.

**Beispiel**[277] Ende 1961 fordern führende westdeutsche Zeitungsverlage Zeitungs- und Zeitschriftenhändler auf, den Absatz der Wochenzeitung „Blinkfüer", die ostzonale Rundfunk- und Fernsehprogramme abdruckt, zu stoppen. Bei Zuwiderhandeln wird den Händlern ein Lieferstopp mit Zeitungen und Zeitschriften angedroht. Ein Boykottaufruf kann unter den Schutz der Meinungsfreiheit fallen, soweit dem Boykottaufruf eine bestimmte Meinungskundgabe zugrunde liegt und er als Mittel zum Zweck des geistigen Meinungskampfes eingesetzt wird. Allerdings müssen die eingesetzten Mittel verfassungsrechtlich billigenswert sein. Mit ihrer Androhung, solche Zeitungs- und Zeitschriftenhändler, die den „Blinkfüer" weiter vertreiben, mit einem Lieferstopp zu bestrafen, üben die Zeitungsverlage wirtschaftlichen Druck auf die Händler aus, denn im Falle der Zuwiderhandlung müssen die Händler mit schweren Nachteilen rechnen. Mit diesem Vorgehen verhindern die Zeitungsverlage die verfassungsrechtlich geschützte Verbreitung von Meinungen und Nachrichten und verletzen dadurch die Gleichheit der Chancen beim Prozess der Meinungsbildung. ■

**»** **Denken Sie hier an die Ausstrahlungswirkung der Meinungsfreiheit!** **«**

Art. 5 Abs. 1 S. 1 Var. 1 GG garantiert auch die sog. **negative Meinungsfreiheit**, d.h. die Freiheit, seine Meinung nicht zu äußern und nicht zu verbreiten.[278] Sie schützt auch davor, eine fremde Meinung als eigene äußern und verbreiten zu müssen.[279] **325**

**JURIQ-Klausurtipp**

In der Fallbearbeitung kann eine Abgrenzung zwischen der Meinungsfreiheit und der Versammlungsfreiheit erforderlich werden, wenn in einer Versammlung oder durch eine Versammlung Meinungen geäußert werden. Am Maßstab der Meinungsfreiheit sind solche staatliche Beschränkungen zu messen, die den Inhalt oder die Form der Meinungsäußerung betreffen, auch wenn die Meinungsäußerung in einer Versammlung oder durch eine Versammlung erfolgt (sog. **meinungsspezifische Beschränkungen**). Am Maßstab der Versammlungsfreiheit sind dagegen solche staatliche Beschränkungen zu messen, durch die die Versammlung verboten, aufgelöst oder die Art und Weise ihrer Durchführung beschränkt wird (sog. **versammlungsspezifische Beschränkungen**).[280] S. auch oben Rn. 117 und unten Rn. 456.

### b) Persönlicher Schutzbereich

Die Meinungsfreiheit ist nach dem Wortlaut des Art. 5 Abs. 1 S. 1 Var. 1 GG („jeder") ein Jedermann-Grundrecht. In den persönlichen Schutzbereich der Meinungsfreiheit fallen demnach alle **natürlichen Personen** und **juristische Personen i.S.d. Art. 19 Abs. 3 GG**, nicht aber juristische Personen des öffentlichen Rechts. **326**

277 Vgl. *BVerfGE* 25, 256 – Blinkfüer.
278 Vgl. *BVerfGE* 65, 1 – Volkszählung.
279 Vgl. *Kingreen/Poscher* Grundrechte Rn. 659.
280 Vgl. *BVerfGE* 111, 147.

## 2. Informationsfreiheit (Art. 5 Abs. 1 S. 1 Var. 2 GG)

### a) Sachlicher Schutzbereich

327 Die Eröffnung des sachlichen Schutzbereichs der Informationsfreiheit prüfen Sie in zwei Schritten:

#### aa) Begriff der allgemein zugänglichen Quelle

328 **Quellen** sind zum einen jeder denkbare Träger von Informationen, zum anderen die Information selbst.

Unerheblich ist dabei, ob die Quelle öffentliche oder private Angelegenheiten betrifft.

**Beispiele** Träger einer Information sind z.B. eine Zeitung, eine Rundfunk- und Fernsehsendung, eine Akte, ein Brief. Eine Information selbst ist z.B. ein Unfall oder ein Naturereignis. ■

329 **Allgemein zugänglich** ist die Quelle, wenn sie technisch geeignet und dazu bestimmt ist, der Allgemeinheit, d.h. einem individuell nicht bestimmbaren Personenkreis Informationen zu verschaffen.

**Beispiel** Nicht allgemein zugänglich ist der Bereich der Exekutive. Ein Recht auf Akteneinsicht folgt daher nicht aus Art. 5 Abs. 1 S. 1 Var. 2 GG,[281] sondern aus dem einfachen Recht (z.B. aus § 29 VwVfG des Bundes oder eines Landes; aus dem Informationsfreiheitsgesetz des Bundes oder eines Landes). ■

330 Allgemein zugänglich ist eine Quelle auch dann, wenn sie aus dem Ausland stammt.

» Denken Sie hier an die Ausstrahlungswirkung der Informationsfreiheit! «

**Beispiel** Die türkische Familie E schaut am liebsten ihre Sendungen aus der Heimat. Leider kann sie die Programme über den vorhandenen Kabelanschluss nicht empfangen. Ihr Vermieter hat verboten, eine Parabolantenne am Haus anzubringen. – Die Informationsfreiheit schützt auch den Empfang ausländischer Zeitungen oder – wie hier – ausländischer Fernsehprogramme.[282] ■

#### bb) Gewährleistungsumfang

331 Als Verhaltensweisen schützt Art. 5 Abs. 1 S. 1 Var. 2 GG nicht nur die **Entgegennahme** von Informationen, sondern auch das **aktive Beschaffen** von Informationen.[283] Vom Schutzbereich erfasst wird daher auch die Anbringung einer Parabolantenne am Haus, wenn dadurch der Empfang ausländischer Programme ermöglicht wird (s. *Beispiel* oben Rn. 330), nicht dagegen die Informationsbeschaffung durch Einschleichen in einen Betrieb oder eine Organisation, weil die Quellen dadurch nicht allgemein zugänglich sind.[284]

332 Art. 5 Abs. 1 S. 1 Var. 2 GG schützt auch die sog. **negative Informationsfreiheit**, d.h. die Freiheit, staatliche Informationen nicht zur Kenntnis zu nehmen. Er begründet allerdings keinen Anspruch auf Schutz vor aufgedrängten Informationen durch Private.[285]

281 Vgl. *BVerfG* NJW 1986, 1243.
282 Vgl. *BVerfGE* 90, 27 – Parabolantenne I; vgl. in diesem Kontext auch *BGH* NJW 2010, 438; *BVerfG* (K) NJW 2013, 2180.
283 Vgl. *BVerfGE* 27, 71.
284 Vgl. *BVerfGE* 66, 116 – Wallraff.
285 Vgl. Sodan/Ziekow-*Sodan* Grundkurs Öffentliches Recht § 32 Rn. 12.

#### b) Persönlicher Schutzbereich

Der persönliche Schutzbereich der Informationsfreiheit entspricht dem der Meinungsfreiheit, so dass auf die Ausführungen oben (Rn. 326) verwiesen werden kann. 333

### 3. Pressefreiheit (Art. 5 Abs. 1 S. 2 Var. 1 GG)

#### a) Sachlicher Schutzbereich

Die Eröffnung des sachlichen Schutzbereichs der Pressefreiheit untersuchen Sie in zwei Schritten: 334

##### aa) Begriff der Presse

**Presse** sind alle zur Verbreitung geeigneten und bestimmten Druckerzeugnisse. 335

**Beispiele** Zeitungen, Zeitschriften, Bücher, Flugblätter, Handzettel, Plakate; Anzeigenteil einer Zeitung;[286] außerdem alle Informationsträger, die nicht unter den Rundfunk- und Filmbegriff fallen (z.B. CDs, CD-ROMs, Disketten). Die Landespressegesetze (z.B. § 7 Abs. 1 PresseG NW) subsumieren auch Ton- und Bildträger unter den (einfach-gesetzlichen) Pressbegriff und tragen dadurch dem gesellschaftlichen und technischen Wandel Rechnung.[287] ■

Zur Verbreitung geeignet und bestimmt sind die Druckerzeugnisse, wenn sie **vervielfältigt** werden und der **Adressatenkreis unbestimmt** ist. 336

**Beispiel** K bastelt ein Plakat, auf dem er gegen die staatliche Unterstützung der Privatbanken in der Finanzkrise protestiert. – Da K das Plakat nur einmal bastelt, fehlt ein Vervielfältigungsvorgang, so dass das einzelne Plakat nicht unter den Pressebegriff fällt. ■

Die Pressefreiheit besteht unabhängig vom Inhalt und von der Qualität des Druckerzeugnisses. Geschützt werden daher auch Klatsch- und Sensationsblätter.[288] 337

##### bb) Gewährleistungsumfang

Als Verhaltensweisen schützt die Pressefreiheit **alle mit der Pressearbeit zusammenhängenden Tätigkeiten**. Dies reicht „von der Beschaffung der Information bis zur Verbreitung der Nachrichten und Meinungen".[289] Die Pressefreiheit gewährleistet z.B. auch das Recht, ein Online-Archiv zu führen und dort das Informationsangebot noch nach dem aktuellen Berichtsanlass der Öffentlichkeit zur Verfügung zu stellen,[290] und das Recht, eine Urteilskopie über ein von hohem Medieninteresse begleitetes Strafverfahren vom mit diesem Verfahren befassten Gericht zu erhalten.[291] Im Mittelpunkt der Pressefreiheit steht die Freiheit der Gründung und der Gestaltung von Presseerzeugnissen.[292] Art. 5 Abs. 1 S. 2 Var. 1 GG i.V.m. Art. 3 338

286 Vgl. *BVerfGE* 102, 347 – Benetton.
287 Vgl. *Kingreen/Poscher* Grundrechte Rn. 667.
288 Vgl. *BVerfGE* 34, 269 – Soraya.
289 Vgl. *BVerfGE* 20, 162 – Spiegel.
290 Vgl. *BVerfGK* 19, 193.
291 Vgl. *BVerfG* (K) NJW 2015, 3708.
292 Vgl. *BVerfGE* 97, 125.

Abs. 1 GG vermittelt auch ein subjektives Recht auf gleichberechtigte Teilhabe an den Berichterstattungsmöglichkeiten zu gerichtlichen Verfahren.[293] Die Pressefreiheit vermittelt jedoch keinen Anspruch auf eine Bild- und Tonübertragung einer strafprozessualen Hauptverhandlung in einem anderen Gerichtssaal.[294]

**Hinweis**

Das Recht auf Verschaffung von Informationen ergibt sich für die Presse also unmittelbar aus Art. 5 Abs. 1 S. 2 Var. 1 GG. Ob und ggf. inwieweit daraus ein Anspruch gegen staatliche Stellen auf Versorgung mit Informationen erwächst, ist umstritten.[295] Die Landespressegesetze verpflichten aber ihre Behörden, den Vertretern der Presse die Auskünfte, die sie zur Erfüllung ihrer öffentlichen Aufgaben benötigen, zu erteilen (z.B. § 4 PresseG NW).

**339** Zur Pressefreiheit gehört auch die **Vertraulichkeit der Redaktionsarbeit**,[296] wozu u.a. das Vertrauensverhältnis zwischen Journalisten und Informanten sowie das Chiffregeheimnis zählen.[297] Während die rechtswidrige Beschaffung von Informationen nicht geschützt ist, fällt die **Verbreitung rechtswidrig erlangter Informationen** in den sachlichen Schutzbereich der Pressefreiheit.[298] – Zur Pressefreiheit gehören ferner **presseinterne Hilfstätigkeiten**, die für das Funktionieren der Presse wichtig sind; außerdem die Bestimmung und Verwirklichung der Tendenz einer Zeitung;[299] die formale und inhaltliche Gestaltung eines Titelblattes.[300]

**340** Art. 5 Abs. 1 S. 2 Var. 1 GG enthält in erster Linie ein Abwehrrecht. Daneben enthält es aber – jedenfalls nach Auffassung des *Bundesverfassungsgerichts* – auch eine institutionelle Garantie, nämlich die **Institution der freien Presse** (s.o. Rn. 37).[301] Daraus leitet das *Bundesverfassungsgericht* eine staatliche Schutzpflicht mit Blick auf ein freies Pressewesen und die grundsätzliche Zulässigkeit der sog. Pressesubventionierung ab,[302] die durch den parlamentarischen Gesetzgeber geregelt werden muss.[303]

**JURIQ-Klausurtipp**

In der Fallbearbeitung kann es notwendig sein, die Pressefreiheit von der Meinungsfreiheit abzugrenzen. Hierbei hilft Ihnen die Erkenntnis, dass der sachliche Schutzbereich der Pressefreiheit institutionell interpretiert wird. Bei der Pressefreiheit „geht es um die einzelne Meinungsäußerungen übersteigende Bedeutung der Presse für die freie individuelle und öffentliche Meinungsbildung".[304] Die Pressefreiheit schützt die **pressespezifische Kommunikation**, während die einzelne Pressemeinung, also die in einem Presseerzeugnis enthaltene Meinung, durch die Meinungsfreiheit geschützt wird.

293 Vgl. aktuell *BVerfG* (K) NJW 2013, 1293.
294 Vgl. *BVerfGE* 87, 331, und anlässlich des NSU-Prozesses *BVerfG* (K) NJW 2013, 1293.
295 Vgl. bejahend *Groß* DÖV 1997, 133; ablehnend *BVerwGE* 70, 310.
296 Vgl. *BVerfGE* 66, 116 – Wallraff.
297 Vgl. *BVerfGE* 64, 108.
298 Vgl. *BVerfGE* 66, 116 – Wallraff.
299 Vgl. *BVerfGE* 52, 283.
300 Vgl. *BVerfGE* 97, 125.
301 Vgl. *BVerfGE* 20, 162 – Spiegel.
302 Vgl. *BVerfGE* 20, 162 – Spiegel.
303 Vgl. *OLG Frankfurt a.M.* NVwZ 1993, 706.
304 Vgl. *BVerfGE* 85, 1 – Hervorhebung nicht im Original.

### b) Persönlicher Schutzbereich

Bei der Pressefreiheit handelt es sich nach dem Wortlaut des Art. 5 Abs. 1 S. 1 GG („jeder") um 341
ein Jedermann-Grundrecht. In den persönlichen Schutzbereich der Pressefreiheit fallen daher **alle „im Pressewesen tätigen Personen und Unternehmen"** unabhängig von ihrer Staatsangehörigkeit.[305] Dazu gehören z.B. Verleger, Herausgeber, Redakteure, Journalisten, Buchhalter im Presseunternehmen,[306] Sachbearbeiter in der Anzeigenabteilung,[307] Presseagenturen.[308] Die Leserschaft ist dagegen nicht grundrechtsberechtigt. Sie wird durch die Informationsfreiheit geschützt.[309]

## 4. Rundfunkfreiheit (Art. 5 Abs. 1 S. 2 Var. 2 GG)

### a) Sachlicher Schutzbereich

Die Eröffnung des sachlichen Schutzbereichs der Rundfunkfreiheit aus Art. 5 Abs. 1 S. 2 Var. 2 342
GG prüfen Sie in zwei Schritten:

#### aa) Begriff des Rundfunks

> **Rundfunk** ist jede an eine unbestimmte Vielzahl von Personen gerichtete drahtlose oder 343
> drahtgebundene Übertragung von Gedankeninhalten durch elektromagnetische Wellen.

Zum Rundfunk gehört nicht nur der **Hörfunk**, sondern auch das **Fernsehen**.[310] Auch Kabelhörfunk, Kabel-TV, Pay-TV, Videotext sowie elektronische Aufruf- und Zugriffsdienste über das Internet sind geschützt. Von der Presse unterscheidet sich der Rundfunk durch den technischen Verbreitungsweg.[311] Wie bei der Pressefreiheit (oben Rn. 337) kommt es nicht auf den Inhalt des Programms an. Daher werden z.B. auch Werbesendungen geschützt.

#### bb) Begriff der Berichterstattung

Der Begriff der Berichterstattung ist bei der Rundfunkfreiheit denkbar **weit** zu verstehen. Er 344
erfasst **alle Tätigkeiten, die mit der Veranstaltung von Rundfunk zusammenhängen**. Wie bei der Pressefreiheit (oben Rn. 338) reicht dies von der Beschaffung der Information und der Produktion der Sendungen bis zu ihrer Verbreitung.[312] In den sachlichen Schutzbereich der Rundfunkfreiheit fällt auch die **Programmgestaltungsfreiheit**, d.h. die Freiheit, Programme auszuwählen, ihren Inhalt zu bestimmen und auszugestalten,[313] und die **Freiheit der Berichterstattung**.[314] Geschützt ist ferner das **Redaktionsgeheimnis**.[315]

---

305 Vgl. *BVerfGE* 20, 162 – Spiegel.
306 Vgl. *BVerfGE* 25, 296.
307 Vgl. *BVerfGE* 64, 108.
308 Vgl. *BVerfGE* 25, 296.
309 Vgl. Sodan/Ziekow-*Sodan* Grundkurs Öffentliches Recht § 32 Rn. 17.
310 Vgl. *BVerfGE* 12, 205.
311 Vgl. zum Ganzen *Manssen* Staatsrecht II Rn. 389.
312 Vgl. *BVerfGE* 77, 65.
313 Vgl. *BVerfGE* 59, 231.
314 Vgl. *BVerfGK* 12, 85.
315 Vgl. *BVerfGE* 97, 298; hierzu auch *BVerfG* (K) NJW 2011, 1859; 1863.

345 Das *Bundesverfassungsgericht* betrachtet die Rundfunkfreiheit nicht primär als Abwehrrecht. Nach seiner Auffassung hat die Rundfunkfreiheit vielmehr eine dienende Funktion im Hinblick auf die freie Meinungsbildung. Daher muss der Gesetzgeber durch entsprechende materielle Verfahrens- und Organisationsregelungen zum einen die grundsätzliche Staatsfreiheit **(Gebot der Staatsferne des Rundfunks)** gewährleisten und zum anderen dafür sorgen, dass die Vielfalt der existierenden Meinungen in Rundfunk und Fernsehen so breit und vollständig wie möglich zum Ausdruck kommt **(Gebot der Neutralität und Programmausgewogenheit)**.[316] Das Gebot der Neutralität und der Programmausgewogenheit waren vor allem früher ein Problem, als es nur knappe Frequenzen gab. Die knappen Frequenzen konnten nur von wenigen Anbietern genutzt werden. Daher waren die Anbieter ihrerseits intern durch Rundfunkräte pluralistisch strukturiert. Dank der technischen Neuerungen sind heute weiterentwickelte Frequenzen nutzbar. Dadurch kann nun eine Vielzahl von Anbietern die erforderliche Programmvielfalt garantieren. Solange eine ausgewogene Grundversorgung durch die öffentlich-rechtlichen Anstalten gewährleistet ist (sog. **„Duales System"**), unterliegen private Anbieter weniger strengen Anforderungen an die Binnen- und Außenpluralität.

**Hinweis**

Das binnenpluralistische Modell sieht die Möglichkeit vor, die Meinungsvielfalt durch anstaltsinterne Kontrollgremien, die sich aus Vertretern der gesellschaftlich relevanten Gruppen zusammensetzen, zu garantieren.[317] Das außenpluralistische Modell will dies dagegen durch das Gesamtangebot der Programme sicherstellen.

#### b) Persönlicher Schutzbereich

346 Die Rundfunkfreiheit stellt nach dem Wortlaut des Art. 5 Abs. 1 S. 1 GG („jeder") ein Jedermann-Grundrecht dar. In den persönlichen Schutzbereich der Rundfunkfreiheit fallen demnach zunächst **alle natürlichen Personen** und **juristische Personen i.S.d. Art. 19 Abs. 3 GG**, die eigenverantwortlich Rundfunk betreiben.[318] Dazu gehören die privaten Rundfunkanstalten,[319] aber auch und vor allem die öffentlich-rechtlichen Rundfunkanstalten.[320] Diese sind als grundrechtsdienende juristische Personen des öffentlichen Rechts (oben Rn. 96) hinsichtlich der Rundfunkfreiheit grundrechtsberechtigt und zugleich gemäß Art. 1 Abs. 3 GG grundrechtsverpflichtet.

### 5. Filmfreiheit (Art. 5 Abs. 1 S. 2 Var. 3 GG)

347 Im Vergleich zu den anderen Kommunikationsgrundrechten aus Art. 5 Abs. 1 GG hat die Filmfreiheit geringe praktische Bedeutung. Dies ist darauf zurückzuführen, dass sie in den wohl meisten Fällen von anderen Grundrechten, insbesondere von der Kunstfreiheit und der Rundfunkfreiheit, verdrängt wird.[321]

316 Vgl. *BVerfGE* 57, 295.
317 Vgl. in diesem Zusammenhang *BVerfGE* 136, 9 bzgl. der Ausgestaltung der ZDF-Aufsichtsgremien.
318 Vgl. *BVerfGE* 97, 298.
319 Vgl. dazu *BVerfGE* 95, 220.
320 Vgl. *BVerfGE* 31, 314.
321 Vgl. *Papier/Krönke* Grundkurs Öffentliches Recht 2 Rn. 279.

### a) Sachlicher Schutzbereich

Die Eröffnung des sachlichen Schutzbereichs der Filmfreiheit prüfen Sie in zwei Schritten: 348

#### aa) Begriff des Films

**Film** ist eine ortsgebunden an die Öffentlichkeit gerichtete Übermittlung von Gedankeninhalten durch Bilderreihen, die zur Projektierung bestimmt und zumeist mit einer Tonspur verbunden sind. 349

Die Definition des Films lehnt sich erkennbar an die des Rundfunks (oben Rn. 343) an. Filme sind chemisch-optische Bildträger (meist mit Tonspur verbunden), elektronische Bild-Ton-Träger oder sonstige Bild-Ton-Träger (z.B. Videobänder, DVDs). Im Gegensatz zum Rundfunk werden Filme **am Ort des Abspielens der Öffentlichkeit vorgeführt**.

**Beispiel** F und T schauen sich auf DVD eine Dokumentation an. Die DVD haben sie in der Videothek ausgeliehen. ■

In unserem *Beispiel* oben (Rn. 349) ist die Filmfreiheit selbst dann anwendbar, wenn die DVD privat und nicht in der Öffentlichkeit abgespielt wird. Grund dafür ist, dass es sich bei der DVD um ein Massenmedium handelt, die erstellte Dokumentation also an einen unbestimmten Adressatenkreis gerichtet ist.[322] 350

#### bb) Begriff der Berichterstattung

**Berichterstattung** meint die Herstellung und die Verbreitung von Filmen. 351

Dazu gehören z.B. die Erstellung des Drehbuchs, die Aufnahmen, die Herstellung der Kopien, der Filmverleih, das Abspielen des Films, soweit dies nicht der Zuschauer selbst vornimmt. Anders als der Wortlaut des Art. 5 Abs. 1 S. 2 GG vermuten lässt, fällt nicht nur die Berichterstattung im eigentlichen Sinne, sondern auch der **Inhalt der Filme** in den sachlichen Schutzbereich der Filmfreiheit. Ferner ist – wie bei der Presse- und Rundfunkfreiheit (oben Rn. 335, 343) – auch bei der Filmfreiheit die **Werbung** für einen Film garantiert.

### b) Persönlicher Schutzbereich

In den persönlichen Schutzbereich des Jedermann-Grundrechts der Filmfreiheit (vgl. Wortlaut des Art. 5 Abs. 1 S. 2 GG „jeder") fallen **alle natürlichen Personen** und **juristischen Personen i.S.d. Art. 19 Abs. 3 GG**, die die geschützten Tätigkeiten ausüben. Die Zuschauer werden allerdings nicht durch die Film-, sondern durch die Informationsfreiheit geschützt. 352

## III. Eingriff in den Schutzbereich

Ist der Schutzbereich eines der fünf Kommunikationsgrundrechte eröffnet, prüfen Sie anschließend, ob ein Eingriff in den Schutzbereich des betreffenden Grundrechts vorliegt. In die Kommunikationsgrundrechte kann durch **Gesetz**, **sonstige imperative staatliche Maßnahmen** oder auch durch **mittelbare bzw. faktische Einwirkungen** eingegriffen werden. 353

322 Vgl. allgemein Jarass/Pieroth-*Jarass* Art. 5 Rn. 61.

**354** Die **Meinungsfreiheit** kann vor allem durch **Verbote, Meinungen zu äußern oder zu verbreiten,** beeinträchtigt werden. Einen besonders schwerwiegenden Eingriff stellt die **strafrechtliche Sanktion** einer Meinungsäußerung (z.B. gemäß § 90a Abs. 1 Nr. 2 StGB)[323] dar.[324] – Die **Informationsfreiheit** wird vor allem durch staatliche Maßnahmen beeinträchtigt, die den **Zugang zur Information verhindern oder verzögern.**[325] – Zu den klassischen Eingriffen in die **Pressefreiheit** gehören z.B. **Berufsausübungsverbote** für Redakteure,[326] **Durchsuchungen** von Redaktionsräumen und Beschlagnahme von Pressematerial,[327] **Beschlagnahme** von Zeitungen,[328] ferner der Hinweis in einem Verfassungsschutzbericht auf den Verdacht verfassungsfeindlicher Bestrebungen eines Presseverlages,[329] die gerichtliche Verpflichtung zum Abdruck einer Gegendarstellung auf dem Titelblatt eines Presseerzeugnisses[330] oder zum Abdruck einer nachträglichen Mitteilung bei rechtmäßiger Verdachtsberichterstattung.[331] – In die **Rundfunkfreiheit** wird vor allem durch **staatliche Einflussnahme auf die Auswahl, den Inhalt und die Ausgestaltung des Programms** eingegriffen; ferner z.B. durch die Verpflichtung der Rundfunkanstalt, Wahlwerbespots auszustrahlen, und das Verbot, am Rande einer Hauptverhandlung Bild- und Fernsehaufnahmen vom Geschehen zu machen.[332]

## IV. Verfassungsrechtliche Rechtfertigung des Eingriffs

**355** Liegt ein Eingriff in den Schutzbereich eines Kommunikationsgrundrechts vor, prüfen Sie nun in zwei Schritten, ob der Eingriff verfassungsrechtlich gerechtfertigt ist:

### 1. Beschränkbarkeit (Schranken)

**356** Die Kommunikationsrechte des Art. 5 Abs. 1 GG unterliegen verschiedenen Schranken:

#### a) Schrankentrias des Art. 5 Abs. 2 GG

**357** Art. 5 Abs. 2 GG enthält drei Grundrechtsschranken (sog. **Schrankentrias**) in Form qualifizierter Gesetzesvorbehalte. Von zentraler Bedeutung ist die Grundrechtsschranke der allgemeinen Gesetze, während die beiden anderen Schranken (gesetzliche Bestimmungen zum Schutze der Jugend sowie Recht der persönlichen Ehre) Unterfälle der allgemeinen Gesetze sind und dementsprechend geringe Bedeutung haben. Gleichwohl sind sie eigenständige Grundrechtsschranken und erfordern gerade kein allgemeines Gesetz i.S.d. ersten Schranke.

#### aa) Allgemeine Gesetze

**358** **Allgemeine Gesetze** sind solche, die nicht eine Meinung als solche verbieten, die sich nicht gegen die Äußerung einer Meinung als solche richten, die vielmehr dem Schutz eines schlechthin, ohne Rücksicht auf eine bestimmte Meinung zu schützenden Rechtsgutes dienen, dem Schutze eines Gemeinschaftswertes, der gegenüber der Betätigung der Meinungsfreiheit Vorrang hat.

---

323 Vgl. *BVerfG* (K) NJW 2009, 908 – „Schwarz-Rot-Senf".
324 Vgl. *BVerfGE*, 44, 197.
325 Vgl. *BVerfGE* 27, 88.
326 Vgl. *BVerfGE* 10, 118.
327 Vgl. *BVerfGE* 10, 118; *BVerfG* (K) NJW 2015, 3430.
328 Vgl. *BVerfGE* 56, 247.
329 Vgl. *BVerfGE* 113, 63.
330 Vgl. *BVerfG* (K) NJW 2014, 766.
331 Vgl. *BVerfG* (K) NJW 2018, 2784.
332 Vgl. *BVerfGE* 91, 125.

Diese Definition hat das *Bundesverfassungsgericht* erstmals in seiner **Lüth-Entscheidung** formuliert und ist seitdem ständige Rechtsprechung.[333] Ihr folgt die h.M. im Schrifttum.[334]

» Die Definition der allgemeinen Gesetze sollten Sie im Schlaf kennen! «

Vielleicht fragen Sie sich, warum das *Bundesverfassungsgericht* ausgerechnet diese, zumal diese so ausführliche Definition gewählt hat. Um diese Frage zu beantworten, lohnt sich zunächst ein kurzer Blick in die Vergangenheit: Art. 118 Abs. 1 S. 1 WRV gewährte jedem Deutschen das Recht, innerhalb der Schranken der allgemeinen Gesetze seine Meinung durch Wort, Schrift, Druck, Bild oder in sonstiger Weise frei zu äußern. Die in Art. 118 Abs. 1 S. 1 WRV garantierte Meinungsfreiheit konnte danach durch „allgemeine Gesetze" beschränkt werden. Schon damals war umstritten, was unter „allgemein" zu verstehen ist. Nach der sog. **Sonderrechtslehre** sollten solche Gesetze allgemein sein, die nicht eine Meinung als solche verbieten, die sich nicht gegen die Äußerung einer Meinung als solche richten. Allgemein war hiernach ein meinungsneutrales Gesetz. Nach der sog. **Abwägungslehre** sollten demgegenüber solche Gesetze allgemein sein, die ein Rechtsgut schützen, das bei einer Güterabwägung höher zu gewichten ist als die Meinungsfreiheit. Allgemein war ein Gesetz danach dann, wenn dem schützenswerten Rechtsgut aufgrund einer abstrakten Güterabwägung Vorrang vor der Meinungsfreiheit einzuräumen ist. – Wie Sie sehen, hat das *Bundesverfassungsgericht* keine dieser beiden Theorien verworfen, sondern vielmehr beide Theorien kombiniert (sog. **Kombinationslehre**). 359

**Beispiel** R ist Regierungsrätin in einem Bundesamt in Berlin. Sie ist bekennende Globalisierungsgegnerin. Durch die Wirtschafts- und Bankenkrise fühlt sie sich in ihrer Überzeugung wieder einmal bestärkt und hängt sich deshalb am Arbeitsplatz eine Plakette an ihre Jacke, auf der steht: „Globalisierung – nein danke!" Der auf § 60 Abs. 2 BBG gestützten dienstlichen Anordnung, die Plakette abzunehmen, kommt R nicht nach. Sie hält § 60 Abs. 2 BBG für verfassungswidrig, weil er ihre Meinungsfreiheit verletzt. Stimmt das? – Zunächst müssten der sachliche Schutzbereich und der persönliche Schutzbereich der Meinungsfreiheit aus Art. 5 Abs. 1 S. 1 Var. 1 GG eröffnet sein. Mit der Plakette äußert und verbreitet R ein Werturteil und damit eine Meinung zum Thema Globalisierung. R kann sich bei ihrer persönlichen Meinungskundgabe im Dienst auf die Meinungsfreiheit berufen. Die Grundrechte gelten nach heute herrschender Ansicht auch in Sonderstatusverhältnissen (s.o. Rn. 64 f.). Der Schutzbereich der Meinungsfreiheit ist somit eröffnet. § 60 Abs. 2 BBG beschränkt die Meinungsfreiheit der R und greift demnach in das Grundrecht aus Art. 5 Abs. 1 S. 1 Var. 1 GG ein. Zu prüfen ist daher, ob der Eingriff verfassungsrechtlich gerechtfertigt ist. Die Meinungsfreiheit kann durch allgemeine Gesetze i.S.d. Art. 5 Abs. 2 GG beschränkt werden. Ob § 60 Abs. 2 BBG ein allgemeines Gesetz in diesem Sinne darstellt, bestimmt sich nach der sog. Kombinationstheorie. Nach dieser Theorie stellt § 60 Abs. 2 BBG ein allgemeines Gesetz dar, wenn er sich nicht gegen eine Meinung bestimmten Inhalts bzw. die Äußerung einer Meinung bestimmten Inhalts richtet. Dies ist der Fall, denn § 60 Abs. 2 BBG verbietet weder eine Meinung bestimmten Inhalts noch die Äußerung einer Meinung bestimmten Inhalts. Ein allgemeines Gesetz kann sich also durchaus gegen die Meinungsäußerungsfreiheit richten (vgl. z.B. §§ 185 ff. StGB). Um allgemein i.S.d. Art. 5 Abs. 2 GG zu sein, darf es aber keine Meinung bestimmten Inhalts verbieten, sondern muss hinsichtlich des **Meinungsinhalts neutral** sein. – Um ein allgemeines Gesetz i.S.d. Art. 5 Abs. 2 GG zu sein, müsste § 60 Abs. 2 BBG des Weiteren dem Schutz eines schlechthin zu schützenden Rechtsgutes dienen, das Vorrang gegenüber der Meinungs-

333 Vgl. *BVerfGE* 7, 198 – Lüth; st. Rspr.
334 Vgl. Jarass/Pieroth-*Jarass* Art. 5 Rn. 67.

freiheit genießt. Als ein solches Rechtsgut kommt hier die Funktionsfähigkeit des Beamtentums (Art. 33 Abs. 5 GG) in Betracht. Abstrakt betrachtet, genießt dieses Rechtsgut höherrangigen Schutz als die Meinungsfreiheit, weil das reibungslose Funktionieren des Beamtenapparates nicht nur im Innen-, sondern auch im Außenverhältnis unabdingbar ist, um die Pflichterfüllung durch die Exekutive sicherzustellen. § 60 Abs. 2 BBG ist demnach ein allgemeines Gesetz i.S.d. Art. 5 Abs. 2 GG. ■

### JURIQ-Klausurtipp

In der Fallbearbeitung prüfen Sie die Kombinationslehre also in **zwei Schritten**: Im ersten Schritt untersuchen Sie i.S.d. **Sonderrechtslehre**, ob sich das Gesetz gerade gegen eine Meinung bestimmten Inhalts bzw. die Äußerung einer Meinung bestimmten Inhalts richtet. Wenn dies der Fall ist, liegt kein allgemeines Gesetz i.S.d. Art. 5 Abs. 2 GG vor und kann daher die Meinungsfreiheit nicht einschränken. Andernfalls prüfen Sie in einem zweiten Schritt i.S.d. **Abwägungslehre**, ob die Einschränkung dem Schutz eines schlechthin zu schützenden Rechtsgutes dient, das Vorrang gegenüber der Meinungsfreiheit genießt. Hier nehmen Sie eine nur *abstrakte* Güterabwägung vor. Zur *konkreten* Güterabwägung s.u. Rn. 366 ff.

**360** Neben dem Blick in die Vergangenheit zeigt auch Art. 19 Abs. 1 S. 1 GG, dass „allgemein" i.S.d. Art. 5 Abs. 2 GG mehr bedeuten muss als die Geltung für eine unbestimmte Vielzahl von Fällen, denn Art. 5 Abs. 2 GG würde andernfalls nur wiederholen, was Art. 19 Abs. 1 S. 1 GG bereits regelt. Der Begriff „allgemein" i.S.d. Art. 5 Abs. 2 GG ist daher **grundrechtsspezifisch** zu verstehen.

**361** Allgemeine Gesetze i.S.d. Art. 5 Abs. 2 GG können **formelle Gesetze** (z.B. §§ 823, 826, 1004 BGB; §§ 86a, 90a Abs. 1 Nr. 1, 185 ff. StGB; § 31 StVollzG), **alle materiellen Gesetze** (Rechtsverordnungen, Satzungen), **Gewohnheitsrecht** (z.B. anerkannte arbeitsrechtliche Grundsätze) und staatsvertragliche Bestimmungen (z.B. § 2 Abs. 1 i.V.m. § 2 Abs. 2 und § 3 Abs. 1 RBeitrStV) sein.

### Hinweis

Beachten Sie die Sonderbestimmung des § 130 Abs. 4 StGB. § 130 Abs. 4 StGB ist kein allgemeines Gesetz i.S.d. Art. 5 Abs. 2 GG. Gleichwohl ist er nach Auffassung des *Bundesverfassungsgerichts* mit Art. 5 Abs. 1, Abs. 2 GG vereinbar. Angesichts des sich allgemeinen Kategorien entziehenden Unrechts und des Schreckens, die die nationalsozialistische Herrschaft über Europa und weite Teile der Welt gebracht habe, und der als Gegenentwurf hierzu verstandenen Entstehung der Bundesrepublik Deutschland sei Art. 5 Abs. 1, Abs. 2 GG für Bestimmungen, die der propagandistischen Gutheißung der nationalsozialistischen Gewalt- und Willkürherrschaft Grenzen setze, eine Ausnahme vom Verbot des Sonderrechts für meinungsbezogene Gesetze immanent. Die Offenheit des Art. 5 Abs. 1, Abs. 2 GG für derartige Sonderbestimmungen nehme den materiellen Gehalt der Meinungsfreiheit nicht zurück. Das Grundgesetz rechtfertige kein allgemeines Verbot der Verbreitung rechtsradikalen oder auch nationalsozialistischen Gedankenguts schon in Bezug auf die geistige Wirkung seines Inhalts.[335]

335 Vgl. zum Ganzen *BVerfGE* 124, 300 – Rudolf Heß-Gedenkveranstaltung.

#### bb) Gesetzliche Bestimmungen zum Schutze der Jugend

Gesetzliche Bestimmungen zum Schutze der Jugend dürfen als **Sonderrecht** Verhaltensweisen, die durch Art. 5 Abs. 1 GG geschützt sind, beschränken. Der Jugendschutz ist vor allem bei der Pressefreiheit, bei der Rundfunkfreiheit und bei der Filmfreiheit von Bedeutung, allerdings heute weitgehend in den Gesetzen zum Jugendschutz, die allgemeine Gesetze i.S.d. Art. 5 Abs. 2 GG darstellen, aufgegangen (z.B. Jugendschutzgesetz des Bundes; Jugendmedienschutz-Staatsvertrag; §§ 35, 118 LMG NW). **362**

#### cc) Recht der persönlichen Ehre

Auch die dritte Grundrechtsschranke, das Recht der persönlichen Ehre, hat geringe praktische Bedeutung. Das Recht der persönlichen Ehre ist strafrechtlich weitgehend durch **§§ 185 ff. StGB** garantiert. Zivilrechtlich sind **§§ 823, 1004 BGB** von Bedeutung, die den Ehrenschutz als allgemeinen Grundsatz gewährleisten. Der Ehrenschutz ist wiederum Bestandteil des durch §§ 823, 1004 BGB geschützten allgemeinen Persönlichkeitsrechts. §§ 823, 1004 BGB und §§ 185 ff. StGB fallen bereits unter die allgemeinen Gesetze i.S.d. Art. 5 Abs. 2 GG (s. oben Rn. 361). **363**

### b) Art. 17a Abs. 1 GG

Eine weitere Grundrechtsschranke für die **Meinungsfreiheit** enthält Art. 17a Abs. 1 GG für Berufs- und Zeitsoldaten sowie für Grundwehrdienst- und Zivildienstleistende. **364**

## 2. Schranken-Schranken

Als Schranken-Schranke prüfen Sie die sog. Wechselwirkungslehre und ggf. das Zensurverbot des Art. 5 Abs. 1 S. 3 GG (zu dessen dogmatischer Einordnung als Schranken-Schranke oben Rn. 315): **365**

### a) Sog. Wechselwirkungslehre

Kommen Sie bei Ihrer Grundrechtsprüfung zum Zwischenergebnis, dass ein Kommunikationsgrundrecht durch ein allgemeines Gesetz i.S.d. Art. 5 Abs. 2 GG eingeschränkt wird (wie erwähnt, stellen die allgemeinen Gesetze die praktisch bedeutsamste Schranke der Kommunikationsgrundrechte aus Art. 5 Abs. 1 GG dar), bedeutet dies noch nicht, dass der Eingriff in den Schutzbereich des Kommunikationsgrundrechts verfassungsrechtlich gerechtfertigt ist. Art. 5 Abs. 2 GG ist vielmehr seinerseits im Lichte des betroffenen Kommunikationsgrundrechts auszulegen und in seiner grundrechtsbeschränkenden Wirkung selbst wieder einzuschränken (sog. Wechselwirkungslehre).[336] Die Wechselwirkungslehre stellt der Sache nach somit eine **spezielle Variante der Verhältnismäßigkeit** dar.[337] Es ist also eine Güterabwägung im Einzelfall durchzuführen. Bei der Meinungsfreiheit soll dabei eine Vermutung zugunsten der freien Rede bestehen,[338] es sei denn, die Meinungsäußerung tastet die Menschenwürde einer anderen Person an; in diesem Falle muss die Meinungsfreiheit stets zurücktreten.[339] **366**

---

336 Vgl. *BVerfGE* 7, 198 – Lüth.
337 Vgl. *BVerfGE* 59, 231.
338 Vgl. *BVerfGE* 61, 1.
339 Vgl. *BVerfGE* 107, 275 – Benetton-Schockwerbung.

**JURIQ-Klausurtipp**

In der Fallbearbeitung führen Sie an dieser Stelle nun eine *konkrete* Güterabwägung durch. Diese Güterabwägung erfolgt wie die Prüfung der Verhältnismäßigkeit.

**367** In unserem *Beispiel* oben (Rn. 359) ist § 60 Abs. 2 BBG seinerseits im Lichte der Meinungsfreiheit auszulegen und in seiner grundrechtsbeschränkenden Wirkung selbst wieder einzuschränken. § 60 Abs. 2 BBG dient dem verfassungsrechtlich legitimen Zweck, zur Aufrechterhaltung der Funktionsfähigkeit des Beamtentums (Art. 33 Abs. 5 GG) die Beamten dazu zu verpflichten, sich bei Äußerungen vor allem politischer Natur zurückzuhalten, um die Neutralitätspflicht des Staates zu wahren. Zur Erreichung dieses Zwecks ist § 60 Abs. 2 BBG geeignet, erforderlich und auch angemessen. R ist freiwillig Beamtin und hat sich dadurch in ein besonderes Näheverhältnis zum Staat begeben, das ihr – neben Rechten – auch Pflichten auferlegt. Eine wichtige Verpflichtung besteht (zu Recht) darin, sich bei politisch motivierten Äußerungen zurückzuhalten. Dieser Verpflichtung muss R insbesondere im Dienst nachkommen, um die Arbeitsfähigkeit der Exekutive im Innen- wie auch im Außenverhältnis zu gewährleisten. § 60 Abs. 2 BBG ist folglich verfassungsrechtlich gerechtfertigt und verletzt damit R nicht in ihrem Grundrecht auf Meinungsfreiheit.

### b) Zensurverbot (Art. 5 Abs. 1 S. 3 GG)

**368** Das Zensurverbot des Art. 5 Abs. 1 S. 3 GG, das mit Ausnahme der Informationsfreiheit[340] für alle Kommunikationsgrundrechte aus Art. 5 Abs. 1 GG gilt, schränkt Art. 5 Abs. 2 GG ein. Dies bedeutet, dass eine Grundrechtsschranke nach Art. 5 Abs. 2 GG keine Zensur enthalten darf. Mit Zensur ist in Art. 5 Abs. 1 S. 3 GG nur die sog. (staatliche) **Vorzensur** gemeint. Vorzensur findet statt, wenn die öffentliche Gewalt vor der Herstellung oder der Verbreitung eines Geisteswerkes einschränkende Maßnahmen ergreift, insbesondere wenn sie den Inhalt des Geisteswerkes von einer behördlicher Vorprüfung und einer Genehmigung abhängig macht (sog. Verbot mit Erlaubnisvorbehalt).

**Beispiel**[341] Ein Filmverleih beabsichtigt, den Horrorfilm „Tanz der Teufel" herauszubringen. Er legt den Film der Freiwilligen Selbstkontrolle der Filmwirtschaft (kurz: FSK) vor und beantragt, den Film für öffentliche Vorführungen gegenüber Personen ab 18 Jahre nach Maßgabe des Jugendschutzgesetzes freizugeben. Dies lehnt der zuständige Arbeitsausschuss der FSK ab. – Zwar findet hier eine Vorprüfung statt, es handelt sich aber nicht um eine Vorzensur i.S.d. Art. 5 Abs. 1 S. 3 GG, weil lediglich eine Eigenkontrolle durch die Filmwirtschaft und keine behördliche Prüfung durchgeführt wird.[342] ■

**369** Die sog. (staatliche) Nachzensur, d.h. die Reaktion auf eine erfolgte öffentliche Verbreitung, fällt demgegenüber nicht unter Art. 5 Abs. 1 S. 3 GG. In unserem *Beispiel* oben (Rn. 368) läge eine Nachzensur vor, wenn der Film aufgeführt worden wäre und nachträglich wegen des Verdachts, gegen strafrechtliche Vorschriften zu verstoßen, von der Staatsanwaltschaft eingezogen würde. Aus einem Umkehrschluss zu Art. 5 Abs. 1 S. 3 GG folgt, dass repressive staatliche Maßnahmen nicht verboten sind, solange sie sich in den Grenzen des Art. 5 Abs. 2 GG bewegen.

340 Vgl. *BVerfGE* 27, 88; 33, 52.

341 Nach *BVerfGE* 87, 209.

342 Vgl. allgemein *Hufen* Staatsrecht II § 27 Rn. 12.

# G. Kunst- und Wissenschaftsfreiheit (Art. 5 Abs. 3 S. 1 GG)

## I. Überblick

370 Art. 5 Abs. 3 S. 1 GG gewährleistet die Kunstfreiheit und die Wissenschaftsfreiheit. Beide Grundrechte sind für die geistig-kommunikative Persönlichkeit des Einzelnen von grundlegender Bedeutung.[343] Sie dienen dem Schutz der **schöpferischen Kraft** des Einzelnen.[344] Vor allem die Kunstfreiheit ist für Ihre Prüfung von besonderer Bedeutung, weshalb Sie ihr entsprechende Aufmerksamkeit widmen sollten (vgl. auch Übungsfall Nr. 7 [unten Rn. 772 f.]).

371 Aufbautechnisch unterscheiden sich die beiden Grundrechte in ihren Gewährleistungsinhalten, weshalb diese im Prüfungsschema getrennt behandelt werden. Die Prüfungsstufen „Eingriff" und „verfassungsrechtliche Rechtfertigung" sind dagegen im Wesentlichen gleich ausgestaltet, so dass sie zusammen dargestellt werden können. Daraus ergibt sich vorab folgender Prüfungsaufbau:

### Kunst- und Wissenschaftsfreiheit (Art. 5 Abs. 3 S. 1 GG)

PRÜFUNGSSCHEMA

**I. Eröffnung des Schutzbereichs**
- 1. Kunstfreiheit (Art. 5 Abs. 3 S. 1 Var. 1 GG)
  - a) Sachlicher Schutzbereich
    - aa) Begriff der Kunst
      - Definition der Kunst Rn. 374 ff.
    - bb) Gewährleistungsumfang
  - b) Persönlicher Schutzbereich
- 2. Wissenschaftsfreiheit (Art. 5 Abs. 1 S. 1 Var. 2 GG)
  - a) Sachlicher Schutzbereich
    - aa) Begriff der Wissenschaft
      - (1) Begriff der Wissenschaft
      - (2) Begriff der Forschung
      - (3) Begriff der Lehre
    - bb) Gewährleistungsumfang
    - cc) Treueklausel (Art. 5 Abs. 3 S. 2 GG)
      - Dogmatische Einordnung Rn. 385
  - b) Persönlicher Schutzbereich

**II. Eingriff in den Schutzbereich**

**III. Verfassungsrechtliche Rechtfertigung des Eingriffs**
- 1. Beschränkbarkeit (Schranke)
- 2. Praktische Konkordanz (Schranken-Schranke)

343 Vgl. Sodan/Ziekow-*Sodan* Grundkurs Öffentliches Recht § 33 Rn. 1.
344 Vgl. *BVerfGE* 35, 79 – Niedersächsisches Hochschulgesetz.

## II. Eröffnung des Schutzbereichs

372 Ihre Grundrechtsprüfung beginnen Sie mit der Frage, ob der sachliche Schutzbereich und der persönliche Schutzbereich der Kunst- bzw. der Wissenschaftsfreiheit eröffnet sind.

### 1. Kunstfreiheit (Art. 5 Abs. 3 S. 1 Var. 1 GG)

#### a) Sachlicher Schutzbereich

373 Die Eröffnung des sachlichen Schutzbereichs der Kunstfreiheit aus Art. 5 Abs. 3 S. 1 Var. 1 GG prüfen Sie in zwei Schritten:

#### aa) Begriff der Kunst

374 Wie bei kaum einem anderen Grundrecht bereitet die Bestimmung des sachlichen Schutzbereichs vergleichbare Probleme wie bei der Kunstfreiheit. Dies liegt daran, dass der **Begriff der Kunst nicht generell definiert** werden kann.[345] Dem Staat ist es verwehrt, Kunst zu definieren. Dürfte er Kunst definieren, würde er sich zum **staatlichen Kunstrichter** aufspielen.[346] Er müsste Kunst von Nichtkunst trennen, indem er z.B. Vorgaben für künstlerische Betätigungen macht oder das künstlerische Niveau bestimmt. Gleichwohl muss die Kunstfreiheit aber einen rechtlichen Rahmen haben, damit sie vor allem für die Rechtsanwender, also die Exekutive und Judikative, praktikabel ist. Um den Kunstbegriff praktikabel zu machen, sind **drei verschiedene Formeln** entwickelt worden, die jeweils Teilaspekte künstlerischer Betätigung erfassen, ohne jedoch abschließend zu sein.

> **JURIQ-Klausurtipp**
>
> In der Fallbearbeitung können Sie daher verschiedene Formeln ruhig nebeneinander verwenden.

#### (1) Formaler Kunstbegriff

375 Kunst ist bei Vorliegen bestimmter Werktypen gegeben **(sog. formaler Kunstbegriff)**.

**Beispiele** Malen, Bildhauen, Dichten, Theaterspielen, Musizieren. ■

Beim formalen Kunstbegriff ist problematisch, dass er offenkundig zu eng ist, weil gerade neue, avantgardistische Werktypen, die Künstler ständig entwickeln wollen, nicht erfasst sind (z.B. Präsentation eines Bohrlochs auf der „Documenta"; die Beuys,sche „Fettecke"). Außerdem kann der Werktyp allein nicht maßgeblich sein.

**Beispiel** Graffiti kann Kunst sein. Das bloße Versprühen von Farbe auf Bauwerke bedeutet aber nicht per se Kunst – von möglichem Vandalismus und möglicher Sachbeschädigung einmal ganz abgesehen, die sog. unfriedliche Kunst darstellt und nicht in den Schutzbereich der Kunstfreiheit fällt. ■

---

345 Vgl. auch *BVerfGE* 67, 213.

346 Vgl. *BVerfGE* 75, 369.

#### (2) Materieller Kunstbegriff

> Kunst ist die freie schöpferische Gestaltung, in der Eindrücke, Erfahrungen, Erlebnisse des Künstlers durch das Medium einer bestimmten Formensprache zu unmittelbarer Anschauung gebracht werden **(sog. materieller Kunstbegriff)**. 376

Das *Bundesverfassungsgericht* hat den materiellen Kunstbegriff entwickelt.[347] Allerdings liefert er eher eine Beschreibung als eine Definition. Durch das Merkmal der freien schöpferischen Gestaltung unterscheidet sich Kunst von bloßer Reproduktion (z.B. Restaurierung antiker Möbel[348]).

#### (3) Offener Kunstbegriff

> Kunst zeichnet sich durch die Mannigfaltigkeit ihrer Aussage aus, die ständig neue, weiterreichende Interpretationen zulässt **(sog. offener Kunstbegriff)**. 377

Diesen offenen Kunstbegriff hat ebenfalls das *Bundesverfassungsgericht* entwickelt.[349] Wenn Kunstkenner (Sachverständige und Künstler) ein Werk als Kunst anerkennen, muss der Staat dies respektieren. Kunst kann vor allem nicht bereits deshalb verneint werden, weil das Werk sittlich oder moralisch anstößig ist.

**Beispiel**[350] Seit Ende der 70er Jahre des 20. Jahrhunderts verlegt V den Roman „Josefine Mutzenbacher – Die Lebensgeschichte einer wienerischen Dirne, von ihr selbst erzählt". 1979 nahm die Bundesprüfstelle den Roman als schwer jugendgefährdend in die Liste jugendgefährdender Schriften auf. Dadurch wurde der Vertrieb des Romans erheblich eingeschränkt. Die Prüfstelle hatte das Werk von vornherein nicht als Kunst eingestuft, weil es pornographisch sei. – Allein der Umstand, dass der Roman „pornographisch" ist, rechtfertigt es nicht, die Eigenschaft des Romans als Kunst zu verneinen. Vor der Indizierung hätte die Prüfstelle die Eigenschaft des Werks als Kunst prüfen müssen. ■

> **Hinweis**
>
> Im Zweifel ist der Begriff der Kunst **weit** auszulegen.

### bb) Gewährleistungsumfang

Die Kunstfreiheit gewährleistet den sog. **Werkbereich**. Dieser erfasst den gesamten Vorgang 378
künstlerischer Betätigung beginnend mit der Idee, über die Vorbereitung des Kunstwerks bis zum Entstehen des Kunstwerks. Daneben garantiert die Kunstfreiheit auch den sog. **Wirkbereich**. Dieser umfasst insbesondere die Vervielfältigung, die Verbreitung und die Veröffentlichung des Kunstwerks. Ebenso erfasst ist die Werbung für das Kunstwerk.[351]

---

347 Vgl. *BVerfGE* 30, 173 – Mephisto.
348 Vgl. *BayObLG* DÖV 1987, 548.
349 Vgl. *BVerfGE* 67, 213 – Anachronistischer Zug.
350 Nach *BVerfGE* 83, 130 – J. Mutzenbacher.
351 Vgl. *BVerfGE* 77, 240.

#### b) Persönlicher Schutzbereich

379 Die Kunstfreiheit ist nach dem Wortlaut des Art. 5 Abs. 3 S. 1 GG ein Jedermann-Grundrecht. In ihren persönlichen Schutzbereich fallen **alle natürlichen Personen**, die eine im Werk- und Wirkbereich geschützte Tätigkeit ausüben, sowie **juristische Personen i.S.d. Art. 19 Abs. 3 GG**.

### 2. Wissenschaftsfreiheit (Art. 5 Abs. 3 S. 1 Var. 2 GG)

#### a) Sachlicher Schutzbereich

380 Art. 5 Abs. 3 S. 1 Var. 2 GG schützt die Freiheit von Wissenschaft, Forschung und Lehre. Es handelt sich um ein **einheitliches Grundrecht**. Die Eröffnung des sachlichen Schutzbereichs der Wissenschaftsfreiheit prüfen Sie in drei Schritten:

#### aa) Begriff der Wissenschaft

#### (1) Begriff der Wissenschaft

381 **Wissenschaft** sind die auf wissenschaftlichen Eigengesetzlichkeiten beruhenden Prozesse, Verhaltensweisen und Entscheidungen beim Auffinden von Erkenntnissen, ihrer Deutung und ihrer Weitergabe.

Diese Definition stammt vom *Bundesverfassungsgericht* .[352]

#### (2) Begriff der Forschung

382 **Forschung** ist der nach Inhalt und Form ernsthafte und planmäßige Versuch zur Ermittlung der Wahrheit, und zwar in einem methodisch geordneten Verfahren mit einem Kenntnisstand, der in der Regel auf einem wissenschaftlichen Studium beruht.

Auch diese Definition hat das *Bundesverfassungsgericht* formuliert.[353] Der hierdurch gewährleistete Grundrechtsschutz ist **umfassend**. Er erfasst daher auch z.B. vorbereitende und unterstützende Tätigkeiten; ferner die Organisation der Forschung sowie die Veröffentlichung von Forschungsergebnissen.

#### (3) Begriff der Lehre

383 **Lehre** ist die wissenschaftlich fundierte Übermittlung der durch die Forschung gewonnenen Erkenntnisse.

Auch diese Begriffsbestimmung hat das *Bundesverfassungsgericht* entwickelt.[354] Von der wissenschaftlichen Lehre erfasst wird die Weitergabe **eigener** und **fremder durch die Forschung gewonnener Erkenntnisse**. Zugleich wird den Hochschullehrern das Recht garantiert, den **Ablauf** und die **methodische Ausgestaltung der Lehrveranstaltungen** zu bestimmen.[355]

352 Vgl. *BVerfGE* 47, 327.
353 Vgl. *BVerfGE* 35, 79 – Niedersächsisches Hochschulgesetz.
354 Vgl. *BVerfGE* 35, 79 – Niedersächsisches Hochschulgesetz.
355 Vgl. *Manssen* Staatsrecht II Rn. 425.

**Beispiel** Professor Z liest im Wintersemester BGB AT. Den Stoff bespricht er ausschließlich anhand von Fällen. Diese Möglichkeit räumt ihm die Lehrfreiheit ein. ■

#### bb) Gewährleistungsumfang

Die Wissenschaftsfreiheit ist nicht nur ein **Abwehrrecht**, sondern enthält auch eine **objektive** 384
**Wertentscheidung**, die das Verhältnis zwischen Wissenschaft und Staat regelt und die öffentliche Gewalt verpflichtet, die freie Wissenschaft zu fördern und auszugestalten.[356] Dabei ist dem Gesetzgeber ein erheblicher Gestaltungsspielraum eingeräumt.[357] Demgemäß garantiert die Wissenschaftsfreiheit außerdem ein **Leistungsrecht im weiteren Sinne** v.a. auf Bereitstellung ausreichender personeller, finanzieller und organisatorischer Mittel.

**Beispiel**[358] Das Land Niedersachsen ändert sein Universitätsgesetz dahingehend, dass die Gruppe der Professoren in universitären Gremien künftig nur noch gleichberechtigt mit Vertretern des Mittelbaus und der Studenten vertreten ist. Ist diese Regelung verfassungsgemäß? – Die Bestimmung des Universitätsgesetzes könnte gegen die Wissenschaftsfreiheit verstoßen. Die Wissenschaftsfreiheit enthält ein Teilhaberecht an staatlichen Leistungen, das durch die betreffende Bestimmung des Universitätsgesetzes eingeschränkt wird, indem der Einfluss der Hochschullehrer auf Aspekte, die für die Wissenschaft relevant sind, geschmälert wird. Bei der Ausgestaltung hat der niedersächsische Gesetzgeber einen erheblichen Gestaltungsspielraum. Gleichwohl muss er aber die herausgehobene Stellung der Professoren berücksichtigen und sicherstellen, dass sie einen maßgeblichen Einfluss auf wissenschaftsrelevante Aspekte haben. Bei einem paritätisch besetzten universitären Gremium ist dies nicht mehr der Fall. Die neue Bestimmung ist demnach wegen Verstoßes gegen Art. 5 Abs. 3 S. 1 Var. 2 GG verfassungswidrig. ■

#### cc) Sog. Treueklausel (Art. 5 Abs. 3 S. 2 GG)

Art. 5 Abs. 3 S. 2 GG enthält eine sog. **Treueklausel**, die nach nicht unbestrittener Ansicht den 385
sachlichen Schutzbereich der Wissenschaftsfreiheit begrenzt. Nach dieser Ansicht, die sich auf dem Wortlaut der Bestimmung berufen kann, beinhaltet Art. 5 Abs. 3 S. 2 GG eine Klarstellung und konkretisiert die dienstrechtliche Verpflichtung der Lehrenden zur Loyalität gegenüber der freiheitlich-demokratischen Grundordnung.[359]

### b) Persönlicher Schutzbereich

Die Wissenschaftsfreiheit bildet nach dem Wortlaut des Art. 5 Abs. 3 S. 1 GG ein Jedermann- 386
Grundrecht. In den persönlichen Schutzbereich der Wissenschaftsfreiheit fällt daher grundsätzlich jeder, der eigenverantwortlich wissenschaftlich tätig ist oder werden will.[360] Zu dem geschützten Personenkreis zählen vor allem die **Hochschullehrer** (einschließlich der Fachhochschullehrer, soweit ihnen die eigenständige Vertretung eines Fachs in Forschung und Lehre

356 Vgl. *BVerfGE* 111, 333.
357 Vgl. *BVerfGE* 66, 155.
358 Nach *BVerfGE* 35, 79 – Niedersächsisches Hochschulgesetz; s. in diesem Zusammenhang auch *BVerfG* NJW 2014, 2856 bzgl. der Mitwirkung des Fachbereichs- oder Fakultätsrates oder des Senates an wissenschaftsrelevanten Entscheidungen im Falle der Übertragung der entsprechenden Entscheidungsbefugnisse auf einen Vorstand oder ein Präsidium.
359 Vgl. zum Ganzen *Manssen* Staatsrecht II Rn. 426.
360 Vgl. *BVerfGE* 35, 79 – Niedersächsisches Hochschulgesetz.

übertragen wurde)[361] und deren **wissenschaftliches Personal**. Auch **Studenten** können sich auf die Wissenschaftsfreiheit berufen, wenn und soweit sie **wissenschaftlich aktiv** sind;[362] ihre Lernfreiheit wird demgegenüber durch das Grundrecht auf Berufsfreiheit geschützt. Neben natürlichen Personen können sich auch juristische Personen i.S.d. Art. 19 Abs. 3 GG, die Wissenschaft betreiben, auf die Wissenschaftsfreiheit berufen. In erster Linie zählen hierzu die **Hochschulen**, die meistens Körperschaften des öffentlichen Rechts sind, und deren **Fakultäten** (Stichwort „grundrechtsdienende juristische Personen des öffentlichen Rechts"; s.o. Rn. 94 ff.).

## III. Eingriff in den Schutzbereich

387 Ist der Schutzbereich der Kunst- oder Wissenschaftsfreiheit eröffnet, prüfen Sie anschließend, ob ein Eingriff in den Schutzbereich des betreffenden Grundrechts vorliegt. Als Eingriffe in die Kunst- oder Wissenschaftsfreiheit kommen alle staatlichen Maßnahmen in Betracht, die die grundrechtlich geschützten Tätigkeiten durch **Verbote**, **Sanktionen** oder **tatsächliche Maßnahmen behindern oder unmöglich** machen.

## IV. Verfassungsrechtliche Rechtfertigung des Eingriffs

388 Liegt ein Eingriff in den Schutzbereich der Kunst- oder Wissenschaftsfreiheit vor, untersuchen Sie in zwei Schritten, ob der Eingriff verfassungsrechtlich gerechtfertigt ist:

### 1. Beschränkbarkeit (Schranke)

389 Die Kunstfreiheit und die Wissenschaftsfreiheit unterliegen nach dem Wortlaut des Art. 5 Abs. 3 S. 1 GG an sich **keinen Schranken**. Entgegen z.T. früher vertretener Ansicht sind auch die Schranken des Art. 5 Abs. 2 GG oder des Art. 2 Abs. 1 GG nicht anwendbar.[363] Gleichwohl werden die Kunst- und die Wissenschaftsfreiheit nicht schrankenlos gewährleistet, sondern können durch verfassungsimmanente Schranken in Form **kollidierenden Verfassungsrechts**, wozu insbesondere Grundrechte Dritter und andere Verfassungsrechtsgüter gehören, eingeschränkt werden.

### 2. Praktische Konkordanz (Schranken-Schranke)

390 Das kollidierende Verfassungsrecht ist im Wege praktischer Konkordanz in einen gerechten Ausgleich zu bringen. – Sofern die Kunstfreiheit mit dem allgemeinen Persönlichkeitsrecht einer künstlerisch dargestellten lebenden Person oder eines Nachfahren dieser Person kollidiert, kann der Künstler verpflichtet sein, die dargestellte Person zu verfremden. Dies gilt umso mehr, als er Vorgänge aus der Intimsphäre dieser Person künstlerisch darstellt.

**Beispiel** In dem Roman „Esra" breitete der Autor in autobiographischer Darstellung Intimitäten aus dem Zusammenleben mit einer nur wenig verfremdeten ehemaligen Geliebten aus und stellte auch deren Mutter wenig vorteilhaft dar. Der Roman wurde verboten. In ihren überwiegend auf Kritik gestoßenen[364] Entscheidungen bestätigten sowohl der *Bundesgerichtshof*[365] als auch das *Bundesverfassungsgericht* [366] das Verbot

361 Vgl. *BVerfGE* 126, 1.
362 Vgl. *BVerfGE* 55, 37.
363 Vgl. *BVerfGE* 83, 130 – J. Mutzenbacher.
364 Vgl. nur die Abw. Meinungen in *BVerfGE* 119, 1 (37 ff.) – Esra.
365 Vgl. *BGH* NJW 2005, 2844.
366 Vgl. *BVerfGE* 119, 1 – Esra.

und räumten dem allgemeinen Persönlichkeitsrecht der Tochter der ehemaligen Geliebten den Vorrang vor der Kunstfreiheit des Autors ein. Beide Gerichte betonten, Vorgänge aus der Intimsphäre einer Person dürften nur dargestellt werden, wenn diese hinreichend verfremdet werden. ■

**Online-Wissens-Check**

**Welche Arten von Entfaltungsweisen unterscheidet man beim allgemeinen Persönlichkeitsrecht?**

Überprüfen Sie jetzt online Ihr Wissen zu den in diesem Abschnitt erarbeiteten Themen. Unter **www.juracademy.de/skripte/login** steht Ihnen ein Online-Wissens-Check speziell zu diesem Skript zur Verfügung, den Sie kostenlos nutzen können. Den Zugangscode hierzu finden Sie auf der Codeseite.

## H. Schutz von Ehe und Familie sowie Elternrecht (Art. 6 GG)

### I. Überblick

Art. 6 GG ist für Klausurbearbeitungen regelmäßig von geringerer Bedeutung. Dennoch sollten Sie Art. 6 GG auf jeden Fall in seinen Grundzügen kennen. Vor allem das in Art. 6 Abs. 2 GG garantierte Elternrecht ist in der Praxis relevant (z.B. im Schulwesen, wo Art. 7 Abs. 2 GG das Elternrecht aus Art. 6 Abs. 2 GG konkretisiert). **391**

Bei Art. 6 GG handelt es sich um eine vielschichtige Bestimmung. Er enthält **verschiedene grundrechtliche Gewährleistungen**, die die Ehe, die Familie und die Kindererziehung betreffen. Im Überblick sieht dies wie folgt aus: **392**

| Gewährleistungen des Art. 6 GG | |
|---|---|
| **Abs. 1:** | Abwehrrecht, Leistungsrecht, Gesetzgebungsauftrag, spezielles Gleichheitsrecht, Institutsgarantie, wertentscheidende Grundsatznorm |
| **Abs. 2:** | Abwehrrecht (Satz 1), Grundpflicht (Satz 1), spezielles Gleichheitsrecht |
| **Abs. 3:** | Abwehrrecht |
| **Abs. 4:** | Leistungsrecht, Gesetzgebungsauftrag |
| **Abs. 5:** | spezielles Gleichheitsrecht |

Art. 6 Abs. 1 bis 3 GG enthalten **Abwehrrechte**. Art. 6 Abs. 1 und Abs. 4 GG gewähren **Leistungsrechte** und, weil die dort verbürgten Schutzansprüche vom Gesetzgeber umgesetzt werden müssen, **Gesetzgebungsaufträge**. Art. 6 Abs. 1, Abs. 2 und Abs. 5 GG garantieren **spezielle Gleichheitsrechte** sowie Abs. 1 eine **Institutsgarantie** und eine **wertentscheidende Grundsatznorm**. Art. 6 Abs. 2 S. 1 GG begründet hinsichtlich der Pflege und der Erziehung der Kinder nicht nur ein Grundrecht, sondern zugleich auch eine **Grundpflicht** der Eltern.

393 Die Abwehrrechte aus Art. 6 GG, nämlich das Recht auf Schutz von Ehe und Familie aus Art. 6 Abs. 1 GG sowie das Elternrecht aus Art. 6 Abs. 2, Abs. 3 GG, prüfen Sie wie folgt:

PRÜFUNGSSCHEMA

**Schutz von Ehe und Familie sowie Elternrecht (Art. 6 Abs. 1 bzw. Abs. 2, Abs. 3 GG)**

**I. Eröffnung des Schutzbereichs**
- 1. Ehe und Familie (Art. 6 Abs. 1 GG)
  - a) Sachlicher Schutzbereich
    - aa) Ehe
      - (1) Begriff
      - (2) Gewährleistungsumfang
    - bb) Familie
      - (1) Begriff
      - (2) Gewährleistungsumfang
  - b) Persönlicher Schutzbereich
- 2. Elternrecht (Art. 6 Abs. 2, Abs. 3 GG)
  - a) Sachlicher Schutzbereich
  - b) Persönlicher Schutzbereich

**II. Eingriff in den Schutzbereich**

**III. Verfassungsrechtliche Rechtfertigung des Eingriffs**
- 1. Beschränkbarkeit (Schranke)
  - a) Beschränkbarkeit des Rechts auf Schutz von Ehe und Familie (Art. 6 Abs. 1 GG)
  - b) Beschränkbarkeit des Elternrechts (Art. 6 Abs. 2, Abs. 3 GG)
    - aa) Elternpflicht (Art. 6 Abs. 2 S. 1 GG)
    - bb) Ausübung des staatlichen Wächteramtes (Art. 6 Abs. 2 S. 2 GG)
    - cc) Kollidierendes Verfassungsrecht
- 2. Schranken-Schranken
  - a) Schranken-Schranke hinsichtlich des Rechts auf Schutz von Ehe und Familie (Art. 6 Abs. 1 GG)
  - b) Schranken-Schranken hinsichtlich des Elternrechts (Art. 6 Abs. 2, Abs. 3 GG)

## II. Eröffnung des Schutzbereichs

394 Ihre Grundrechtsprüfung beginnen Sie mit der Frage, ob der sachliche Schutzbereich und der persönliche Schutzbereich der Abwehrrechte aus Art. 6 Abs. 1 bzw. Abs. 2, Abs. 3 GG eröffnet sind.

## 1. Schutz von Ehe und Familie (Art. 6 Abs. 1 GG)

### a) Sachlicher Schutzbereich

Im sachlichen Schutzbereich des Rechts auf Schutz von Ehe und Familie aus Art. 6 Abs. 1 GG sind die beiden Verfassungsbegriffe „Ehe" und „Familie" und der mit ihnen jeweils verbundene Gewährleistungsumfang zu unterscheiden. **395**

#### aa) Ehe

##### (1) Begriff

**Ehe** ist die Vereinigung eines Mannes und einer Frau zu einer auf Dauer angelegten Lebensgemeinschaft, begründet auf freiem Entschluss unter Mitwirkung des Staates, in der gleichberechtigte Partner ihr Zusammenleben frei ausgestalten können. **396**

Dem Ehebegriff des Grundgesetzes liegt das Bild der **verweltlichten bürgerlich-rechtlichen Ehe** zugrunde.[367] Hierunter fallen die „klassische" Ehe und die sog. hinkende Ehe, von der es zwei Erscheinungsformen gibt: zum einen die nicht standesamtlich beurkundete Eheschließung in Deutschland mit Ausländerbeteiligung und zum anderen die allein nach deutschem Recht (und nicht auch nach ausländischem Recht) formgültig geschlossene Ehe mit Ausländerbeteiligung.[368] Namens-, Aufenthalts- oder Scheinehen sind demgegenüber ebenso wenig erfasst wie nichteheliche Lebensgemeinschaften und eingetragene Lebenspartnerschaften.[369] Da eine Öffnung des Instituts Ehe für gleichgeschlechtliche Paare allein dem verfassungsändernden Gesetzgeber vorbehalten ist, wird auch das Gesetz zur Einführung des Rechts auf Eheschließung für Personen gleichen Geschlechts vom 20.7.2017[370] für verfassungswidrig erachtet.[371]

##### (2) Gewährleistungsumfang

Das Recht auf Schutz der Ehe aus Art. 6 Abs. 1 GG garantiert die **Eheschließung**, das **eheliche Zusammenleben** bis zur Ehescheidung. Geschützt sind daher z.B. die freie Wahl des Ehepartners, die Aufgabenverteilung der Ehepartner, die finanziellen Beziehungen innerhalb der Ehe, Ehe- und Familienname,[372] die Entscheidung der Eheleute, zusammen zu wohnen und die gemeinsame Wohnung selbst bei einer beruflichen Veränderung eines Ehegatten, die mit einem Ortswechsel verbunden ist, zu erhalten.[373] Nicht geschützt ist demgegenüber das Recht auf Beendigung der Ehe durch Suizid eines Ehepartners.[374] **397**

---

367 Vgl. *BVerfGE* 31, 58.
368 Vgl. Sachs-*von Coelln* Art. 6 Rn. 10.
369 Vgl. Jarass/Pieroth-*Jarass* Art. 6 Rn. 5; zur eingetragenen Lebenspartnerschaft grundlegend *BVerfGE* 105, 313.
370 Vgl. BGBl. I, S. 2787.
371 Vgl. z.B. Sachs-*von Coelln* Art. 6 Rn. 6; *Haydn-Quindeau* NVwZ 2018, 206 (str.).
372 Vgl. *BVerfGE* 84, 9; auch *BVerfGE* 123, 90 – Ehedoppelname.
373 Vgl. *BVerfGE* 114, 316 – Zweitwohnungsteuer.
374 Vgl. *BVerfGK* 14, 379.

#### bb) Familie

#### (1) Begriff

398 **Familie** ist die umfassende Gemeinschaft zwischen Eltern und ihren Kindern.

Der Familienbegriff des Grundgesetzes lehnt sich an das **bürgerlich-rechtliche Institut der Familie** an.[375] Die umfassende Gemeinschaft kann auf natürlicher oder lediglich gesetzlicher Verwandtschaft (z.B. infolge Adoption Minderjähriger oder anerkannter Vaterschaft) beruhen. Nach Ansicht des *Bundesverfassungsgerichts* ist als Familie auch die sozial-familiäre Gemeinschaft geschützt, die aus eingetragenen Lebenspartnern und dem leiblichen oder angenommenen Kind eines Lebenspartners besteht.[376]

#### (2) Gewährleistungsumfang

399 In den sachlichen Schutzbereich des Rechts auf Schutz der Familie aus Art. 6 Abs. 1 GG fallen **alle Bereiche familiären Zusammenlebens**. Dazu gehören z.B. die Familiengründung; die freie Entscheidung der Eltern, ob und ggf. wie viele Kinder sie haben wollen; das Recht auf Achtung des Familienlebens, das u.a. das Recht umfasst, Familienmitglieder nicht zu belasten, nicht hingegen einen Schutz vor negativen prozessualen Folgen dieses Schweigens.[377]

#### b) Persönlicher Schutzbereich

400 Art. 6 Abs. 1 GG ist nach seinem Wortlaut ein Jedermann-Grundrecht. In den persönlichen Schutzbereich des Grundrechts aus Art. 6 Abs. 1 GG fallen somit alle **natürlichen Personen** unabhängig von ihrer Staatsangehörigkeit.

### 2. Elternrecht (Art. 6 Abs. 2, Abs. 3 GG)

#### a) Sachlicher Schutzbereich

401 Das Elternrecht schützt den Bestand der Elternschaft und die Eltern-Kind-Beziehung. Es sichert den Eltern das **Recht auf Pflege und Erziehung** ihrer Kinder.[378] Dieses den Eltern verfassungsrechtlich gegenüber dem Staat gewährleistete Freiheitsrecht dient in erster Linie dem **Kindeswohl**, das zugleich oberste Richtschnur für die Ausübung der Elternverantwortung ist.[379]

402 Das Elternrecht umfasst zum einen die **Pflege**, d.h. die Sorge für das körperliche Wohl sowie die seelische und geistige Entwicklung des Kindes, und zum anderen die **Erziehung**, d.h. die Bildung und Ausbildung des Kindes. Die Eltern entscheiden frei über die **Art und Weise**, das **Ausmaß** und die **Intensität** von Pflege und Erziehung ihres Kindes. Hierzu gehört vor allem das Recht der Eltern, frei über die religiöse oder weltanschauliche Erziehung des Kindes zu entscheiden. Dieses Recht steht in engem Zusammenhang mit dem Grundrecht auf Glaubensfreiheit; für die elterliche Entscheidung über die Teilnahme ihres Kindes am Religionsun-

---

375 Vgl. *BVerfGE* 6, 55.
376 Vgl. *BVerfGE* 133, 59 – Sukzessivadoption.
377 Vgl. *BVerfG (K)* NJW 2019, 1510.
378 Vgl. *BVerfGE* 31, 194.
379 Vgl. *BVerfGE* 61, 358.

terricht enthält Art. 7 Abs. 2 GG eine konkretisierende Ergänzung des Elternrechts (s. oben Rn. 391 und unten Rn. 426). Neben der Pflege und der Erziehung des Kindes werden auch die gemeinsame Sorgetragung[380] und das Umgangsrecht eines Elternteils mit dem Kind[381] geschützt.

Art. 6 Abs. 2 GG geht an sich von einer auf Zeugung begründeten leiblichen Elternschaft aus. 403
Darüber hinaus schützt er aber die Eltern-Kind-Beziehung als **umfassendes Verantwortungsverhältnis** von Eltern gegenüber ihren pflege- und erziehungsbedürftigen Kindern. Sowohl die Abstammung als auch die sozial-familiäre Verantwortungsgemeinschaft machen den Gehalt des Elternrechts aus.[382]

### b) Persönlicher Schutzbereich

In den persönlichen Schutzbereich des Elternrechts aus Art. 6 Abs. 2 GG fallen die **leiblichen** 404
**Eltern**, die **Adoptiveltern**, die **Eltern eines nichtehelichen Kindes**, **zwei Personen gleichen Geschlechts, die gesetzlich als Eltern eines Kindes anerkannt sind**,[383] nicht jedoch die Pflegeeltern und die Großeltern. Die Großeltern haben aber ein eigenes Recht aus Art. 6 Abs. 1 GG darauf, bei der Auswahl eines Vormunds oder eines Ergänzungspflegers in Betracht gezogen zu werden.[384]

## III. Eingriffe in den Schutzbereich

Ist der Schutzbereich des Rechts auf Schutz von Ehe und Familie bzw. des Elternrechts eröff- 405
net, prüfen Sie, ob in den Schutzbereich eingegriffen wurde. Eingriffe in den Schutzbereich des Rechts auf Schutz von Ehe und Familie bzw. des Elternrechts sind **alle staatlichen Maßnahmen**, die die grundrechtlichen Gewährleistungen **schädigen**, **stören** oder **sonst beeinträchtigen**.[385]

**Beispiele** Für die Ehe: Wohnungsverweisung bei häuslicher Gewalt;[386] Lauschangriff auf die Wohnung von Eheleuten.[387] Für das Elternrecht: Entzug des Sorgerechts oder Beschränkung des Sorgerechts auf einen Elternteil;[388] staatlich veranlasste Trennung des Kindes von seinen Eltern gegen deren Willen;[389] Behördenanfechtung einer Elternschaft.[390] ■

Bei Art. 6 Abs. 1 bzw. Abs. 2, Abs. 3 GG handelt es sich um **normgeprägte Grundrechte** (vgl. 406
hierzu oben Rn. 125 f.), die unter Ausgestaltungsvorbehalt stehen. Soweit der Gesetzgeber die Rechtsinstitute Ehe und Familie sowie das Elternrecht unter Wahrung ihres Kerngehalts näher definiert und damit gesetzlich ausgestaltet, liegt kein Eingriff vor. Eine definierende Regelung

---

380 Vgl. *BVerfGE* 127, 132.
381 Vgl. *BVerfG* FamRZ 2013, 433.
382 Vgl. *BVerfGE* 92, 158.
383 Vgl. *BVerfGE* 133, 59 –Sukzessivadoption.
384 Vgl. *BVerfGE* 136, 382.
385 Vgl. *BVerfGE* 81, 1.
386 Vgl. *VG Aachen* NJW 2004, 1888.
387 Vgl. *BVerfGE* 109, 279 – Großer Lauschangriff.
388 Vgl. auch *BVerfG* (K) NJW 2008, 2835; NJW 2015, 223.
389 Vgl. *BVerfGE* 68, 176; verneint für das LPartG *BVerfGE* 105, 313.
390 Vgl. *BVerfGE* 135, 48.

unter Wahrung des Kerngehalts ist z.B. § 1357 Abs. 1 BGB; anders aber z. B.: das Gesetz zur Einführung des Rechts auf Eheschließung für Personen gleichen Geschlechts vom 20.7.2017 (Rn. 396); § 4 Abs. 2 EheG a.F., der ein Eheverbot der Geschlechtergemeinschaft normierte;[391] eine Zölibatsklausel für Bereitschaftspolizisten.[392]

## IV. Verfassungsrechtliche Rechtfertigung des Eingriffs

407 Liegt ein Eingriff in eine grundrechtlich verbürgte Freiheit aus Art. 6 Abs. 1 bzw. Abs. 2, Abs. 3 GG vor, untersuchen Sie in zwei Schritten, ob dieser Eingriff verfassungsrechtlich gerechtfertigt ist:

### 1. Beschränkbarkeit (Schranken)

#### a) Beschränkbarkeit des Rechts auf Ehe und Familie (Art. 6 Abs. 1 GG)

408 Art. 6 Abs. 1 GG ist seinem Wortlaut nach vorbehaltlos gewährleistet. Eingeschränkt werden kann er daher nur durch verfassungsimmanente Schranken in Gestalt kollidierenden Verfassungsrechts wie z.B. Grundrechte Dritter und andere Verfassungsrechtsgüter.

#### b) Beschränkbarkeit des Elternrechts (Art. 6 Abs. 2, Abs. 3 GG)

#### aa) Elternpflicht (Art. 6 Abs. 2 S. 1 GG)

409 Wie oben (Rn. 392) erwähnt, korrespondiert mit dem Elternrecht zugleich eine **Elternpflicht**, die das Elternrecht beschränken kann. Die Elternpflicht begründet vor allem die Pflicht, ihre Kinder rechtstreu zu erziehen. Die Eltern dürfen somit gegenüber ihren Kindern keine rechtswidrigen Handlungen vornehmen.

#### bb) Ausübung des staatlichen Wächteramtes (Art. 6 Abs. 2 S. 2 GG)

410 Das Elternrecht aus Art. 6 Abs. 2, Abs. 3 GG kann ferner durch Art. 6 Abs. 2 S. 2 GG, der ein **staatliches Wächteramt** normiert, eingeschränkt werden. Hiernach ist der Staat verpflichtet, die Pflege und die Erziehung eines Kindes durch geeignete Maßnahmen sicherzustellen, wenn die Eltern hierbei versagen.[393] Eine besondere Regelung i.S.e. Schranken-Schranke hält insoweit Art. 6 Abs. 3 GG für die staatliche Trennung von Eltern und Kind bereit.

#### cc) Kollidierendes Verfassungsrecht

411 Das Elternrecht kann im Übrigen auch durch **kollidierendes Verfassungsrecht** eingeschränkt werden.[394] Eine in der Praxis relevante Schranke des Elternrechts bildet der staatliche Bildungs- und Erziehungsauftrag aus Art. 7 Abs. 1 GG (dazu näher unten Rn. 415 und Übungsfall Nr. 2 [oben Rn. 312 f.]).

391 Vgl. *BVerfGE* 36, 146.
392 Vgl. *BVerwGE* 14, 21.
393 Vgl. *BVerfGE* 24, 119.
394 Vgl. *Manssen* Staatsrecht II Rn. 478.

### 2. Schranken-Schranken

#### a) Schranken-Schranke hinsichtlich des Rechts auf Schutz von Ehe und Familie (Art. 6 Abs. 1 GG)

Da das Grundrecht auf Schutz von Ehe und Familie nur durch kollidierendes Verfassungsrecht eingeschränkt werden kann, sind die mit diesem Grundrecht widerstreitenden Verfassungsrechtsgüter oder kollidierenden Grundrechte Dritter etc. im Wege einer praktischen Konkordanz in einen gerechten Ausgleich zu bringen. Dabei sind insbesondere die Gewährleistungen des Art. 6 Abs. 1 GG als wertentscheidender Grundsatznorm und die Institutsgarantien „Ehe" und „Familie" zu beachten. **412**

#### b) Schranken-Schranken hinsichtlich des Elternrechts (Art. 6 Abs. 2, Abs. 3 GG)

Neben der Verhältnismäßigkeit bzw., sofern das Elternrecht durch kollidierendes Verfassungsrecht beschränkt wird, der praktischen Konkordanz greift für den speziellen Fall der staatlich veranlassten Trennung der Eltern von ihren Kindern als spezielle Schranken-Schranke Art. 6 Abs. 3 GG (s.o. Rn. 410) ein. **413**

## I. Schulwesen (Art. 7 GG)

### I. Überblick

Art. 7 GG trifft verschiedene Regelungen zum Schulwesen. **Schulen** werden im Anschluss an *Heckel* herkömmlich als „auf gewisse Dauer berechnete, an fester Stätte bestehende Einrichtungen der Erziehung und des Unterrichts" definiert. Es gibt öffentliche Schulen und Schulen in privater Trägerschaft, wozu vor allem Schulen in kirchlicher Trägerschaft gehören. **414**

**Hinweis**

Nach der Verteilung der Gesetzgebungskompetenzen im Grundgesetz sind weit überwiegend die **Länder** für das Schulwesen zuständig.[396] In diesem Bereich müssen Sie daher ausnahmsweise auch die z.T. ausführlichen einschlägigen Grundrechte in den Landesverfassungen im Auge haben (s. auch oben Rn. 6 ff.).

396 Die Änderung des Art. 104c GG durch Art. 1 Nr. 2 GGÄndG 2019 vom 28.3.2019 (BGBl. I, S. 404) soll hieran nichts verändern (vgl. hierzu *Lindner* NVwZ 2018, 1843).

415 Art. 7 GG präsentiert sich als eine in sich relativ **inhomogene Bestimmung**. Folgender Überblick möge Ihnen das Verständnis des Art. 7 GG erleichtern:

| Gewährleistungen des Art. 7 GG |
|---|
| **Abs. 1:** organisationsrechtliche Vorschrift, institutionelle Garantie |
| **Abs. 2:** Abwehrrecht |
| **Abs. 3:** Abwehrrechte (Sätze 1 und 3), Leistungsrechte, institutionelle Garantie (Satz 1) |
| **Abs. 4:** Abwehrrecht (Satz 1), institutionelle Garantie |
| **Abs. 5:** institutionelle Garantie |
| **Abs. 6:** organisationsrechtliche Vorschrift |

**Abwehrrechte** enthält Art. 7 GG in Absatz 2, in Absatz 3 S. 1 und S. 3 sowie in Absatz 4 S. 1. – Art. 7 Abs. 1 und Abs. 6 GG stellen keine Grundrechte, sondern **organisationsrechtliche Vorschriften** dar. Besondere Bedeutung hat dabei Art. 7 Abs. 1 GG, nach dem das gesamte Schulwesen unter der Aufsicht des Staates steht (sog. **Schulhoheit**). Die Schulaufsicht umfasst die Gesamtheit der staatlichen Befugnisse zur Organisation, Planung, Leitung und Beaufsichtigung des Schulwesens.[397] Sie vermittelt der öffentlichen Gewalt eine umfassende Gestaltungsfreiheit. Zur staatlichen Schulaufsicht gehört daher z.B. die Errichtung, die Änderung und die Schließung von Schulen sowie die Festlegung der Unterrichtsziele, des Unterrichtsstoffs und der Unterrichtsdidaktik; ferner eine Fürsorgepflicht der Schule gegenüber ihren Schülern. Art. 7 Abs. 1 GG enthält einen staatlichen Bildungs- und Erziehungsauftrag, der nach ständiger Rechtsprechung des *Bundesverfassungsgerichts* **gleichgeordnet** neben dem elterlichen Erziehungsrecht aus Art. 6 Abs. 2 GG steht.[398] – Art. 7 Abs. 1, Abs. 3 und Abs. 4 GG enthalten **institutionelle Garantien** (staatliche Schulaufsicht, Religionsunterricht und Privatschulen). Aus Art. 7 Abs. 4 GG erwächst eine staatliche Schutz- und Förderpflicht von Schulen in privater Trägerschaft, aus denen **Leistungsrechte** folgen (Stichwort Privatschulfinanzierung, s.o. Rn. 21).[399]

397 Vgl. *BVerfGE* 26, 228.
398 Vgl. *BVerfGE* 34, 165; st. Rspr.
399 Vgl. *BVerfGE* 27, 195.

Die in Art. 7 GG enthaltenen Abwehrrechte prüfen Sie wie folgt: 416

**Abwehrrechte im Bereich des Schulwesens (Art. 7 GG)**

PRÜFUNGSSCHEMA

**I. Eröffnung des Schutzbereichs**
1. Grundrecht aus Art. 7 Abs. 3 S. 1 GG
   a) Sachlicher Schutzbereich
   b) Persönlicher Schutzbereich
      - Religionsgemeinschaften, die keine Körperschaften des öffentlichen Rechts sind Rn. 422
      - Eltern und Schüler Rn. 423
2. Grundrecht aus Art. 7 Abs. 3 S. 3 GG
   a) Sachlicher Schutzbereich
   b) Persönlicher Schutzbereich
3. Grundrecht aus Art. 7 Abs. 2 GG
   a) Sachlicher Schutzbereich
   b) Persönlicher Schutzbereich
4. Grundrecht aus Art. 7 Abs. 4 S. 1 GG
   a) Sachlicher Schutzbereich
      aa) Begriff der privaten Schule
      bb) Gewährleistungsumfang
   b) Persönlicher Schutzbereich

**II. Eingriff in den Schutzbereich**

**III. Verfassungsrechtliche Rechtfertigung des Eingriffs**
1. Beschränkbarkeit (Schranke)
2. Praktische Konkordanz (Schranken-Schranke)

## II. Eröffnung des Schutzbereichs

Zunächst untersuchen Sie, ob der sachliche Schutzbereich und der persönliche Schutzbereich des möglicherweise verletzten Abwehrrechts aus Art. 7 GG eröffnet sind. 417

### 1. Grundrecht aus Art. 7 Abs. 3 S. 1 GG

#### a) Sachlicher Schutzbereich

Nach dem Grundgesetz sind Staat und Kirche grundsätzlich getrennt (vgl. Art. 140 GG i.V.m. Art. 137 Abs. 1 WRV). Daher muss der **Staat grundsätzlich bekenntnisneutral** sein. Eine **Ausnahme** von diesem Grundsatz stellt **Art. 7 Abs. 3 S. 1 GG** dar, der den Staat zur Einrichtung und zur Veranstaltung von Religionsunterricht innerhalb des staatlichen Schulwesens verpflichtet. Die öffentliche Gewalt muss hiernach den Religionsunterricht innerhalb des staatlichen Schulwesens organisieren und die Kosten hierfür tragen. Das Grundrecht aus Art. 7 Abs. 3 S. 1 GG konkretisiert die Glaubensfreiheit und garantiert, dass Religionsunterricht als **ordentliches Lehrfach**, d.h. als Pflichtfach, an allen öffentlichen Schulen (mit Ausnahme der bekenntnisfreien Schulen) **vorgesehen** ist und **erteilt** wird; ferner das Recht der Religionsgemeinschaften darauf, den **Inhalt des Religionsunterrichts nach ihrem Selbstverständnis grundsätzlich** 418

**selbst** zu bestimmen. Religionsunterricht kann inhaltlich tendenziell eher informativ oder eher verkündend ausgestaltet werden. Das Grundrecht aus Art. 7 Abs. 3 S. 1 GG gewährleistet ferner das Recht auf **konfessionelle** Homogenität der Teilnehmer des Religionsunterrichts.

**Beispiel** Der 16-jährige F ist evangelischen Glaubens und besucht ein staatliches Gymnasium. Er möchte zukünftig gerne am katholischen Religionsunterricht teilnehmen. Ob er dies darf, hängt von der Entscheidung der katholischen Kirche ab. Art. 7 Abs. 3 S. 1 GG garantiert ihr u.a. das Recht, selbst zu entscheiden, ob sie Schüler, die keine oder eine andere Konfession besitzen, zu ihrem Religionsunterricht zulässt.[400] ■

419 Abweichend von Art. 7 Abs. 3 S. 1 GG besteht die Verpflichtung zur Einrichtung von Religionsunterricht als ordentliches Lehrfach gemäß **Art. 141 GG** nicht in den Ländern, in denen am 1.1.1949 eine andere Regelung bestand **(sog. Bremer Klausel)**. Unstreitig gilt Art. 141 GG für Bremen und Berlin; ob Art. 141 GG auch für die „neuen" Länder gilt, ist umstritten.[401]

### b) Persönlicher Schutzbereich

420 Auf das Grundrecht aus Art. 7 Abs. 3 S. 1 GG können sich unstreitig die **Religionsgemeinschaften**, zu denen auch **Weltanschauungsgemeinschaften** gehören, berufen.

421 **Religionsgemeinschaft** ist ein Verband, der die Angehörigen ein- und desselben Glaubensbekenntnisses oder mehrerer verwandter Glaubensbekenntnisse zu allseitiger Erfüllung der durch das gemeinsame Bekenntnis gestellten Aufgaben zusammenfasst.

Ob im Einzelfall eine Religionsgemeinschaft vorliegt, richtet sich zunächst nach dem **Selbstverständnis** der Gemeinschaft. Die Behauptung und das Selbstverständnis, eine Religionsgemeinschaft zu sein, reichen jedoch allein nicht aus, um eine Gemeinschaft als Religionsgemeinschaft zu qualifizieren. Vielmehr muss es sich auch nach dem **geistigem Gehalt** und dem **äußerem Erscheinungsbild** um eine Religionsgemeinschaft handeln. Dies prüfen und entscheiden im Streitfall staatliche Organe, letztlich die Gerichte.[402]

422 Umstritten ist, ob Religionsgemeinschaften nur solche Vereinigungen sind, die den Status einer Körperschaft des öffentlichen Rechts gemäß Art. 140 GG i.V.m. Art. 137 Abs. 5 WRV haben, oder auch solche, die (nur) nach den zivilrechtlichen Vorschriften rechtsfähig sind (vgl. Art. 140 GG i.V.m. Art. 137 Abs. 4 WRV). So sind die großen Kirchen (evangelische Kirche und katholische Kirche) Körperschaften des öffentlichen Rechts und damit unstreitig Religionsgemeinschaften. Diskutiert wurde und wird diese Frage im Zusammenhang mit der Einrichtung **islamischen Religionsunterrichts** als ordentliches Lehrfach. Nach ihrem eigenen Selbstverständnis haben die Muslime derzeit in Deutschland keine festgefügte Religionsgemeinschaft oder Kirche. Solange ihre Glaubensvereinigung nicht den Status einer öffentlich-rechtlichen Körperschaft hat, lehnen Teile der Literatur die Einführung eines islamischen Religionsunterrichts ab.[403] Das *Bundesverwaltungsgericht* hat allerdings einer islamischen Dachverbandsorganisation die Möglichkeit zuerkannt, islamischen Religionsunterricht einzufordern.[404]

400 Vgl. *BVerfGE* 74, 244.
401 Vgl. nur Sachs-*Thiel* Art. 141 Rn. 9.
402 Vgl. *BVerfGE* 83, 341.
403 Vgl. *Korioth* NVwZ 1997, 1041.
404 Vgl. *BVerwGE* 123, 49; *BVerwG* NVwZ 2019, 236. Vgl. bzgl. des islamischen Religionsunterrichts speziell in Berlin, wo Art. 7 Abs. 3 S. 1 GG wegen Art. 141 GG nicht gilt, *BVerwGE* 110, 326.

Umstritten ist, ob neben den Religionsgemeinschaften auch **Eltern** und **Schüler** grundrechtsberechtigt sind.[405] Der *Bundesgerichtshof* bejaht die Grundrechtsberechtigung der Eltern und Schüler, ohne dies allerdings zu begründen.[406] Zugunsten einer Grundrechtsberechtigung jedenfalls der Eltern könnte sprechen, dass diese auch berechtigt sind, über die Teilnahme ihres Kindes am Religionsunterricht zu entscheiden. Daher – so lässt sich schlussfolgern – müssen sie auch ein Recht auf Einrichtung des Religionsunterrichts haben. Diese Sichtweise würde berücksichtigen, dass das Recht auf Erziehung und Pflege von Kindern „zuvörderst" ihren Eltern zusteht. Gegen eine Grundrechtsberechtigung der Eltern könnte aber sprechen, dass die Eltern ein Recht auf Entscheidung über die Teilnahme ihres Kindes am Religionsunterricht nur und erst dann haben, wenn Religionsunterricht tatsächlich eingerichtet ist. – Religionsmündige Kinder i.S.d. § 5 RelKErzG sind nach Auffassung des *Bundesverwaltungsgerichts* grundrechtsberechtigt.[407] Da Kinder mit Vollendung des 14. Lebensjahres über ihr Bekenntnis selbst entscheiden können, müssen sie auch berechtigt sein, die Einrichtung eines dem Bekenntnis entsprechenden Religionsunterrichts zu fordern. 423

## 2. Grundrecht aus Art. 7 Abs. 3 S. 3 GG

### a) Sachlicher Schutzbereich

Das Grundrecht aus Art. 7 Abs. 3 S. 3 GG gewährleistet Lehrern das Recht, unabhängig von ihrer öffentlichen Dienst- bzw. Beamtenstellung **nicht gegen ihren Willen Religionsunterricht erteilen** zu müssen. Art. 7 Abs. 3 S. 3 GG konkretisiert die individuelle Glaubensfreiheit von Lehrkräften und das Benachteiligungsverbot des Art. 33 Abs. 3 GG. 424

### b) Persönlicher Schutzbereich

Auf das Grundrecht aus Art. 7 Abs. 3 S. 3 GG können sich Lehrer unabhängig davon berufen, ob sie in einem öffentlich-rechtlichen oder beamtenrechtlichen Verhältnis zu ihrem Dienstherrn stehen. 425

## 3. Grundrecht aus Art. 7 Abs. 2 GG

### a) Sachlicher Schutzbereich

Das Grundrecht aus Art. 7 Abs. 2 GG räumt den Erziehungsberechtigten das Recht ein, über die **Teilnahme ihres Kindes am Religionsunterricht** zu bestimmen. Hierdurch wird das elterliche Erziehungsrecht ergänzt und die Glaubensfreiheit der Erziehungsberechtigten konkretisiert. 426

**Beispiel** Die Eltern des T sind Atheisten. Deshalb haben sie von ihrem Grundrecht aus Art. 7 Abs. 2 GG Gebrauch gemacht und T vom Religionsunterricht abgemeldet. Als T 15 Jahre alt ist, beginnt er sich für Religion zu interessieren und möchte am katholischen Religionsunterricht teilnehmen. Seine Eltern sind dagegen. – Als 15-jähriger Schüler ist T gemäß § 5 RelKErzG religionsmündig (vgl. dazu auch oben Rn. 109). Ab diesem Alter entscheidet der religionsmündige Schüler selbst über seine Teilnahme am Religionsunterricht. Demnach kann T am katholischen Religionsunterricht teilnehmen, vorausgesetzt, die katholische Religionsgemeinschaft erlaubt seine Teilnahme (s.o. Rn. 418). ■

405 Vgl. dafür etwa *Hufen* Staatsrecht II § 32 Rn. 21; dagegen etwa *Kingreen/Poscher* Grundrechte Rn. 786.
406 Vgl. *BGH* NJW 1961, 556.
407 Vgl. *BVerwGE* 107, 75.

### b) Persönlicher Schutzbereich

427 In den persönlichen Schutzbereich des Grundrechts aus Art. 7 Abs. 2 GG fallen die **Erziehungsberechtigten**, nicht dagegen der religionsmündige Schüler. Dessen Recht, selbst über die Teilnahme am Religionsunterricht zu entscheiden, folgt aus seiner Glaubensfreiheit. In unserem *Beispiel* oben (Rn. 426) kann sich T somit nicht auf Art. 7 Abs. 2 GG, wohl aber auf Art. 4 Abs. 1, Abs. 2 GG berufen, um am katholischen Religionsunterricht teilzunehmen.

## 4. Grundrecht aus Art. 7 Abs. 4 S. 1 GG

### a) Sachlicher Schutzbereich

428 Das Grundrecht aus Art. 7 Abs. 4 S. 1 GG gewährleistet nach seinem Wortlaut das Recht, private Schulen zu errichten. Die Eröffnung des sachlichen Schutzbereichs prüfen Sie in zwei Schritten:

#### aa) Begriff der privaten Schule

429 Mit privaten Schulen sind Schulen in privater Trägerschaft gemeint. Dies sind alle Schulen, deren Träger nicht der Staat ist.

#### bb) Gewährleistungsumfang

430 Art. 7 Abs. 4 S. 1 GG garantiert nicht nur – wie der Wortlaut vermuten lassen könnte – das Recht, Schulen in privater Trägerschaft zu **errichten**, sondern darüber hinaus auch das Recht, solche Schulen zu **betreiben**. Ein Recht zur Errichtung privater Schulen ohne ein Recht zu ihrem Betrieb ließe das Grundrecht aus Art. 7 Abs. 4 S. 1 GG faktisch leer laufen.

431 Das Grundrecht aus Art. 7 Abs. 4 S. 1 GG umfasst den sog. **äußeren Schulbetrieb** und den sog. **inneren Schulbetrieb**. Zum äußeren Schulbetrieb gehört das Recht, die Schule und den Unterricht zu organisieren. Zum inneren Schulbetrieb gehört das Recht, die Lehrpläne aufzustellen sowie die Lernziele, den Lehrstoff, die Lehrmethoden und die Auswahl der Lehr- und Lernmittel festzulegen; außerdem das Recht auf freie Schüler- und Lehrerwahl.

> **Hinweis**
>
> Aus der Garantie auf die Errichtung und den Betrieb von Schulen in privater Trägerschaft folgt im Umkehrschluss, dass es **kein staatliches Schulmonopol** gibt.

### b) Persönlicher Schutzbereich

432 Grundrechtsberechtigt sind unstreitig **natürliche Personen** und **juristische Personen i.S.d. Art. 19 Abs. 3 GG**, nach nicht unbestrittener Auffassung auch die **Kirchen** als juristische Personen des öffentlichen Rechts.

**Beispiel** Die Ehepaare A, B, C und D beschließen, eine Schule in freier Trägerschaft zu gründen. Als sog. **Gründungseltern** können sie sich auf das Grundrecht aus Art. 7 Abs. 4 S. 1 GG berufen. ■

## III. Eingriff in den Schutzbereich

Ist der Schutzbereich eines der in Art. 7 GG enthaltenen Grundrechte eröffnet, prüfen Sie, ob in den Schutzbereich dieses Grundrechts eingegriffen wurde. Eingriffe in die Grundrechte aus **Art. 7 Abs. 2, Abs. 3 S. 1 und S. 3 GG** liegen bei **jeder staatlichen Beeinträchtigung der geschützten Freiheiten** vor. 433

**Beispiel 1** Das Land B will auf dem Gesetzeswege erreichen, dass zukünftig nur noch kirchenkritische Lehrer Religionsunterricht erteilen. Würde ein solcher Plan in die Tat umgesetzt, würde diese staatliche Maßnahme in das Grundrecht aus Art. 7 Abs. 3 S. 1 GG eingreifen. ■

**Beispiel 2** Die Verpflichtung eines nicht am Religionsunterricht teilnehmenden Kindes zur Teilnahme an einem religiös und weltanschaulich neutralen und dem Religionsunterricht gleichwertigen Ethikunterricht stellt keinen Eingriff in das Grundrecht aus Art. 7 Abs. 2 GG dar.[408] ■

Eingriffe in das Grundrecht auf Privatschulfreiheit aus **Art. 7 Abs. 4 S. 1 GG** sind **alle staatlichen Maßnahmen, die die Gründung neuer Privatschulen oder den Betrieb bestehender Privatschulen beeinträchtigen**. 434

**Beispiel 1** Staatliche Schulaufsichtsmaßnahmen i.S.d. Art. 7 Abs. 1 GG stellen Eingriffe in das Grundrecht aus Art. 7 Abs. 4 S. 1 GG dar. So läge z.B. ein Eingriff vor, wenn der Staat eine private Weltanschauungsschule verpflichten würde, ihre Schüler auch in religiösen Fragen zu erziehen. ■

**Hinweis**

Die staatliche Schulaufsicht gemäß Art. 7 Abs. 1 GG gilt auch für Schulen in privater Trägerschaft. Im Gegensatz zu den öffentlichen Schulen darf der Staat den Betrieb von Privatschulen aber nicht bestimmen, sondern nur dahingehend überwachen, ob die Privatschule die Voraussetzungen des Art. 7 Abs. 4 S. 2 bis 4 und ggf. die Voraussetzungen des Abs. 5 GG fortdauernd erfüllt. Ist dies nicht der Fall, kann der Staat notwendige Maßnahmen ergreifen und u.U. sogar die Genehmigung zur Errichtung und zum Betrieb der Privatschule aufheben.

**Beispiel 2** Die Versagung der Genehmigung einer Privatschule als Ersatzschule allein wegen ihrer monoedukativen Ausrichtung stellt einen Eingriff in die Privatschulfreiheit dar.[409] ■

## IV. Verfassungsrechtliche Rechtfertigung des Eingriffs

Liegt ein Eingriff in den Schutzbereich eines Grundrechts aus Art. 7 GG vor, prüfen Sie in zwei Schritten, ob der Eingriff verfassungsrechtlich gerechtfertigt ist: 435

408 Vgl. *BVerfGK* 10, 423.
409 Vgl. *BVerwG* NVwZ-RR 2013, 363.

### 1. Beschränkbarkeit (Schranke)

436 Die Grundrechte aus Art. 7 Abs. 2, Abs. 3 S. 1 und S. 3 sowie Abs. 4 S. 1 GG sind vorbehaltlos gewährleistet. Sie unterliegen daher allein verfassungsimmanenten Schranken in Form kollidierenden Verfassungsrechts. Dem steht auch **Art. 7 Abs. 4 S. 2 GG** nicht entgegen, nach dem die privaten Schulen „den Landesgesetzen" unterstehen. Nach Wortlaut, Systematik und Entstehungsgeschichte stellt er keine Eingriffsermächtigung dar; vielmehr handelt es sich bei Art. 7 Abs. 4 S. 2 GG um einen **Ausgestaltungsvorbehalt**, denn Art. 7 Abs. 4 S. 1 GG bildet ein sog. normgeprägtes Grundrecht (s.o. Rn. 125 f.). Der Ausgestaltungsvorbehalt des Art. 7 Abs. 4 S. 2 GG gilt nach seinem Wortlaut („Private Schulen als Ersatz für öffentliche Schulen") nur für **private Ersatzschulen**, d.h. Schulen, die als Ersatz für eine in dem betreffenden Land vorhandene oder grundsätzlich vorgesehene öffentliche Schule dienen sollen. Nicht erfasst sind demnach sog. **private Ergänzungsschulen**. Dies sind Schulen, die keine Ersatzschulen im o.g. Sinne sind (z.B. Tanzschulen, Fahrschulen, Volkshochschule).

437 Der Ausgestaltungsvorbehalt des Art. 7 Abs. 4 S. 2 GG wird durch Abs. 4 S. 3 und 4 GG konkretisiert und für **private Volksschulen**, zu denen private Grundschulen und nach z.T. vertretener Ansicht auch private Hauptschulen[410] gehören, in Art. 7 Abs. 5 GG noch einmal verschärft. Bei der Genehmigung einer privaten Volksschule müssen demnach neben den Voraussetzungen des Art. 7 Abs. 5 GG *zusätzlich* die Voraussetzungen des Art. 7 Abs. 4 S. 3 und 4 GG erfüllt sein.

### 2. Praktische Konkordanz (Schranken-Schranke)

438 Die widerstreitenden Verfassungsrechtsgüter sind im Wege einer praktischen Konkordanz in einen gerechten Ausgleich zu bringen.

# J. Versammlungsfreiheit (Art. 8 GG)

## I. Überblick

439 Die Versammlungsfreiheit gehört – ebenso wie die Grundrechte aus Art. 5 GG – zu den sog. **Kommunikationsgrundrechten**. Als Freiheit zur **kollektiven Meinungsbildung** oder **Meinungsäußerung in Form des Sich-Versammelns** schützt es eine Form von Kommunikation mit anderen Personen. Wie Art. 5 GG gehört das Grundrecht auf Versammlungsfreiheit zu den tragenden Säulen einer freiheitlich-demokratischen Staatsordnung und gewährleistet die **freie politische Willensbildung**.[411]

440 Die Versammlungsfreiheit gehört zu den besonders prüfungsrelevanten Grundrechten, weil hier zum einen die Fähigkeit bewiesen werden kann, streitige Punkte mit Hilfe des juristischen Handwerkszeugs zu lösen, und zum anderen, weil vor allem die Versammlungsfreiheit eng mit dem Besonderen Verwaltungsrecht verknüpft ist, wo sich immer wieder praxisrelevante ordnungsrechtliche Fragen stellen (s. näher hierzu die Skripte zum Polizei- und Ordnungs- bzw. Sicherheitsrecht). Der Versammlungsfreiheit sollten Sie daher nicht nur im Hinblick auf Ihre Prüfungsvorbereitung im Bereich der Grundrechte, sondern auch im Bereich des Besonderen Verwaltungsrechts besondere Aufmerksamkeit schenken!

410 Vgl. *Manssen* Staatsrecht II Rn. 498.
411 Vgl. *BVerfGE* 69, 315 – Brokdorf.

Systematisch enthält **Art. 8 Abs. 1 GG** den **Gewährleistungsinhalt** der Versammlungsfreiheit. 441
**Art. 8 Abs. 2 GG** beinhaltet einen **Schrankenvorbehalt** in Bezug auf Versammlungen unter freiem Himmel.

Das Grundrecht auf Versammlungsfreiheit prüfen Sie wie folgt: 442

PRÜFUNGSSCHEMA

### Versammlungsfreiheit (Art. 8 GG)

**I. Eröffnung des Schutzbereichs**
- 1. Sachlicher Schutzbereich
  - a) Begriff der Versammlung
    - Mindestteilnehmerzahl Rn. 445
    - Worin muss der gemeinsam verfolgte Zweck bestehen? Rn. 448
  - b) Friedlich und ohne Waffen
  - c) Gewährleistungsumfang
- 2. Persönlicher Schutzbereich

**II. Eingriff in den Schutzbereich**

**III. Verfassungsrechtliche Rechtfertigung des Eingriffs**
- 1. Beschränkbarkeit (Schranken)
  - a) Versammlungsspezifische Schranken
    - aa) Versammlungen unter freiem Himmel
    - bb) Versammlungen in geschlossenen Räumen
  - b) Art. 17a Abs. 1 GG
- 2. Schranken-Schranken
  - a) Verhältnismäßigkeit (Versammlungen unter freiem Himmel; Art. 17a Abs. 1 GG)
  - b) Praktische Konkordanz (Versammlungen in geschlossenen Räumen)

## II. Eröffnung des Schutzbereichs

Ihre Grundrechtsprüfung beginnen Sie mit der Frage, ob der sachliche Schutzbereich und der 443
persönliche Schutzbereich der Versammlungsfreiheit eröffnet sind.

### 1. Sachlicher Schutzbereich

Die Eröffnung des sachlichen Schutzbereichs der Versammlungsfreiheit prüfen Sie in drei 444
Schritten:

#### a) Begriff der Versammlung

> **Versammlung** ist die örtliche Zusammenkunft mehrerer Personen zur gemeinschaftlichen, 445
> auf die Teilhabe an der öffentlichen Meinungsbildung gerichteten Erörterung oder Kundgebung.

Der Schutz ist dabei nicht auf Veranstaltungen beschränkt, auf denen argumentiert und gestritten wird, sondern umfasst vielfältige Formen gemeinsamen Verhaltens bis hin zu nicht verbalen Ausdrucksformen.[412] Bei einer Versammlung geht es darum, dass die Teilnehmer nach außen (durch ihre bloße Anwesenheit, ihre Art des Auftretens und des Umgangs miteinander oder die Wahl des Ortes) im eigentlichen Sinne des Wortes Stellung nehmen und ihren Standpunkt bezeugen.[413]

**446** Der Versammlungsbegriff ist in Art. 8 GG von zentraler Bedeutung und hat mehrere Voraussetzungen, die im Einzelnen z.T. umstritten sind. Unstreitig ist zunächst, dass eine Versammlung eine örtliche Zusammenkunft **mehrerer Personen** voraussetzt.

**Beispiel** G geht mit einem Transparent vor dem Bundestag auf und ab und protestiert gegen die Verlängerung der Lebensarbeitszeit. Da G hier allein demonstriert, liegt unstreitig keine Versammlung vor. ■

Umstritten ist aber, wie viele Personen mindestens zusammenkommen müssen, damit von einer Versammlung gesprochen werden kann. Während verschiedene Stimmen auf den allgemeinen Sprachgebrauch abstellen und daher eine Mindestzahl von drei und mehr Personen fordern,[414] stellt die wohl h.M. in der Literatur auf den Schutzzweck des Art. 8 GG (Gewährleistung einer gemeinschaftlichen Willensbildung bzw. -kundgabe) ab und lässt das örtliche Zusammenkommen von **zwei Personen** ausreichen.[415]

**Beispiel** Wie *Beispiel* oben; allerdings unterstützen 50 Betriebskollegen G. Da G und weitere 50 Personen demonstrieren, liegt nach allen Ansichten eine Versammlung vor. ■

**JURIQ-Klausurtipp**

In der Fallbearbeitung wird dieser Punkt schon nach dem Sachverhalt regelmäßig unproblematisch sein, so dass Sie auf den Meinungsstreit gar nicht näher einzugehen brauchen. Sollten Sie auf den Meinungsstreit doch einmal eingehen müssen, ist es grundsätzlich egal, welcher Ansicht Sie sich in der Fallbearbeitung anschließen. Wichtig ist, dass Sie den Meinungsstreit fallbezogen erörtern und sich argumentativ der einen oder der anderen Ansicht anschließen. Klausurtaktisch sollten Sie aber darauf achten, sich nicht unnötig früh aus der Grundrechtsprüfung zu verabschieden, so dass es empfehlenswert sein kann, unter Hinweis auf den Schutzzweck des Art. 8 GG das Zusammenkommen von zwei Personen genügen zu lassen.

**447** Unstreitig liegt eine Versammlung ferner nur vor, wenn die Personen einen **gemeinsamen Zweck** verfolgen. Dies setzt voraus, dass eine **innere Verbindung der Personen** gegeben ist, die darauf gerichtet ist, einen gemeinsamen Zweck zu verfolgen. Bei G und seinen 50 Betriebskollegen in unserem *Beispiel* oben (Rn. 445) ist dies der Fall, denn sie weisen ohne Zweifel die notwendige innere Verbindung auf. Aber wie sieht es in folgendem *Beispiel* aus?

412 Vgl. *BVerfGE* 73, 206.
413 Vgl. *BVerfGE* 69, 315.
414 Vgl. die Nachweise bei von Münch/Kunig-*Kunig* Art. 8 Rn. 13.
415 Vgl. Sachs-*Höfling* Art. 8 Rn. 13.

**Beispiel** O und E liefern sich einen gewaltsamen Schlagabtausch in der Fußgängerzone von P. Sofort bleiben mindestens zehn Passanten stehen und gucken der Schlägerei zu.

Unstreitig kommen mehrere, jedenfalls mehr als zwei Personen zusammen. Rein quantitativ gesehen, liegt demnach eine Versammlung vor. Fraglich ist aber, ob die zusammengekommenen Personen auch einen gemeinsamen Zweck verfolgen. Sie müssten hierfür eine innere Verbindung haben, die darauf gerichtet ist, einen gemeinsamen Zweck zu verfolgen. Dies ist hier nicht der Fall, denn die Passanten kommen nur **zufällig** zusammen und verfolgen einen **gleichzeitigen**, aber keinen gemeinsamen Zweck. Für die Zweckverfolgung sind die Passanten nicht aufeinander angewiesen. Bei den Passanten handelt es sich damit lediglich um eine sog. **Ansammlung** von Personen, die nicht in den sachlichen Schutzbereich des Art. 8 Abs. 1 GG, sondern in den Schutzbereich des Art. 2 Abs. 1 GG fällt. ■

Streitig ist, worin der gemeinsam verfolgte Zweck bestehen muss. **448**

**Beispiel 1** G trifft sich mit seinen 50 Betriebskollegen an einem anderen sonnigen Wochenende, um gemeinsam eine Radtour zu unternehmen. ■

**Beispiel 2** Im Sommer findet wieder die Love-Parade statt. ■

Nach einer Ansicht genügt bereits jeder gemeinsam verfolgte Zweck.[416] Nach dieser Ansicht verfolgen in unseren beiden *Beispielen* G und seine Kollegen bzw. die Teilnehmer der Love-Parade einen für eine Versammlung notwendigen gemeinsamen Zweck. Unter Hinweis auf den Schutzzweck des Art. 8 GG tritt dem aber die wohl überwiegende Ansicht in der Rechtsprechung und im Schrifttum entgegen. Nach ihr kann der gemeinsam verfolgte Zweck nur in der **gemeinsamen Meinungsbildung oder Meinungsäußerung** bestehen.[417] Das *Bundesverfassungsgericht* fordert darüber hinausgehend, die örtliche Zusammenkunft müsse auf die „Teilhabe an der öffentlichen Meinungsbildung gerichtet" sein.[418] Die Meinungsbildung oder Meinungsäußerung muss sich hiernach somit auf eine **öffentliche Angelegenheit** beziehen. Auf der Grundlage dieser Ansicht verfolgen G und seine Kollegen in unserem *Beispiel 1* nicht den für eine Versammlung notwendigen gemeinsamen Zweck, weil sich ihr Verhalten nicht auf eine gemeinsame Meinungsbildung oder Meinungsäußerung, und erst recht nicht zudem auf eine öffentliche Angelegenheit bezieht. Dasselbe gilt auch für die Teilnehmer der Love-Parade in unserem *Beispiel 2*, da es sich bei ihr in erster Linie um eine Musik- bzw. Tanzveranstaltung handelt und der Kundgabezweck ohnehin nur ein Nebenzweck ist.[419]

Aufgrund ihres unterhaltenden Charakters stellen auch die sog. **Facebook-Partys** regelmäßig **449**
keine Versammlungen dar.[420] Anders dagegen die sog. **Flashmobs**, die eine Versammlung darstellen, wenn diese Aktionen Einfluss auf die öffentliche Meinungsbildung nehmen wollen, wie dies bei sog. **Smartmobs**, die auf politische Missstände aufmerksam machen wollen, der Fall ist.[421]

416 Vgl. Sachs-*Höfling* Art. 8 Rn. 14 f.
417 Vgl. *BVerfG* (K) NJW 2001, 2459 – Love-Parade.
418 Vgl. *BVerfGE* 104, 92.
419 Vgl. *BVerfG* (K) NJW 2001, 2459 – Love-Parade.
420 Vgl. *Höfling/Krohne* JA 2012, 734.
421 Vgl. *Höfling/Krohne* JA 2012, 734; bzgl. Flashmobs *BVerfG* (K) NJW 2015, 2485.

**JURIQ-Klausurtipp**

Sollte sich die Frage des Versammlungszwecks in der Fallbearbeitung stellen, ist es wichtig, dass Sie die vertretenen Ansichten kennen, fallbezogen darstellen und begründet Stellung zu ihnen beziehen.

### b) Friedlich und ohne Waffen

450 Liegt eine Versammlung vor, begrenzt Art. 8 GG seinen sachlichen Schutzbereich auf solche Versammlungen, die friedlich und ohne Waffen stattfinden. Unfriedliche oder bewaffnete Versammlungen fallen demnach nicht in den sachlichen Schutzbereich des Art. 8 GG. Vertretbar ist es aber, solche Versammlungen unter den Schutz der allgemeinen Handlungsfreiheit aus Art. 2 Abs. 1 GG zu stellen, wobei aber zumindest bei einer unfriedlichen Versammlung fast jeder Eingriff verfassungsrechtlich gerechtfertigt sein dürfte.

#### aa) Friedlich

451 **Friedlich** ist eine Versammlung, wenn sie keinen gewalttätigen oder aufrührerischen Verlauf nimmt bzw. erwarten lässt.

Diese Definition des verfassungsrechtlichen Begriffs **„friedlich"** lehnt sich an die Begriffsbeschreibung in § 5 Nr. 3 VersG an.

**Hinweis**

Denken Sie daran, dass das einfache Recht nicht Begriffe des höherrangigen Verfassungsrechts definieren kann! Es kann Ihnen nur unverbindliche Anhaltspunkte zum Begriffsverständnis geben und als Gedächtnisstütze dienen.

452 Für die Frage der Friedlichkeit einer Versammlung kommt es darauf an, ob die Versammlungsteilnehmer Gewalttätigkeiten oder Ausschreitungen gegen Personen oder Sachen, also **aggressive Handlungen von einiger Erheblichkeit**, verüben.

**Beispiel 1** Teilnehmer einer Demonstration werfen mit Steinen auf Polizisten, die die Demonstration begleiten. ■

**Beispiel 2** Hunderte Atomkraftgegner blockieren die Zufahrtsstraße zu einem Zwischenlager in G. Sie haben sich angekettet. ■

In unserem *Beispiel 1* liegt ohne Zweifel unfriedliches Verhalten vor. Fraglich ist, ob durch das **unfriedliche Verhalten einzelner Versammlungsteilnehmer** die gesamte Versammlung als unfriedlich einzustufen ist. Diese Frage verneint das *Bundesverfassungsgericht* . Unfriedliches Verhalten Einzelner führe nicht dazu, dass die ansonsten friedliche Versammlung insgesamt als unfriedlich qualifiziert werden könne.[422] Nur die unfriedlichen Teilnehmer verlieren somit den Schutz des Art. 8 GG.

422 Vgl. *BVerfGE* 69, 315 – Brokdorf.

**JURIQ-Klausurtipp**

Für die Fallbearbeitung bedeutet dies, dass eine auf das Versammlungsgesetz gestützte Auflösung einer ganzen Versammlung nur dann verhältnismäßig ist, wenn die öffentliche Gewalt gegen die einzelnen unfriedlichen Versammlungsteilnehmer nicht einschreiten kann, z.B. weil es keinen Erfolg verspricht.

Fraglich ist, wie es in unserem *Beispiel 2* oben (Rn. 452) um die Friedlichkeit der Versammlung steht. Durch das Anketten haben die Demonstranten vorsätzlich, rechtswidrig und schuldhaft eine physische Barriere gebildet und begehen damit eine **Nötigung gemäß § 240 StGB**. Auf der Grundlage der h.M., zu der auch das *Bundesverfassungsgericht* gehört,[423] entfällt dadurch der Schutz des Art. 8 GG gleichwohl nicht, weil keine aggressiven Handlungen von einiger Erheblichkeit (z.B. aggressive Ausschreitungen gegen Personen oder Sachen oder sonstige Gewalttätigkeiten) gegeben sind. Behinderungen Dritter, seien sie auch gewollt und nicht nur in Kauf genommen, machen eine Versammlung grundsätzlich nicht unfriedlich.[424] **453**

Soweit nicht die Versammlung selbst unfriedlich ist, sondern **Unfriedlichkeit von außen** (z.B. durch Gegendemonstranten) oder eine **andere Gefahr für die öffentliche Sicherheit oder Ordnung** droht, muss die öffentliche Gewalt die friedliche Versammlung i.R.d. zur Verfügung stehenden Möglichkeiten schützen. Art. 8 GG enthält damit eine **Schutzpflicht** der öffentlichen Gewalt (dazu bereits oben Rn. 40). **454**

### bb) Ohne Waffen

Neben der Friedlichkeit schützt Art. 8 Abs. 1 GG nur eine **unbewaffnete Versammlung**. **455**

**Waffen** sind Waffen i.S.d. § 1 WaffenG und alle Gegenstände, die objektiv geeignet sind, Personen zu verletzen oder erheblichen Sachschaden anzurichten, und subjektiv zu diesem Zwecke mitgeführt werden.

**Beispiele** Schuss-, Hieb- und Stoßwaffen; Molotow-Cocktails; Stuhl- oder Tischbeine. ■

### c) Gewährleistungsumfang

Die Versammlungsfreiheit gewährleistet **alle Verhaltensweisen**, die in einem **unmittelbaren sachlichen Zusammenhang mit der Versammlung** stehen. Geschützt sind z.B. die freie Entscheidung über die Teilnahme an einer Versammlung; das Selbstbestimmungsrecht über den Inhalt, den Ort, den Zeitpunkt und die Art der Versammlung,[425] der Zugang zur Versammlung; die Vorbereitung der Versammlung; die Anreise zur Versammlung;[426] Schutz vor Datenerhebung und -verarbeitung; grundsätzlich auch die Verwendung von Lautsprechern als Hilfsmittel.[427] Nicht geschützt ist z.B. das Tragen von Uniformen.[428] **456**

423 Vgl. *BVerfGE* 73, 206; 206; 87, 399; 104, 92.
424 Vgl. *BVerfGE* 104, 92.
425 Vgl. *BVerfGE* 69, 315 – Brokdorf.
426 Vgl. *BVerfGE* 84, 203.
427 Vgl. *BVerfG* (K) NVwZ 2014, 1453.
428 Vgl. *BVerfGE* 57, 29.

**Hinweis**

Nach der neueren Rechtsprechung des *Bundesverfassungsgericht* s sind der Inhalt und die Form einer Meinungsäußerung in einer Versammlung oder durch eine Versammlung am Maßstab der Meinungsfreiheit zu messen (s.o. Rn. 117, 325).[429]

457 Das Selbstbestimmungsrecht über den Ort der Versammlung garantiert allerdings **keinen freien Zutritt zu beliebigen Orten**.[430] Die Versammlungsfreiheit gewährleistet die Durchführung von Versammlungen im **„öffentlichen Straßenraum"** (z.B. innerörtliche Straßen, Plätze, Fußgängerzonen). Der öffentliche Straßenraum ist das „natürliche und geschichtlich leitbildprägende Forum", „auf dem Bürger ihr Anliegen besonders wirksam in die Öffentlichkeit tragen und hierüber die Kommunikation anstoßen können".[431] Auch außerhalb des öffentlichen Straßenraums liegende **„Orte allgemeinen kommunikativen Verkehrs"** genießen den Schutz der Versammlungsfreiheit, wenn sie „der Öffentlichkeit allgemein geöffnet und zugänglich sind".[432] Die Versammlungsfreiheit verschafft jedoch **keinen Zutritt** zu Orten, die „der Öffentlichkeit **nicht allgemein zugänglich** sind oder zu denen schon den äußeren Umständen nach **nur zu bestimmten Zwecken** Zugang gewährt wird".[433] Ob ein bestimmter Ort als von der Versammlungsfreiheit geschützter öffentlicher Kommunikationsraum anzusehen ist, richtet sich nach dem **„Leitbild des öffentlichen Forums"**.[434]

Ein öffentliches Forum ist dadurch charakterisiert, dass auf ihm eine Vielzahl verschiedener Tätigkeiten und Anliegen verfolgt werden kann und hierdurch ein vielseitiges und offenes Kommunikationsgeflecht entsteht.[435]

**Beispiele** für öffentliche Kommunikationsräume außerhalb des öffentlichen Straßenraums: allgemein zugänglicher Teil des Flughafens Frankfurt/Main;[436] öffentlich zugänglicher Parkplatz auf dem Flughafen Frankfurt/Main;[437] Verkehrsflächen des Betriebsgeländes des Flughafens Berlin-Schönefeld;[438] Nibelungenplatz in Passau;[439] Dresdner Heidefriedhof jedenfalls zum Zeitpunkt einer dort stattfindenden öffentlichen Gedenkveranstaltung.[440] ■

Wie die soeben erwähnten *Beispiele* zeigen, kommt es – nach der Rechtsprechung – für die Qualifizierung eines Bereichs als ein öffentlicher Kommunikationsraum außerhalb des öffentlichen Straßenraums nicht darauf an, ob dieser Bereich in der Verfügungsgewalt eines von der öffentlichen Hand beherrschten, gemischt-wirtschaftlichen Unternehmens in Privatrechtsform (so der Fall beim Flughafen Frankfurt/Main), vollständig im Eigentum der öffentlichen Hand (so der Fall beim Flughafen Berlin-Schönefeld und beim Dresdner Heidefriedhof) oder

429 Vgl. *BVerfGE* 111, 147; *BVerfGE* 124, 300 – Wunsiedel; instruktiv hierzu *Papier/Krönke* Grundkurs Öffentliches Recht 2 Rn. 335.
430 Vgl. hierzu und zu den nachfolgenden Ausführungen grundlegend *BVerfGE* 128, 226 – Fraport.
431 Vgl. *BVerfGE* 128, 226 (251) – Fraport.
432 Vgl. *BVerfGE* 128, 226 (252 f.) – Fraport.
433 Vgl. *BVerfGE* 128, 226 (251, 253) – Fraport (keine Hervorhebungen im Original).
434 Vgl. *BVerfGE* 128, 226 (253) – Fraport (keine Hervorhebung im Original).
435 Vgl. *BVerfGE* 128, 226 – Fraport.
436 Vgl. *BVerfGE* 128, 226 – Fraport.
437 Vgl. *VGH Hessen* NVwZ 2003, 874.
438 Vgl. *BGH* NJW 2015, 2892.
439 Vgl. *BVerfG* (K) NJW 2015, 2485; hierzu *Schulenberg* DÖV 2016, 55.
440 Vgl. *BVerfG* (K) NJW 2014, 2706.

vollständig im Eigentum einer Privatrechtsgesellschaft (so der Fall beim Nibelungenplatz in Passau) steht. Letzterenfalls wird eine mittelbare Drittwirkung der Grundrechte und im Übrigen eine unmittelbare Grundrechtsbindung angenommen.

**Hinweis**

In der Fraport-Entscheidung hat sich das *Bundesverfassungsgericht* auch zu einem – bisher sehr umstrittenen – Punkt geäußert, indem es das **Hausrecht** als gesetzliche Grundlage für weitergehende Einschränkungen der Versammlungsfreiheit in einem Flughafen angesehen hat, als sie im öffentlichen Raum zulässig sind. Der **Betreiber** des Flughafens kann daher Räume besonderer Sensibilität ausweisen, Höchstzahlen festlegen und alle Maßnahmen verbieten, die die Hörbarkeit offizieller Durchsagen oder die Kenntnisnahme von Anzeigetafeln behindern.[441]

Art. 8 Abs. 1 GG garantiert auch die sog. **negative Versammlungsfreiheit**, d.h. die Freiheit, 458
sich nicht zu versammeln bzw. Versammlungen fernzubleiben.

### 2. Persönlicher Schutzbereich

Die Versammlungsfreiheit ist nach ihrem Wortlaut („Alle Deutschen") ein Deutschengrundrecht. 459
In den persönlichen Schutzbereich der Versammlungsfreiheit fallen demnach nur **Deutsche i.S.d. Art. 116 GG** (s.a. Rn. 104 f.). Neben **natürlichen Personen**, die Deutsche in diesem Sinne sind, können sich auch **juristische Personen i.S.d. Art. 19 Abs. 3 GG** auf die Versammlungsfreiheit berufen (s.a. Rn. 85). Wie oben (Rn. 450) bereits erwähnt, genießt der unfriedliche und/oder bewaffnete Versammlungsteilnehmer jedoch keinen Schutz nach Art. 8 GG.

## III. Eingriff in den Schutzbereich

Ist der Schutzbereich der Versammlungsfreiheit eröffnet, prüfen Sie, ob in diese Freiheit ein- 460
gegriffen wurde. Als Eingriffe in die Versammlungsfreiheit kommen zunächst alle **staatlichen Maßnahmen** in Betracht, **die die geschützten Verhaltensweisen regeln** (z.B. Verbote, Auflagen, Auflösungen, Erlaubnis- oder Anmeldepflichten; Anknüpfung staatlicher Sanktionen an die Ausübung der Versammlungsfreiheit). Auch **faktische Beeinträchtigungen** können die Versammlungsfreiheit schmälern.

**Beispiel** In K findet am Nachmittag eine Großdemonstration gegen die Verharmlosung der Geschehnisse aus dem Dritten Reich statt. Die Polizei führt umfangreiche Fahrzeugkontrollen an den Ausfallstraßen von K durch. Die Kontrollen verlaufen so schleppend, dass viele Teilnehmer erst mit einer fast zweistündigen Verspätung am eigentlichen Versammlungsort eintreffen. – In der schleppenden Kontrolle liegt eine faktische Behinderung der Versammlungsfreiheit, die in ihrer Wirkung einem imperativen Eingriff gleichkommt. Somit liegt auch hier ein Eingriff in die Versammlungsfreiheit vor.[442] ■

441 Vgl. auch *Hufen* Staatsrecht II § 30 Rn. 41.
442 Vgl. allgemein *BVerfGE* 69, 315 – Brokdorf.

## IV. Verfassungsrechtliche Rechtfertigung von Eingriffen

461 Liegt ein Eingriff in den Schutzbereich der Versammlungsfreiheit vor, untersuchen Sie in zwei Schritten, ob der Eingriff in den Schutzbereich verfassungsrechtlich gerechtfertigt ist:

### 1. Beschränkbarkeit (Schranken)

462 Die Versammlungsfreiheit kann durch versammlungsspezifische Schranken und durch die Schranke des Art. 17a Abs. 1 GG beschränkt werden.

#### a) Versammlungsspezifische Schranken

463 Die Beschränkbarkeit der Versammlungsfreiheit richtet sich danach, ob es sich um eine Versammlung unter freiem Himmel oder eine Versammlung in geschlossenen Räumen handelt.

#### aa) Versammlungen unter freiem Himmel

464 Art. 8 Abs. 2 GG enthält einen **Gesetzesvorbehalt** für Versammlungen unter freiem Himmel.

465 Eine Versammlung **unter freiem Himmel** liegt vor, wenn die Versammlung nicht durch seitliche Begrenzungen von der Außenwelt abgetrennt ist.

Wegen der fehlenden seitlichen Begrenzungen zur Außenwelt weist diese Form der Versammlung ein höheres Gefahrenpotential auf als Versammlungen in geschlossenen Räumen. Bei Versammlungen in geschlossenen Räumen ist der Raum seitlich begrenzt und nur durch Eingänge zugänglich. Für die Frage, ob eine Versammlung unter freiem Himmel oder in einem geschlossenen Raum stattfindet, ist demnach allein die **seitliche Begrenzung zur Außenwelt** maßgeblich.

466 Für öffentliche, d.h. jedermann zugängliche Versammlungen unter freiem Himmel wird der Gesetzesvorbehalt des Art. 8 Abs. 2 GG vor allem durch das **Versammlungsgesetz** des Bundes ausgefüllt. In seinem Anwendungsbereich darf die öffentliche Gewalt ihre Maßnahmen nicht auf das allgemeine Polizei- und Ordnungsrecht (sog. **Polizeifestigkeit des Versammlungsrechts** [s. hierzu z.B. das Skript „Polizei- und Ordnungsrecht Nordrhein-Westfalen" Rn. 72]) und das Straßenverkehrsrecht stützen. Dies bedeutet aber im Umkehrschluss, dass das allgemeine Polizei- und Ordnungsrecht und das Straßenverkehrsrecht bei nicht-öffentlichen Versammlungen unter freiem Himmel für Maßnahmen der öffentlichen Gewalt anwendbar sind.

#### bb) Versammlung in geschlossenen Räumen

467 Im Gegensatz zu Versammlungen unter freiem Himmel sind Versammlungen in geschlossenen Räumen grundsätzlich vorbehaltlos gewährleistet und können daher nur durch kollidierendes Verfassungsrecht, d.h. insbesondere durch Grundrechte Dritter oder durch sonstige Verfassungsrechtsgüter, eingeschränkt werden.

### b) Art. 17a Abs. 1 GG

Nach Art. 17a Abs. 1 GG stehen alle Versammlungen, also ausnahmsweise (s.o. Rn. 467) auch Versammlungen in geschlossenen Räumen, unter einem **qualifizierten Gesetzesvorbehalt**. Von der Ermächtigung ist aber – soweit ersichtlich – bislang kein Gebrauch gemacht worden. **468**

## 2. Schranken-Schranken

Je nachdem, welche Schranke eingreift, prüfen Sie die betreffende Schranke am Maßstab der Verhältnismäßigkeit oder führen eine praktische Konkordanz durch. **469**

### a) Verhältnismäßigkeit

Soweit die Versammlungsfreiheit den Gesetzesvorbehalten der Art. 8 Abs. 2 GG bzw. Art. 17a Abs. 1 GG unterliegt (s.o. Rn. 464 ff.; 468), müssen die gesetzlichen Eingriffe in die Versammlungsfreiheit verhältnismäßig sein. Dabei ist die grundlegende Bedeutung des Art. 8 GG im freiheitlich-demokratischen Staat besonders zu berücksichtigen. Dementsprechend legt das *Bundesverfassungsgericht* **§ 14 VersG** verfassungskonform dahingehend aus, dass sog. **Eilversammlungen**, d.h. Versammlungen, bei denen zwar grundsätzlich eine Anmeldung möglich ist, aber die Frist von 48 Stunden nicht eingehalten werden kann, unter Einhaltung einer verkürzten Frist, d.h. so früh wie möglich, angemeldet werden müssen.[443] **470**

**Beispiel** Aus aktuellem politischen Anlass beschließt eine Gruppe von 100 Personen, am nächsten Tag eine Demonstration durch die Innenstadt von G durchzuführen. – Die in § 14 VersG vorgesehene Frist von 48 Stunden kann nicht eingehalten werden. Die Versammlung ist aber so früh wie möglich anzumelden. ■

§ 14 VersG wird auch bei sog. **Spontanversammlungen**, d.h. Versammlungen, die sich aus aktuellem Anlass augenblicklich bilden, verfassungskonform ausgelegt. Diese Versammlungen brauchen nach Ansicht des *Bundesverfassungsgerichts* nicht angemeldet zu werden, weil sie sonst generell verboten wären.[444] **471**

**Beispiel** Beschließen die 100 Personen in unserem *Beispiel* oben (Rn. 470), die Versammlung augenblicklich durchzuführen, brauchen sie die Versammlung gar nicht anzumelden. ■

**Hinweis**

Beachten Sie, dass eine Versammlung nach § 14 VersG nur **anzeigepflichtig** ist! Eine Versammlung muss also nicht genehmigt werden. Sie braucht auch keine Genehmigungen nach dem Straßenrecht oder Straßenverkehrsrecht.

Auch **§ 15 VersG** wird verfassungskonform ausgelegt. Eingriffe in die Versammlungsfreiheit sind nicht schon bei jeder Gefährdung der „öffentlichen Sicherheit und Ordnung" i.S.d. § 15 Abs. 1 und Abs. 2 VersG verhältnismäßig, sondern nur dann, wenn es um den Schutz von Rechtsgütern geht, die in ihrer Bedeutung der Versammlungsfreiheit gleichwertig sind und **472**

443 Vgl. *BVerfGE* 85, 69.
444 Vgl. *BVerfGE* 85, 69.

deren Gefährdung unmittelbar droht. Die bloße Gefährdung der öffentlichen Ordnung genügt hierfür im Allgemeinen nicht.[445] S. dazu näher Übungsfall Nr. 3 (unten Rn. 475 f.).

473 Außerdem kommen Verbote und Auflösungen von Versammlungen nur als *ultima ratio* in Betracht. Vor allem müssen alle Möglichkeiten, mildere Mittel (z.B. Auflagen) anzuwenden, ausgeschöpft worden sein.

**Beispiel**[446] Eine rechtsgerichtete Gruppierung meldet eine Demonstration durch einen Stadtteil von B an. Nachdem Ort und Zeit der Veranstaltung bekannt gegeben worden waren, wurden fünf Gegendemonstrationen angemeldet. Die zuständige Behörde erteilt einer Gegendemonstration die Auflage, dass diese Veranstaltung erst einige Stunden später durchgeführt werden kann, und zwar zu einem Zeitpunkt, zu dem die zuerst angemeldete Demonstration einen bestimmten Ort, an dem beide Demonstrationen vorbeiziehen wollen, bereits passiert hat. – Die zuständige Behörde hat mit der Auflage das mildere Mittel gegenüber einem Verbot der Gegendemonstration gewählt und damit der herausragenden Bedeutung der Versammlungsfreiheit aus Art. 8 GG angemessen Rechnung getragen. ■

### b) Praktische Konkordanz

474 Soweit das Grundrecht auf Versammlungsfreiheit bei Versammlungen in geschlossenen Räumen durch kollidierendes Verfassungsrecht eingeschränkt wird, ist im Wege einer praktischen Konkordanz ein gerechter Ausgleich zwischen den widerstreitenden Verfassungsrechtsgütern herzustellen.

445 Vgl. zum Ganzen *BVerfGE* 69, 315 – Brokdorf.
446 Nach *VG Berlin* Beschluss vom 4.12.2008 – VG 1 A 406 und 407/08.

## V. Übungsfall Nr. 3

### „Aufzug der Rechten!"[447] 475

Der deutsche Staatsangehörige R, ein polizeibekannter Aktivist der rechten Szene und weithin als Anhänger Adolf Hitlers bekannt, meldete bei der zuständigen Behörde in A für den 8.11. eine als Aufzug geplante Demonstration mit dem Motto „Gegen einseitige Vergangenheitsbewältigung! Gedenkt der deutschen Opfer!" an. Erwartet wurden ca. 150 Teilnehmer. R erklärte, das Datum sei bewusst gewählt worden, allerdings nicht wegen der zeitlichen Nähe zum 9.11. (= Jahrestag der Novemberprogrome des Jahres 1938), sondern wegen anderer historischer Ereignisse, die sich an einem 8. oder 9.11. ereignet hätten (z.B. Putschversuch in München 1923; Mauerfall 1989). Mit der Demonstration wolle er v.a. auf die Gefahren und die Probleme hinweisen, die aus seiner Sicht mit einem einseitigen Gedenken verbunden seien. Nach seiner Ansicht würden die Belange der deutschen Opfer vernachlässigt.

Gestützt auf § 15 Abs. 1 VersG, verbot die zuständige Behörde Ende Oktober die Versammlung. Zur Begründung führte sie aus, die geplante Versammlung gefährde unmittelbar die öffentliche Sicherheit und Ordnung. Bei der Durchführung der Versammlung sei mit an Sicherheit grenzender Wahrscheinlichkeit zu erwarten, dass Teilnehmer Straftatbestände (v.a. §§ 86a, 130 Abs. 3 und Abs. 4, 189 StGB) erfüllen werden. Auch sei damit zu rechnen, dass zur Beseitigung der freiheitlich-demokratischen Grundordnung sowie der Bundesrepublik Deutschland und ihrer Einrichtungen aufgerufen werde. Außerdem sei die Durchführung des Aufzugs mit Provokationen verbunden, die das sittliche Empfinden der Bürgerinnen und Bürger der Stadt A erheblich beeinträchtigen und damit die öffentliche Ordnung gefährden.

Ihre Gefahrenprognose stützte die Behörde auf die Person des Antragstellers, der bereits einschlägig vorbestraft ist, bei seinen letzten Auftritten als Versammlungsredner allerdings strafrechtlich nicht in Erscheinung getreten war, und des Weiteren auf den zu erwartenden Personenkreis sowie das Motto und Datum der angemeldeten Versammlung. Mildere Mittel als ein Verbot sah die Behörde nicht.

R fühlt sich in seinem Grundrecht aus Art. 8 GG verletzt. Zu Recht?

### Lösung 476

Das Versammlungsverbot verletzt R in seinem Grundrecht aus Art. 8 Abs. 1 GG, wenn und soweit das Verbot einen verfassungsrechtlich nicht gerechtfertigten Eingriff in die Versammlungsfreiheit darstellt.

#### I. Eröffnung des Schutzbereichs

Zunächst müssten der sachliche Schutzbereich und der persönliche Schutzbereich des Grundrechts des R auf Versammlungsfreiheit eröffnet sein.

##### 1. Sachlicher Schutzbereich

Bei dem für den 8.11. angemeldeten Aufzug müsste es sich um eine Versammlung handeln. Eine Versammlung ist ein örtliches Zusammenkommen mehrerer Personen zur gemeinschaftlichen, auf die Teilhabe an der öffentlichen Meinungsbildung gerichteten Erörterung oder Kundgebung. Angesichts der erwarteten ca. 150 Teilnehmer am 8.11. in A liegt ein örtliches Zusammenkommen mehrerer Personen vor, ohne dass auf die streitige Frage der Mindestteilnehmerzahl eines örtlichen Zusammenkommens einzugehen ist. – Nach dem vom *Bundesverfassungsgericht* vertretenen Verständnis des Art. 8 GG müssten die Teilnehmer mit der Zusammenkunft einen gemeinsamen Zweck verfolgen, der in der Teilhabe an der gemeinsamen öffentlichen Meinungsbildung oder Meinungsäußerung besteht. Indem sich die Teilnehmer am 8.11.

447 Nach *BVerfG* (K) EuGRZ 2008, 769.

treffen wollen, um gemeinsam ihre Meinung hinsichtlich der Vergangenheitsbewältigung kundzutun, verfolgen sie den geforderten gemeinsamen Zweck. Somit handelt es sich bei dem angemeldeten Aufzug um eine Versammlung i.S.d. Art. 8 Abs. 1 GG, die mangels entgegenstehender Anhaltspunkte im Sachverhalt friedlich und ohne Waffen durchgeführt werden soll. Der sachliche Schutzbereich des Art. 8 Abs. 1 GG ist demnach eröffnet.

#### 2. Persönlicher Schutzbereich

R ist laut Sachverhalt deutscher Staatsangehöriger i.S.d. Art. 116 GG und fällt somit in den persönlichen Schutzbereich des Deutschengrundrechts aus Art. 8 Abs. 1 GG. Der persönliche Schutzbereich der Versammlungsfreiheit ist demnach eröffnet.

#### 3. Ergebnis zu I.

Der Schutzbereich des Grundrechts auf Versammlungsfreiheit ist eröffnet.

### II. Eingriff in den Schutzbereich

Das behördliche Versammlungsverbot müsste einen Eingriff in die Versammlungsfreiheit des R darstellen. Dies ist ohne Zweifel der Fall, denn bei einem Versammlungsverbot handelt es sich um die gravierendste Beeinträchtigung dieses Freiheitsrechts.

### III. Verfassungsrechtliche Rechtfertigung des Versammlungsverbots

Zu prüfen ist, ob das behördliche Versammlungsverbot verfassungsrechtlich gerechtfertigt ist. Dies ist der Fall, wenn das behördliche Versammlungsverbot auf eine verfassungsmäßige gesetzliche Grundlage gestützt und selbst verfassungsgemäß ist.

#### 1. Verfassungsmäßige gesetzliche Grundlage für das Versammlungsverbot

Das Versammlungsverbot ist auf § 15 Abs. 1 VersG gestützt, gegen dessen Verfassungsmäßigkeit keine Bedenken bestehen.

#### 2. Verfassungsmäßigkeit des Versammlungsverbots

Das Versammlungsverbot müsste selbst verfassungsgemäß sein. Dies ist insbesondere der Fall, wenn die Behörde § 15 Abs. 1 VersG verfassungs- und v.a. grundrechtskonform ausgelegt und angewendet hat. Diesem Erfordernis kommt bei der Versammlungsfreiheit besonderes Gewicht zu, handelt es sich bei ihr – neben Art. 5 Abs. 1 GG – doch um eine grundlegende Freiheit für die politische Willensbildung im freiheitlich-demokratischen Staat. Einfache Gesetze wie das Versammlungsgesetz sind daher ggf. grundrechtskonform auszulegen, um die Versammlungsfreiheit so weit wie möglich zu verwirklichen. – Zu prüfen ist daher, ob die Behörde diesen Anforderungen genügt hat. Sie hat das Vorliegen einer unmittelbaren Gefahr für die öffentliche Sicherheit und Ordnung bejaht. Eine Gefahr für die öffentliche Ordnung liegt vor, wenn der Gesamtheit der ungeschriebenen Regeln, deren Befolgung nach den jeweils herrschenden sozialen und ethischen Anschauungen als unerlässliche Voraussetzung menschlichen Zusammenlebens innerhalb eines bestimmten Gebietes angesehen wird, Schaden droht. Durch die Versammlung am 8.11. könnte das sittliche Empfinden der Bürgerinnen und Bürger der Stadt A erheblich beeinträchtigt werden. Allerdings reicht die bloße zeitliche Nähe des Datums einer Versammlung zu einem bestimmten Gedenktag allein nicht, um eine solche Beeinträchtigung anzunehmen. Eine Gefahr für die öffentliche Ordnung durfte die Behörde demnach nicht annehmen.

Fraglich ist, ob die Behörde eine Gefahr für die öffentliche Sicherheit bejahen konnte. Eine Gefahr für die öffentliche Sicherheit, die u.a. den Bestand der gesamten Rechtsordnung umfasst, liegt vor, wenn der Rechtsordnung Schaden droht. Ein solcher Schaden kann in der Verletzung geltender Gesetze bestehen. Dies befürchtete die Behörde, wenn sie annahm, Versammlungsteilnehmer könnten Strafgesetze (insbesondere §§ 86a, 130 Abs. 3 und Abs. 4, 189 StGB) verletzen. Eine solche Annahme müsste sich aber auf eine Gefahrenprognose stützen, die auf tatsächlichen Anhaltspunkten beruht. Dies ist hier jedoch nicht der Fall: Strafrechtlich relevante Vorkommnisse bei früheren Veranstaltungen bilden keine hinreichende Tatsachengrundlage für die Erwartung strafrechtlich relevanten Verhaltens bei der geplanten Versammlung. Zu prüfen ist, ob das Motto und das Datum der Versammlung einen ausreichenden tatsächlichen Anhaltspunkt für die Annahme bieten, dass Straftaten begangen werden. Zwar liegt die Vermutung nahe, dass die zeitliche Nähe zum 9.11. bewusst und – entgegen dem Vorbringen des R – im Hinblick auf den 9.11.1938 gewählt wurde. Auch das Motto mag im zeitlichen Zusammenhang mit dem 9.11. aus Sicht einer in der Öffentlichkeit lange errungenen Geschichtsdeutung als moralisch verwerflich gelten. Unabhängig von ihrer inhaltlichen „Richtigkeit" oder ihrem ethischen Wert sind Meinungsäußerungen jedoch grundrechtlich geschützt. Fraglich ist demnach schließlich, ob aus den gegebenen Umständen geschlossen werden kann, dass das Motto und das Datum der Versammlung die Ereignisse des 9.11.1938 billigen und verharmlosen wollen. Dagegen spricht jedoch, dass diese Ereignisse durch das Motto und das Datum der Versammlung nicht ausdrücklich bewertet werden und „beide" Seiten, d.h. Täter und Opfer in den Blick genommen werden, denn eine „einseitige" Vergangenheitsbewältigung wird ausdrücklich abgelehnt. Möglicherweise könnte sich aber an dieser Einschätzung dadurch etwas ändern, dass R als Anhänger Adolf Hitlers bekannt ist. Dagegen lässt sich indes einwenden, dass das Recht nur äußere Gefolgschaft verlangt. Somit können Ermächtigungen, die grundrechtliche Freiheiten beschränken, nicht an eine Gesinnung als solche, sondern immer nur an Gefahren anknüpfen, die aus konkreten Handlungen folgen. Da solche Gefahren nicht erkennbar sind, hat die Behörde § 15 Abs. 1 VersG folglich nicht grundrechtskonform angewendet.

#### 3. Ergebnis zu III.

Ihr Versammlungsverbot ist demnach verfassungsrechtlich nicht gerechtfertigt.

### IV. Ergebnis

Das behördliche Versammlungsverbot verletzt R folglich in seinem Grundrecht auf Versammlungsfreiheit.

# K. Vereinigungsfreiheit (Art. 9 GG)

## I. Überblick

477 Art. 9 GG enthält zwei Grundrechte: **Art. 9 Abs. 1 GG** garantiert die sog. **allgemeine Vereinigungsfreiheit**, d.h. die Freiheit, Vereinigungen zu bilden. Wie Art. 5 und Art. 8 GG gehört Art. 9 Abs. 1 GG zu den sog. Kommunikationsgrundrechten, die für die politische Willensbildung im freiheitlich-demokratischen Staat von grundlegender Bedeutung sind. Darüber hinausgehend gewährleistet er aber auch die **wirtschaftliche Vereinigungsfreiheit**, d.h. die Freiheit, sich zu Personen- und Kapitalgesellschaften zu vereinen.

**Hinweis**

Für die Bildung und die Betätigung von Religionsgesellschaften, politischen Parteien und Fraktionen verdrängen die Spezialvorschriften der Art. 4 GG, Art. 140 GG i.V.m. Art. 137 Abs. 2 WRV, Art. 21 GG bzw. Art. 38 Abs. 1 S. 2 GG die allgemeine Vereinigungsfreiheit aus Art. 9 Abs. 1 GG.

478 **Art. 9 Abs. 3 GG** bildet einen Sonderfall zu Art. 9 Abs. 1 GG. Er garantiert die sog. **spezielle Vereinigungsfreiheit**. Sie umfasst das Recht, Koalitionen, d.h. Vereinigungen zur Wahrung der Arbeits- und Wirtschaftsbedingungen, zu bilden, und wird daher auch **Koalitionsfreiheit** genannt. Wie Art. 9 Abs. 1 GG (oben Rn. 477) gehört Art. 9 Abs. 3 GG zu den Kommunikationsgrundrechten, daneben aber auch zu den sog. Wirtschaftsgrundrechten. Da die Koalitionsfreiheit weniger in verfassungsrechtlichen als vielmehr in (kollektiv-)arbeitsrechtlichen Prüfungen relevant sein dürfte, wird in diesem Skript allein die allgemeine Vereinigungsfreiheit behandelt. Diese prüfen Sie wie folgt:

PRÜFUNGSSCHEMA

**Allgemeine Vereinigungsfreiheit (Art. 9 Abs. 1 GG)**

**I. Eröffnung des Schutzbereichs**
- 1. Sachlicher Schutzbereich
  - a) Begriff der Vereinigung
  - b) Gewährleistungsumfang
    - aa) Allgemeine Vereinigungsfreiheit als Individualgrundrecht
    - bb) Allgemeine Vereinigungsfreiheit als Kollektivgrundrecht
- 2. Persönlicher Schutzbereich
  - a) Allgemeine Vereinigungsfreiheit als Individualgrundrecht
  - b) Allgemeine Vereinigungsfreiheit als Kollektivgrundrecht

**II. Eingriff in den Schutzbereich**

**III. Verfassungsrechtliche Rechtfertigung des Eingriffs**
- 1. Beschränkbarkeit (Schranken)
  - a) Art. 9 Abs. 2 GG
  - b) Kollidierendes Verfassungsrecht
- 2. Schranken-Schranke

## II. Eröffnung des Schutzbereichs

Sie beginnen Ihre Prüfung mit der Frage, ob der sachliche Schutzbereich und der persönliche Schutzbereich des Art. 9 Abs. 1 GG eröffnet sind. 479

### 1. Sachlicher Schutzbereich

Die Eröffnung des sachlichen Schutzbereichs der allgemeinen Vereinigungsfreiheit prüfen Sie in zwei Schritten: 480

#### a) Begriff der Vereinigung

Entgegen seinem Wortlaut ist der sachliche Schutzbereich des Art. 9 Abs. 1 GG nach wohl allgemeiner Meinung nicht nur beim Vorliegen von „Vereinen" oder „Gesellschaften" eröffnet, sondern über seinen Wortlaut hinaus bei allen Vereinigungen. „Vereinigung" bildet damit den Oberbegriff für einen Verein oder eine Gesellschaft. Was unter einer „Vereinigung" zu verstehen ist, wird in Anlehnung an § 2 Abs. 1 VereinsG bestimmt. Danach ist eine Vereinigung ein Zusammenschluss, zu dem sich eine **Mehrheit natürlicher und juristischer Personen oder Personenvereinigungen** für **längere Zeit** zur Verfolgung eines **gemeinsamen Zwecks** auf **freiwilliger Basis** zusammenschließt und einer **einheitlichen Willensbildung** unterwirft. 481

**Hinweis**

Beachten Sie, dass das einfache Recht verfassungsrechtliche Begriffe nicht verbindlich definieren kann, weil die Verfassung höherrangiges Recht gegenüber dem einfachen Recht bildet. Die Definition des § 2 Abs. 1 VereinsG kann daher nur Anhaltspunkte geben und Ihnen als Gedächtnisstütze dienen.

Ein Zusammenschluss mehrerer natürlicher und juristischer Personen oder Personenvereinigungen liegt nach h.M. schon bei **zwei Personen** vor.[448] 482

**Beispiele** Eingetragene Vereine; Handels- und Kapitalgesellschaften; nicht dagegen die Ein-Mann-GmbH oder die „Ich"-AG. ■

Nach h.M. muss der Zusammenschluss **privatrechtlich** erfolgen, weil sich die grundrechtsberechtigten natürlichen und juristischen Personen des Privatrechts nicht freiwillig zu einer öffentlich-rechtlichen Vereinigung zusammenschließen können. Eine öffentlich-rechtliche Vereinigung kann nur durch einen staatlichen Hoheitsakt errichtet werden.[449] 483

**Beispiel** Die oben (Rn. 482) beispielhaft aufgezählten Vereinigungen sind privatrechtliche Vereinigungen. Keine Vereinigung i.S.d. Art. 9 Abs. 1 GG sind dagegen öffentlich-rechtliche Zusammenschlüsse wie z.B. die Rechtsanwaltskammer, die Ärztekammer, die Architektenkammer etc. ■

Die kumulativ geforderten Merkmale „Dauerhaftigkeit" und „organisierte Willensbildung" grenzen eine Vereinigung von einer Versammlung i.S.d. Art. 8 Abs. 1 GG ab und sind **weit** 484

448 Vgl. Sachs-*Höfling* Art. 9 Rn. 11.
449 Vgl. zum Ganzen *Kingreen/Poscher* Grundrechte Rn. 842.

auszulegen, so dass auch vorübergehende Zusammenschlüsse mit einer organisierten Willensbildung eine Vereinigung i.S.d. Art. 9 Abs. 1 GG bilden.

**Beispiel** Ein Zusammenschluss natürlicher Personen zu einer Bürgerinitiative. ■

485 Als gemeinsamer Zweck, zu dessen Verfolgung die Vereinigung gebildet wird und der damit sozusagen die **innere Verbindung des Zusammenschlusses** darstellt, kommen die verschiedensten Arten in Betracht. Denkbar sind z.B. kulturelle, sportliche, politische, künstlerische, wirtschaftliche Zwecke, unabhängig davon, ob der gewählte Zweck rechtlich erlaubt oder verboten ist.

486 Das Merkmal der **„Freiwilligkeit"** ist für das Vorliegen einer Vereinigung i.S.d. Art. 9 Abs. 1 GG grundlegend.[450] Daher stellen Zwangsvereinigungen keine Vereinigung i.S.d. Art. 9 Abs. 1 GG dar.

**Beispiel** Zehn Hotelbesitzer der Stadt B wollen sich in einem eingetragenen Verein zusammenschließen, um die Hotellerie in ihrem touristisch geprägten Ort zu koordinieren. Nach ihrer Auffassung soll jeder Hotelbesitzer aus B zur Mitgliedschaft in dem Verein verpflichtet werden. – Würde diese Vorstellung Realität, läge eine Zwangsvereinigung vor, die keine Vereinigung i.S.d. Art. 9 Abs. 1 GG darstellt.[451] ■

#### b) Gewährleistungsumfang

487 Kommen Sie bei Ihrer Grundrechtsprüfung zum Ergebnis, dass eine Vereinigung i.S.d. Art. 9 Abs. 1 GG vorliegt, untersuchen Sie nun, ob das betätigte Verhalten vom Gewährleistungsumfang der allgemeinen Vereinigungsfreiheit erfasst ist. Die allgemeine Vereinigungsfreiheit besteht aus zwei Komponenten, nämlich einer individuellen Komponente (sog. individuelle allgemeine Vereinigungsfreiheit) und einer kollektiven Komponente (sog. kollektive allgemeine Vereinigungsfreiheit). Die allgemeine Vereinigungsfreiheit stellt damit ein sog. **Doppelgrundrecht** dar: Es ist sowohl **Individualgrundrecht** als auch **Kollektivgrundrecht**.

#### aa) Allgemeine Vereinigungsfreiheit als Individualgrundrecht

488 Als Individualgrundrecht gewährleistet die allgemeine Vereinigungsfreiheit die **Aktivitäten der gegenwärtigen oder künftigen Mitglieder**. Dazu gehören z.B. das Recht, eine Vereinigung zu gründen; das Recht, einer Vereinigung beizutreten, um das Grundrecht nicht leer laufen zu lassen; das Recht, sich innerhalb des Vereins zu betätigen.[452]

**Hinweis**

Ein Anspruch auf Beitritt zu einer Vereinigung besteht grundsätzlich nicht. Etwas anderes gilt nur dann, wenn die Vereinigung eine faktische Monopolstellung innehat. In diesem Falle bejaht die Rechtsprechung vor dem Hintergrund der §§ 242, 826 BGB einen Beitrittsanspruch.[453]

450 Vgl. *BVerfG* (K) NVwZ 2002, 335.

451 Vgl. aber zur Pflichtmitgliedschaft in genossenschaftlichen Prüfungsverbänden zum Schutze von Rechten Dritter *BVerfG* (K) NJW 2001, 2617.

452 Vgl. zum Ganzen *BVerfGE* 50, 290.

453 Vgl. *BGHZ* 93, 151.

Spiegelbildlich dazu garantiert die allgemeine Vereinigungsfreiheit auch die sog. **negative Vereinigungsfreiheit**, d.h. die Freiheit, aus privatrechtlichen Vereinigungen auszutreten oder sich von vornherein von ihnen fernzuhalten.[454] 489

**Hinweis**

Ob die negative Vereinigungsfreiheit dem Einzelnen auch das Recht gewährt, einer öffentlich-rechtlichen Vereinigung (z.B. der Industrie- und Handelskammer, der Ärztekammer, der Rechtsanwaltskammer etc.) fernzubleiben, ist umstritten. Das *Bundesverfassungsgericht* verneint die Frage und beurteilt die Zulässigkeit einer Pflichtmitgliedschaft in einer öffentlich-rechtlichen Vereinigung am Maßstab des Art. 2 Abs. 1 GG.[455]

#### bb) Allgemeine Vereinigungsfreiheit als Kollektivgrundrecht

Als Kollektivgrundrecht garantiert die allgemeine Vereinigungsfreiheit das **Recht auf Entstehen und Bestehen einer Vereinigung**.[456] Umfasst sind damit vor allem die Gründung, die Existenz und die Funktionsfähigkeit, die Selbstbestimmung über die eigene Organisation, das Verfahren der Willensbildung und die Geschäftsführung.[457] Soweit eine Vereinigung Tätigkeiten ausübt, die den Vereinszweck nach außen realisieren, greift nicht das Grundrecht aus Art. 9 Abs. 1 GG, sondern das jeweils einschlägige Grundrecht i.V.m. Art. 19 Abs. 3 GG ein. 490

**Beispiel** Eine Bürgerinitiative meldet bei der zuständigen Behörde eine Demonstration an. Sie will ihrer Forderung Nachdruck verleihen, endlich eine weitläufige Umgehungsstraße an ihrem Ort vorbei zu bauen, damit der Ort vom starken Durchgangsverkehr entlastet wird. Die Behörde verbietet die Demonstration. – Die Bürgerinitiative bildet eine Vereinigung i.S.d. Art. 9 Abs. 1 GG. Das Verbot der Demonstration berührt nicht die innere Organisation der Bürgerinitiative, sondern ihr außenwirksames Handeln. Insoweit unterliegen Vereinigungen demselben Grundrechtsschutz wie jeder andere Grundrechtsberechtigte. Das Demonstrationsverbot ist demnach v.a. an den Grundrechten auf Versammlungsfreiheit aus Art. 8 Abs. 1 GG (i.V.m. Art. 19 Abs. 3 GG) und auf Meinungsfreiheit aus Art. 5 Abs. 1 GG (i.V.m. Art. 19 Abs. 3 GG) zu messen. ■

## 2. Persönlicher Schutzbereich

Die allgemeine Vereinigungsfreiheit stellt nach ihrem Wortlaut („Alle Deutschen") ein Deutschengrundrecht dar. Die Besonderheit der allgemeinen Vereinigungsfreiheit besteht in persönlicher Hinsicht darin, dass sie ein sog. Doppelgrundrecht bildet (s.o. Rn. 487). 491

### a) Allgemeine Vereinigungsfreiheit als Individualgrundrecht

Grundrechtsberechtigt hinsichtlich der individuellen allgemeinen Vereinigungsfreiheit sind die **einzelnen gegenwärtigen und zukünftigen Mitglieder einer Vereinigung**. Darunter fallen alle **Deutschen** i.S.d. Art. 116 GG als natürliche Personen. Gemäß Art. 19 Abs. 3 GG können 492

454 Vgl. *BVerfGE* 38, 281.
455 Vgl. *BVerfGE* 10, 89; 146, 164.
456 Vgl. *BVerfGE* 80, 244.
457 Vgl. *BVerfGE* 50, 290.

auch **inländische juristische Personen** grundrechtsberechtigt sein, die sich zu einer Vereinigung i.S.d. Art. 9 Abs. 1 G zusammenschließen wollen (s.a. Rn 85).

**Beispiel** Die A-GmbH und die B-GmbH beschließen die Bildung einer Vereinigung. ■

493 **Nichtdeutsche** können sich auf die allgemeine Handlungsfreiheit aus Art. 2 Abs. 1 GG berufen (s.a. Rn 104). Gegenüber **EU-Bürgern** ist die Bundesrepublik Deutschland verpflichtet, ihnen im Anwendungsbereich der EG-Verträge über Art. 2 Abs. 1 GG den gleichen Grundrechtsschutz zu gewährleisten wie Deutschen über Art. 9 Abs. 1 GG (s.a. Rn 105).

#### b) Allgemeine Vereinigungsfreiheit als Kollektivgrundrecht

494 Auf die kollektive allgemeine Vereinigungsfreiheit können sich **alle Vereinigungen i.S.d. Art. 9 Abs. 1 GG** berufen. Voraussetzung ist allerdings, dass die Vereinigung ihren **Sitz entsprechend Art. 19 Abs. 3 GG in der Bundesrepublik Deutschland** hat (s. aber für juristische Personen mit Sitz in einem Mitgliedstaat der EU oben Rn. 85).

### 3. Eingriff in den Schutzbereich

495 Ist der Schutzbereich der allgemeinen Vereinigungsfreiheit eröffnet, untersuchen Sie, ob die öffentliche Gewalt in den Schutzbereich eingegriffen hat. Zu berücksichtigen ist, dass es sich bei Art. 9 Abs. 1 GG um ein **Grundrecht unter Ausgestaltungsvorbehalt** bzw. ein **normgeprägtes Grundrecht** handelt (s.o. Rn. 125 ff.). Das bedeutet, dass die allgemeine Vereinigungsfreiheit auf gesetzliche Regelungen angewiesen ist, die die Vereinigungen „in die allgemeine Rechtsordnung einfügen, die Sicherheit des Rechtsverkehrs gewährleisten, Rechte der Mitglieder sichern und den schutzbedürftigen Belangen Dritter oder auch öffentlicher Interessen Rechnung tragen".[458] Solche Ausgestaltungen sind z.B. bestimmte gesetzliche Rechtsformen, Mindestkapitalvorschriften oder Haftungsvorschriften. Soweit sich solche Ausgestaltungen im Rahmen der grundrechtlichen Vorgaben des Art. 9 Abs. 1 GG halten, stellen sie keine Eingriffe in die allgemeine Vereinigungsfreiheit dar.

**Beispiel** Die paritätische Mitbestimmung der Arbeitnehmer im Aufsichtsrat großer Kapitalgesellschaften bewegt sich nach Auffassung des *Bundesverfassungsgerichts* im Rahmen des Gewährleistungsgehalts des Art. 9 Abs. 1 GG. Sie beeinträchtigt weder das Prinzip des freien Zusammenschlusses noch die Funktionsfähigkeit der betroffenen Gesellschaften.[459] ■

496 Im Übrigen kommen als Eingriffe **alle Maßnahmen** der öffentlichen Gewalt in Betracht, die die individuelle oder kollektive allgemeine Vereinigungsfreiheit **imperativ** oder **faktisch beeinträchtigen**.

**Beispiele** Verbot oder Auflösung einer Vereinigung (bei Vereinen auf der Grundlage des VereinsG); Entziehung der Rechtsfähigkeit eines Vereins gemäß § 43 BGB. ■

---

458 Vgl. *BVerfGE* 50, 290.
459 Vgl. *BVerfGE* 50, 290.

## III. Verfassungsrechtliche Rechtfertigung des Eingriffs

Liegt ein Eingriff in den Schutzbereich des Art. 9 Abs. 1 GG vor, prüfen Sie in zwei Schritten, ob der Eingriff verfassungsrechtlich gerechtfertigt ist: **497**

### 1. Beschränkbarkeit (Schranke)

#### a) Art. 9 Abs. 2 GG

Nach Art. 9 Abs. 1 GG steht die allgemeine Vereinigungsfreiheit nicht ausdrücklich unter einen Gesetzesvorbehalt. Allerdings verbietet Art. 9 Abs. 2 GG bestimmte Vereinigungen. Nach h.M. bildet Art. 9 Abs. 2 GG eine **verfassungsunmittelbare Grundrechtsschranke**.[460] Das in Art. 9 Abs. 2 GG vorgesehene Vereinigungsverbot tritt nicht automatisch ein, sondern muss durch die zuständige staatliche Stelle erst verfügt werden.[461] **498**

> **Hinweis**
>
> Auch mildere Maßnahmen als ein Vereinigungsverbot können auf Art. 9 Abs. 2 GG gestützt werden *(argumentum a maiore ad minus)*.

Die Voraussetzungen für ein Vereinsverbot regelt Art. 9 Abs. 2 GG abschließend. Es kommen **drei Gründe** in Betracht: Bei der Prüfung des ersten Grundes für ein Vereinigungsverbot nach Art. 9 Abs. 2 GG ist zu beachten, dass die den Strafgesetzen zuwiderlaufenden Zwecke oder Tätigkeiten die Aktivitäten der Vereinigung **prägen** müssen; sie dürfen also nicht nur von untergeordneter Bedeutung sein. **499**

**Beispiel** Eine Vereinigung „berät" ihre Kunden bei lukrativen Vermögensanlagen und verfolgt dabei das alleinige Ziel, das ihnen anvertraute Kundenvermögen für eigene Zwecke ins Ausland zu schaffen. Eine solche Vereinigung ist wegen ihrer kriminellen Ausrichtung verboten. ■

Ferner meint der erste Verbotsgrund mit Strafgesetzen nur **allgemeine Strafgesetze**. Darunter fallen alle Strafvorschriften, die nicht speziell gegen die Vereinigungsfreiheit gerichtet sind, also kein Sonderstrafrecht bilden.[462] **500**

Beim zweiten Grund für ein Vereinigungsverbot ist zu bedenken, dass der Begriff der verfassungsmäßigen Ordnung **enger** als bei Art. 2 Abs. 1 GG zu verstehen ist (dazu oben Rn. 214). Verfassungsmäßige Ordnung i.S.d. Art. 9 Abs. 2 GG meint die freiheitlich demokratische Grundordnung i.S.d. Art. 21 Abs. 2 GG. Dazu gehören die konstitutiven Gewährleistungen der demokratischen und rechtsstaatlichen Ordnung sowie der Schutz der Menschenwürde.[463] **501**

---

460 Vgl. zum Ganzen *Kingreen/Poscher* Grundrechte Rn. 864 ff.
461 Vgl. *BVerwGE* 4, 188; st. Rspr.
462 Vgl. *Kingreen/Poscher* Grundrechte Rn. 867.
463 Vgl. *Hufen* Staatsrecht II § 31 Rn. 15.

#### b) Kollidierendes Verfassungsrecht

502 Außerhalb des Anwendungsbereichs des Art. 9 Abs. 2 GG kann die allgemeine Vereinigungsfreiheit durch **kollidierendes Verfassungsrecht**, d.h. Grundrechte Dritter und sonstige Verfassungsrechtsgüter, eingeschränkt werden.

### 2. Schranken-Schranke

503 Soweit die allgemeine Vereinigungsfreiheit aus Art. 9 Abs. 1 GG durch kollidierendes Verfassungsrecht beschränkt wird, müssen die widerstreitenden Verfassungsrechtsgüter im Wege der **praktischen Konkordanz** in einen gerechten Ausgleich gebracht werden. Ansonsten müssen die Eingriffe **verhältnismäßig** sein.

# L. Brief-, Post- und Fernmeldegeheimnis (Art. 10 GG)

## I. Überblick

504 Art. 10 Abs. 1 GG enthält ein klassisches Freiheitsrecht auf Wahrung des Brief-, Post- und Fernmeldegeheimnisses. Mit dem Brief-, Post- und Fernmeldegeheimnis schützt Art. 10 Abs. 1 GG die **Vertraulichkeit individueller Kommunikation**, gleichgültig, in welcher Übermittlungsform sie stattfindet.[464] Dieser Schutz ist notwendig, wenn Personen schriftlich oder durch fernmeldetechnische Übertragung miteinander kommunizieren, denn bei diesen Übermittlungsformen besteht die erhöhte Gefahr, dass Dritte, insbesondere die öffentliche Gewalt, auf die Kommunikationsinhalte und die näheren Umstände der Kommunikation (wie z.B. Beteiligte und Datum der Kommunikation) zugreifen. Nach Auffassung des *Bundesverfassungsgerichts* gewährleistet Art. 10 Abs. 1 GG „die freie Entfaltung der Persönlichkeit durch einen privaten, vor der Öffentlichkeit verborgenen Austausch von Kommunikation und schützt damit zugleich die Würde des Menschen."[465]

505 Nach seinem Wortlaut könnte **Art. 10 Abs. 1 GG** mehrere Grundrechte enthalten, und zwar je nach Lesart zwei oder drei Grundrechte. Art. 10 Abs. 1 GG gewährleistet jedoch keine inhaltlich unterschiedlichen Grundrechte, sondern schützt die **Vertraulichkeit bestimmter Übermittlungsformen**, nämlich die Kommunikation per Brief, per Post und per Fernmeldeverkehr, so dass Art. 10 Abs. 1 GG **nur ein Grundrecht** beinhaltet (str.).[466] – **Art. 10 Abs. 2 S. 1 GG** enthält einen **einfachen Gesetzesvorbehalt** und **Art. 10 Abs. 2 S. 2 GG** einen **besonderen Gesetzesvorbehalt**.

464 Vgl. *BVerfGE* 85, 386.
465 Vgl. *BVerfGE* 67, 157.
466 Vgl. *Hufen* Staatsrecht II § 17 Rn. 4.

Art. 10 GG prüfen Sie wie folgt: 506

## Grundrecht auf Wahrung des Brief-, Post- und Fernmeldegeheimnisses (Art. 10 GG)

PRÜFUNGSSCHEMA

**I. Eröffnung des Schutzbereichs**
- 1. Sachlicher Schutzbereich
  - a) Briefgeheimnis (Art. 10 Abs. 1 S. 1 Var. 1 GG)
    - aa) Begriff des Briefs
      - Unverschlossene Übermittlungsformen Rn. 511
    - bb) Gewährleistungsumfang
    - cc) Zeitlicher Geltungsbereich
      - Übermittlung eines Briefs auf dem Postweg Rn. 514
  - b) Postgeheimnis (Art. 10 Abs. 1 S. 1 Var. 2 GG)
    - aa) Begriff der Post
    - bb) Gewährleistungsumfang
    - cc) Zeitlicher Geltungsbereich des Postgeheimnisses
  - c) Fernmeldegeheimnis
    - aa) Begriff des Fernmeldeverkehrs
    - bb) Gewährleistungsumfang
    - cc) Zeitlicher Geltungsbereich des Fernmeldegeheimnisses
- 2. Persönlicher Schutzbereich

**II. Eingriff in den Schutzbereich**
- Betriebsbedingte Maßnahmen Rn. 530

**III. Verfassungsrechtliche Rechtfertigung des Eingriffs**
- 1. Beschränkbarkeit (Schranken)
  - a) Gesetzesvorbehalt des Art. 10 Abs. 2 S. 1 GG
  - b) Gesetzesvorbehalt des Art. 10 Abs. 2 S. 2 GG
- 2. Verhältnismäßigkeit (Schranken-Schranke)

## II. Eröffnung des Schutzbereichs

Zunächst prüfen Sie, ob der sachliche Schutzbereich und der persönliche Schutzbereich des Grundrechts aus Art. 10 Abs. 1 GG eröffnet sind. 507

### 1. Sachlicher Schutzbereich

Art. 10 Abs. 1 GG enthält ein Grundrecht, das **drei Übermittlungsformen von Kommunikation** schützt. Dementsprechend gewährleistet das Grundrecht aus Art. 10 Abs. 1 GG in seinem sachlichen Schutzbereich das Brief-, Post- und Fernmeldegeheimnis. 508

**JURIQ-Klausurtipp**

In der Fallbearbeitung prüfen Sie daher selbstverständlich nur die Übermittlungsform(en), die nach dem Sachverhalt einschlägig sein könnte(n).

### a) Briefgeheimnis (Art. 10 Abs. 1 Var. 1 GG)

509 Das Briefgeheimnis nach Art. 10 Abs. 1 Var. 1 GG schützt die **Vertraulichkeit schriftlicher Mitteilungen**. Es schützt den brieflichen Verkehr der Kommunikationspartner untereinander dagegen, dass die öffentliche Gewalt Kenntnis vom Inhalt des Briefs nimmt, der erkennbar eine individuelle schriftliche Mitteilung befördert.[467] Ob das Briefgeheimnis sachlich einschlägig ist, prüfen Sie in drei Schritten:

#### aa) Begriff des Briefs

510 **Brief** ist jede mit einem verkörperten Medium verbundene Kommunikation mit einem bestimmten Empfänger oder mit mehreren bestimmten Empfängern, unabhängig von der Form und Herstellung.

Unstreitig fallen unter den Begriff des Briefs alle verschlossenen Übertragungsformen. Dazu gehören neben dem Brief im engeren Sinne z.B. Pakete, Päckchen und Telegramme, nicht dagegen z.B. Zeitungs- und Büchersendungen, offene Drucksachen, Waren- und Postwurfsendungen, weil diese erkennbar nicht individuelle schriftliche Mitteilungen befördern sollen.[468]

511 Umstritten ist, ob das Briefgeheimnis auch für unverschlossene Übermittlungsformen gilt.

**Beispiel** A wirft ihrer Freundin B eine unverschlossene Geburtstagskarte in den Briefkasten. ■

Nach einer Ansicht soll Art. 10 Abs. 1 Var. 1 GG nur verschlossene Übertragungsformen schützen. Begründet wird diese Ansicht damit, weder der Wortlaut („Geheimnis") noch der Normzweck legten eine Ausdehnung des sachlichen Schutzbereichs auf unverschlossene Übertragungsformen nahe, da der Absender selbst die Kenntniserlangung ermöglicht habe.[469] In unserem *Beispiel* fiele die Geburtstagskarte als unverschlossene, wenngleich erkennbar individuelle schriftliche Mitteilung nach dieser Ansicht nicht in den Schutzbereich des Briefgeheimnisses. – Nach anderer Ansicht kommt es auf die Verschlossenheit nicht an. Auch unverschlossene Briefe sollen in der Regel nicht dem gezielten Zugriff Dritter preisgegeben werden.[470] Nach dieser Ansicht handelt es sich bei der unverschlossenen Geburtstagskarte in unserem *Beispiel* um einen Brief i.S.d. Art. 10 Abs. 1 GG.

**JURIQ-Klausurtipp**

Wie Sie in der Fallbearbeitung den Meinungsstreit entscheiden, ist an sich weniger wichtig als die Methode, mit der Sie den Meinungsstreit abhandeln. Stellen Sie die verschiedenen Positionen fallbezogen dar und schließen Sie sich mit gut vertretbaren Argumenten einer Ansicht an. Klausurtaktisch kann es empfehlenswert sein, eine unverschlossene Sendung als Brief i.S.d. Art. 10 Abs. 1 GG zu qualifizieren, um sich nicht die weitere Grundrechtsprüfung im Hauptgutachten abzuschneiden. Entscheidend für Ihr Vorgehen sind aber letztlich immer die Umstände des Falls, den Sie zu bearbeiten haben.

467 Vgl. *Kingreen/Poscher* Grundrechte Rn. 887.
468 Vgl. *Kingreen/Poscher* Grundrechte Rn. 887 (str.).
469 Vgl. Sachs-*Pagenkopf* Art. 10 Rn. 12.
470 Vgl. Dreier-*Hermes* Art. 10 Rn. 31.

#### bb) Gewährleistungsumfang

Das Briefgeheimnis umfasst nicht nur den **Inhalt** des Briefs, sondern auch den bzw. die **Absender** und den bzw. die **Empfänger** der Mitteilung sowie **alle Daten der Beförderung**, einschließlich der Identität des Beförderers.[471] 512

#### cc) Zeitlicher Geltungsbereich des Briefgeheimnisses

Der Schutz des Briefgeheimnisses beginnt mit der **Abgabe** der Mitteilung und endet mit dem **Eingang** bei dem Empfänger bzw. den Empfängern. 513

Streitig ist, ob das Briefgeheimnis gilt, wenn ein Brief auf dem Postweg übermittelt wird. 514

**Beispiel** Im *Beispiel* oben (Rn. 511) sendet A die Geburtstagskarte per Post an B. ■

Nach einer Ansicht gilt das Briefgeheimnis für den Zeitraum der Beförderung neben dem Postgeheimnis. Begründet wird diese Auffassung damit, Art. 10 Abs. 1 GG schütze das Briefgeheimnis unabhängig vom Beförderer.[472] In unserem *Beispiel* würden auf der Grundlage dieser Auffassung sowohl das Brief- als auch das Postgeheimnis eingreifen. – Nach anderer Ansicht greift das Briefgeheimnis während der Beförderung nicht ein; nur das Postgeheimnis greift nach dieser Ansicht ein. Zur Begründung beruft sich diese Ansicht darauf, postvermittelte Briefe unterlägen allein dem Postgeheimnis; das Briefgeheimnis greife in diesen Fällen nur in dem Zeitraum, in dem sich der Brief noch oder schon wieder außerhalb des Wirkungskreises der Post befinde.[473] In unserem *Beispiel* wäre nach dieser Auffassung nur das Postgeheimnis einschlägig.

**JURIQ-Klausurtipp**

Wie Sie sehen, ist der Meinungsstreit rein akademischer Natur; in der Praxis bleibt er ohne Auswirkungen, da Brief- und Postgeheimnis Teil desselben Grundrechts sind!

#### dd) Exkurs: Grundrechtsverpflichtete hinsichtlich des Briefgeheimnisses

An das Briefgeheimnis sind nicht nur die **Organe der öffentlichen Gewalt** gebunden, die **im Bereich des Brief- und Postwesens** gemäß Art. 87f Abs. 2 S. 2 und Abs. 3 GG hoheitliche Aufgaben wahrnehmen. Grundrechtsverpflichtet sind auch die **sonstigen Organe der öffentlichen Gewalt**, zu denen insbesondere solche Organe gehören, die Sicherheitsaufgaben wahrnehmen.[474] 515

### b) Postgeheimnis (Art. 10 Abs. 1 Var. 2 GG)

Das Postgeheimnis des Art. 10 Abs. 1 Var. 2 GG schützt die **körperliche Übermittlung von Nachrichten und Gütern auf dem Postweg**. Ob das Postgeheimnis sachlich einschlägig ist, prüfen Sie in drei Schritten: 516

471 Vgl. *Kingreen/Poscher* Grundrechte Rn. 889.
472 Vgl. Jarass/Pieroth-*Jarass* Art. 10 Rn. 3 f.
473 Vgl. Sachs-*Pagenkopf* Art. 10 Rn. 12.
474 Vgl. *Kingreen/Poscher* Grundrechte Rn. 890.

#### aa) Begriff der Post

517 **Post** ist die – unabhängig vom Anbieter – geschäftsmäßige Erbringung der Übermittlung in einem standarisierten und auf massenhaften Verkehr angelegten Transportnetz mit festgelegten Gewichtsgrenzen.

In den sachlichen Schutzbereich des Postgeheimnisses fallen alle **postalisch übermittelten Sendungen**. Dazu gehören z.B. alle Briefe, Pakete, Päckchen, offene Warenproben, Infopost, E-Mails, Telefaxe. Bei postalisch beförderten Sendungen mit erkennbar individuellen schriftlichen Mitteilungen deckt sich der Schutz durch das Postgeheimnis mit dem Schutz durch das Briefgeheimnis.[475]

#### bb) Gewährleistungsumfang

518 Das Postgeheimnis umfasst neben dem **Inhalt** der postalisch übermittelten Sendung auch den **Übermittlungsvorgang**, d.h. geschützt sind auch die Daten über den bzw. die **Absender**, den bzw. die **Empfänger**, den **Ort**, das **Datum**, die **Zeit** sowie die **Form** des Übermittlungsvorgangs (vgl. auch § 39 Abs. 1 PostG).[476]

#### cc) Zeitlicher Geltungsbereich des Postgeheimnisses

519 Das Postgeheimnis gilt vom Zeitpunkt der **Einlieferung** der Sendung bei der Post bis zur **Ablieferung** beim Empfänger.[477]

**Hinweis**

Zur umstrittenen Frage, welches Geheimnis gilt, wenn ein Brief auf dem Postweg übermittelt wird, s.o. Rn. 514.

#### dd) Exkurs: Grundrechtsverpflichtete hinsichtlich des Postgeheimnisses; Schutzpflicht; mittelbare Drittwirkung des Postgeheimnisses

520 An das Postgeheimnis des Art. 10 Abs. 1 Var. 2 GG waren ursprünglich die Deutsche Bundespost und die sonstige öffentliche Gewalt gebunden. Während letztere nach wie vor an das Postgeheimnis gebunden ist, ist nach der Privatisierung der Deutschen Bundespost fraglich, inwieweit die Deutsche Post AG, die an die Stelle der Deutschen Bundespost getreten ist, grundrechtsverpflichtet ist. Die Antwort auf diese Frage ist umstritten: Überwiegend wird eine Grundrechtsverpflichtung unter Hinweis auf die fehlende Staatlichkeit der Deutschen Post AG verneint.[478] Nach anderer Ansicht hängt die Frage, ob die Deutsche Post AG grundrechtsverpflichtet ist, davon ab, in welchem Umfang der Staat an diesem Unternehmen beteiligt ist.[479] Geht man mit der überwiegenden Auffassung davon aus, dass die Deutsche Post AG nicht grundrechtsverpflichtet ist, erwächst der öffentlichen Gewalt aus Art. 10 Abs. 1

475 Vgl. *Kingreen/Poscher* Grundrechte Rn. 891.
476 Vgl. *BVerfGE* 67, 157.
477 Vgl. *Kingreen/Poscher* Grundrechte Rn. 891.
478 Vgl. Dreier-*Hermes* Art. 10 Rn. 49.
479 Vgl. *BVerwGE* 113, 208.

GG heute vor allem eine **Schutzpflicht**, die darin besteht, die postalisch übermittelte Kommunikation vor Zugriffen durch private Dritte zu schützen.[480] Zur Erfüllung dieser Schutzpflicht tragen die §§ 39 ff. PostG bei.

Das Postgeheimnis des Art. 10 Abs. 1 Var. 2 GG strahlt in das Privatrecht aus; es gilt **mittelbar** 521
über die Verträge, die die Deutsche Post AG und ihre Benutzer schließen; die Deutsche Post AG muss aufgrund dieser Verträge sicherstellen, dass das Post- und das Briefgeheimnis gewahrt bleiben.[481]

### c) Fernmeldegeheimnis (Art. 10 Abs. 1 Var. 3 GG)

Das Fernmeldegeheimnis des Art. 10 Abs. 1 Var. 3 GG gewährleistet Schutz vor staatlichen Ein- 522
griffen bei der **unkörperlichen Übermittlung von Mitteilungen mit Hilfe des Fernmeldeverkehrs** (Telekommunikation).[482] Ob das Fernmeldegeheimnis sachlich einschlägig ist, prüfen Sie in drei Schritten:

#### aa) Begriff des Fernmeldeverkehrs

> **Fernmeldeverkehr** ist die Übertragung erkennbar individueller Mitteilungen, unabhängig 523
> davon, in welcher Form sie zum Ausdruck kommen (z.B. Sprache, Bild, Ton, Zeichen), mittels elektrischer, elektromagnetischer, optischer, funktechnischer, analoger oder digitaler Signale.

Zu den klassischen Übertragungsformen gehören vor allem der Telefon-, Telegramm- und Funkverkehr; zu den modernen Übertragungsformen zählen z.B. der Mobilfunk und das Satellitenfunksystem.

#### bb) Gewährleistungsumfang

Das Fernmeldegeheimnis schützt neben dem **Inhalt** der Kommunikation auch die näheren 524
Umstände der im Fernmeldeverkehr übertragenen Mitteilung. Zu diesen sog. **Verkehrsdaten** gehört vor allem die Tatsache, ob und wann sowie welche Personen über welche Fernmeldeanschlüsse Fernmeldeverkehr durchgeführt haben.[483] Außerdem erstreckt sich der Schutz des Fernmeldegeheimnisses **gegen staatliche Auskunftsersuchen**, die darauf gerichtet sind, Daten über erfolgten Fernmeldeverkehr, die bei Telekommunikationsunternehmen gespeichert sind, zu erlangen.[484] Das Fernmeldegeheimnis gewährleistet die **Vertraulichkeit von Mitteilungen beim Übertragungsvorgang**,[485] also die Vertraulichkeit konkreter Telekommunikationsvorgänge. Demgegenüber umfasst sein Schutz nicht allgemein alle Informationen, die das Telekommunikationsverhalten oder insgesamt die Beziehungen zwischen den Telekommunikationsdiensteanbietern und ihren Kunden betreffen. Vor allem schützt das Fernmeldegeheimnis nicht die Vertraulichkeit der jeweiligen Umstände der Bereitstellung von Telekommunikationsdienstleistungen wie z.B. die Zuordnung der von den Diensteanbietern vergebenen Telekommunikationsnummern zu bestimmten Anschlussinhabern.[486]

---

480 Vgl. *BVerfGE* 106, 28.
481 Vgl. zum Ganzen *Hufen* Staatsrecht II § 17 Rn. 19.
482 Vgl. *Manssen* Staatsrecht II Rn. 580.
483 Vgl. *BVerfGK* 9, 399.
484 Vgl. *BVerfGE* 107, 299.
485 Vgl. *BVerfGE* 85, 386.
486 Vgl. zum Ganzen *BVerfGE* 130, 151.

» Denken Sie hier an die Ausstrahlungswirkung der Grundrechte! «

525 Nicht vom Fernmeldegeheimnis geschützt ist auch die Bestimmung des Standorts einer Person über die Bestimmung des Standorts ihres Kommunikationsgeräts.[487] Eine solche Standortbestimmung erfolgt ohne Bezug zu einem Kommunikationsvorgang. Nicht geschützt ist ferner der Fall, dass der Teilnehmer eines Fernmeldeverkehrsvorgangs einem Dritten die Möglichkeit gewährt, von dem Vorgang Kenntnis zu erlangen.

**Beispiel**[488] A und B streiten über das wirksame Zustandekommen eines Kaufvertrags. Das entscheidende Gespräch über den Vertragsschluss wurde am Telefon geführt. Bei diesem Gespräch hatte B – ohne Wissen des A – an seinem Telefon den Lautsprecher eingestellt, damit seine Ehefrau G das Gespräch mithören kann. Nun soll sie als Zeugin aussagen. – Das Fernmeldegeheimnis schützt das Vertrauen, das zur Übermittlung einer Information verwendete Kommunikationsmittel zu nutzen, nicht aber das Vertrauen der Kommunikationspartner zueinander. In unserem *Beispiel* ist das Recht des A am gesprochenen Wort aus Art. 2 Abs. 1 i.V.m. Art. 1 Abs. 1 GG berührt. Dieses Recht gewährleistet A die Selbstbestimmung über die Darstellung seiner Person in der Kommunikation mit anderen und erstreckt sich auch auf die Auswahl der Personen, die Kenntnis von Inhalt eines Gesprächs erhalten sollen. Das Grundgesetz gewährleistet somit Schutz dagegen, dass Gespräche heimlich aufgenommen und ohne oder sogar gegen den Willen des Sprechenden verwertet werden. Das Recht am gesprochenen Wort gewährleistet A auch, dass sein Kommunikationspartner nicht ohne seine Kenntnis eine dritte Person als Zuhörer in das Gespräch mit einbezieht oder der dritten Person die unmittelbare Kommunikationsteilhabe gestattet. Die Zeugenaussage der G wäre vor Gericht wegen Verletzung des Grundrechts des A am gesprochenen Wort nach alledem nicht verwertbar. ■

### cc) Zeitlicher Geltungsbereich des Fernmeldegeheimnisses

526 Da das Fernmeldegeheimnis die Vertraulichkeit von Mitteilungen beim Kommunikationsvorgang schützt, gilt es in zeitlicher Hinsicht nur **während des Kommunikationsvorgangs**. Nur in dieser Zeit sind die Teilnehmer des Kommunikationsvorgangs den Gefahren ausgesetzt, die sich aus der Verwundbarkeit des Kommunikationsvorgangs ergeben und vor denen das Fernmeldegeheimnis schützen soll. Nach dem Zugang der Mitteilung unterscheiden sich die übermittelten Informationen nicht mehr von anderen Informationen.[489]

**Beispiel** Während der Speicherung von E-Mails im Postfach eines Providers liegt ein Telekommunikationsvorgang vor.[490] ■

### dd) Exkurs: Grundrechtsverpflichtete hinsichtlich des Fernmeldegeheimnisses; Schutzpflicht; mittelbare Drittwirkung des Fernmeldegeheimnisses

527 Nicht nur der Markt für das Postwesen, sondern auch der Markt für Telekommunikation ist inzwischen privatisiert worden. Die als Nachfolgeunternehmen der Deutschen Bundespost in diesem Bereich tätige Deutsche Telekom AG befindet sich in erheblichem Umfang bereits in

487 Vgl. *BVerfGK* 9, 62 – IMSI-Catcher, Handy-Ortung.
488 Nach *BVerfGE* 106, 28.
489 Vgl. zum Ganzen *BVerfGE* 115, 166.
490 Vgl. *BVerfGE* 124, 43; a.A. *BGH* NJW 2009, 1828.

privater Hand. Während die sonstigen Organe der öffentlichen Gewalt weiterhin an das Fernmeldegeheimnis gebunden sind, ist dies im Hinblick auf die Deutsche Telekom AG streitig. Bezüglich Einzelheiten, auch mit Blick auf Schutzpflichten (vgl. insoweit §§ 88 ff. TKG; §§ 11 ff. TMG) und die mittelbare Drittwirkung des Fernmeldegeheimnisses, kann auf die Ausführungen zur Rechtslage bei der Deutschen Post AG oben (Rn. 520), die hier entsprechend gelten, verwiesen werden.

### 2. Persönlicher Schutzbereich

**528** Das Grundrecht aus Art. 10 Abs. 1 GG stellt ein Jedermann-Grundrecht dar. In den persönlichen Schutzbereich des Grundrechts fallen daher alle **natürlichen Personen**[491] sowie **juristische Personen i.S.d. Art. 19 Abs. 3 GG.**[492] Auch **öffentlich-rechtliche Rundfunkanstalten** können sich auf das Fernmeldegeheimnis berufen.[493] Nach wohl h.M. sind jedoch **Unternehmen, die die Übertragung von Mitteilungen per Brief, Post oder Fernmeldeverkehr durchführen, nicht** grundrechtsberechtigt. Zur Begründung wird vorgebracht, das Brief-, Post- und Fernmeldegeheimnis diene dem Interesse der Kommunikationsteilnehmer und nicht dem Kommunikationsunternehmen als Kommunikationsmittler.[494]

## III. Eingriff in den Schutzbereich

**529** Ist der Schutzbereich des Grundrechts aus Art. 10 Abs. 1 GG eröffnet, prüfen Sie nun, ob ein Eingriff in den Schutzbereich vorliegt. Als Eingriff in das Grundrecht aus Art. 10 Abs. 1 GG kommen **alle staatlichen Maßnahmen** in Betracht, die das **Recht der individuellen Kommunikation unmittelbar oder mittelbar beeinträchtigen**.

**Beispiele** Speicherung und Verwendung von Verkehrsdaten nach dem TKG (sog. „Vorratsdatenspeicherung“);[495] Postkontrolle bei Häftlingen nach dem StrVollG;[496] Sicherstellung und Beschlagnahme von E-Mails auf dem Mailserver des Providers;[497] uneingeschränkte Einbeziehung von unter Eingriff in Art. 10 Abs. 1 GG erhobenen Daten in eine Antiterrordatei.[498] ■

**530** Umstritten ist, ob es sich bei sog. **betriebsbedingten Maßnahmen** um einen Eingriff handelt.

**Beispiel** Die Deutsche Post AG öffnet eine als Einschreiben aufgegebene, unzustellbare Briefsendung, weil der Absender nicht anders zu ermitteln ist. – Ob es sich bei dieser Maßnahme um einen Eingriff in das Brief- bzw. Postgeheimnis handelt, kann regelmäßig dahinstehen, weil sie regelmäßig ausdrücklich gesetzlich vorgesehen und damit verfassungsrechtlich gerechtfertigt bzw. erlaubt ist (vgl. z.B. § 39 Abs. 4 Nr. 3 PostG). ■

---

491 Vgl. *BVerfGE* 100, 313.
492 Vgl. *BVerfGE* 106, 28.
493 Vgl. *BVerfGE* 107, 299.
494 Vgl. *Kingreen/Poscher* Grundrechte Rn. 890, 894, 897.
495 *BVerfGE* 122, 120; 124, 299; 125, 260.
496 *BVerfGE* 33, 1 – Strafgefangene.
497 *BVerfGE* 124, 43.
498 Vgl. *BVerfGE* 133, 277 – Antiterrordatei.

## IV. Verfassungsrechtliche Rechtfertigung des Eingriffs

531 Liegt ein Eingriff in den Schutzbereich des Art. 10 Abs. 1 GG vor, stellt sich die Frage nach seiner verfassungsrechtlichen Rechtfertigung. Die verfassungsrechtliche Rechtfertigung untersuchen Sie in zwei Schritten:

### 1. Beschränkbarkeit (Schranken)

#### a) Einfacher Gesetzesvorbehalt des Art. 10 Abs. 2 S. 1 GG

532 Das Grundrecht aus Art. 10 Abs. 1 GG steht unter dem **einfachen Gesetzesvorbehalt** des Art. 10 Abs. 2 S. 1 GG. An die **Bestimmtheit** hierauf gestützter gesetzlicher Regelungen stellt das *Bundesverfassungsgericht* **strenge Anforderungen**: Anlass, Zweck und Grenzen des Eingriffs müssen in der gesetzlichen Ermächtigung bereichsspezifisch, präzise und normenklar festgelegt werden, damit der betroffene Bürger sein Verhalten danach ausrichten kann, die Exekutive für ihr Handeln steuernde und begrenzende Handlungsmaßstäbe hat und die Gerichte eine Rechtskontrolle durchführen können.[499]

**Beispiele** §§ 94 ff., 99 ff., 100g ff. StPO, §§ 28–33 StVollzG, § 90 TKG, § 40 PostG und die Regelungen des Artikel 10-Gesetzes füllen den Gesetzesvorbehalt des Art. 10 Abs. 2 S. 1 GG aus. ■

#### b) Besonderer Gesetzesvorbehalt des Art. 10 Abs. 2 S. 2 GG

533 Art. 10 Abs. 2 S. 2 GG ist im Zusammenhang mit Art. 10 Abs. 2 S. 1 GG zu sehen. Satz 2 **erweitert** die in Satz 1 vorgesehene Beschränkbarkeit. Art. 10 Abs. 2 S. 2 GG enthält als einen besonderen Gesetzesvorbehalt die sog. **Staatsschutzklausel**. Diese wurde im Rahmen der Notstandsgesetze 1968 in das Grundgesetz aufgenommen. Der Gesetzgeber hat von der dort eingeräumten Ermächtigung Gebrauch gemacht und das Gesetz zur Beschränkung des Brief-, Post- und Fernmeldegeheimnisses **(Artikel 10-Gesetz)** erlassen. In Staatsschutzangelegenheiten, d.h. in Fällen, in denen eine grundrechtsbeeinträchtigende Maßnahme der öffentlichen Gewalt dem Schutz der freiheitlich-demokratischen Grundordnung oder des Bestandes oder der Sicherung des Bundes oder eines Landes dient, kann die öffentliche Gewalt ohne Mitteilung gegenüber dem Betroffenen in den Schutzbereich des Art. 10 Abs. 1 GG eingreifen. In diesen Fällen kann das Gesetz bestimmen, dass die Maßnahme nicht auf dem Rechtsweg, sondern von anderen bestimmten Stellen nachgeprüft wird.

534 Um mit Art. 10 Abs. 1 GG vereinbar zu sein, muss das grundrechtsbeschränkende Gesetz jedoch **restriktiv** ausgelegt werden.[500] Der Ausschluss der Benachrichtigung des Betroffenen und des Rechtswegs müssen zur Erreichung des mit der Maßnahme verfolgten Zwecks erforderlich sein. Die begehrten Informationen dürfen demnach nicht auf andere Weise gewonnen werden können.[501] Die Benachrichtigung des Betroffenen muss nachgeholt werden, wenn dies den Zweck der Maßnahme nicht gefährdet.[502] Die Nachprüfung der Maßnahme

499 *BVerfGE* 110, 33.
500 Vgl. dazu näher *BVerfGE* 30, 1 – Abhörurteil; 67, 157.
501 Vgl. *BVerfGE* 67, 157.
502 Vgl. *BVerfGE* 30, 1 – Abhörurteil.

muss durch unabhängige und nicht weisungsgebundene Organe der öffentlichen Gewalt erfolgen[503] sowie materiell und verfahrensmäßig der gerichtlichen Kontrolle gleichwertig sein.[504]

### 2. Verhältnismäßigkeit (Schranken-Schranke)

Jede Beschränkung des Grundrechts aus Art. 10 Abs. 1 GG muss schließlich verhältnismäßig sein.[505] 535

## M. Freizügigkeit (Art. 11 GG)

### I. Überblick

Art. 11 Abs. 1 GG gewährleistet allen Deutschen Freizügigkeit im ganzen Bundesgebiet. In dieses Grundrecht darf gemäß Art. 11 Abs. 2 GG nur durch Gesetz oder aufgrund eines Gesetzes eingegriffen werden. Das Grundrecht auf Freizügigkeit prüfen Sie wie folgt: 536

#### Freizügigkeit (Art. 11 GG)

PRÜFUNGSSCHEMA

**I. Eröffnung des Schutzbereichs**
- 1. Sachlicher Schutzbereich
  - a) Begriff der Freizügigkeit
    - aa) Wohnsitz
    - bb) Aufenthalt
      - Vorübergehendes Verweilen an einem Ort Rn. 541
  - b) Gewährleistungsumfang
    - aa) Fortbewegung zwecks Ortswechsels
    - bb) Formen der Freizügigkeit
    - cc) Einreise- und Einwanderungsfreiheit
    - dd) Mitnahme der persönlichen Habe
    - ee) Negative Freizügigkeit
- 2. Persönlicher Schutzbereich

**II. Eingriff in den Schutzbereich**

**III. Verfassungsrechtliche Rechtfertigung des Eingriffs**
- 1. Beschränkbarkeit (Schranken)
  - a) Art. 11 Abs. 2 GG
  - b) Art. 17a Abs. 2 GG
- 2. Verhältnismäßigkeit (Schranken-Schranke)

---

503 Vgl. *BVerfGE* 67, 157.

504 Vgl. *BVerfGE* 30, 1 – Abhörurteil.

505 Vgl. *BVerfGE* 67, 157.

## II. Eröffnung des Schutzbereichs

537 Ihre Grundrechtsprüfung beginnen Sie mit der Frage, ob der sachliche Schutzbereich und der persönliche Schutzbereich des Grundrechts aus Art. 11 Abs. 1 GG eröffnet sind.

### 1. Sachlicher Schutzbereich

538 Die Eröffnung des sachlichen Schutzbereichs prüfen Sie in zwei Schritten:

#### a) Begriff der Freizügigkeit

539 **Freizügigkeit** bedeutet die Freiheit, an jedem Ort in der Bundesrepublik Deutschland Wohnsitz und Aufenthalt zu nehmen.

#### aa) Wohnsitz

540 **Wohnsitz** ist die ständige Niederlassung an einem Ort mit dem Willen, nicht nur vorübergehend zu bleiben und den Ort zum Mittelpunkt der Lebensverhältnisse zu machen.

Der Begriff des Wohnsitzes wird damit in Anlehnung an § 7 BGB definiert.[506]

#### bb) Aufenthalt

541 **Aufenthalt** bedeutet das vorübergehende Verweilen an einem Ort.

Bei der Bestimmung eines Aufenthalts ist umstritten, wann ein vorübergehendes Verweilen an einem Ort vorliegt. Die Meinungen gehen in diesem Punkt bereits im Ansatz auseinander: Nach einer Ansicht soll die Dauer für die Bestimmung des Aufenthalts maßgeblich sein, während nach anderer Ansicht entscheidend sein soll, welche Relevanz der Aufenthalt für den Grundrechtsberechtigten hat.

» Lesen Sie § 7 BGB! Denken Sie wieder daran, dass ein einfachgesetzlich definierter Begriff nicht einen Begriff des höherrangigen Verfassungsrechts verbindlich definieren kann! «

**Beispiel** L und seine Freunde fahren acht Tage in die deutschen Alpen und wohnen dort in einer Berghütte. Von dort aus unternehmen sie viele Wanderungen. ■

Unter den Vertretern der Ansicht, die für die Bestimmung des Aufenthalts die Dauer als ausschlaggebend ansehen, reichen die einzelnen Meinungen innerhalb dieser Ansicht von wenigen Minuten über ein Verweilen mit mindestens einer Übernachtung bis zur Schaffung eines neuen und dauernden Lebensmittelpunktes. Die wohl h.M. innerhalb dieser Ansicht fordert eine gewisse Mindestdauer, so dass ein bloß flüchtiges Verweilen jedenfalls nicht genügt, um einen Aufenthalt zu begründen. Auf der Grundlage dieser Ansicht haben L und seine Freunde angesichts ihres achttägigen Verweilens Aufenthalt in den deutschen Alpen begründet. – Soweit im Schrifttum verschiedentlich nicht die Dauer, sondern die Relevanz für die Bestimmung des Aufenthalts für maßgeblich erachtet wird, wird z.B. vorgeschlagen, der Aufenthalt müsse für die Persönlichkeit des Grundrechtsberechtigten von Bedeutung sein.[507]

506 Vgl. *Kingreen/Poscher* Grundrechte Rn. 915.
507 Vgl. v. Münch/Kunig-*Kunig* Art. 11 Rn. 13 (einschränkend dann aber Rn. 14: zeitliche Dauer als Indiz für die notwendige objektive Gesamtbetrachtung).

Auf der Grundlage dieser Ansicht haben L und seine Freunde Aufenthalt begründet, soweit man davon ausgeht, dass das Verweilen in den deutschen Alpen für L und seine Freunde von Relevanz ist.

**JURIQ-Klausurtipp**

Sollte dieser Punkt in der Fallbearbeitung einmal problematisch sein, ist es wichtig, dass Sie die verschiedenen Meinungen kennen. Schließen Sie sich der Ansicht an, die für die Bestimmung des Aufenthalts auf seine Dauer abstellt, sollten Sie grundsätzlich mit der wohl h.M. davon ausgehen, dass eine gewisse Mindestdauer für die Begründung eines Aufenthalts notwendig ist. Hierfür spricht auch die Abgrenzung des Art. 11 Abs. 1 GG zu Art. 2 Abs. 2 S. 2 GG: Die durch Art. 2 Abs. 2 S. 2 GG geschützte **körperliche Bewegungsfreiheit** betrifft den **Aufenthalt um der Fortbewegung willen**, während die Freizügigkeit aus Art. 11 Abs. 1 GG umgekehrt die **Fortbewegung um des Aufenthalts willen** erfasst.[508]

### b) Gewährleistungsumfang

#### aa) Fortbewegung zwecks Ortswechsels

Art. 11 Abs. 1 GG gewährleistet die **„Freiheit des Ziehens"**.[509] Der grundrechtliche Schutz der 542
Freizügigkeit bezieht sich auf die Fortbewegung zum Zwecke des Ortswechsels, d.h. auf die zum Ortswechsel führende Fortbewegung.

**Beispiel** P verlegt seine Wohnung von Berlin nach Köln. Die Freizügigkeit schützt P in seiner Freiheit, von Berlin nach Köln zu ziehen, d.h. in seiner Freiheit, sich von Berlin nach Köln zu bewegen, um in Köln seinen Wohnsitz zu begründen. ■

**Hinweis**

Sie sehen: Bei der Freizügigkeit bilden **Aufenthalt** und **Wohnsitz** also (nur) die jeweiligen **Endpunkte der Fortbewegung**.

#### bb) Formen der Freizügigkeit

Gelegentlich finden Sie die Unterscheidung zwischen interterritorialer, interkommunaler und 543
interlokaler Freizügigkeit.

##### (1) Interterritoriale Freizügigkeit

**Interterritoriale Freizügigkeit** meint den freien Zug im Bundesgebiet über die Landes- 544
grenzen hinweg.

**Beispiel** G verlegt seine Wohnung von Bremen nach Stuttgart. ■

508 Vgl. *Kingreen/Poscher* Grundrechte Rn. 916.
509 Vgl. *Kingreen/Poscher* Grundrechte Rn. 919.

### (2) Interkommunale Freizügigkeit

545 **Interkommunale Freizügigkeit** bedeutet den freien Zug von einer Gemeinde zu einer anderen Gemeinde.

**Beispiel** G verlegt seine Wohnung von Schwerin nach Rostock. ■

### (3) Interlokale Freizügigkeit

546 **Interlokale Freizügigkeit** meint den freien Zug innerhalb einer Gemeinde.

**Beispiel** G verlegt seine Wohnung von Berlin-Mitte nach Berlin-Charlottenburg. ■

**Hinweis**

Bei dieser Einteilung handelt es sich lediglich um eine Typisierung. Keinesfalls ergibt sich aus dieser Unterscheidung eine Begrenzung des sachlichen Schutzbereichs der Freizügigkeit. Der Begriff des Ortswechsels ist **weit** zu verstehen.

### cc) Einreise- und Einwanderungsfreiheit

547 Um die Freizügigkeit im Bundesgebiet ausüben zu können, kann es notwendig sein, zunächst in die Bundesrepublik einzureisen. Das Grundrecht aus Art. 11 Abs. 1 GG gewährleistet daher nach h.M. auch die **Einreisefreiheit**, um Aufenthalt in der Bundesrepublik zu nehmen, sowie die **Einwanderungsfreiheit**, um Wohnsitz in der Bundesrepublik zu nehmen.[510] Umgekehrt gewährt die Freizügigkeit jedoch **nicht** das **Recht**, **auszureisen**, d.h. das Bundesgebiet zu verlassen, um im Ausland einen Aufenthalt zu begründen, oder **auszuwandern**, d.h. das Bundesgebiet zu verlassen, um im Ausland einen Wohnsitz zu begründen.[511] Grund hierfür ist, dass die Endpunkte dieser Ortswechsel nicht in der Bundesrepublik liegen.

### dd) Mitnahme der persönlichen Habe

548 Die Freizügigkeit garantiert in erster Linie die Fortbewegung zwecks Ortswechsels. Darüber hinaus gewährleistet sie aber auch das **Recht**, die **persönliche Habe beim Ortswechsel mitzunehmen**.

### ee) Negative Freizügigkeit

549 Das Grundrecht aus Art. 11 Abs. 1 GG schützt nicht nur positiv die Freiheit des Ziehens, sondern auch negativ die **Freiheit, nicht zu ziehen**. Geschützt ist damit auch das Recht, Wohnsitz oder Aufenthalt nicht aufzugeben oder zu wechseln.

510 Vgl. *Kingreen/Poscher* Grundrechte Rn. 920.
511 Vgl. *BVerfGE* 6, 32.

### 2. Persönlicher Schutzbereich

Das Grundrecht auf Freizügigkeit ist nach seinem Wortlaut („Alle Deutschen") ein Deutschengrundrecht. In den persönlichen Schutzbereich fallen daher **alle Deutschen i.S.d. Art. 116 GG** (s.a. Rn 104f.). Grundrechtsberechtigt sind auch **juristische Personen i.S.d. Art. 19 Abs. 3 GG** (s.a. Rn 85). 550

## III. Eingriff in den Schutzbereich

Ist der Schutzbereich der Freizügigkeit eröffnet, prüfen Sie nun, ob ein Eingriff in den Schutzbereich vorliegt. Eingriffe liegen bei **allen staatlichen Maßnahmen** vor, **die die Freizügigkeit behindern oder beeinträchtigen**. Dazu gehören vor allem **imperative Beeinträchtigungen** der Freizügigkeit, wozu Fälle gehören, in denen die Ausübung der Freizügigkeit von Bedingungen, Genehmigungen oder Nachweisen abhängig gemacht wird.[512] Auch **faktische oder mittelbare Beeinträchtigungen** können Eingriffsqualität haben, wenn sie in ihrer Zielsetzung und ihrer Wirkung einer imperativen Beeinträchtigung gleichkommen. 551

**Beispiel** Eine gesetzliche Regelung bestimmt, dass Spätaussiedlern Sozialhilfe entzogen wird, wenn sie nicht den ihnen zugewiesenen Ort als ständigen Aufenthalt nehmen.[513] ■

## IV. Verfassungsrechtliche Rechtfertigung des Eingriffs

Liegt ein Eingriff in den Schutzbereich des Grundrechts auf Freizügigkeit vor, untersuchen Sie in zwei Schritten, ob der Eingriff verfassungsrechtlich gerechtfertigt ist: 552

### 1. Beschränkbarkeit (Schranken)

#### a) Art. 11 Abs. 2 GG

Das Grundrecht auf Freizügigkeit unterliegt dem **qualifizierten Gesetzesvorbehalt** des Art. 11 Abs. 2 GG. Dort sind **abschließend** fünf Fälle genannt, in denen die Freizügigkeit durch Gesetz oder aufgrund eines Gesetzes beschränkt werden kann. Die einzelnen Fälle sollen hier nicht im Einzelnen behandelt werden. Insoweit genügt eine aufmerksame Lektüre des Verfassungstextes! 553

#### b) Art. 17a Abs. 2 GG

Einen weiteren **qualifizierten Gesetzesvorbehalt** für das Grundrecht auf Freizügigkeit enthält Art. 17a Abs. 2 GG im Hinblick auf Gesetze, die der Verteidigung einschließlich des Schutzes der Zivilbevölkerung dienen. 554

### 2. Verhältnismäßigkeit (Schranken-Schranke)

Alle Beschränkungen der Freizügigkeit müssen verhältnismäßig sein. 555

---

512 Vgl. *BVerfGE* 2, 266.
513 Vgl. *BVerfGE* 110, 177.

# N. Berufsfreiheit, Arbeitszwang, Zwangsarbeit (Art. 12 GG)

## I. Überblick

556 Art. 12 GG enthält in seinen Absätzen 1 bis 3 mehrere Grundrechte. In Wissenschaft und Praxis ist die Berufsfreiheit aus Art. 12 Abs. 1 GG von besonderer Bedeutung. Diese Bestimmung sollten Sie bei Ihrer Prüfungsvorbereitung intensiv durcharbeiten, weil sie generell sehr prüfungsrelevant ist. Art. 12 Abs. 2 und Abs. 3 GG ergänzen Absatz 1 und garantieren die Freiheit von Arbeitszwang und Zwangsarbeit. Ihre grundrechtliche Verbürgung resultiert aus den Ereignissen während des Nationalsozialismus.[514] Mit diesen beiden Grundrechten werden wir uns in diesem Skript nicht befassen.[515]

557 Anders als der Wortlaut des Art. 12 Abs. 1 GG vermuten lässt, handelt es sich bei den in Art. 12 Abs. 1 S. 1 GG genannten Freiheiten der Berufswahl, der Wahl des Ausbildungsplatzes und der Wahl der Ausbildungsstätte sowie der in Satz 2 erwähnten Berufsausübung nicht um vier eigenständige Grundrechte, sondern nach ständiger Rechtsprechung des *Bundesverfassungsgerichts* um ein **einheitliches Grundrecht der Berufsfreiheit mit mehreren Teilgewährleistungen**.[516]

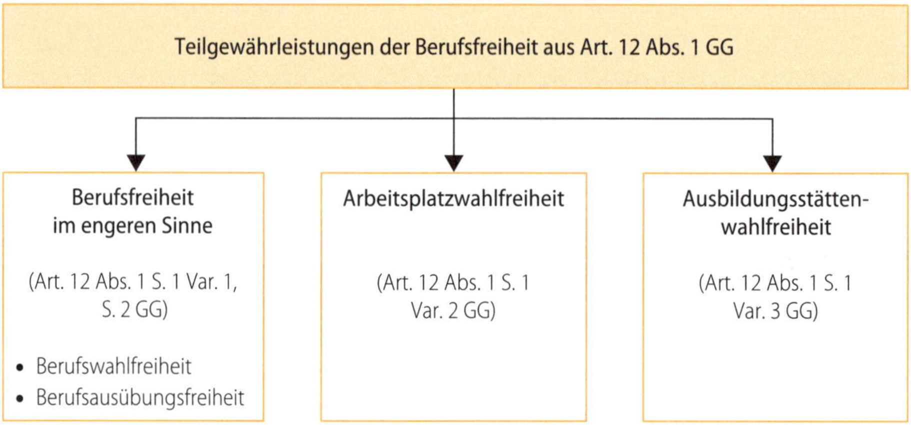


558 Dies hat Konsequenzen für die Beschränkbarkeit der einzelnen Teilgewährleistungen: Während nach dem Wortlaut des Art. 12 Abs. 1 GG nur die Freiheit der Berufsausübung (Satz 2) einem Gesetzesvorbehalt unterliegt, erstreckt das *Bundesverfassungsgericht* den Gesetzesvorbehalt des Satz 2 wegen des engen sachlichen Zusammenhangs zwischen Berufswahl und Berufsausübung auch auf die Teilgewährleistungen des Satz 1 GG.

**Hinweis**

Die Unterscheidung zwischen Berufswahl („Ob") und Berufsausübung („Wie") wird nach der Konzeption des *Bundesverfassungsgerichts*, die von der ganz h.A. im Schrifttum getragen wird, damit erst bei der Frage der verfassungsrechtlichen Rechtfertigung von staatlichen Eingriffen in die Berufsfreiheit relevant (s.u. Rn. 585 ff.).

---

514 Vgl. *BVerfGE* 22. 380.

515 Vgl. dazu etwa *Kingreen/Poscher* Grundrechte Rn. 996 ff.

516 Vgl. grundlegend *BVerfGE* 7, 377 – Apothekenurteil.

Neben seiner klassischen Funktion als **Abwehrrecht** hat die Berufsfreiheit auch Bedeutung als **Leistungsrecht**. Außerdem verpflichtet es die öffentliche Gewalt, die grundrechtlichen Gewährleistungen durch geeignete **Ausgestaltung von Verfahren** zu unterstützen. Diese Verpflichtung hat vor allem in Prüfungsverfahren besondere Bedeutung erlangt. Schließlich strahlt die Berufsfreiheit in das Privatrecht aus und hat hier erhebliche Bedeutung.[517] 559

Art. 12 Abs. 1 GG prüfen Sie wie folgt: 560

### Berufsfreiheit (Art. 12 Abs. 1 GG)

PRÜFUNGSSCHEMA

**I. Eröffnung des Schutzbereichs**
- 1. Sachlicher Schutzbereich
  - a) Berufsfreiheit im engeren Sinne (Art. 12 Abs. 1 S. 1 Var. 1 und S. 2 GG)
    - aa) Begriff des Berufs
    - bb) Gewährleistungsumfang
      - (1) Berufswahlfreiheit
      - (2) Berufsausübungsfreiheit
  - b) Arbeitsplatzwahlfreiheit (Art. 12 Abs. 1 S. 1 Var. 2 GG)
    - aa) Begriff des Arbeitsplatzes
    - bb) Gewährleistungsumfang
  - c) Ausbildungsstättenwahlfreiheit (Art. 12 Abs. 1 S. 1 Var. 3 GG)
    - aa) Begriff der Ausbildungsstätte
    - bb) Gewährleistungsumfang
- 2. Persönlicher Schutzbereich

**II. Eingriff in den Schutzbereich**

**III. Verfassungsrechtliche Rechtfertigung des Eingriffs**
- 1. Beschränkbarkeit (Schranke)
  - a) Einheitlicher Regelungsvorbehalt des Art. 12 Abs. 1 S. 2 GG
  - b) Regelungsvorbehalt als Gesetzesvorbehalt
- 2. Verhältnismäßigkeit (Drei-Stufen-Theorie) (Schranken-Schranke)

## II. Eröffnung des Schutzbereichs

Ihre Grundrechtsprüfung beginnen Sie mit der Untersuchung, ob der sachliche Schutzbereich und der persönliche Schutzbereich der Berufsfreiheit eröffnet sind. 561

### 1. Sachlicher Schutzbereich

Bei der Prüfung, ob der sachliche Schutzbereich der Berufsfreiheit eröffnet ist, unterscheiden Sie die vier Teilgewährleistungen: 562

**JURIQ-Klausurtipp**

In der Fallbearbeitung versteht sich von selbst, dass Sie nur die Teilgewährleistung(en) untersuchen, die nach den Angaben im Sachverhalt einschlägig sein könnte(n).

517 Vgl. zu den einzelnen Punkten mit Beispielen *Manssen* Staatsrecht II Rn. 670 ff.

### a) Berufsfreiheit im engeren Sinne (Art. 12 Abs. 1 S. 1 Var. 1 und S. 2 GG)

563 Die Berufsfreiheit im engeren Sinne prüfen Sie in zwei Schritten:

#### aa) Begriff des Berufs

564 „Beruf" ist der zentrale Begriff des Art. 12 Abs. 1 GG und wird wie folgt definiert:

> **Beruf** ist jede Tätigkeit, die auf Dauer angelegt ist und der Schaffung und Erhaltung einer Lebensgrundlage dient bzw. hierzu beiträgt.

565 Die Tätigkeit muss auf eine **gewisse Dauer** angelegt sein,[518] wobei diese Voraussetzung **weit** zu verstehen ist.

**Beispiel 1** T jobbt während der Semesterferien drei Tage pro Woche in einer Anwaltskanzlei. Diese Beschäftigung dient der Überbrückung der Semesterferien. – Die Tätigkeit des T erstreckt sich über einen gewissen Zeitraum und ist daher auf eine gewisse Dauer angelegt. ■

**Beispiel 2** Nach Rücksprache mit der Kanzlei vertritt A in *Beispiel 1* seinen erkrankten Studienfreund T an einem Tag. – Hier erschöpft sich die Tätigkeit des A in einem einmaligen Erwerbsakt, so dass sie nicht auf Dauer angelegt ist. ■

566 Ebenso **weit** zu verstehen ist das Erfordernis, dass die Tätigkeit der **Schaffung und Erhaltung einer Lebensgrundlage dient**[519] bzw. hierzu **beiträgt**.[520]

**Beispiel 1** P arbeitet als Gymnasiallehrerin. – P übt diese Tätigkeit zwecks Schaffung und Erhaltung einer Lebensgrundlage aus. ■

**Beispiel 2** Neben ihrer Tätigkeit als Gymnasiallehrerin gibt P regelmäßig einige Stunden pro Woche Nachhilfe. – Die Tätigkeit als Nachhilfelehrerin übt P als Nebenbeschäftigung aus. Sie trägt zur Schaffung und Erhaltung einer Lebensgrundlage bei. ■

**Beispiel 3** P züchtet Katzen. Nachwuchs verschenkt sie. – Die Zucht der Katzen dient P nicht der Schaffung und Erhaltung einer Lebensgrundlage. Sie betreibt die Zucht vielmehr als Hobby. ■

567 **Unerheblich** ist, ob es sich um eine **selbständig** oder **unselbständig** ausgeübte Tätigkeit handelt.[521] Es kann sich auch um eine Tätigkeit handeln, die **innerhalb des öffentlichen Dienstes oder in besonders enger Nähe zu ihm** (z.B. Notar) ausgeübt wird. **Unerheblich** ist, ob die Tätigkeit **gesetzlich erlaubt** ist.[522]

**Beispiel** W repariert am Wochenende das Auto seines Bekannten, der ihm unter der Hand 100,– € dafür gibt. – Schwarzarbeit ist gesetzlich verboten. Dies ändert jedoch nichts daran, dass W mit der Autoreparatur eine an sich erlaubte Tätigkeit ausübt und nur die steuer- und sozialversicherungsrechtlich geschuldeten Abgaben nicht abführt. Es liegt ein Beruf vor, dessen Ausübung allerdings steuer- und abgabenrechtlich geregelt ist.[523] ■

---

518 Vgl. *BVerfGE* 32, 1.
519 Vgl. *BVerfGE* 7, 377 – Apothekenurteil.
520 Vgl. *BVerfGE* 54, 301.
521 Vgl. *BVerfGE* 7, 377 – Apothekenurteil.
522 Vgl. *BVerfGE* 115, 276 – Sportwetten.
523 Vgl. *Kingreen/Poscher* Grundrechte Rn. 938.

Der Berufsbegriff wird denkbar **weit** verstanden. Erfasst werden nicht nur **traditionell oder rechtlich fixierte Berufsbilder**, sondern auch **aktuelle und frei gewählte Berufe**, aus denen sich wieder neue Berufsbilder ergeben können. Einschränkend wird jedoch z.T. gefordert, die Tätigkeit dürfe nicht schlechthin gemeinschaftsschädlich sein.[524] Schlechthin gemeinschaftsschädliche Berufe wären z.B. Berufskiller, Menschenhändler, Drogenhändler. 568

#### bb) Gewährleistungsumfang

#### (1) Berufswahlfreiheit

Die Berufsfreiheit im engeren Sinne gewährleistet die **freie Wahl eines Berufs** (Art. 12 Abs. 1 S. 1 Var. 1 GG), d.h. die Entscheidung, ob ein Beruf und ggf. welcher Beruf ergriffen wird („Ob"). Die Berufswahlfreiheit beschränkt sich dabei nicht auf das Recht, nur einen einzelnen Beruf zu wählen; vielmehr umfasst sie grundsätzlich auch das Recht, mehrere Berufe nebeneinander zu wählen.[525] – Ebenso geschützt ist negativ die **Freiheit**, einen **Beruf nicht zu wählen** bzw. nicht mehrere Berufe nebeneinander zu wählen. 569

#### (2) Berufsausübungsfreiheit

Neben der Berufswahlfreiheit gewährleistet die Berufsfreiheit im engeren Sinne die **Freiheit**, einen gewählten **Beruf auszuüben**, schützt also das „Wie" der Tätigkeit. Wie bei der Berufswahlfreiheit beschränkt sich die Berufsausübungsfreiheit dabei nicht auf das Recht, nur einen einzelnen Beruf auszuüben; vielmehr umfasst sie grundsätzlich auch das Recht, mehrere Berufe nebeneinander auszuüben.[526] 570

Zur Berufsausübungsfreiheit gehört z.B. das Recht, den Ort, den Umfang, die Dauer, den Inhalt, die äußere Erscheinungsform und die Form der Tätigkeit zu bestimmen; ferner das Recht, das Entgelt für berufliche Leistungen verbindlich auszuhandeln,[527] berufliche Qualifikationen, die erworben wurden, wahrheitsgemäß und angemessen kund zu tun,[528] und zu werben.[529] Für die unternehmerische Tätigkeit ist die Garantie der **Wettbewerbsfreiheit** von besonderer Bedeutung.[530] Die Wettbewerbsfreiheit als Bestandteil der Berufsausübung fällt nach h.M., zu der das *Bundesverfassungsgericht* gehört, unter die Berufsausübungsfreiheit.[531] 571

### b) Arbeitsplatzwahlfreiheit (Art. 12 Abs. 1 S. 1 Var. 2 GG)

Die Eröffnung des sachlichen Schutzbereichs der Arbeitsplatzwahlfreiheit untersuchen Sie ebenfalls in zwei Schritten: 572

#### aa) Begriff des Arbeitsplatzes

Art. 12 Abs. 1 S. 1 Var. 2 GG gewährleistet die **Freiheit**, einen **Arbeitsplatz frei zu wählen**. Arbeitsplatz ist der Ort, an dem eine berufliche Tätigkeit ausgeübt wird. 573

---

524 Vgl. *BVerwGE* 22, 286.
525 Vgl. *BVerfGE* 87, 287.
526 Vgl. *BVerfGE* 87, 287.
527 Vgl. *BVerfGE* 88, 145; 101, 331.
528 Vgl. *BVerfGE* 106, 181 ff.
529 Vgl. *BVerfGE* 40, 371.
530 Vgl. *Kingreen/Poscher* Grundrechte Rn. 941.
531 Vgl. *BVerfGE* 32, 311.

#### bb) Gewährleistungsumfang

574 Die Arbeitsplatzwahlfreiheit verleiht das **Recht**, einen **konkreten Arbeitsplatz nach eigener Wahl anzunehmen, ihn beizubehalten oder ihn aufzugeben.**[532]

**Hinweis**

Für das Verhältnis zwischen der Berufsfreiheit im engeren Sinne und der Arbeitsplatzwahlfreiheit gilt damit: Die Arbeitsplatzwahlfreiheit ist der Berufswahlfreiheit nachgeordnet und der Berufsausübungsfreiheit vorgeschaltet, denn bei der Berufswahl entscheidet der Grundrechtsberechtigte darüber, welchen Beruf er (nicht) ergreifen will; bei der Arbeitsplatzwahl geht es um die Entscheidung darüber, an welcher Stelle der Grundrechtsberechtigte den gewählten Beruf (nicht) ausüben möchte, d.h. entschieden wird hier über eine konkrete Betätigungsmöglichkeit oder ein bestimmtes Arbeitsverhältnis (einschließlich der Wahl des Arbeitgebers). Die Berufsausübungsfreiheit wird erst an dem gewählten Arbeitsplatz relevant.[533]

### c) Ausbildungsstättenwahlfreiheit (Art. 12 Abs. 1 S. 1 Var. 3 GG)

575 Die Eröffnung des sachlichen Schutzbereichs der Ausbildungsstättenwahlfreiheit prüfen Sie ebenfalls wieder in zwei Schritten:

#### aa) Begriff der Ausbildungsstätte

576 **Ausbildungsstätte** ist eine berufsbezogene Einrichtung, die mehr als nur eine allgemeine Schulbildung vermittelt, also der Ausbildung für einen Beruf dient.

**Beispiele** Universitäten, staatlicher Vorbereitungsdienst für angehende Lehrer und Volljuristen, Einrichtungen des zweiten Bildungsweges, weiterführende Schulen, Kultureinrichtungen.[534] ■

#### bb) Gewährleistungsumfang

577 Die Berufsfreiheit des Art. 12 Abs. 1 GG garantiert als weitere Teilgewährleistung die **freie Wahl der Ausbildungsstätte**. Geschützt wird die freie Wahl des Ausbildungsziels und der Zugang zu einer konkreten Ausbildungsstätte,[535] wobei das Recht auf Zugang zu einer konkreten Ausbildungsstätte jedoch nur im Rahmen des Möglichen besteht. Staatliche Ausbildungsstätten sind allerdings verpflichtet, ihre Kapazitäten erschöpfend zu nutzen (sog. **Kapazitätserschöpfungsgebot**) (vgl. oben Rn. 23).[536] Über den Wortlaut hinaus werden außerdem alle Tätigkeiten geschützt, die während der Ausbildung erforderlich sind (z.B. die Teilnahme am Unterricht oder an Prüfungen).[537]

532 Vgl. *BVerfGE* 84, 133.
533 Vgl. zum Ganzen *BVerfGE* 84, 133.
534 Vgl. *BVerfGE* 41, 251.
535 Vgl. Sachs-*Mann* Art. 12 Rn. 91.
536 Vgl. *BVerfGE* 33, 303 – Numerus clausus.
537 Vgl. Sachs-*Mann* Art. 12 Rn. 91.

### 2. Persönlicher Schutzbereich

Nach seinem Wortlaut („Alle Deutschen") handelt es sich bei dem Grundrecht aus Art. 12 Abs. 1 GG um ein Deutschengrundrecht. In den persönlichen Schutzbereich der Berufsfreiheit fallen daher **alle Deutschen i.S.d. Art. 116 GG** und **juristische Personen i.S.d. Art. 19 Abs. 3 GG** (s.a. Rn 104 f. und Rn. 85). 578

## III. Eingriff in den Schutzbereich

Ist der Schutzbereich des Grundrechts auf Berufsfreiheit eröffnet, prüfen Sie, ob ein Eingriff in den Schutzbereich vorliegt. Als Eingriffe in die Berufsfreiheit kommen zunächst **alle Maßnahmen** der öffentlichen Gewalt in Betracht, die die durch Art. 12 Abs. 1 GG geschützten Teilgewährleistungen **imperativ beeinträchtigen.** Solche Maßnahmen verfolgen selbst den Zweck, den Beruf zu regeln **(subjektiv berufsregelnde Tendenz)**. Regelungen mit subjektiv berufsregelnder Tendenz sind z.B. Erlaubnispflichten,[538] Altersgrenzen für Notare,[539] Ladenschlussgesetz,[540] Rauchverbot in Gaststätten.[541] 579

Eingriffe in die Berufsfreiheit stellen außerdem alle Maßnahmen der öffentlichen Gewalt dar, die die durch Art. 12 Abs. 1 GG garantierten Teilgewährleistungen **mittelbar** oder **faktisch beeinträchtigen.** Solche Maßnahmen sind selbst nicht darauf gerichtet, den Beruf zu regeln; sie haben jedoch trotz berufsneutraler Zwecksetzung unmittelbare oder gewichtige mittelbare Auswirkungen auf den Beruf **(objektiv berufsregelnde Tendenz)**. Regelungen mit objektiv berufsregelnder Tendenz sind z.B.[542] die Erhebung von Studiengebühren,[543] die Pflicht zur Erhebung von Dosenpfand,[544] nicht aber die Ökosteuer,[545] die Luftverkehrsteuer[546] und die Rentenversicherungspflicht für selbständige Lehrer,[547] umstritten z.B. bei der Zwangsmitgliedschaft bzw. Beitragspflicht zu öffentlich-rechtlichen berufsständischen Einrichtungen (wie etwa der Rechtsanwaltskammer).[548] Die zutreffende und sachlich gehaltene staatliche Information der Marktteilnehmer zwecks Markttransparenz stellt keinen Eingriff in die Berufsfreiheit dar; Art. 12 Abs. 1 GG begründet kein Recht eines Unternehmens, nur so von anderen dargestellt zu werden, wie es gesehen werden möchte oder wie es sich und seine Produkte selber sieht.[549] Keine berufsregelnde Tendenz hat § 1355 Abs. 4 S. 2 BGB[550] oder die Erhebung von Rundfunkgebühren für einen internetfähigen Personalcomputer, auch wenn er als Arbeitsmittel verwendet wird.[551] 580

## IV. Verfassungsrechtliche Rechtfertigung des Eingriffs

Liegt ein Eingriff in den Schutzbereich der Berufsfreiheit vor, ist in zwei Schritten zu prüfen, ob der Eingriff verfassungsrechtlich gerechtfertigt ist: 581

---

538 Z.B. für eine Spielbank (vgl. *BVerfGE* 102, 197 ff.).
539 Vgl. *BVerfG* (K) NJW 1993, 1575; NJW 2011, 1131; Beschl, v. 27.6.2014 – 1 BvR 1313/14 – juris.
540 Vgl. *BVerfGE* 111, 10.
541 Vgl. *BVerfGE* 121, 317 – Rauchverbot in Gaststätten.
542 Vgl. auch die Übersicht über die Problemfälle bei *Manssen* Staatsrecht II Rn. 630.
543 Vgl. *BVerfGK* 7, 465.
544 Vgl. *BVerfG* (K) NJW 2003, 418.
545 Vgl. *BVerfGE* 110, 274.
546 Vgl. *BVerfGE* 137, 350.
547 Vgl. *BVerfGK* 11, 352.
548 Vgl. *BVerwG* NJW 1983, 2651.
549 Vgl. *BVerfGE* 105, 252 – Glykolwarnung.
550 Vgl. *BVerfGE* 123, 90 – Ehedoppelname.
551 Vgl. *BVerfGK* 20, 37.

### 1. Beschränkbarkeit (Schranke)

582 Bei der Frage der Beschränkbarkeit der Berufsfreiheit gilt es, zwei Punkte zu beachten:

#### a) Einheitlicher Regelungsvorbehalt in Art. 12 Abs. 1 GG

583 Nach dem Wortlaut des Art. 12 Abs. 1 GG steht nur die **Berufsausübungsfreiheit** nach Art. 12 Abs. 1 S. 2 GG unter einem Regelungsvorbehalt. Die in Art. 12 Abs. 1 S. 1 GG garantierten Teilgewährleistungen der Berufsfreiheit (Berufswahlfreiheit, Arbeitsplatzwahlfreiheit und Ausbildungsplatzwahlfreiheit) werden demgegenüber nach dem Wortlaut des Art. 12 Abs. 1 S. 1 GG vorbehaltlos verbürgt. Wegen des engen sachlichen Zusammenhangs aller Teilgewährleistungen der Berufsfreiheit erstreckt das *Bundesverfassungsgericht* den in Art. 12 Abs. 1 S. 2 GG enthaltenen Vorbehalt jedoch auch auf die in Art. 12 Abs. 1 S. 1 GG enthaltenen Teilgewährleistungen (s. oben Rn. 558).[552] Daher können auch die **Berufswahlfreiheit**, die **Arbeitsplatzwahlfreiheit** und die **Ausbildungsplatzwahlfreiheit durch Gesetz oder aufgrund eines Gesetzes geregelt** werden. Als Gesetz i.S.d. Art. 12 Abs. 1 S. 2 GG kommen dabei **formelle Gesetze** und **materielle Gesetze** (Rechtsverordnungen,[553] Satzungen[554]) in Betracht.

#### b) Regelungsvorbehalt als Gesetzesvorbehalt

584 Nach überwiegender Auffassung ist der Regelungsvorbehalt in Art. 12 Abs. 1 S. 2 GG wie ein **Gesetzesvorbehalt** zu verstehen.[555]

### 2. Verhältnismäßigkeit (Drei-Stufen-Theorie) (Schranken-Schranke)

585 Wie bei allen Freiheitsrechten beurteilt sich auch bei der Berufsfreiheit die verfassungsrechtliche Rechtfertigung eines Eingriffs abschließend nach der Verhältnismäßigkeit des Eingriffs. Allerdings prüfen Sie die Verhältnismäßigkeit im Rahmen der Berufsfreiheit nicht wie üblich; vielmehr sind Besonderheiten zu beachten. Diese Besonderheiten bei der Verhältnismäßigkeitsprüfung sind die Folge davon, dass nach dem Wortlaut des Art. 12 Abs. 1 GG an sich nur die Berufsausübungsfreiheit unter einem Regelungsvorbehalt (Satz 2) steht, während die drei anderen Teilgewährleistungen vorbehaltlos gewährleistet sind (s.o., Rn. 558, 583). Um dem Wortlaut des Art. 12 Abs. 1 GG und dem sich daraus ergebenden Willen des Verfassunggebers, die Berufswahlfreiheit einerseits und die Berufsausübungsfreiheit andererseits unterschiedlich einschränken zu können, Rechnung zu tragen, hat das *Bundesverfassungsgericht* die Anforderungen an die Rechtfertigung eines Eingriffs je nachdem, ob die Berufswahlfreiheit oder die Berufsausübungsfreiheit betroffen ist, unterschiedlich geregelt. Hierzu hat das *Bundesverfassungsgericht* die sog. **Drei-Stufen-Theorie** entwickelt, die zwischen Berufsausübungsregelungen auf der ersten Stufe, subjektiven Berufswahlregelungen auf der zweiten Stufe und objektiven Berufswahlregelungen auf der dritten Stufe unterscheidet:[556]

---

552 St. Rspr. seit *BVerfGE* 7, 377 – Apothekenurteil.

553 Vgl. *BGH* NJW 2005, 1711 – Fachanwaltstitel.

554 Vgl. *BVerfGE* 33, 125 – Facharzt; s. dazu unten Übungsfall Nr. 4 (Rn. 590 f.).

555 Vgl. *Manssen* Staatsrecht II Rn. 639.

556 Vgl. grundlegend *BVerfGE* 7, 377 Apothekenurteil.

**Drei-Stufen-Theorie**

| | |
|---|---|
| **3. Stufe:** | Objektive Berufswahlregelungen:<br>gerechtfertigt, wenn sie dem Schutz überragend wichtiger Gemeinschaftsgüter gegen nachweisbare oder höchstwahrscheinlich schwere Gefahren dienen |
| **2. Stufe:** | Subjektive Berufswahlregelungen:<br>gerechtfertigt, wenn sie dem Schutz wichtiger Gemeinschaftsgüter dienen |
| **1. Stufe:** | Berufsausübungsregelungen:<br>gerechtfertigt, wenn vernünftige Erwägungen des Allgemeinwohls die Regelung zweckmäßig erscheinen lassen |

**Berufsausübungsregelungen** sind Regelungen, die bestimmen, wie ein Beruf ausgeübt werden muss. 586

**Beispiele** Ladenöffnungsgesetze der Länder;[557] Werbeverbote;[558] Rauchverbot in Gaststätten;[559] Beschränkung des Führens weiterer Berufsbezeichnungen;[560] Vergütungsausschlüsse;[561] Sozietätsverbot für Rechtsanwälte.[562] ■

**Subjektive Berufswahlregelungen** sind Regelungen, die die Aufnahme eines Berufs von der Erfüllung subjektiver Voraussetzungen durch den Berufsbewerber abhängig machen. 587

**Beispiele** Regelungen, die die Aufnahme eines Berufs z.B. vom Nachweis bestimmter fachlicher Befähigungen (z.B. besondere Befähigung zu selbständiger wissenschaftlicher Forschung)[563], persönlicher Eigenschaften (z.B. Eignung wie die „Zuverlässigkeit" im Gewerberecht; bestimmte körperliche Voraussetzungen) oder vom Alter[564] abhängig machen. ■

**Objektive Berufswahlregelungen** sind Regelungen, die die Aufnahme eines Berufs an die Erfüllung von Voraussetzungen knüpfen, die keinen Bezug zur Person des Berufsbewerbers haben. 588

**Beispiele** Bedarfsplanung; Festlegung von Höchstzahlen (z.B. der Spielbanken in einem Land); Befristung der Bestellung zum bevollmächtigten Bezirksschornsteinfeger.[565] ■

Die Drei-Stufen-Theorie beinhaltet vor allem **zwei Kernaussagen**: 589

1. Zwischen den verschiedenen Stufen besteht ein **Subsidiaritätsverhältnis**. Das bedeutet: Die jeweils höhere Stufe ist erst dann anwendbar, wenn und soweit der verfassungsrecht-

---

557 Vgl. *BVerfGE* 111, 10; jüngst auch NVwZ 2015, 582 bzgl. des Einsatzes von Arbeitnehmern an Samstagen.
558 Vgl. *BVerfGK* 6, 46; 19,335; NJW 2015, 1438 – anwaltliche Schockwerbung.
559 Vgl. *BVerfGE* 121, 317; 130, 131.
560 Vgl. *BVerfGK* 17, 332in Bezug auf § 43 Abs. 2 S. 2 StBerG.
561 Vgl. *BVerfGE* 142, 268 bzgl. Maklerprovision.
562 Vgl. *BVerfGE* 141,82 bzgl. Sozietät zwischen Rechtsanwälten, Ärzten und Apothekern.
563 Vgl. *BVerfG* (K) NVwZ 2015, 431 bzgl. Zulassung zum Habilitationsverfahren.
564 Vgl. *BVerfG* (K) NVwZ 2013, 1540 bzgl. Höchstaltersgrenzen für die Wählbarkeit zu hauptberuflichen kommunalen Ämtern.
565 Vgl. *BVerfGK* 17, 29 in Bezug auf § 48 S. 2 SchfHwG.

lich legitime Zweck einer staatlichen Maßnahme nicht (mehr) auf der vorhergehenden Stufe erreicht werden kann.

**Beispiel** Zum Schutz der Rechtssuchenden und im Interesse einer möglichst reibungslosen Abwicklung des Rechtsverkehrs dürfen zur Anwaltschaft nur Personen mit der Befähigung zum Richteramt zugelassen werden (§ 4 BRAO). Diese Bestimmung enthält eine subjektive Berufswahlbeschränkung. Zur Erreichung der erwähnten, verfassungsrechtlich legitimen Zwecke reicht eine Berufsausübungsregelung nicht aus. ■

2. Eingriffe in die Berufsfreiheit sind je nachdem, in welche Stufe eingegriffen wurde, **unter abgestuften Voraussetzungen gerechtfertigt**:
   a) **Berufsausübungsregelungen** sind gerechtfertigt, wenn **vernünftige Erwägungen des Allgemeinwohls** diese Regelungen **zweckmäßig** erscheinen lassen, wobei der Gesetzgeber einen relativ weiten Gestaltungsspielraum hat.
   b) **Subjektive Berufswahlregelungen** sind gerechtfertigt, wenn sie dem **Schutz wichtiger Gemeinschaftsgüter** dienen.
   c) **Objektive Berufswahlregelungen** sind gerechtfertigt, wenn sie dem **Schutz überragend wichtiger Gemeinschaftsgüter gegen nachweisbare oder höchstwahrscheinlich schwere Gefahren** dienen.

**Beispiele** Anerkannte überragend wichtige Gemeinschaftsgüter sind z.B. die Volksgesundheit, die Steuerrechtspflege, die Leistungsfähigkeit des öffentlichen Verkehrs, die finanzielle Stabilität der gesetzlichen Krankenversicherung.[566] ■

**JURIQ-Klausurtipp**

In der Fallbearbeitung beginnen Sie Ihre Verhältnismäßigkeitsprüfung zunächst wie immer, prüfen also, ob die staatliche Maßnahme einen verfassungsrechtlich legitimen Zweck verfolgt und zur Erreichung dieses Zwecks geeignet ist. Anstelle der sonst folgenden Untersuchung der Erforderlichkeit und der Angemessenheit der Maßnahme prüfen Sie hier zuerst, ob der Eingriff auf der niedrigst möglichen Stufe erfolgt ist, und danach, ob die Voraussetzungen, die zur Rechtfertigung eines Eingriffs auf dieser Stufe erfüllt sein müssen, tatsächlich vorliegen. Beachten Sie, dass es sich bei der Drei-Stufen-Theorie um keine starre Regelung handelt. Da sie lediglich eine spezielle Ausformung der Verhältnismäßigkeit darstellt, kann sie durchaus entsprechend flexibel gehandhabt werden.

**Online-Wissens-Check**

**Welches ist das entscheidende Abgrenzungsmerkmal zwischen einer Versammlung unter freiem Himmel und einer Versammlung in geschlossenen Räumen?**

Überprüfen Sie jetzt online Ihr Wissen zu den in diesem Abschnitt erarbeiteten Themen. Unter **www.juracademy.de/skripte/login** steht Ihnen ein Online-Wissens-Check speziell zu diesem Skript zur Verfügung, den Sie kostenlos nutzen können. Den Zugangscode hierzu finden Sie auf der Codeseite.

566 Vgl. *BVerfGE* 114, 196.

## V. Übungsfall Nr. 4

### „Verbot der Facharzttitelführung“[567] 590

Nach Erwerb der Facharztqualifikationen für die Bereiche „Innere Medizin“ und „Röntgen“ möchte der Mediziner Dr. G, der deutscher Staatsangehöriger ist, diese beiden Facharztbezeichnungen auch auf seinem Praxisschild führen. Bevor er sich ein neues Praxisschild bestellt, prüft er das für ihn geltende Berufsrecht und entdeckt, dass das Führen mehrerer Facharztbezeichnungen nach einer Satzungsbestimmung der für ihn zuständigen Landesärztekammer verboten ist. Die Satzung der Landesärztekammer beruht auf dem Landesheilberufegesetz, das den Ärztekammern allgemein u.a. die Befugnis einräumt, „verbindliche Berufsordnungen“ zu erlassen. Dr. G hält diese Formulierung für sehr vage; er fragt sich, ob die Ärztekammer überhaupt selbst eine für die Ärzteschaft so wichtige Regelung erlassen durfte. Jedenfalls ist Dr. G der Ansicht, die Bestimmung in der Satzung der Landesärztekammer sei viel zu pauschal formuliert; sie sehe nicht einmal Ausnahmen für verwandte Fachgebiete vor.

Um sich keinen Ärger mit seiner Ärztekammer einzuhandeln, möchte er die Satzungsbestimmung der Landesärztekammer rechtlich daraufhin überprüfen lassen, ob sie sein Grundrecht auf Berufsfreiheit verletzt. Übernehmen Sie diese Prüfung!

### Lösung 591

Die Satzungsbestimmung der Landesärztekammer verletzt das Grundrecht auf Berufsfreiheit, wenn und soweit sie einen verfassungsrechtlich nicht gerechtfertigten Eingriff in das Grundrecht aus Art. 12 Abs. 1 GG darstellt.

#### I. Eröffnung des Schutzbereichs

Zunächst müssten der sachliche Schutzbereich und der persönliche Schutzbereich des Grundrechts auf Berufsfreiheit eröffnet sein.

##### 1. Sachlicher Schutzbereich

Die Berufsfreiheit gewährleistet u.a. die Berufsausübungsfreiheit, d.h. die Freiheit, z.B. den Ort, die Zeit, die Form und den Umfang der beruflichen Tätigkeit zu bestimmen. Dazu gehört auch das Recht, für seine Tätigkeit zu werben. Geschützt ist demnach auch das Recht des Dr. G, erworbene Facharztbezeichnungen zu führen und auf einem Praxisschild sichtbar zu machen. Der sachliche Schutzbereich der Berufsfreiheit aus Art. 12 Abs. 1 GG ist folglich eröffnet.

##### 2. Persönlicher Schutzbereich

Als deutscher Staatsangehöriger fällt Dr. G in den persönlichen Schutzbereich des Deutschengrundrechts der Berufsfreiheit. Der persönliche Schutzbereich des Art. 12 Abs. 1 GG ist demnach eröffnet.

##### 3. Ergebnis zu I.

Der Schutzbereich des Grundrechts auf Berufsfreiheit ist eröffnet.

#### II. Eingriff in den Schutzbereich

Indem die Satzungsbestimmung der Landesärztekammer verbietet, mehrere Facharztbezeichnungen zu führen, schmälert sie die Berufsausübungsfreiheit des Dr. G und greift demnach in das Grundrecht auf Berufsfreiheit ein.

567 Nach *BVerfGE* 33, 125 – Facharzt.

### III. Verfassungsrechtliche Rechtfertigung des satzungsmäßigen Verbots

Zu prüfen ist, ob die Satzungsbestimmung, die das Verbot der Doppelfacharztbezeichnung enthält, verfassungsrechtlich gerechtfertigt ist. Die hier betroffene Berufsausübungsfreiheit des Dr. G kann gemäß Art. 12 Abs. 1 S. 2 GG durch Gesetz oder aufgrund eines Gesetzes geregelt werden. Der Regelungsvorbehalt des Art. 12 Abs. 1 S. 2 GG wird dabei nach überwiegender Ansicht als Gesetzesvorbehalt angesehen.

Hier erfolgt die Beschränkung der Berufsfreiheit durch eine Bestimmung in der Satzung der Landesärztekammer. Bei dieser handelt es sich um ein materielles Gesetz, das nach dem rechtsstaatlichen Vorbehalt des Gesetzes selbst auf einer verfassungsgemäßen gesetzlichen Grundlage in Form eines formellen Gesetzes beruhen muss. Die Satzung der Landesärztekammer beruht auf dem Landesheilberufegesetz, das den Ärztekammern allgemein die Befugnis einräumt, „verbindliche Berufsordnungen" zu erlassen. Zweifel an der Verfassungsmäßigkeit des Landesheilberufegesetzes bestehen insoweit, als es für ein Werbeverbot, wie es die Satzung der Landesärztekammer vorsieht, zu unbestimmt sein könnte. Nach der Wesentlichkeitstheorie des *Bundesverfassungsgerichts* muss der parlamentarische Gesetzgeber wesentliche Entscheidungen im Hinblick auf die Grundrechtsausübung selbst treffen, darf in diesen Fällen die Rechtsetzungsbefugnisse also nicht an die Exekutive delegieren. Dazu gehören z.B. die sog. statusbildenden Normen. Diese regeln u.a., welche und wie viele Facharztbezeichnungen geführt werden dürfen. Da diese Regelung nicht durch den parlamentarischen Landesgesetzgeber selbst erlassen wurde, ist der Eingriff der Landesärztekammer in das Grundrecht auf Berufsfreiheit bereits aus diesem Grund verfassungsrechtlich nicht gerechtfertigt und verletzt G somit in seiner Berufsfreiheit aus Art. 12 Abs. 1 GG.

Abgesehen davon, erweist sich das ausnahmslose Verbot, mehrere Facharzttitel zu führen, auch als unangemessene Beschränkung der Berufsausübungsfreiheit. Ärzten ist unstreitig möglich und erlaubt, die Anerkennung als Facharzt für mehr als eine Fachrichtung zu erwerben. Daher kann ihnen nicht von vornherein die Möglichkeit abgesprochen werden, mehrere Fachgebiete wissenschaftlich und praktisch zu beherrschen. Das Verbot, mehrere Facharzttitel zu führen, gilt unterschiedslos für alle denkbaren Fächerkombinationen, ohne zu berücksichtigen, dass es unter den zugelassenen Fachrichtungen nahe verwandte Gebiete gibt und dass der Facharzt, der sich zu einer Fächerkombination entschließt, in aller Regel nur Fächer wählen wird, die sich zu einer einheitlichen Fachpraxis mit funktionell aufeinander bezogenen Einzeltätigkeitsgebieten ausgestalten lassen.

### IV. Ergebnis

Das in der Satzung der Landesärztekammer enthaltene Verbot, mehrere Facharzttitel zu führen, verletzt Dr. G. in seiner Berufsfreiheit.

# O. Unverletzlichkeit der Wohnung (Art. 13 GG)

## I. Überblick

592 Art. 13 Abs. 1 GG garantiert die Unverletzlichkeit der Wohnung. Die Bestimmung steht im engen sachlichen Zusammenhang mit dem allgemeinen Persönlichkeitsrecht und schützt die räumliche Privatsphäre, in der der Einzelne das Recht hat, „in Ruhe gelassen zu werden".[568] Insoweit stellt das Grundrecht aus Art. 13 Abs. 1 GG ein **klassisches Abwehrrecht** gegen Maßnahmen der öffentlichen Gewalt dar und verdrängt in seinem Anwendungsbereich das allgemeine Persönlichkeitsrecht.[569]

» Lesen Sie zunächst Art. 13 GG durch, um sich einen ersten Überblick über die lange Verfassungsvorschrift zu verschaffen! «

**Hinweis**

Art. 13 GG strahlt nicht in das Verhältnis zwischen Privaten aus, entfaltet also **keine mittelbare Drittwirkung**. Demnach gewährt Art. 13 GG einem Mieter kein Abwehrrecht gegenüber dem Vermieter.[570] Art. 13 GG enthält auch **kein Leistungsrecht** gegen die öffentliche Gewalt auf Versorgung mit einer Wohnung.[571]

593

**Systematik des Grundrechts auf Unverletzlichkeit der Wohnung aus Art. 13 GG**

| | |
|---|---|
| **Abs. 1:** | Schutzbereich |
| **Abs. 2:** | Schrankenregelung |
| **Abs. 3–5:** | Regelungen bzgl. des sog. „Großen Lauschangriffs" |
| **Abs. 6:** | organisationsrechtliche Vorschrift |
| **Abs. 7:** | Schrankenregelung |

Allein **Art. 13 Abs. 1 GG** enthält eine Aussage zum **Schutzbereich**. **Art. 13 Abs. 2 bis 5 und Abs. 7 GG** enthalten **Schranken**: Absatz 2 enthält eine Schranke speziell im Hinblick auf Durchsuchungen von Wohnungen. Die Absätze 3 bis 5 regeln den sog. „großen Lauschangriff", der 1998 in das Grundgesetz aufgenommen wurde. Absatz 7 enthält eine Schranke für die übrigen Fälle; nach seinem Wortlaut gilt er nur subsidiär. **Absatz 6** regelt die Kontrolle der getroffenen Maßnahmen durch das Parlament und stellt somit eine **organisationsrechtliche Vorschrift** dar.

568 Vgl. *BVerfGE* 51, 97.
569 Vgl. *BVerfGE* 109, 279.
570 Vgl. *BVerfG* (K) WuM 1990, 138.
571 Vgl. *Kingreen/Poscher* Grundrechte Rn. 1003.

**JURIQ-Klausurtipp**

Gerade bei einer so langen Bestimmung wie Art. 13 GG ist es sehr wichtig, einen Überblick über die Systematik dieser Vorschrift zu haben. Einzelne Regelungen können Sie dem ausführlichen Gesetzestext entnehmen.

594 Art. 13 GG prüfen Sie wie folgt:

PRÜFUNGSSCHEMA

**Unverletzlichkeit der Wohnung (Art. 13 GG)**

**I. Eröffnung des Schutzbereichs**
1. Sachlicher Schutzbereich
2. Persönlicher Schutzbereich

**II. Eingriff**

**III. Verfassungsrechtliche Rechtfertigung des Eingriffs**
1. Rechtfertigung von Durchsuchungen (Art. 13 Abs. 2 GG)
   a) Vorliegen einer Durchsuchung
   b) Grundsatz des Richtervorbehalts
2. Rechtfertigung von technischen Überwachungen
   a) Rechtfertigung von akustischen Überwachungen mit Hilfe technischer Mittel aus repressiven Gründen (Art. 13 Abs. 3 GG)
   b) Rechtfertigung von Überwachungen mit Hilfe technischer Mittel aus präventiven Gründen (Art. 13 Abs. 4 GG)
   c) Rechtfertigung von Überwachungen mit Hilfe technischer Mittel zur Eigensicherung (Art. 13 Abs. 5 GG)
3. Rechtfertigung von sonstigen Eingriffen (Art. 13 Abs. 7 GG)
   a) Art. 13 Abs. 7 Hs. 1 GG
   b) Art. 13 Abs. 7 Hs. 2 GG
   c) Verhältnismäßigkeit
4. Ungeschriebene Rechtfertigung von Eingriffen in den Schutzbereich
   Behördliche Betretungs- und Besichtigungsrechte von Geschäfts- und Betriebsräumen Rn. 618

## II. Eröffnung des Schutzbereichs

595 Ihre Grundrechtsprüfung beginnen Sie mit der Untersuchung, ob der sachliche Schutzbereich und der persönliche Schutzbereich des Grundrechts aus Art. 13 Abs. 1 GG eröffnet sind.

### 1. Sachlicher Schutzbereich

596 Hinsichtlich des sachlichen Schutzbereichs nennt Art. 13 Abs. 1 GG nur die **Wohnung**. Da Art. 13 Abs. 1 GG die freie Entfaltung der Persönlichkeit in räumlicher Hinsicht garantiert, wird der Begriff der Wohnung **weit** ausgelegt:

**Wohnung** sind alle Räume, die der allgemeinen Zugänglichkeit durch eine räumliche Abschottung entzogen sind und zur Stätte privaten Lebens und Wirkens gemacht wurden.

**Beispiele** Wohnungen im engeren Sinne; zur Wohnung gehörende Nebenräume wie etwa der Hof, der Keller; Hotelzimmer; Krankenhauszimmer;[572] Häftlingszellen;[573] Vereins- und Clubheime; Wohnmobile; Hausboote; nach überwiegender Auffassung auch Arbeits-, Betriebs- und Geschäftsräume;[574] nicht jedoch PKWs, Telefonzellen. ■

## 2. Persönlicher Schutzbereich

Art. 13 Abs. 1 GG stellt ein Jedermann-Grundrecht dar. In den persönlichen Schutzbereich des Art. 13 Abs. 1 GG fällt jeder, der **unmittelbarer Besitzer der geschützten Räume** ist. Die Eigentumsverhältnisse sind für die Bestimmung des Grundrechtsberechtigten demgegenüber unerheblich. 597

**Beispiel** G betreibt eine Bäckerei in Räumen, die er von V gemietet hat. V hat ihm zum 30.6. des laufenden Jahres gekündigt. Am 5.7. ist G immer noch nicht ausgezogen und betreibt seine Bäckerei weiter. An diesem Tag kommen nach Geschäftsschluss zwei Lebensmittelkontrolleure, um die Bäckerei des G vor allem auf die Einhaltung von Hygienevorschriften zu überprüfen. ■

Teile der Literatur fordern, dass nur der rechtmäßige Besitzer grundrechtsberechtigt ist.[575] Nach dieser Auffassung sind somit die rechtlichen Besitzverhältnisse nach Maßgabe der §§ 854 ff. BGB ausschlaggebend. Unter Zugrundelegung dieser Auffassung wäre G in unserem *Beispiel* wegen Ablaufs der Mietzeit nicht mehr berechtigter Besitzer und könnte sich gegenüber den Lebensmittelkontrolleuren demnach nicht mehr auf Art. 13 Abs. 1 GG berufen. – Nach wohl überwiegender Auffassung in der Literatur soll es demgegenüber grundsätzlich nicht auf die rechtlichen, sondern in erster Linie auf die **tatsächlichen Besitzverhältnisse** ankommen.[576] Nach dieser Ansicht ist für die Eröffnung des Schutzbereichs grundsätzlich nicht die rechtliche Beziehung zur Räumlichkeit, sondern in erster Linie die tatsächliche Beziehung zur Räumlichkeit maßgeblich.[577] Auf der Grundlage dieser Auffassung kann sich der gekündigte, aber noch nicht ausgezogene G in unserem *Beispiel* folglich gegenüber den Lebensmittelkontrolleuren auf Art. 13 Abs. 1 GG berufen.

**JURIQ-Klausurtipp**

Sollte dieser Streit in Ihrer Fallbearbeitung relevant sein, stellen Sie die vertretenen Meinungen fallbezogen dar und schließen sich mit eigener Begründung einer Ansicht an. Für die überwiegende Ansicht könnte z.B. sprechen, dass das verfassungsrechtlich verbürgte Grundrecht aus Art. 13 Abs. 1 GG nicht durch einfach-gesetzlich normierte Besitzverhältnisse bestimmt werden kann, vielmehr der Schutzbereich des Art. 13 Abs. 1 GG im Lichte seines Schutzzwecks aus sich selbst heraus definiert werden muss.

572 Vgl. *BGHSt* 50, 206.
573 Vgl. *BVerfG* (K) NJW 1996, 2643.
574 Vgl. *BVerfGE* 32, 54.
575 Vgl. *Manssen* Staatsrecht II Rn. 684.
576 Vgl. Jarass/Pieroth-*Jarass* Art. 13 Rn. 6.
577 Vgl. Sodan/Ziekow-*Sodan* Grundkurs Öffentliches Recht § 41 Rn. 4.

Beachten Sie zu diesem Streit noch Folgendes: Die Unrechtmäßigkeit des Besitzes kann in der Fallbearbeitung später bei der Frage relevant werden, ob ein Eingriff in das Grundrecht aus Art. 13 Abs. 1 GG verfassungsrechtlich gerechtfertigt ist.

## III. Eingriff in den Schutzbereich

598 Ist der Schutzbereich des Grundrechts aus Art. 13 Abs. 1 GG eröffnet, prüfen Sie, ob die öffentliche Gewalt in den Schutzbereich eingegriffen hat. Als Eingriffe kommen **alle staatlichen Beeinträchtigungen der Privatheit der Wohnung** in Betracht.

**Beispiele** Staatliche Maßnahmen, mit denen die öffentliche Gewalt körperlich oder mittels technischer Hilfsmittel unkörperlich in die Wohnung eindringt. *Beispiele* hierfür sind: Durchsuchungen, sonstige Betretungen, technische Überwachungen (etwa durch Wanzen oder Videoüberwachung). Bei Lauschangriffen kann ein Eingriff auch darin bestehen, dass personenbezogene Daten des Besitzers gespeichert und verwertet werden; ferner darin, dass die Benachrichtigungspflicht über die staatlichen Maßnahmen beschränkt wird. ■

599 Voraussetzung für das Vorliegen eines Eingriffs ist, dass der **Grundrechtsberechtigte** mit der staatlichen Maßnahme **nicht einverstanden** ist.[578]

## IV. Verfassungsrechtliche Rechtfertigung des Eingriffs

600 Liegt ein Eingriff in den Schutzbereich des Grundrechts aus Art. 13 Abs. 1 GG vor, untersuchen Sie, ob der Eingriff verfassungsrechtlich gerechtfertigt ist. Die Rechtfertigung von Eingriffen in das Grundrecht aus Art. 13 Abs. 1 GG richtet sich nach der jeweiligen **Art des Eingriffs**. Art. 13 Abs. 2 ff. GG sehen verschiedene Rechtfertigungsmöglichkeiten vor, die wir im Überblick durcharbeiten wollen.

### 1. Rechtfertigung von Durchsuchungen (Art. 13 Abs. 2 GG)

601 Staatliche Durchsuchungen von Wohnungen i.S.d. Art. 13 Abs. 1 GG können nach Maßgabe des Art. 13 Abs. 2 GG gerechtfertigt sein. Die Rechtfertigung prüfen Sie in zwei Schritten:

#### a) Vorliegen einer Durchsuchung

602 **Durchsuchung** ist das ziel- und zweckgerichtete Suchen seitens staatlicher Organe nach Personen oder nach Sachen oder zur Ermittlung eines Sachverhaltes, um etwas aufzuspüren, was der Inhaber der Wohnung von sich aus nicht offen legen oder hergeben will.

578 Vgl. *BVerfGE* 65, 1.

### b) Richtervorbehalt

#### aa) Grundsatz

Für die Durchsuchung gilt grundsätzlich ein **Richtervorbehalt**. Ein Richter soll die Verantwortung für die Verhältnismäßigkeit der Durchsuchungsanordnung übernehmen. 603

**Beispiel**[579] Die Ärztin Dr. W steht im Verdacht, einen Abrechnungsbetrug begangen zu haben. Die Patientin T behauptet, Dr. W habe ihr u.a. Kosten für eine Ultraschalluntersuchung in Höhe von 74,71 € in Rechnung gestellt, diese Untersuchung bei ihr aber gar nicht durchgeführt. Dr. W legt zum Beweis, dass sie eine solche Untersuchung bei T durchgeführt hat, Ultraschallbilder vor, deren Echtheit T jedoch anzweifelt. Im Rahmen des strafrechtlichen Ermittlungsverfahrens gegen Dr. W erwirkt der zuständige Staatsanwalt bei Gericht einen Durchsuchungsbeschluss, woraufhin die Praxisräume der Medizinerin durchsucht werden. ■

Der Richter muss jeden Antrag auf Wohnungsdurchsuchung eigenverantwortlich daraufhin überprüfen, ob die Voraussetzungen für eine Durchsuchung vorliegen.[580] Der Richter ist als Kontrollorgan der Verfolgungsbehörden verpflichtet, durch eine geeignete Formulierung des Durchsuchungsbeschlusses im Rahmen des Möglichen und Zumutbaren sicherzustellen, dass der **Grundrechtseingriff messbar und kontrollierbar** bleibt.[581] Hierzu muss der Beschluss vor allem den Tatvorwurf so beschreiben, dass der **äußere Rahmen abgesteckt** wird, innerhalb dessen die Zwangsmaßnahme durchzuführen ist.[582] Der Richter ist verpflichtet, die aufzuklärende Straftat oder Ordnungswidrigkeit zwar kurz, aber dennoch so genau zu umschreiben, wie es nach den Umständen des Einzelfalls möglich ist.[583] Durch dieses Vorgehen wird dann der von der Durchsuchung Betroffene gleichzeitig in den Stand versetzt, die Durchsuchung seinerseits zu kontrollieren und etwaigen Ausuferungen im Rahmen seiner rechtlichen Möglichkeiten von vornherein entgegenzutreten.[584] 604

Der Richter muss neben dem äußeren **Rahmen** auch die **Grenzen** und das **Ziel der Durchsuchung definieren**. Dazu gehört insbesondere auch, dass der Eingriff in einem angemessenen Verhältnis zur Schwere der Straftat und zur Stärke des Tatverdachts stehen muss.[585] Nur wenn der Richter nach erfolgter Prüfung davon überzeugt ist, dass die Maßnahme verhältnismäßig ist, darf er die Durchsuchung anordnen.[586] In unserem *Beispiel* oben (Rn. 603) hätte der Richter die Durchsuchung nicht anordnen dürfen, weil sie unverhältnismäßig ist. Zum einen lag kein hinreichender Tatverdacht vor. Es bestanden nicht mehr als Vermutungen, dass ein Abrechnungsbetrug begangen worden sein könnte. Zum anderen weist die vorgeworfene Straftat eine relativ geringe Schwere auf. Sie lässt nach den gegebenen Umständen weder eine schwere Straftat noch den Eintritt schwerer Tatfolgen erkennen; hinzu kommt der relativ geringe Betrugsschaden. Dem stehen gewichtige Gesichtspunkte gegenüber, die gegen die Verhältnismäßigkeit der Durchsuchungsanordnung sprechen: der besondere 605

579 Nach *BVerfGK* 13, 211.
580 Vgl. *BVerfGE* 103, 142.
581 Vgl. *BVerfGE* 42, 212.
582 Vgl. *BVerfGE* 103, 142.
583 Vgl. *BVerfGE* 20, 162.
584 Vgl. *BVerfGE* 42, 212.
585 Vgl. *BVerfGE* 42, 212; 115, 166.
586 Vgl. *BVerfGE* 96, 44.

Schutz von Berufsgeheimnisträgern (§ 53 StPO)[587] sowie der Umstand, dass bei der Durchsuchung der Praxis empfindliche Daten Dritter, insbesondere anderer Patienten von Dr. W, gefährdet waren.

606 Eine Durchsuchung darf nicht zur Ermittlung von Tatsachen erfolgen, die einen Verdacht erst begründen; denn eine Durchsuchung setzt voraus, dass ein Verdacht bereits vorliegt.[588] Für diesen Verdacht reichen vage Anhaltspunkte und bloße Vermutungen nicht aus; es müssen vielmehr **sachlich zureichende, plausible Verdachtsgründe** vorliegen.[589]

607 **Beispiel** Wie oben (Rn. 603). Allerdings erfolgt die Durchsuchung hier erst acht Monate nach Erlass des Durchsuchungsbeschlusses. ■

Nach dem Sinn des Richtervorbehalts, einem Richter die Verantwortung dafür zu übertragen, dass die Durchsuchung einer Wohnung verhältnismäßig ist, kann dem Richter die Verantwortung nicht zeitlich unbegrenzt zugerechnet werden. Nach Auffassung des *Bundesverfassungsgerichts* verliert ein Durchsuchungsbeschluss **spätestens nach sechs Monaten** seine rechtfertigende Kraft.[590] Für unser *Beispiel* bedeutet dies, dass dem Richter für eine Durchsuchung, die erst acht Monate nach Erlass des Durchsuchungsbeschlusses erfolgt, nicht mehr die Verantwortung für die Durchsuchung zugerechnet werden kann.

#### bb) Ausnahme

608 Der Richtervorbehalt gilt **nicht** bei **Gefahr im Verzug**. In diesem Falle darf ein anderes Organ der öffentlichen Gewalt, in der Praxis regelmäßig die Staatsanwaltschaft oder die Polizei, die Durchsuchung anordnen. Auch diese Organe müssen die Verhältnismäßigkeit der Durchsuchungsanordnung prüfen.

609 **Gefahr im Verzug** liegt vor, wenn die zeitliche Verzögerung, die dadurch entsteht, dass zunächst versucht werden muss, eine Anordnung des zuständigen Richters zu erlangen, den Erfolg der Durchsuchung gefährden würde.

**Hinweis**

Von der in Art. 13 Abs. 2 GG vorgesehenen Kompetenzverteilung darf nur im Ausnahmefall abgewichen werden. Keinesfalls darf die sog. Eilkompetenz sonstiger Organe der öffentlichen Gewalt zum Regelfall werden.[591] Daher muss der Begriff „Gefahr im Verzug" **eng** ausgelegt werden. Gefahr im Verzug liegt demgemäß nur vor, wenn die richterliche Anordnung nicht mehr eingeholt werden kann, ohne dass der Zweck der Maßnahme (regelmäßig die Sicherung von Beweismitteln) gefährdet würde.[592]

Aus Art. 13 Abs. 2 GG ergibt sich zugleich die Verpflichtung der Gerichte, die **Erreichbarkeit eines Ermittlungsrichters**, auch durch die Einrichtung eines Bereitschaftsdienstes, sicherzu-

587 Vgl. im Hinblick auf Rechtsanwälte *BVerfGE* 113, 29.
588 Vgl. *BVerfGK* 11, 88.
589 Vgl. *BVerfGE* 117, 244; *BVerfG* (K) wistra 2012, 63.
590 Vgl. *BVerfGE* 96, 44.
591 Vgl. *BVerfGE* 103, 142; NJW 2015, 2787.
592 Vgl. *BVerfGE* 51, 97.

stellen, demzufolge ein Ermittlungsrichter bei Tage zwischen 6 Uhr und 21 Uhr uneingeschränkt erreichbar sein muss und ein Bereitschaftsdienst während der Nachtzeit jedenfalls bei Bedarf einzurichten ist, der über den Ausnahmefall hinausgeht.[593]

**Beispiel** L steht im Verdacht, Hehlereiware in seinem Keller zu horten. Daher will die Staatsanwaltschaft seinen Keller durchsuchen lassen. Weil L bereits begonnen hat, seinen Keller auszuräumen, will die Staatsanwaltschaft sofort tätig werden, weil sie fürchtet, dass andernfalls der Keller leer sein wird, bevor die Durchsuchung beginnt. Auf Anordnung der zuständigen Staatsanwaltschaft wird der Keller noch am selben Tage durchsucht. – Hier lag Gefahr im Verzug vor. Hätte die Staatsanwaltschaft zunächst den Richter angerufen, um eine Durchsuchungsanordnung zu erwirken, hätte L seinen Keller wahrscheinlich bereits leergeräumt. Die Staatsanwaltschaft hatte aufgrund ihrer Observation des L konkrete tatsächliche Anhaltspunkte, dass L die Hehlereiware fortschafft. ■

## 2. Rechtfertigung von technischen Überwachungen (Art. 13 Abs. 3 bis 5 GG)

Art. 13 Abs. 3 bis 5 GG sind 1998 in das Grundgesetz eingefügt worden. Sie bilden die Grundlage für den sog. **„Großen Lauschangriff“**, durch den technische Überwachungsmaßnahmen in Wohnungen i.S.d. Art. 13 Abs. 1 GG zugelassen werden. Das *Bundesverfassungsgericht* hat die Bestimmungen bei entsprechend verfassungskonformer Auslegung für grundsätzlich verfassungsgemäß erklärt.[594] Hinsichtlich der Rechtfertigung von Überwachungsmaßnahmen ist im Einzelnen zu differenzieren: **610**

### a) Rechtfertigung von akustischen Überwachungen mit Hilfe technischer Mittel aus repressiven Gründen (Art. 13 Abs. 3 GG)

» Lesen Sie noch einmal Art. 13 Abs. 3 GG! «

Art. 13 Abs. 3 GG betrifft die akustische Überwachung von Wohnungen mit Hilfe technischer Mittel aus **repressiven Gründen**. Die Überwachung muss nach dem rechtsstaatlichen Vorbehalt des Gesetzes auf einer gesetzlichen Grundlage beruhen (z.B. § 100c Abs. 1 StPO). Sie unterliegt **zwingend** einem **Richtervorbehalt** (vgl. Art. 13 Abs. 3 S. 3 und 4 GG). **Regelmäßig** entscheidet gemäß Art. 13 Abs. 3 S. 3 GG ein **Spruchkörper mit drei Richtern**. Etwas anderes gilt gemäß Art. 13 Abs. 3 S. 4 GG bei Gefahr im Verzug; in diesem Falle genügt ausnahmsweise ein einzelner Richter. Die Maßnahme ist gemäß Art. 13 Abs. 3 S. 2 GG zu **befristen**. Außerdem muss sie **verhältnismäßig**, insbesondere erforderlich, sein (vgl. Art. 13 Abs. 3 S. 1 GG). Ungeschriebene Grenzen eines Eingriffs im Sinne von Erhebungs-, Aufzeichnungs- und Verwertungsverboten sieht das *Bundesverfassungsgericht* in der **Menschenwürde**.[595] Beim Abhören muss vermieden werden, dass in den höchstpersönlichen Lebensbereich eingegriffen wird. Je nach Grad der privaten Abgeschirmtheit der Wohnung gilt aber eine **abgestufte Schutzintensität**. Daher ist ein Abhören von Räumen, in denen ein Beruf ausgeübt wird, eher möglich als ein Abhören von Räumen, die rein privat genutzt werden. **611**

593 Vgl. *BVerfG* NJW 2019, 1428.
594 Vgl. *BVerfGE* 109, 279.
595 Vgl. *BVerfGE* 109, 279.

### b) Rechtfertigung von Überwachungen mit Hilfe technischer Mittel aus präventiven Gründen (Art. 13 Abs. 4 GG)

» Lesen Sie noch einmal Art. 13 Abs. 4 GG! «

612 Art. 13 Abs. 4 GG regelt die Rechtfertigung von Überwachungen mit Hilfe technischer Mittel aus **präventiven Gründen**. **Dringende** Gefahren sind solche Gefahren, bei denen mit hoher Wahrscheinlichkeit oder in hohem Ausmaß Schäden für wichtige Rechtsgüter drohen.

» Wie Sie sehen, deckt sich diese Definition mit dem Begriffsverständnis im Polizei- und Ordnungsrecht! «

Die **Öffentliche Sicherheit** betrifft die Unverletzlichkeit der objektiven Rechtsordnung, der subjektiven Rechte und Rechtsgüter des Einzelnen sowie der Einrichtungen und Veranstaltungen des Staates und der sonstigen Träger der Hoheitsgewalt. Im Gegensatz zu Art. 13 Abs. 3 GG sind die staatlichen Maßnahmen nicht auf eine **akustische Überwachung** beschränkt. Daher können hier **auch optische oder sonstige technische Mittel zur Überwachung** eingesetzt werden. Die Anordnung der technischen Überwachung bedarf nach dem rechtsstaatlichen Vorbehalt des Gesetzes einer gesetzlichen Grundlage und steht gemäß Art. 13 Abs. 4 S. 1 GG unter **Richtervorbehalt**. Bei Gefahr im Verzug darf gemäß Art. 13 Abs. 4 S. 2 Hs. 1 GG jedoch eine andere gesetzlich bestimmte Stelle die Überwachung anordnen. In diesem Falle ist allerdings unverzüglich eine richterliche Entscheidung einzuholen (vgl. Art. 13 Abs. 4 S. 2 Hs. 2 GG). Die ungeschriebenen Grenzen von Eingriffen (dazu oben Rn. 611) gelten hier entsprechend.

### c) Rechtfertigung von Überwachungen mit Hilfe technischer Mittel zur Eigensicherung (Art. 13 Abs. 5 GG)

613 Auf gesetzlicher Grundlage kann schließlich auch eine Wohnung i.S.d. Art. 13 Abs. 1 GG überwacht werden, um eine Person bei einem Einsatz in einer Wohnung zu schützen, d.h. zur **Eigensicherung** dieser Person. Wie bei Art. 13 Abs. 4 GG (oben Rn. 612) können bei einer solchen Überwachung sowohl **akustische** als auch **optische oder sonstige technische Mittel** zum Schutz dieser Person eingesetzt werden. Eine solche Überwachung kann gemäß Art. 13 Abs. 5 S. 1 GG durch eine **gesetzlich bestimmte Stelle** angeordnet werden. **Ausnahmsweise** besteht gemäß Art. 13 Abs. 5 S. 2 GG ein **Richtervorbehalt**, wenn Erkenntnisse aus Überwachungsmaßnahmen gemäß Art. 13 Abs. 5 S. 1 GG zum Zwecke der Strafverfolgung oder der Gefahrenabwehr verwertet werden sollen.

## 3. Rechtfertigung von sonstigen Eingriffen (Art. 13 Abs. 7 GG)

614 Bei allen Eingriffen, die nicht unter die speziellen Regelungen des Art. 13 Abs. 2 bis 5 GG subsumiert werden können, greift die **Auffangbestimmung** des Art. 13 Abs. 7 GG.

### a) Art. 13 Abs. 7 Hs. 1 GG

615 Art. 13 Abs. 7 Hs. 1 GG enthält eine **verfassungsunmittelbare Grundrechtsschranke**. Zur Abwehr einer gemeinen Gefahr oder einer Lebensgefahr für einzelne Personen kann die öffentliche Gewalt in das Grundrecht aus Art. 13 Abs. 1 GG eingreifen, ohne dass es einer einfachgesetzlichen Ermächtigungsgrundlage bedarf.[596] **Gefahr** bedeutet die hinreichende Wahrscheinlichkeit eines Schadenseintritts. Eine **gemeine** Gefahr liegt vor, wenn ein unbestimmter Kreis von Personen oder Sachen bedroht ist. Dies ist z.B. bei Überschwemmungen oder Bränden der Fall.

596 Vgl. Sodan/Ziekow-*Sodan* Grundkurs Öffentliches Recht § 41 Rn. 16.

### b) Art. 13 Abs. 7 Hs. 2 GG

Demgegenüber enthält Art. 13 Abs. 7 Hs. 2 GG einen **qualifizierten Gesetzesvorbehalt**. Eingriffe in das Grundrecht aus Art. 13 Abs. 1 GG dürfen hier nur aufgrund eines Gesetzes und zur Verhütung dringender Gefahren für die öffentliche Sicherheit und Ordnung erfolgen. **Dringende Gefahr** bedeutet die hinreichende Wahrscheinlichkeit eines Schadenseintritts für Rechtsgüter von erheblicher Bedeutung. Das Attribut „dringend" ist nach herrschender Ansicht nicht in einem zeitlichen Sinne zu verstehen, sondern im Sinne einer **qualitativen Steigerung hinsichtlich der schadensbedrohten Rechtsgüter.**[597] Am Ende des Art. 13 Abs. 7 Hs. 2 GG werden beispielhaft (vgl. Wortlaut „insbesondere") einige Fälle aufgelistet. 616

### c) Verhältnismäßigkeit

Alle Eingriffe in das Grundrecht aus Art. 13 Abs. 1 GG, die auf der Grundlage des Art. 13 Abs. 7 GG beruhen, müssen verhältnismäßig sein. 617

## 4. Ungeschriebene Rechtfertigung von Eingriffen in den Schutzbereich

Umstritten ist, wie sich behördliche Betretungs- und Besichtigungsrechte von Geschäfts- und Betriebsräumen rechtfertigen lassen. 618

**Beispiel** Mitarbeiter des städtischen Gewerbeaufsichtsamtes suchen vormittags um 10.00 Uhr die Geschäftsräume der Schnellreinigung des W auf und verlangen die Vorlage der Geschäftsunterlagen des laufenden Geschäftsjahres. ■

Nach überwiegender Auffassung fallen auch die Geschäfts- und Betriebsräume unter den Wohnungsbegriff des Art. 13 Abs. 1 GG (s.o. Rn. 596). Das *Bundesverfassungsgericht* vertritt die Auffassung, diese Räumlichkeiten hätten während der normalen Öffnungszeiten jedoch nicht dieselbe Schutzbedürftigkeit wie rein privat genutzte Räume. Dementsprechend misst das *Bundesverfassungsgericht* in diesen Fällen die Eingriffe in das Grundrecht aus Art. 13 Abs. 1 GG nicht an Art. 13 Abs. 7 GG; nach seiner Ansicht gelten vielmehr folgende erleichterte Rechtfertigungsvoraussetzungen:[598]

1. Es muss eine **gesetzliche Ermächtigung** zum Betreten und zur Besichtigung von Betriebs- und Geschäftsräumen durch die Behörde existieren. Nach Ansicht des *Bundesverwaltungsgerichts* reicht generell auch eine Rechtsverordnung aus.[599]

**Beispiel** § 42 Abs. 2 Nr. 1 LFGB. – In unserem *Beispiel* bildet § 29 Abs. 2 S. 1 GewO die gesetzliche Grundlage für die behördliche Nachschau. ■

2. Die gesetzliche Ermächtigung muss den **Zweck des Betretens** sowie den **Gegenstand und Umfang der Prüfung deutlich erkennen** lassen. – In unserem *Beispiel* ermächtigt § 29 Abs. 2 S. 1 GewO die Beauftragten, zum Zwecke der Überwachung Grundstücke und Geschäftsräume des Betroffenen während der üblichen Geschäftszeit zu betreten, dort Prüfungen und Besichtigungen vorzunehmen, sich die geschäftlichen Unterlagen vorlegen zu lassen und in diese Einsicht zu nehmen.

---

597 Vgl. *BGH* NJW 2003, 3693.

598 Vgl. *BVerfGE* 32, 54.

599 Vgl. *BVerwG* NVwZ-RR 1995, 425.

3. Die Behörde darf die Betriebs- und Geschäftsräume nur zu den **üblichen Öffnungszeiten**, d.h. zu den Zeiten, zu denen die Räume für den allgemeinen Publikumsverkehr geöffnet sind, betreten. – In unserem *Beispiel* ist dies der Fall. Um 10.00 Uhr vormittags ist eine Schnellreinigung üblicherweise geöffnet.

# P. Garantie von Eigentum und Erbrecht (Art. 14 GG), Sozialisierung (Art. 15 GG)

## I. Überblick

619 Das Grundrecht aus Art. 14 GG hat die Aufgabe, dem Einzelnen eine **Freiheit im vermögensrechtlichen Bereich** zu sichern und ihm dadurch eine **eigenverantwortliche Gestaltung seines Lebens** zu ermöglichen.[600] Grundlegend für das Verständnis des Art. 14 GG sind folgende zwei Punkte: Zum einen die sog. **Naßauskiesungsentscheidung** des *Bundesverfassungsgerichts*.[601] Zum anderen handelt es sich bei Art. 14 GG um ein **normgeprägtes Grundrecht** (s.o. Rn. 125 f.). Das bedeutet: „Eigentum" und „Erbrecht" sind ausfüllungsbedürftige Rechtsbegriffe. Zur Ausfüllung dieser Begriffe ist der Gesetzgeber berufen. Er definiert, was unter „Eigentum" und „Erbrecht" zu verstehen ist. „Eigentum" und „Erbrecht" lassen sich daher ohne Rückgriff auf gesetzliche Bestimmungen nicht beschreiben. So besteht z.B. das „Eigentum" aus dem, was die Rechtsordnung Personen an Gütern und Rechten zuordnet. Hierin liegt ein entscheidender Unterschied zu anderen Freiheitsrechten, bei denen die Leitbegriffe (z.B. „Leben", „körperliche Unversehrtheit", „Meinung" oder „Ehe") sog. vorrechtliche Begriffe darstellen. Als soziale Gebilde können diese Begriffe ohne Rückgriff auf vorhandene gesetzliche Bestimmungen definiert werden.

620 **Art. 14 Abs. 1 S. 1 GG** gewährleistet Eigentum und Erbrecht. Er enthält ein klassisches **Abwehrrecht** des Einzelnen gegen staatliche Beeinträchtigungen, eine **Institutsgarantie** und eine **Bestandsgarantie**. **Art. 14 Abs. 1 S. 2 GG** enthält einen **Regelungs-** und **Ausgestaltungsvorbehalt**, dient somit als Rechtfertigungsgrundlage für Inhalts- und Schrankenbestimmungen. **Art. 14 Abs. 2 GG** formuliert ein **objektives Rücksichtnahmegebot**, das Eingriffe in Art. 14 Abs. 1 GG rechtfertigen kann. **Art. 14 Abs. 3 GG** enthält verschiedene Regelungen im Hinblick auf **Enteignungen**: Art. 14 Abs. 3 S. 1 GG normiert die Zulässigkeit von Enteignungen. Art. 14 Abs. 3 S. 2 GG enthält einen qualifizierten Gesetzesvorbehalt und die sog. Junktimklausel. Art. 14 Abs. 3 S. 3 GG regelt ansatzweise die Anforderungen für Art und Umfang der Entschädigung. Art. 14 Abs. 3 S. 4 GG normiert schließlich eine abdrängende Sonderzuweisung zu den ordentlichen Gerichten bei Streitigkeiten über die Höhe der Entschädigung.

621 **Art. 15 GG** sieht die Möglichkeit vor, Grund und Boden, Naturschätze und Produktionsmittel durch ein abstrakt-generelles Gesetz unter den dort genannten Voraussetzungen zu enteignen. Diese Bestimmung hat in der Praxis keine nennenswerte Bedeutung, weshalb wir uns in diesem Skript nicht näher mit ihr befassen werden.

---

600 Vgl. *BVerfGE* 50, 290.

601 *BVerfGE* 58, 300 – Naßauskiesung.

Das Grundrecht aus Art. 14 GG prüfen Sie wie folgt: 622

PRÜFUNGSSCHEMA

### Garantie von Eigentum und Erbrecht (Art. 14 GG)

**I. Eröffnung des Schutzbereichs**
1. Sachlicher Schutzbereich
   a) Eigentum
      aa) Begriff
         Recht am eingerichteten und ausgeübten Gewerbebetrieb Rn. 625
      bb) Gewährleistungsumfang
   b) Erbrecht
2. Persönlicher Schutzbereich

**II. Eingriff in den Schutzbereich**
1. Mögliche Beeinträchtigungen
2. Insbesondere: Formen imperativer Beeinträchtigung
   a) Inhalts- und Schrankenbestimmungen (Art. 14 Abs. 1 S. 2 GG)
      aa) Begriff
      bb) Bedeutung
   b) Enteignung (Art. 14 Abs. 3 GG)
      aa) Begriff
      bb) Abgrenzung zu Inhalts- und Schrankenbestimmungen
      cc) Formen der Enteignung
   c) Sonstige imperative Beeinträchtigungen

**III. Verfassungsrechtliche Rechtfertigung des Eingriffs**
1. Verfassungsrechtliche Rechtfertigung einer Inhalts- und Schrankenbestimmung gemäß Art. 14 Abs. 1 S. 2 GG
   a) Gesetz i.S.d. Art. 14 Abs. 1 S. 2 GG
   b) Verhältnismäßigkeit
   c) Institutsgarantie als äußerste Grenze einer Inhalts- und Schrankenbestimmung
2. Verfassungsrechtliche Rechtfertigung einer Enteignung gemäß Art. 14 Abs. 3 GG
   a) Allgemeinwohlklausel (Art. 14 Abs. 3 S. 1 GG)
   b) Junktimklausel (Art. 14 Abs. 3 S. 3 GG)
   c) Verhältnismäßigkeit
   d) Institutsgarantie als äußerste Grenze einer Enteignung
3. Verfassungsrechtliche Rechtfertigung sonstiger Eingriffe

## II. Eröffnung des Schutzbereichs

Ihre Grundrechtsprüfung beginnen Sie mit der Frage, ob der sachliche Schutzbereich und der persönliche Schutzbereich des Grundrechts aus Art. 14 GG eröffnet sind. 623

### 1. Sachlicher Schutzbereich

624 Der sachliche Schutzbereich des Grundrechts aus Art. 14 GG ist in Absatz 1 Satz 1 ganz kurz gefasst: „Das Eigentum und das Erbrecht werden gewährleistet." Die Normgeprägtheit des Grundrechts (s.o. Rn. 619) spielt beim sachlichen Schutzbereich eine wesentliche Rolle, denn der Gesetzgeber legt fest, was „Eigentum" und „Erbrecht" sind. Dementsprechend setzen Sie Ihre Prüfung bei diesen beiden Begriffen an und klären – je nachdem, welcher der beiden Begriffe in Ihrer Fallbearbeitung thematisch einschlägig sein könnte – zunächst den Begriff des Eigentums bzw. des Erbrechts und sodann den jeweiligen Gewährleistungsumfang:

#### a) Eigentum

#### aa) Begriff

625 **Eigentum** sind alle konkreten vermögenswerten Rechte, die dem Einzelnen als Ausschließlichkeitsrechte zur privaten Nutzung und zur eigenen Verfügung zugeordnet sind und die das einfache Recht zu einem bestimmten Zeitpunkt als Eigentum definiert.

Der Eigentumsbegriff des Art. 14 Abs. 1 S. 1 GG stellt einen **verfassungsrechtlichen Begriff** dar. Sein Bedeutungsgehalt muss demnach aus der Verfassung selbst gewonnen werden.[602] Der verfassungsrechtliche Eigentumsbegriff ist insbesondere nicht identisch mit dem zivilrechtlichen Eigentumsbegriff, sondern **weiter** gefasst. Anders als im Zivilrecht, wo Eigentum nur an körperlichen Gegenständen erworben werden kann, fallen unter den verfassungsrechtlichen Eigentumsbegriff **alle vermögenswerten Rechte**. Diese können sowohl privat- als auch öffentlich-rechtlich begründet sein, letzterenfalls allerdings nur dann, soweit sie ein Äquivalent eigener Leistung sind und der Existenzsicherung dienen.[603]

**Beispiele** für Eigentum an privatrechtlich begründeten vermögenswerten Rechten: Sacheigentum an beweglichen Sachen und Grundstücken (§ 903 BGB), dingliche Rechte (z.B. Hypotheken, Grundschulden oder Pfandrechte), Urheberrechte,[604] Internet-Domain,[605] alle Rechte i.S.d. § 823 BGB, privatrechtliche Forderungen.[606]

Ob auch das Recht am eingerichteten und ausgeübten Gewerbebetrieb geschützt wird, ist umstritten.[607] Das *Bundesverfassungsgericht* hat offen gelassen, ob Art. 14 Abs. 1 S. 1 GG anwendbar ist.[608] Es vertritt die Ansicht, der Schutz des Gewerbebetriebes gehe nicht weiter als der Schutz, den die wirtschaftlichen Grundlagen des Gewebebetriebes genießen.

*Beispiele* für Eigentum an öffentlich-rechtlich begründeten vermögenswerten Rechten: Ansprüche gegen die Renten- oder Arbeitslosenversicherung,[609] Anrechte aus einer Zusatzversorgung des öffentlichen Dienstes,[610] Rückerstattungsanspruch bei zu viel

602 Vgl. *BVerfGE* 58, 300 – Naßauskiesung.
603 Vgl. *BVerfGE* 112, 368.
604 Vgl. *BVerfGE* 31, 229.
605 Vgl. *BVerfGK* 4, 210.
606 Vgl. *BVerfGE* 42, 263; 112, 93.
607 Vgl. zum Meinungsstand *Kingreen/Poscher* Grundrechte Rn. 1040.
608 Vgl. *BVerfGE* 66, 116 – Wallraff; 68, 193 und öfter.
609 Vgl. *BVerfGE* 70, 101; 72, 9.
610 Vgl. hierzu *BVerfGE* 136, 152.

gezahlten Steuern.[611] – Nicht geschützt ist dagegen das Vermögen als solches.[612] Daher wird Art. 14 Abs. 1 S. 1 GG durch die Auferlegung öffentlich-rechtlicher Geldleistungspflichten nicht beeinträchtigt, es sei denn, diese haben erdrosselnde und somit sog. konfiskatorische Wirkung.[613] ■

### bb) Gewährleistungsumfang

Das Grundrecht aus Art. 14 Abs. 1 S. 1 GG garantiert den **Bestand des vorhandenen Eigentums vor Entzug**.[614] Nicht von Art. 14 Abs. 1 S. 1 GG erfasst sind daher z.B. bloße Umsatz-, Gewinn- und Erwerbschancen, Hoffnungen, Erwartungen und Aussichten.[615] 626

**Hinweis**

Halten Sie daher im Hinterkopf: Art. 14 Abs. 1 S. 1 GG schützt das **Erworbene**, also das Ergebnis einer Betätigung, nicht dagegen den Erwerb, denn die Betätigung selbst wird durch Art. 12 Abs. 1 GG geschützt.[616]

Geschützt ist zudem die Möglichkeit, das **Eigentum zu nutzen** und **darüber zu verfügen**.[617] Der Eigentümer hat die Freiheit, sein Eigentum zu behalten, zu verwenden, zu verbrauchen und zu veräußern. 627

**Beispiel** D bestellt zur Sicherung eines Bankdarlehens eine Hypothek an seinem Grundstück. ■

Neben dieser positiven Eigentumsfreiheit existiert auch die **negative Eigentumsfreiheit**. Sie verleiht dem Einzelnen das Recht, das Eigentum nicht zu behalten, nicht zu verwenden, nicht zu verbrauchen oder nicht darüber zu verfügen.[618] 628

**Hinweis**

Die Gewährleistung des Eigentums beeinflusst nicht nur die Ausgestaltung des materiellen Vermögensrechts, sondern wirkt auch auf das zugehörige Verfahrensrecht ein. Dementsprechend folgt schon unmittelbar aus Art. 14 Abs. 1 S. 1 GG ein Anspruch auf eine **faire Verfahrensführung**. Das gilt auch für die Durchführung von Zwangsversteigerungen, bei denen der Staat im Interesse eines Gläubigers schwerwiegende Eingriffe in das Eigentum des Schuldners vornimmt. Ein solcher Eingriff kann zwar gerechtfertigt sein, soweit er dazu dient, titulierte Geldforderungen des Gläubigers zu befriedigen; gleichzeitig sind aber auch die Belange des Schuldners zu wahren.[619]

---

611 Vgl. *BVerfGE* 70, 278.
612 Vgl. *BVerfGE* 91, 207.
613 Vgl. *BVerfGE* 82, 159.
614 Vgl. *BVerfGE* 89, 1 – Besitzrecht des Mieters.
615 Vgl. *BVerfGE* 78, 205.
616 Vgl. *BVerfGE* 88, 366.
617 Vgl. *BVerfGE* 13, 225.
618 Vgl. *Kingreen/Poscher* Grundrechte Rn. 1044.
619 Vgl. zum Ganzen *BVerfGE* 46, 325.

#### b) Erbrecht

629 Die Garantie des Erbrechts ergänzt die Eigentumsgarantie insofern, als sie den **Fortbestand des Privateigentums über den Tod hinaus** im Wege der Rechtsnachfolge sicherstellt. Das Erbrecht gewährleistet die **Anerkennung der Privaterbfolge** als Rechtsinstitut, die **Testierfreiheit**,[620] das **Recht der Erben, über das Erbe wie ein Eigentümer verfügen zu können**,[621] sowie das **Pflichtteilsrecht der Kinder des Erblassers**.[622]

### 2. Persönlicher Schutzbereich

630 Das Grundrecht aus Art. 14 Abs. 1 S. 1 GG ist ein Jedermann-Grundrecht. In den persönlichen Schutzbereich des Grundrechts fallen daher alle **natürlichen Personen** und **juristische Personen i.S.d. Art. 19 Abs. 3 GG**. **Juristische Personen des öffentlichen Rechts** können sich nach h.M. **nicht auf Art. 14 Abs. 1 S. 1 GG berufen**, auch wenn sie Eigentum nach den Bestimmungen des Privatrechts erworben haben. Nach Auffassung des *Bundesverfassungsgerichts* **schützt Art. 14 Abs. 1 S. 1 GG „nicht das Privateigentum, sondern das Eigentum Privater"**.[623] Dementsprechend hat das *Bundesverfassungsgericht* die Grundrechtsfähigkeit kommunaler Sparkassen und privatwirtschaftlich aktiver Gemeinden verneint.[624] Auch manche grundrechtsdienenden juristischen Personen des öffentlichen Rechts, nämlich die Universitäten und die Rundfunkanstalten, sind im Hinblick auf Art. 14 Abs. 1 S. 1 GG nicht grundrechtsfähig.[625] Etwas anderes soll aber für Religionsgemeinschaften gelten.[626]

## III. Eingriff in den Schutzbereich

631 Ist der Schutzbereich des Grundrechts aus Art. 14 Abs. 1 S. 1 GG eröffnet, prüfen Sie anschließend, ob die öffentliche Gewalt in den Schutzbereich eingegriffen hat.

### 1. Mögliche Beeinträchtigungen

632 Ein Eingriff liegt vor, wenn eine durch Art. 14 Abs. 1 S. 1 GG **geschützte Rechtsposition entzogen** oder **ihre Nutzung, ihre Verfügung oder ihre Verwertung durch eine imperative Regelung oder durch eine mittelbare oder faktische Einwirkung beeinträchtigt** wird.[627] *Beispiel* für eine imperative Regelung ist z.B. die Steuerpflicht; *Beispiel* für einen faktischen Eingriff sind z.B. Immissionen.

### 2. Insbesondere: Formen imperativer Beeinträchtigungen

633 Das Eigentum – für das Erbrecht gelten die folgenden Ausführungen entsprechend – kann v.a. durch zwei verschiedene Formen imperativ beeinträchtigt werden: durch **Inhalts- und Schrankenbestimmungen gemäß Art. 14 Abs. 1 S. 2 GG** oder durch **Enteignung gemäß Art. 14 Abs. 3 GG**:

620 Vgl. *BVerfGE* 67, 239.
621 Vgl. *BVerfGE* 97, 1.
622 Vgl. *BVerfGE* 112, 332.
623 Vgl. *BVerfGE* 61, 82 – Sasbach.
624 Vgl. *BVerfGE* 75, 192 bzw. 61, 82.
625 Vgl. *Manssen* Staatsrecht II Rn. 710.
626 Vgl. Sachs-*Wendt* Art. 14 Rn. 19.
627 Vgl. *Manssen* Staatsrecht II Rn. 712.

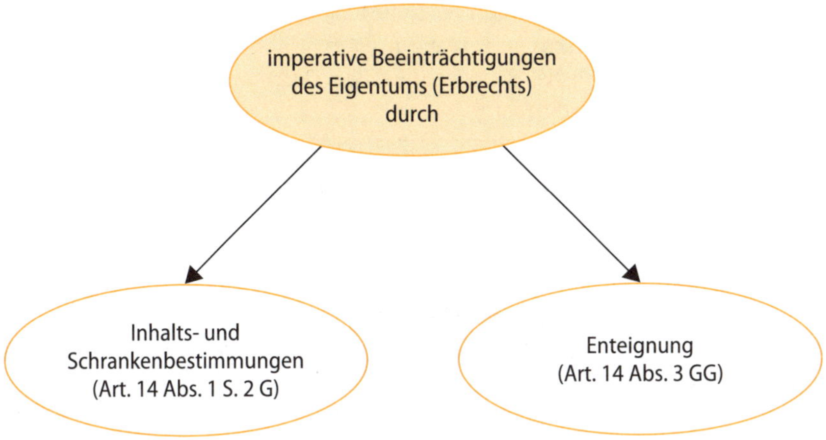


### JURIQ-Klausurtipp

In der Fallbearbeitung haben Sie bei imperativen Eingriffen zwei Möglichkeiten: Entweder Sie beschränken sich beim Prüfungspunkt „Eingriff in den Schutzbereich" darauf zu untersuchen, ob ein Eingriff vorliegt, und verlagern die Frage, welche Form von imperativer Beeinträchtigung gegeben ist, auf die Prüfungsebene der „verfassungsrechtlichen Rechtfertigung". Oder Sie qualifizieren bereits an dieser Stelle die Form des imperativen Eingriffs.

Nach Auffassung des *Bundesverfassungsgerichts* besteht zwischen beiden Formen ein **qualitativer Unterschied**. Das *Bundesverfassungsgericht* betrachtet die **Enteignung** nach Art. 14 Abs. 3 GG als ***aliud* gegenüber den Inhalts- und Schrankenbestimmungen** nach Art. 14 Abs. 1 S. 2 GG. 634

Im Vordergrund des Eigentumsschutzes stehen die **Inhalts- und Schrankenbestimmungen** nach Art. 14 Abs. 1 S. 2 GG. **Grundsätzlich** bilden sie den **Prüfungsmaßstab aller Maßnahmen der öffentlichen Gewalt**, weil Art. 14 Abs. 1 S. 1 GG eine Instituts- und eine Bestandsgarantie enthält (s. oben Rn. 620). Etwas anderes gilt für Enteignungen, die an Art. 14 Abs. 3 GG zu messen sind.[628] 635

### Hinweis

Der qualitative Unterschied zwischen Inhalts- und Schrankenbestimmungen einerseits und Enteignung andererseits war **vor** der **Naßauskiesungsentscheidung** des *Bundesverfassungsgerichts* nicht anerkannt. Die frühere h.M. garantierte Eigentumsschutz letztlich nur durch den Enteignungsbegriff. Zwischen Inhalts- und Schrankenbestimmungen und Enteignung wurde kein qualitativer, sondern ein **quantitativer Unterschied** gesehen. Dies hatte zur Folge, dass eine Inhalts- und Schrankenbestimmung, die ein bestimmtes Maß an Intensität – sei es gemessen an der Schwere ihrer beeinträchtigenden Wirkung (sog. **Schweretheorie**), sei es gemessen an der Frage, ob dem Betroffenen durch die staatliche Maßnahme ein Sonderopfer auferlegt wird (sog. **Sonderopfertheorie**) – überschritt, in eine Enteignung umschlug. In diesem Falle erhielt der Betroffene eine Entschädigung aus enteignendem bzw. enteignungsgleichem Eingriff, obwohl die Voraussetzungen des Art. 14

628 Vgl. zum Ganzen grundlegend *BVerfGE* 58, 300 – Naßauskiesung.

Abs. 3 GG nicht vorlagen. Dies ist nach heute h.M. nicht mehr denkbar. Eine Inhalts- und Schrankenbestimmung, die nicht im Einklang mit Art. 14 Abs. 1 GG steht, ist verfassungswidrig. Hiergegen muss sich der Betroffene auf dem Rechtsweg wehren. Der Grundsatz „Dulde und liquidiere" gilt hier nicht.

### a) Inhalts- und Schrankenbestimmungen (Art. 14 Abs. 1 S. 2 GG)

#### aa) Begriff

636 **Inhalts- und Schrankenbestimmungen** sind die generelle und abstrakte Festlegung von Rechten und Pflichten durch den Gesetzgeber hinsichtlich solcher Rechtsgüter, die als Eigentum bzw. als Erbrecht zu verstehen sind.

Inhalts- und Schrankenbestimmung werden grundsätzlich als **einheitlicher Begriff** verwendet, müssen also sachlich nicht unterschieden werden. Das *Bundesverfassungsgericht* nimmt an, dass „Inhalts- und Schrankenbestimmungen (...) **jede Beeinträchtigung von Art. 14 GG** (ist), **die nicht Enteignung ist**".[629]

**Beispiele** Das Wasserhaushaltsgesetz definiert das Grundeigentum und den Zugriff auf das Grundwasser als verschiedene vermögenswerte Rechte.[630] Das gesetzliche Verbot, die Miete um mehr als 30% zu erhöhen, ist eine Inhalts- und Schrankenbestimmung des Eigentums des Vermieters.[631] ■

#### bb) Bedeutung

637 Die Inhalts- und Schrankenbestimmungen zeichnen sich v.a. durch ihre zeitliche Wirkung aus, indem sie das **Eigentum für die Zukunft neu definieren**. Dadurch können sie bestehende vermögenswerte Rechtspositionen verkürzen. Solche Verkürzungen beeinträchtigen das in der Vergangenheit begründete Eigentum und stellen demnach Eingriffe in den Schutzbereich des Art. 14 Abs. 1 S. 1 GG dar.

**Beispiel** Die Gemeinde Z ändert ihren Bebauungsplan dahingehend, dass zukünftig im Bereich der Hauptdurchgangsstraße nicht mehr vier-, sondern nur noch dreigeschossig gebaut werden darf. S besitzt auf dieser Straße ein noch unbebautes Grundstück, auf dem er ein Büro- und Geschäftshaus errichten möchte. – Betroffen ist hier die durch Art. 14 Abs. 1 S. 1 GG geschützte Baufreiheit[632] des S. Die Gemeinde definiert die Baufreiheit für die Zukunft neu; für die bestehende Baufreiheit des S bedeutet die Änderung eine Verkürzung seiner Baufreiheit und damit einen Eingriff in seine Baufreiheit. ■

629 *BVerfGE* 58, 300 – Naßauskiesung (Hervorhebung nicht im Original).
630 Vgl. *BVerfGE* 58, 300 – Naßauskiesung.
631 Vgl. *BVerfGE* 71, 230.
632 Vgl. *BVerfGE* 35, 263.

### b) Enteignung (Art. 14 Abs. 3 GG)

#### aa) Begriff

Eine **Enteignung** ist auf die vollständige oder teilweise Entziehung konkreter subjektiver Rechtspositionen i.S.d. Art. 14 Abs. 1 S. 1 GG zur Erfüllung bestimmter öffentlicher Aufgaben gerichtet. 638

#### bb) Abgrenzung zu Inhalts- und Schrankenbestimmungen

Von Inhalts- und Schrankenbestimmungen unterscheidet sich eine Enteignung durch **vier Merkmale**:[633] 639

1. Die Enteignung ist **konkret** (nicht abstrakt).
2. Die Enteignung trifft **individuell** (nicht abstrakt).
3. Die Enteignung **entzieht** verselbständigungsfähige Rechtspositionen i.S.d. Art. 14 Abs. 1 S. 1 GG zumindest teilweise (nicht bloße Verkürzung).
4. Die Enteignung dient der **Erfüllung öffentlicher Aufgaben**, was ausnahmsweise auch bei einer Enteignung zugunsten Privater der Fall sein kann.[634]

**Hinweis**

Als entscheidendes Merkmal zur Abgrenzung von Inhalts- und Schrankenbestimmungen einerseits und Enteignungen andererseits gilt letztlich die **Finalität** des Eingriffs. Maßgeblich ist also, ob die Maßnahme der öffentlichen Gewalt auf den Entzug oder nur auf die Verkürzung von Rechtspositionen i.S.d. Art. 14 Abs. 1 S. 1 GG gerichtet ist.

#### cc) Formen der Enteignung

Gemäß Art. 14 Abs. 3 S. 2 GG kann auf zwei Wegen enteignet werden: entweder durch eine sog. **Legalenteignung** gemäß Art. 14 Abs. 3 S. 2 Alt. 1 GG („durch Gesetz") oder durch eine sog. **Administrativenteignung** gemäß Art. 14 Abs. 3 S. 2 Alt. 2 GG („auf Grund eines Gesetzes"). 640

**Beispiele** Entziehung von Grundstücken zwecks Errichtung eines Flughafens; die Belastung eines Grundstücks mit dinglichen Rechten.[635] ■

### c) Sonstige imperative Beeinträchtigungen

Das Grundrecht aus Art. 14 Abs. 1 S. 1 GG kann schließlich auch durch sonstige imperative Eingriffe beeinträchtigt werden. Dazu gehören vor allem die **Anwendungs- und Vollzugsakte** der Exekutive und der Judikative, mit denen die **Inhalts- und Schrankenbestimmungen konkretisiert** werden. 641

633 Vgl. *Kingreen/Poscher* Grundrechte Rn. 1058.
634 Vgl. *BVerfGE* 74, 264 – Boxberg.
635 Vgl. *BVerfGE* 45, 297.

**Beispiel**[636] H hat ein unter Denkmalschutz stehendes Haus erworben. Das Haus möchte er abreißen und auf dem Grundstück ein neues Haus errichten. Seinen Abrissantrag lehnt die Behörde unter Hinweis auf entgegenstehende denkmalschutzrechtliche Bestimmungen ab. Die behördliche Ablehnung stellt einen Verwaltungsakt dar. Mit ihrem Erlass vollzieht die Behörde die bau- und denkmalschutzrechtlichen Bestimmungen, die das Eigentum des H definieren. ■

## IV. Verfassungsrechtliche Rechtfertigung des Eingriffs

642 Liegt ein Eingriff in den Schutzbereich des Art. 14 Abs. 1 S. 1 GG vor, ist zu untersuchen, ob der Eingriff in Form einer Inhalts- und Schrankenbestimmung gemäß Art. 14 Abs. 1 S. 2 GG, einer Enteignung gemäß Art. 14 Abs. 3 GG oder eines sonstigen Eingriffs verfassungsrechtlich gerechtfertigt ist.

### 1. Verfassungsrechtliche Rechtfertigung einer Inhalts- und Schrankenbestimmung gemäß Art. 14 Abs. 1 S. 2 GG

643 Inhalts- und Schrankenbestimmungen sind verfassungsrechtlich gerechtfertigt, wenn **drei Voraussetzungen** erfüllt sind:

#### a) Gesetz i.S.d. Art. 14 Abs. 1 S. 2 GG

644 Nach h.M. ist unter Gesetz i.S.d. Art. 14 Abs. 1 S. 2 GG ein **Gesetz im materiellen Sinne** zu verstehen. Neben förmlichen Gesetzen können daher auch Rechtsverordnungen und Satzungen den Inhalt und die Schranken des Eigentums und des Erbrechts bestimmen. Nach dem rechtsstaatlichen Vorbehalt des Gesetzes müssen Rechtsverordnungen und Satzungen jedoch ihrerseits auf einem verfassungsgemäßen förmlichen Gesetz beruhen.

#### b) Verhältnismäßigkeit

645 Der Gesetzgeber besitzt allerdings keine unbeschränkte Befugnis, den Inhalt und die Schranken der Rechtspositionen i.S.d. Art. 14 Abs. 1 S. 1 GG zu bestimmen. So muss sich der Gesetzgeber bei Eingriffen in das Eigentum vielmehr am Allgemeinwohl orientieren, das nicht nur den Grund, sondern auch die Grenze für die Beschränkung des Eigentums bildet.[637] Gleichzeitig muss das zulässige Ausmaß einer Sozialbindung auch vom Eigentum selbst her bestimmt werden.[638] Die Bestandsgarantie des Art. 14 Abs. 1 S. 1 GG, der Regelungsauftrag des Art. 14 Abs. 1 S. 2 GG und die Sozialbindung des Eigentums nach Art. 14 Abs. 2 GG stehen in einem unlösbaren Zusammenhang. Keiner dieser Faktoren darf über Gebühr verkürzt werden; vielmehr müssen alle Faktoren in einen **verhältnismäßigen Ausgleich** gebracht werden.[639] Die Eigentumsgarantie und die Sozialbindung des Eigentums sind somit in einen schonenden Ausgleich zu bringen. Bei dieser Abwägung kann insbesondere zu berücksichtigen sein, ob/inwieweit es **Härteklauseln** oder **Übergangsregelungen** gibt. Härteklauseln sind notwendig, wenn z.B. eine Nutzungsbefugnis nach dem Wasserhaushaltsgesetz, von der

---

636 Nach *BVerfGE* 100, 226.
637 Vgl. *BVerfGE* 25, 112 – Niedersächsisches Deichgesetz.
638 Vgl. *BVerfGE* 31, 229.
639 Vgl. zum Ganzen *BVerfGE* 50, 290 – Mitbestimmung.

früher bereits Gebrauch gemacht wurde, entzogen wird.[640] In die Abwägung einzustellen ist z.B. auch die **Eigenart der vermögenswerten Rechtsposition**. So kann der Gesetzgeber die Sozialbindung des Eigentums an Produktionsmitteln durch Mitbestimmungsregelungen für Unternehmen gesetzlich regeln, denn das Eigentum an Produktionsmitteln ist nicht nur eine vermögenswerte Rechtsposition des Unternehmers, sondern verleiht ihm auch Macht über Dritte.[641] In Betracht zu ziehen ist ferner auch die Möglichkeit einer **finanziellen Entschädigung**.[642] Eine solche Entschädigung kommt in Betracht, wenn eine Inhalts- und Schrankenbestimmung eine hohe Eingriffsqualität hat. In der Praxis ist dies z.B. bei denkmal- und naturschutzrechtlichen Maßnahmen relevant, die – rechtlich betrachtet – Inhalts- und Schrankenbestimmung sind, aber enteignende Wirkung haben.[643]

**Hinweis**

Zur Klärung der Frage, ob zur verfassungsrechtlichen Rechtfertigung einer Inhalts- und Schrankenbestimmung eine finanzielle Entschädigung notwendig ist, können Sie die früher zur Abgrenzung von Inhalts- und Schrankenbestimmung einerseits und Enteignung andererseits verwendeten Kriterien, also die Schwere des Eingriffs oder das Vorliegen eines Sonderopfers (dazu oben Rn. 635), heranziehen.

#### c) Institutsgarantie als äußerste Grenze von Inhalts- und Schrankenbestimmungen

Als **äußerste Grenze** für die Zulässigkeit von Inhalts- und Schrankenbestimmungen dient die Eigentumsgarantie als **Institutsgarantie**. Sie stellt sicher, dass der Kernbereich der Eigentumsgarantie, d.h. die Privatnützigkeit des Eigentums und die grundsätzliche Verfügungsbefugnis des Eigentümers über seine vermögenswerten Rechtspositionen, unangetastet bleiben.[644] **646**

### 2. Verfassungsrechtliche Rechtfertigung einer Enteignung gemäß Art. 14 Abs. 3 GG

Eine Enteignung gemäß Art. 14 Abs. 3 GG hat **vier Voraussetzungen**: **647**

#### a) Allgemeinwohlklausel (Art. 14 Abs. 3 S. 1 GG)

Ein Gesetz, durch das oder aufgrund dessen enteignet wird, muss vorsehen, dass die Enteignung **nur zum Wohl der Allgemeinheit** erfolgen darf (Art. 14 Abs. 3 S. 1 GG). Ausnahmsweise kann eine Enteignung zugunsten Privater auch diesem Erfordernis genügen (s.o. Rn. 639). Bei einer Administrativenteignung muss auch der Vollzugsakt dem Allgemeinwohlerfordernis genügen. **648**

640 Vgl. *BVerfGE* 58, 300 – Naßauskiesung.
641 Vgl. *BVerfGE* 50, 290 – Mitbestimmung.
642 Vgl. insoweit grundlegend *BVerfGE* 58, 137 – Pflichtexemplar.
643 Vgl. z.B. *BVerfGE* 100, 226 (§ 31 Abs. 1 S. 2 DenkmSchPflG Rheinland-Pfalz).
644 Vgl. *BVerfGE* 100, 226.

#### b) Junktimklausel (Art. 14 Abs. 3 S. 2 GG)

649 Das Gesetz, durch das oder aufgrund dessen enteignet wird, muss gemäß Art. 14 Abs. 3 S. 2 GG eine sog. **Junktimklausel** enthalten, d.h. es muss die **Art** und das **Ausmaß der Entschädigung** regeln. Die **Höhe der Entschädigung** ist gemäß Art. 14 Abs. 3 S. 3 GG unter gerechter Abwägung der Interessen der Allgemeinheit und des Betroffenen festzulegen. Regelmäßig wird für die Höhe der Entschädigung der Verkehrswert des Enteignungsgegenstandes ausschlaggebend sein.[645]

#### c) Verhältnismäßigkeit

650 Schließlich muss eine Enteignung **verhältnismäßig** sein. Dies betrifft sowohl die Frage, *ob* enteignet wird, als auch die Frage, *wie* enteignet wird. Eine Enteignung kommt ohnehin nur als *ultima ratio* in Betracht. Auch wenn ein solcher Fall ausnahmsweise gegeben ist, kann es dann unter Umständen genügen, anstelle einer vollständigen Enteignung nur eine teilweise Enteignung vorzunehmen.

#### d) Institutsgarantie als äußerste Grenze einer Enteignung

651 Wie bei der verfassungsrechtlichen Rechtfertigung von Inhalts- und Schrankenbestimmungen bildet die Eigentumsgarantie als Institutsgarantie die äußerste Grenze für die Zulässigkeit einer Enteignung (vgl. oben Rn. 646).

### 3. Verfassungsrechtliche Rechtfertigung sonstiger Eingriffe

652 Sonstige Eingriffe sind verfassungsrechtlich gerechtfertigt, wenn zwei Voraussetzungen vorliegen: Sie müssen eine verfassungsgemäße Rechtsgrundlage haben und verhältnismäßig sein.

---

645 Vgl. *Manssen* Staatsrecht II Rn. 730.

## V. Übungsfall Nr. 5

### „Testamentserrichtung für alle!“[646] 653

Schreibunfähige Stumme können nach den einschlägigen zivilrechtlichen Bestimmungen generell kein Testament errichten. Sie können weder ein handschriftliches Testament i.S.d. § 2247 BGB noch ein öffentliches Testament i.S.d. §§ 2232, 2233 BGB errichten. Sonderregeln für schreibunfähige Stumme sieht das BGB nicht vor. Der Gesetzgeber geht davon aus, dass sich schreibunfähige Stumme nur durch Zeichen erklären können. Dies reiche aber nicht aus, um den Willen eines Erblassers zu ermitteln. Bei schreibunfähigen Stummen sei es ausgeschlossen, den Dolmetscher zu kontrollieren. Außerdem sei nicht anzunehmen, dass schreibunfähige Stumme das erforderliche Verständnis von der Bedeutung der letztwilligen Verfügung hätten.

Steht der generelle Ausschluss schreibunfähiger Stummer von der Testamentserrichtung mit dem Grundrecht aus Art. 14 Abs. 1 S. 1 GG in Einklang?

## Lösung 654

Die gegenwärtige Rechtslage steht mit dem Grundrecht aus Art. 14 Abs. 1 S. 1 GG in Einklang, wenn und soweit die einschlägigen zivilrechtlichen Bestimmungen über den generellen Ausschluss schreibunfähiger Stummer von der Testamentserrichtung einen verfassungsrechtlich gerechtfertigten Eingriff in das durch Art. 14 Abs. 1 S. 1 GG gewährleistete Erbrecht darstellen.

### I. Eröffnung des Schutzbereichs

Zunächst müssten der sachliche Schutzbereich und der persönliche Schutzbereich des Grundrechts aus Art. 14 Abs. 1 GG eröffnet sein.

#### 1. Sachlicher Schutzbereich

Das Grundrecht aus Art. 14 Abs. 1 S. 1 GG garantiert das Erbrecht sowohl als Rechtsinstitut als auch als individuelles Abwehrrecht. Von der Erbrechtsgarantie umfasst ist u.a. die Testierfreiheit des Erblassers. Die Testierfreiheit eröffnet dem Erblasser die Möglichkeit, zu Lebzeiten über sein Vermögen nach dem Erbfall zu verfügen, indem er abweichend von der gesetzlichen Erbfolge Rechtsnachfolger seines Vermögens bestimmt. Dadurch wird das Selbstbestimmungsrecht des Erblassers im Rechtsleben gesichert. Der sachliche Schutzbereich des Grundrechts aus Art. 14 Abs. 1 S. 1 GG ist somit eröffnet.

#### 2. Persönlicher Schutzbereich

Als Jedermann-Grundrecht ist Art. 14 Abs. 1 S. 1 GG in seinem persönlichen Schutzbereich ebenfalls eröffnet.

#### 3. Ergebnis zu I.

Der Schutzbereich des Grundrechts aus Art. 14 Abs. 1 GG ist eröffnet.

### II. Eingriff in den Schutzbereich

Es müsste ein Eingriff in die Erbrechtsgarantie vorliegen. Als Eingriff kommen alle Beeinträchtigungen der durch Art. 14 Abs. 1 S. 1 GG geschützten Rechtspositionen in Betracht. Zu diesen Beeinträchtigungen gehören v.a. imperative Schmälerungen der geschützten Rechtspositionen. Zu den imperativen Schmälerungen gehören u.a. Inhalts- und Schrankenbestimmungen. Diese zeichnen sich dadurch aus, dass sie gene-

646 Nach *BVerfGE* 99, 341.

rell und abstrakt die Rechte und Pflichten hinsichtlich solcher Rechtspositionen festlegen, die als Erbrecht zu verstehen sind. Die einschlägigen zivilrechtlichen Bestimmungen über den generellen Ausschluss schreibunfähiger Stummer von der Testamentserrichtung erfüllen diese Voraussetzungen, denn sie definieren abstrakt-generell den Inhalt des Erbrechts. Demnach greifen diese Bestimmungen in die Erbrechtsgarantie des Art. 14 Abs. 1 S. 1 GG ein.

## III. Verfassungsrechtliche Rechtfertigung der zivilrechtlichen Bestimmungen über den generellen Ausschluss schreibunfähiger Stummer von der Testamentserrichtung

Zu untersuchen ist, ob der in den zivilrechtlichen Bestimmungen vorgesehene generelle Ausschluss schreibunfähiger Stummer von der Testamentserrichtung verfassungsrechtlich gerechtfertigt ist. Dies ist der Fall, wenn und soweit die einschlägigen zivilrechtlichen Bestimmungen eine verfassungsgemäße Regelung bzw. Ausgestaltung der Erbrechtsgarantie darstellen. Dies setzt voraus, dass sie verfassungsgemäß, insbesondere verhältnismäßig, sind.

### 1. Regelungs- und Ausgestaltungsvorbehalt des Art. 14 Abs. 1 S. 2 GG

Gemäß Art. 14 Abs. 1 S. 2 GG steht die Erbrechtsgarantie des Art. 14 Abs. 1 S. 1 GG unter einem Regelungs- und Ausgestaltungsvorbehalt. Danach bestimmen Gesetze den Inhalt und die Schranken der Erbrechtsgarantie. Nach h.M. steht der Begriff des Gesetzes in Art. 14 Abs. 1 S. 2 GG für Gesetze im materiellen Sinne. Die zivilrechtlichen Vorschriften über den generellen Ausschluss schreibunfähiger Stummer von der Testamentserrichtung gehören als förmliches Gesetz somit auf jeden Fall zu diesen Gesetzen.

### 2. Verfassungsmäßigkeit der zivilrechtlichen Bestimmungen über den generellen Ausschluss schreibunfähiger Stummer von der Testamentserrichtung

Die einschlägigen zivilrechtlichen Bestimmungen über den generellen Ausschluss schreibunfähiger Stummer von der Testamentserrichtung sind verfassungsgemäß, wenn sie formell und materiell mit der Verfassung in Einklang stehen. An der formellen Verfassungsmäßigkeit bestehen keine Zweifel; insbesondere hat der Bund gemäß Art. 74 Abs. 1 Nr. 1 GG die konkurrierende Gesetzgebungszuständigkeit für das Bürgerliche Recht und damit das Erbrecht.

Zu prüfen ist, ob die einschlägigen zivilrechtlichen Bestimmungen materiell verfassungsgemäß sind. Zweifel könnten insoweit hinsichtlich der Verhältnismäßigkeit bestehen. Verhältnismäßig wären die Bestimmungen, wenn sie einem verfassungsrechtlich legitimen Zweck dienten, zur Erreichung dieses Zwecks geeignet, erforderlich und angemessen wären.
Nach dem Willen des Gesetzesgebers sollen schreibunfähige Stumme kein handschriftliches Testament errichten können, weil es nicht möglich sei, sich mit schreibunfähigen Stummen zuverlässig zu verständigen, und weil schreibunfähigen Stummen das erforderliche Verständnis für die Testamentserrichtung fehle. Der generelle Ausschluss schreibunfähiger Stummer von der Testamentserrichtung soll nach dem Willen des Gesetzgebers demnach dem Schutz dieser Personen, daneben aber auch der im Rechtsstaatsprinzip wurzelnden Rechtssicherheit dienen. Diese beiden Anliegen stellen verfassungsrechtlich legitime Zwecke dar. Der generelle Ausschluss schreibunfähiger Stummer von der Testamentserrichtung fördert die Erreichung dieser Zwecke und ist somit geeignet. Fraglich ist aber, ob der generelle Ausschluss zur Erreichung dieser Zwecke erforderlich ist. Dies wäre der Fall, wenn es zur Erreichung dieser Zwecke kein milderes, aber ebenso effektives Mittel gäbe. Der Ausschluss schreibunfähiger Stummer von der Testamentserrichtung ist nicht in jedem Fall, sondern vielmehr nur in den Fällen erforderlich, in denen die vom Gesetzgeber zugrundegelegten tatsächlichen Umstände auch wirklich vorliegen. Der Gesetzgeber geht davon aus, dass eine hinreichend gesicherte Verständigung mit schreibunfähigen Stummen generell ausgeschlossen ist oder dass diesen Personen allgemein das notwendige Verständnis dafür fehlt, ein Testament zu errichten. Diese Annahme trifft jedoch nicht in allen Fällen zu, denn es gibt durchaus schreibunfähige Stumme, die die für eine Tes-

tamentserrichtung notwendige intellektuelle und physische Selbstbestimmungsfähigkeit besitzen. In diesen Fällen ist es nicht erforderlich, diese Personen zum Schutz vor fremdbestimmten oder unverantwortlichen Rechtsgeschäften von der Testamentserrichtung auszuschließen. Für solche Personen käme als milderes Mittel ein Beurkundungsverfahren in Betracht. Es können weitere neutrale Personen herangezogen werden, die kontrollieren, ob der beurkundende Notar die Testierfähigkeit der schreibunfähigen Stummen zutreffend einschätzt und seine Willenserklärungen richtig auslegt. Die einschlägigen zivilrechtlichen Bestimmungen über den generellen Ausschluss schreibunfähiger Stummer von der Testamentserrichtung sind folglich für solche schreibunfähigen Stummen, die zu einer Testamentserrichtung intellektuell und physisch in der Lage sind, nicht erforderlich.

Die einschlägigen zivilrechtlichen Bestimmungen sind demnach teilweise nicht verhältnismäßig und damit materiell verfassungswidrig.

### 3. Ergebnis zu III.

Die einschlägigen zivilrechtlichen Bestimmungen über den generellen Ausschluss schreibunfähiger Stummer sind folglich verfassungswidrig und damit verfassungsrechtlich nicht gerechtfertigt, soweit auch Personen vom Ausschluss der Testamentserrichtung erfasst sind, die hierzu geistig und körperlich in der Lage sind.

## IV. Ergebnis

Die einschlägigen zivilrechtlichen Bestimmungen über den generellen Ausschluss schreibunfähiger Stummer von der Testamentserrichtung verletzen in dem oben (Ziff. III.2.) festgestellten Umfang das Grundrecht aus Art. 14 Abs. 1 S. 1 GG.

# Q. Rechtsweggarantie (Art. 19 Abs. 4 S. 1 GG)

## I. Überblick

655 Die Rechtsweggarantie des Art. 19 Abs. 4 S. 1 GG gehört zu den sog. **Prozessgrundrechten** (Justizgrundrechten). Neben der Rechtsweggarantie fallen darunter die Garantie des gesetzlichen Richters aus Art. 101 GG sowie die Grundrechte aus Art. 103 GG. In diesem Skript wird allein die Rechtsweggarantie behandelt.[647]

656 Art. 19 Abs. 4 S. 1 GG eröffnet jedem, der durch die öffentliche Gewalt in seinen Rechen verletzt ist, den Rechtsweg. Für das Rechtsstaatsprinzip ist diese Bestimmung von grundlegender Bedeutung, leistet sie doch Gewähr dafür, dass materiell-rechtlich begründete subjektive Rechte gegen die öffentliche Gewalt überhaupt erst durchsetzbar werden (sog. wehrfähige Rechte). Ohne die Rechtsweggarantie existierten die materiell-rechtlich begründeten subjektiven Rechte gegen die öffentliche Gewalt nur auf dem Papier, wären also ein stumpfes Schwert gegen die öffentliche Gewalt. Besondere Bedeutung hat die Rechtsweggarantie daher im Zusammenhang mit der Auslegung und der Anwendung des Prozessrechts (z.B. ZPO, StPO, VwGO, ArbGG, GVG etc.). Diese Bestimmungen sind so auszulegen und anzuwenden, dass die materiell-rechtlich gewährten subjektiven Rechte in den gerichtlichen Verfahren tatsächlich zur Geltung kommen.

**Hinweis**

Art. 19 Abs. 4 S. 1 GG gilt nur bei möglichen Rechtsverletzungen durch die öffentliche Gewalt. Eine Rechtsweggarantie bei möglichen Rechtsverletzungen durch Private bietet der sog. **allgemeine Justizgewährungsanspruch**, der auf Art. 2 Abs. 1 GG i.V.m. dem Rechtstaatsprinzip beruht.

657 Die Rechtsweggarantie ist in erster Linie ein **Leistungsrecht**, beinhaltet also einen Anspruch auf Justizgewähr; die Funktion des Art. 19 Abs. 4 S. 1 GG als **Abwehrrecht** (mit einem stark normgeprägten Schutzbereich [s.o. Rn. 125 f.]) tritt demgegenüber zurück. Daneben enthält Art. 19 Abs. 4 S. 1 GG die **institutionelle Garantie** einer Gerichtsbarkeit, die dem Rechtsschutzauftrag gerecht wird.[648] Weil Art. 19 Abs. 4 S. 1 GG vor allem ein Leistungsrecht darstellt, wird diese Funktion in den Mittelpunkt der weiteren Betrachtung gestellt. Art. 19 Abs. 4 S. 1 GG prüfen Sie wie folgt:

647 Vgl. zu den einzelnen Justizgrundrechten *Schroeder* JA 2010, 167.
648 Vgl. *Kingreen/Poscher* Grundrechte Rn. 1158.

**Rechtsweggarantie (Art. 19 Abs. 4 S. 1 GG)**

PRÜFUNGSSCHEMA

**I. Anspruchsvoraussetzungen**
1. Jemand
2. Öffentliche Gewalt
3. Rechtsverletzung
   a) Recht i.S.d. Art. 19 Abs. 4 S. 1 GG
   b) Eigenes Recht
   c) Rechtsverletzung

**II. Rechtsfolge bei Vorliegen der Anspruchsvoraussetzungen**
1. Eröffnung des Rechtsweges
2. Gewährung effektiven Rechtsschutzes

## II. Anspruchsvoraussetzungen

Die Rechtsweggarantie, d.h. der Anspruch auf Justizgewähr, hat **drei Voraussetzungen**: 658

### 1. Jemand

Anspruchsberechtigt ist „jemand", d.h. **alle natürlichen Personen** und **juristischen Personen i.S.d. Art. 19 Abs. 3 GG**. Nach h.M. können sich auch **ausländische juristische Personen** auf Art. 19 Abs. 4 S. 1 GG berufen. **Juristische Personen des öffentlichen Rechts** sind demgegenüber **grundsätzlich nicht** erfasst. Dies folgt aus ihrer grundsätzlichen Stellung als Grundrechtsverpflichtete. Etwas **anderes** gilt nur für die **grundrechtsdienenden juristischen Personen des öffentlichen Rechts** (s.o. Rn. 94 ff.). 659

### 2. Öffentliche Gewalt

Art. 19 Abs. 4 S. 1 GG setzt des Weiteren voraus, dass eine Maßnahme der **öffentlichen Gewalt** vorliegt. Der Begriff der „öffentlichen Gewalt" findet sich im Grundgesetz nicht nur in Art. 19 Abs. 4 S. 1 GG, sondern auch in Art. 1 Abs. 1 und Abs. 3 GG, Art. 20 Abs. 2 GG sowie Art. 93 Abs. 1 Nr. 4a GG. Im Vergleich zu diesen Bestimmungen, vor allem zu Art. 93 Abs. 1 Nr. 4a GG, wird der Begriff der öffentlichen Gewalt in Art. 19 Abs. 4 S. 1 GG nach h.M. **enger** ausgelegt: 660

**Öffentliche Gewalt** i.S.d. Art. 19 Abs. 4 S. 1 GG meint (nur) die Exekutive.

Während unter öffentlicher Gewalt i.S.d. Art. 93 Abs. 1 Nr. 4a GG alle drei Staatsgewalten, also die Legislative, die Exekutive und die Judikative, subsumiert werden (dazu näher unten Rn. 724), ist mit öffentlicher Gewalt i.S.d. Art. 19 Abs. 4 S. 1 GG nach h.M. **nur** die **Exekutive** gemeint.[649] Deren Handeln wird umfassend erfasst.[650] Dazu gehört z.B. der Erlass von Verwal-

649 Vgl. *Manssen* Staatsrecht II Rn. 789 ff.
650 Vgl. *Kingreen/Poscher* Grundrechte Rn. 1162.

tungsakten, von Rechtsverordnungen und von Satzungen; ferner die Vornahme von Realakten. Nach Auffassung des *Bundesverfassungsgerichts* gehört dazu auch die Begnadigung; gleichwohl soll hiergegen kein Rechtsweg offen stehen.[651] Anders entscheidet das *Bundesverfassungsgericht* jedoch im Falle des Widerrufs einer Gnadenentscheidung.[652]

661 Unerheblich ist, ob die Exekutive im üblichen Staats-Bürger-Verhältnis oder in einem Sonderrechtsverhältnis (s.o. 64 f.) handelt. Auch beim verwaltungsprivatrechtlichen Handeln der Exekutive greift die Rechtsweggarantie des Art. 19 Abs. 4 S. 1 GG, weil die Exekutive insoweit zwar in Privatrechtsform handelt, jedoch unmittelbar öffentliche Aufgaben erfüllt.

662 Die **Legislative** ist **nach h.M. nicht** vom Begriff der öffentlichen Gewalt i.S.d. Art. 19 Abs. 4 S. 1 GG erfasst. Rechtsschutz gegen Akte der Legislative wird nach Auffassung des *Bundesverfassungsgerichts* abschließend durch die Verfahren nach Art. 93 Abs. 1 Nr. 2 und Nr. 4a GG sowie nach Art. 100 Abs. 1 GG gewährleistet.[653] Die Feststellung der Verfassungswidrigkeit von Gesetzen ist damit allein Aufgabe der Verfassungsgerichtsbarkeit. – **Nach h.M.** ist außerdem die **Judikative nicht umfasst**. Der Begriff der Judikative bestimmt sich maßgeblich nach der konkreten sachlichen Tätigkeit.[654] Charakteristisch für rechtsprechende Tätigkeit ist typischerweise die letztverbindliche Klärung der Rechtslage in einem Streitfall im Rahmen besonders geregelter Verfahren.[655] Nicht zum traditionellen Kernbereich rechtsprechender Tätigkeit wird z.B. die Erteilung von Auskünften aus einem laufenden Verfahren gegenüber Dritten gerechnet.[656]

**Hinweis**

Merken Sie sich für die h.M. das Schlagwort: „Art. 19 Abs. 4 S. 1 GG gewährt Schutz *durch*, nicht vor dem Richter!“ Machen Sie sich zum besseren Verständnis den Grund dafür klar, warum die Judikative nach h.M. nicht zur öffentlichen Gewalt i.S.d. Art. 19 Abs. 4 S. 1 GG gehört. Würde die Judikative zur öffentlichen Gewalt gehören, wäre gegen jede gerichtliche Entscheidung wieder der Rechtsweg eröffnet, es käme dadurch zu einer endlosen Überprüfbarkeit gerichtlicher Entscheidungen, ohne dass gerichtliche Entscheidung jemals in Rechtskraft erwachsen würde. Gerichtliche Entscheidungen müssen zur Gewährleistung von Rechtssicherheit und Rechtsfrieden aber irgendwann einmal in Rechtskraft erwachsen.

663 Schutz *vor* dem Richter wird ausnahmsweise jedoch dann gewährt, wenn die Judikative nicht in ihrer typischen Funktion als streitentscheidende Instanz tätig wird, sondern außerhalb ihrer streitentscheidenden Tätigkeit aufgrund eines ausdrücklich normierten Richtervorbehalts handelt.[657]

**Beispiel** O steht im Verdacht, eine Katalogtat i.S.d. § 100a Abs. 2 StPO begangen zu haben. Die Ermittlungsbehörde beantragt beim zuständigen Gericht die Anordnung der Überwachung und der Aufzeichnung des Telefonanschlusses des O. – In dieser Konstellation wird das Gericht nicht in seiner typischen Funktion als streitentscheidende Instanz tätig, sondern

651 Vgl. *BVerfGE* 25, 352.
652 Vgl. *BVerfGE* 30, 108.
653 Vgl. *BVerfGE* 24, 33.
654 Vgl. *BVerfGE* (Plenum) 107, 395.
655 Vgl. *BVerfGE* 103, 111.
656 Vgl. *BVerfG* NJW 2015, 610.
657 Vgl. *BVerfGE* (Plenum) 107, 395.

zur Absicherung der grundrechtlichen Gewährleistungen bei der beantragten Maßnahme. Das Gericht prüft die beantragte Maßnahme der Ermittlungsbehörde und übernimmt die Verantwortung für deren Handeln. Gegen die richterliche Anordnung, die in diesem Zusammenhang ergeht, ist der Rechtsweg i.S.d. Art. 19 Abs. 4 S. 1 GG eröffnet.[658] ■

## 3. Rechtsverletzung

Die Anspruchsvoraussetzung „Rechtsverletzung" prüfen Sie in drei Schritten: 664

### a) Recht i.S.d. Art. 19 Abs. 4 S. 1 GG

**Recht** meint alle subjektiven Rechte. 665

**Beispiele** Grundrechte; die im einfachen Recht gewährleisteten subjektiv-öffentlichen Rechte (etwa § 74 Abs. 1 BauO NW 2018); private Rechte. ■

Art. 19 Abs. 4 S. 1 GG begründet diese Rechte nicht, sondern setzt ihr Bestehen voraus.

### b) Eigenes Recht

Art. 19 Abs. 4 S. 1 GG setzt nach seinem Wortlaut voraus, dass der Anspruchsinhaber in „seinen Rechten" verletzt ist. Durch diese einschränkende Voraussetzung, in einem **eigenen Recht** verletzt zu sein, werden sog. Verbands- oder Popularklagen ausgeschlossen.[659] Ein Verband kann deshalb grundsätzlich nicht die Rechte seiner Verbandsmitglieder gerichtlich geltend machen. Etwas anderes gilt jedoch dann, wenn eine gesetzliche Bestimmung dies ausdrücklich zulässt, so z.B. § 13 AGBG. 666

**Hinweis**

Im einfachen Recht existiert mit § 42 Abs. 2 VwGO eine Bestimmung, die dasselbe Ziel verfolgt.

### c) Rechtsverletzung

**Rechtsverletzung** meint die konkrete Möglichkeit einer rechtswidrigen Beeinträchtigung eines Rechts. 667

Nach seinem Wortlaut setzt Art. 19 Abs. 4 S. 1 GG voraus, dass eine Rechtsverletzung tatsächlich vorliegt. Da dies aber gerade ein Umstand ist, der von den Gerichten zu klären ist, genügt es, wenn die **konkrete Möglichkeit** besteht, dass eine Rechtsverletzung gegeben ist.[660]

658 Vgl. *BVerfGE* (Plenum) 107, 395.
659 Vgl. *Kingreen/Poscher* Grundrechte Rn. 1168.
660 Vgl. *Manssen* Staatsrecht II Rn. 796.

## III. Rechtsfolgen bei Vorliegen der Anspruchsvoraussetzungen

668 Liegen die Anspruchsvoraussetzungen der Rechtsweggarantie des Art. 19 Abs. 4 S. 1 GG vor, ergeben sich daraus **zwei Rechtsfolgen**, die Sie in folgender Reihenfolge prüfen:

### 1. Rechtswegeröffnung

669 Art. 19 Abs. 4 S. 1 GG **eröffnet** den **Rechtsweg**. Der Anspruchsinhaber erhält hierdurch **Zugang zu staatlichen Gerichten**, die die beanstandete Maßnahme der öffentlichen Gewalt überprüfen.

670 **Staatliches Gericht** ist jede Stelle, die den personellen und den organisatorischen Anforderungen der Art. 92 und 97 GG entspricht.

Dazu gehören z.B. alle Gerichte der Zivil-, Straf- und Verwaltungsgerichtsbarkeit, die Verfassungsgerichte des Bundes und der Länder; nicht jedoch Schiedsgerichte i.S.d. §§ 1025 ff. ZPO oder Parteischiedsgerichte i.S.d. § 14 ParteiG.

**Hinweis**

In der Praxis nehmen vor allem die *Verwaltungsgerichte* den Rechtsschutzauftrag aus Art. 19 Abs. 4 S. 1 GG wahr (vgl. § 40 VwGO). Art. 19 Abs. 4 S. 2 GG enthält einen Auffangtatbestand, der eingreift, wenn der Rechtsweg zwar nach Art. 19 Abs. 4 S. 1 GG, nicht aber nach dem einfachen Recht eröffnet ist. Wegen der Generalklausel des § 40 VwGO hat diese Bestimmung jedoch in der Praxis wenig Bedeutung. Ganz ausnahmsweise kann der Rechtsweg prinzipiell ausgeschlossen sein (vgl. Art. 19 Abs. 4 S. 3 GG i.V.m. Art. 10 Abs. 2 S. 2 GG; Art. 44 Abs. 4 GG).

671 Art. 19 Abs. 4 S. 1 GG garantiert einen Anspruch auf eine **möglichst wirksame gerichtliche Kontrolle** in allen von der jeweiligen Prozessordnung zur Verfügung gestellten, d.h. **existierenden Instanzen**.[661] Mit der Eröffnung des Rechtsweges ist jedoch **keine Garantie eines Instanzenzugs** verbunden.[662]

**Beispiel** F wehrt sich gegen eine belastende Verfügung des Ordnungsamtes. Eines Widerspruchsverfahrens bedarf es nach dem einschlägigen Landesrecht nicht mehr. – Art. 19 Abs. 4 S. 1 GG garantiert F den Zugang zur Verwaltungsgerichtsbarkeit. F kann vor dem *Verwaltungsgericht* klagen. Dass er danach ggf. noch das *Oberverwaltungsgericht* und das *Bundesverwaltungsgericht* anrufen kann, ist durch Art. 19 Abs. 4 S. 1 GG nicht gewährleistet. Insbesondere darf der Gesetzgeber die Prozessordnungen ausgestalten. Dazu gehört z.B. auch, den Zugang zu höheren Instanzen von der Erfüllung bestimmter Voraussetzungen abhängig zu machen (vgl. etwa §§ 124; 132 VwGO), wenn solche Voraussetzungen der Rechtssicherheit und einer geordneten Tätigkeit der Rechtspflege und damit auch der Verwirklichung des Rechtsschutzes dienen.[663] ■

661 Vgl. *BVerfGE* 41, 23.
662 Vgl. *BVerfGE* 65, 76.
663 Vgl. *BVerfGE* 10, 264.

## 2. Gewährung effektiven Rechtsschutzes

Neben der Rechtswegeröffnung gewährt Art. 19 Abs. 4 S. 1 GG effektiven Rechtsschutz.[664] Dieser besteht in einer **grundsätzlich vollständigen, wirksamen Überprüfung** des angegriffenen Aktes öffentlicher Gewalt.[665] Zum effektiven Rechtsschutz gehört z.B., dass die Gerichte das Verfahrensrecht so anzuwenden haben, dass den erkennenden Interessen des rechtsschutzsuchenden Bürgers bestmöglich Rechnung getragen wird,[666] dass der angegriffene Akt öffentlicher Gewalt in tatsächlicher und rechtlicher Hinsicht hinreichend rechtlich geprüft werden muss,[667] dass die Gerichte die ihnen nach dem einschlägigen Prozessrecht zur Verfügung stehenden Möglichkeiten etwa zur Sachverhaltsfeststellung so auslegen, dass eine sachliche Prüfung der vorgelegten Fragen möglich ist und das vom Gesetzgeber verfolgte Verfahrensziel daher erreicht werden kann[668], dass ein Gericht einer ihm obliegenden Amtsermittlungspflicht nachkommt[669] etc. Zur Gewährleistung effektiven Rechtsschutzes muss grundsätzlich ein Hauptsacheverfahren durchgeführt werden.[670] U.U. muss zusätzlich vorläufiger, ggf. auch vorbeugender Rechtsschutz gewährt werden.[671] Das angerufene Gericht muss im vorläufigen Rechtsschutzverfahren eine gebotene Sachverhaltsvermittlung vornehmen[672] und durch geeignete Maßnahmen auf eine zügige, rechtzeitige Entscheidung hinwirken.[673] Im Rahmen eines vorläufigen Rechtsschutzverfahrens kann – jedenfalls bei drohenden schweren und unzumutbaren Nachteilen – ausnahmsweise eine Vorwegnahme der Hauptsache geboten sein.[674] Der Betroffene muss Einsicht in die relevanten Akten erhalten.[675] 672

Art. 19 Abs. 4 S. 1 GG verlangt einen **effektiven Rechtsschutz auch gegen die Rechtsprechung**. Verstöße gegen den Grundsatz rechtlichen Gehörs (Art. 103 Abs. 1 GG) in einem fachgerichtlichen Verfahren sind von Verfassung wegen zunächst auf der fachgerichtlichen Ebene selbst zu korrigieren, bevor das *Bundesverfassungsgericht* hiermit befasst werden kann. Der Gesetzgeber muss hierfür in den Prozessordnungen entsprechende außerordentliche Rechtsbehelfe zur „Selbstkorrektur der Gerichte" einrichten.[676] Nach der Plenum-Entscheidung des *Bundesverfassungsgerichts* ist dies vom Gesetzgeber u.a. durch Einführung des § 152a VwGO umgesetzt worden. 673

664 Vgl. *BVerfGE* 84, 34 – Prüfungsrecht.

665 Vgl. zum einfachgesetzlichen Rechtsschutz gegen eine Rechtsverordnung durch die *Verwaltungsgerichte* *BVerfGE* 115, 81; bei der Auslegung und Anwendung unbestimmter Rechtsbegriffe in verwaltungsgerichtlichen Verfahren *BVerfGE* 129, 1; nicht in privatrechtlichen Rechtsverhältnissen, vgl. *BVerfGE* 116, 135.

666 Vgl. *BVerfGE* 96, 97.

667 Vgl. *BVerfGE* 61, 82 – Sasbach.

668 Vgl. *BVerfG* NStZ 1995, 449.

669 Vgl. *BVerfGK* 4, 119.

670 Vgl. *BVerfGE* 110, 77.

671 Vgl. *Manssen* Staatsrecht II Rn. 800.

672 Vgl. *BVerfGK* 3, 135.

673 Vgl. *BVerfGK* 19, 25..

674 Vgl. *BVerfGK* 15, 133..

675 Vgl. *BVerfGE* 101, 106 in Bezug auf geheimhaltungsbedürftige Vorgänge.

676 Vgl. *BVerfGE* (Plenum) 107, 395 – Anhörungsrüge.

# 4. Teil
# Gleichheitsrechte

## A. Überblick

### I. Allgemein

674 Wie im 3. Teil dieses Skripts gesehen, schützen die Freiheitsrechte bestimmte Lebensbereiche, bestimmte Rechtsgüter etc. gegen Maßnahmen der öffentlichen Gewalt. Hierdurch unterscheiden sich die Freiheitsrechte von den Gleichheitsrechten, denn die Gleichheitsrechte verbieten eine Ungleichbehandlung durch die öffentliche Gewalt bzw. lassen eine solche Ungleichbehandlung nur unter bestimmten Voraussetzungen zu. Deshalb sind Gleichheitssätze **absolute oder relative Ungleichbehandlungsverbote**.[1] Z.T. enthalten die Gleichheitssätze allerdings auch Gleichbehandlungsgebote (z.B. Art. 6 Abs. 5 GG).

**JURIQ-Klausurtipp**

Dieser Unterschied zwischen Freiheits- und Gleichheitsrechten wirkt sich auf den Prüfungsaufbau bei Gleichheitsrechten aus (dazu unten Rn. 680 ff.). Bei der Prüfung von Gleichheitsrechten steht regelmäßig das Ungleichbehandlungsverbot im Vordergrund.

### II. Gleichheitsrechte im Grundgesetz

675 Gleichheitsrechte finden Sie im Grundgesetz an verschiedenen Stellen, insbesondere in Art. 3 Abs. 1, Abs. 2, Abs. 3, Art. 6 Abs. 1, Abs. 5, Art. 33 Abs. 1 bis 3 und Art. 38 Abs. 1 S. 1 GG. **Art. 3 Abs. 1 GG** enthält das sog. **allgemeine Gleichheitsrecht**, nach dem alle Menschen vor dem Gesetz gleich sind. Die anderen genannten Grundrechte enthalten dagegen sog. **spezielle Gleichheitsrechte**. Im Hinblick auf bestimmte, jeweils dort normierte Merkmale gebieten sie eine Gleichbehandlung bzw. verbieten eine sachwidrige Ungleichbehandlung.

### III. Verhältnis der Gleichheitsrechte untereinander

676 Indem die **speziellen Gleichheitsrechte** eine Gleichbehandlung in Bezug auf bestimmte, jeweils normierte Kriterien gebieten bzw. eine sachwidrige Ungleichbehandlung verbieten, bilden sie in ihrem Anwendungsbereich **leges speciales** gegenüber dem allgemeinen Gleichheitsrecht. Im Anwendungsbereich eines speziellen Gleichheitsrechts tritt das allgemeine Gleichheitsrecht demnach als subsidiäres Grundrecht zurück.[2]

**Beispiel** In der Kämmerei der Stadt H soll ein Mitarbeiter in ein höheres Amt befördert werden. Zwei Bewerber kommen in die nähere Auswahl. Bewerber A gilt bei den Verantwortlichen als Favorit, weil Bewerber B – obgleich zumindest gleich qualifiziert – in ihren

1 Vgl. *Manssen* Staatsrecht II Rn. 840.
2 Vgl. *BVerfGE* 9, 124; st. Rspr. S. auch oben Rn. 7.

Augen allzu oft recht linksgerichtete Ansichten vertritt. – Sollte Bewerber B wegen seiner politischen Anschauungen das Nachsehen im Beförderungsverfahren haben, könnte er u.a. eine Verletzung des Art. 33 Abs. 2 GG geltend machen. In seinem Anwendungsbereich verdrängt Art. 33 Abs. 2 GG das allgemeine Gleichheitsrecht. ■

## IV. Rechtsanwendungs- und Rechtsetzungsgleichheit

### 1. Rechtsanwendungsgleichheit

Nach dem Wortlaut des Art. 3 Abs. 1 GG („vor dem Gesetz") bindet das allgemeine Gleichheitsrecht nur die Exekutive und die Judikative (sog. **Rechtsanwendungsgleichheit**). Gleiches gilt für die speziellen Gleichheitsrechte, die nur eine besondere Ausprägung des allgemeinen Gleichheitsrechts bilden. Die Exekutive und die Judikative sind daher verpflichtet, bei der Auslegung und der Anwendung der Gesetze die gesetzlich vorgegebenen Differenzierungskriterien einzuhalten. Beim Handeln der Exekutive wird diese Verpflichtung in der Praxis v.a. dann relevant, wenn die Exekutive einen gesetzlich eingeräumten Ermessensspielraum dahingehend hat, ob sie Maßnahmen und ggf. welche Maßnahmen sie erlässt. 677

**Hinweis 1**

Denken Sie dabei vor allem im Rahmen der Leistungsverwaltung an die sog. Selbstbindung der Verwaltung und an den Grundsatz, dass es „keine Gleichheit im Unrecht" gibt.

**Hinweis 2**

Art. 3 Abs. 1 GG i.V.m. Art. 20 Abs. 3 GG verbürgt ein **Grundrecht auf Rechtsschutzgleichheit** und gebietet eine weitgehende Angleichung der Situation von Bemittelten und Unbemittelten bei der Verwirklichung des Rechtsschutzes.[3] Dies ist bei der Auslegung und Anwendung der Vorschriften über Beratungs- und Prozesskostenhilfe relevant.[4]

### 2. Rechtsetzungsgleichheit

Obwohl Art. 3 Abs. 1 GG nicht die Rechtsetzungsgleichheit („im Gesetz") erwähnt, ist unstreitig auch die Legislative beim Erlass von Gesetzen an das allgemeine Gleichheitsrecht und an die speziellen Gleichheitsrechte gebunden (sog. **Rechtsetzungsgleichheit**), wie sich aus Art. 1 Abs. 3, 20 Abs. 3 GG ergibt.[5] 678

**JURIQ-Klausurtipp**

In verfassungsrechtlichen Klausuren dürfte bei der Rechtsetzungsgleichheit regelmäßig der Schwerpunkt liegen. Es kann aber dennoch durchaus vorkommen, dass Sie sowohl einen Rechtsetzungsakt der Legislative als auch einen Rechtsanwendungsakt der Exekutive und/oder der Judikative daraufhin zu prüfen haben, ob die einzelnen Maßnahmen die Gleich-

3 Vgl. *BVerfGE* 9, 124; st. Rspr.
4 Vgl. bzgl. Prozesskostenhilfe *BVerfGE* 81, 347; bzgl. Beratungshilfe *BVerfGE* 122, 39.
5 Vgl. *BVerfGE* 1, 14; st. Rspr.; s. auch oben Rn. 7.

heitsrechte verletzen. In einer solchen Fallkonstellation untersuchen Sie zunächst, ob das Gesetz mit den Gleichheitsrechten in Einklang steht, und danach, ob die Exekutive und/oder die Judikative das Gesetz unter Beachtung der Gleichheitsrechte ausgelegt und angewendet hat.

## B. Gleichheitsrechte in der Fallbearbeitung

### I. Überblick

679 Gleichheitsrechte prüfen Sie prinzipiell in zwei Schritten:[6] Im ersten Schritt gehen Sie der Frage nach, ob eine Ungleichbehandlung von vergleichbaren Sachverhalten oder Personengruppen vorliegt. Ist dies der Fall, untersuchen Sie im zweiten Schritt, ob diese Ungleichbehandlung verfassungsrechtlich gerechtfertigt ist. Inwieweit dies der Fall ist, richtet sich nach dem jeweils einschlägigen Gleichheitsrecht.

### II. Prüfung im Einzelnen

680 Um die eben erwähnten zwei zentralen Prüfungspunkte ranken weitere Punkte, die wir nun im Einzelnen besprechen werden. Für die Prüfung von Gleichheitsrechten empfiehlt sich folgender Aufbau:

PRÜFUNGSSCHEMA

**Gleichheitsrechte**

**I. Spezielles Gleichheitsrecht einschlägig?**

**II. Wenn nein: Allgemeines Gleichheitsrecht**
1. Vorliegen einer Ungleichbehandlung
   a) Grundthese des Art. 3 Abs. 1 GG
   b) Gleichheitsrechtlich relevante Ungleichbehandlung
   c) Ungleichbehandlung durch denselben Träger öffentlicher Gewalt
      aa) Rechtsanwendungsgleichheit
      bb) Rechtssetzungsgleichheit
2. Verfassungsrechtliche Rechtfertigung der Ungleichbehandlung

#### 1. Spezielles Gleichheitsrecht einschlägig?

681 Die **speziellen Gleichheitsrechte** verdrängen in ihrem sachlichen und persönlichen Anwendungsbereich als **leges speciales** das allgemeine Gleichheitsrecht (s.o. Rn. 676). Für Ihre Fallbearbeitung bedeutet dies, dass Sie zunächst prüfen, ob ein spezielles Gleichheitsrecht einschlägig ist.

6 Vgl. *Papier/Krönke* Grundkurs Öffentliches Recht 2 Rn. 126 und Rn. 210.

### a) Spezielle Gleichheitsrechte in Art. 3 GG

Art. 3 GG enthält in seinen Absätzen 2 und 3 spezielle Gleichheitsrechte, die Ungleichbehandlungen aufgrund bestimmter, dort genannter Merkmale verbieten. Ein eigenständiger *sachlicher* Anwendungsbereich, der sich von der Grundrechtsbeeinträchtigung, also dem Vorliegen einer (benachteiligenden) Ungleichbehandlung, klar abgrenzen lässt, ist sowohl bei Art. 3 Abs. 3 S. 1 und S. 2 GG als auch bei Art. 3 Abs. 2 S. 1 GG kaum auszumachen.[7] Anders ist es mit dem *persönlichen* Anwendungsbereich. **Träger des Grundrechts** aus **Art. 3 Abs. 3 S. 1 und S. 2 GG** sind **natürliche Personen**;[8] darüber hinausgehend können sich auf das Grundrecht aus **Art. 3 Abs. 3 S. 1 GG** auch juristische Personen i.S.d. Art. 19 Abs. 3 GG (s.o. Rn. 83 ff.) berufen, sofern der Zusammenschluss zur juristischen Person und deren Betätigung **wegen der in Art. 3 Abs. 3 S. 1 GG genannten Merkmale** erfolgt.[9] So sind **Kirchen** und **Religionsgemeinschaften** sowie **politische Vereinigungen** als Grundrechtsträger anerkannt.[10] Eine Grundrechtsträgerschaft von juristischen Personen kommt nach h.M. jedoch **nicht** in Betracht, soweit es sich um **höchstpersönliche Merkmale** handelt (z.B. Geschlecht).[11] **Träger des Grundrechts aus Art. 3 Abs. 2 S. 1 GG** sind im Wesentlichen **natürliche Personen jeden Geschlechts**, auch **Kinder** und **Ausländer**, die wegen *ihrer* Eigenschaft als Frau oder Mann benachteiligt werden.[12] 682

#### aa) Art. 3 Abs. 3 GG

#### (1) Art. 3 Abs. 3 S. 1 GG

Art. 3 Abs. 3 S. 1 GG verbietet, ein Kriterium oder mehrere der dort genannten Kriterien als Anknüpfungspunkt für eine unterschiedliche Behandlung zu wählen.[13] **Geschlecht** meint die biologische Natur; das Kriterium bezieht sich auf die Frage, ob jemand männlichen Geschlechts, weiblichen Geschlechts oder weder allein männlichen noch allein weiblichen Geschlechts[14] ist. Der Begriff erfasst nicht die sexuelle Orientierung eines Menschen.[15] – **Abstammung** bezieht sich auf die natürliche biologische Beziehung eines Menschen zu seinen Vorfahren. – **Rasse** betrifft die Zugehörigkeit zu einer Gruppe mit realen oder vermeintlichen vererbbaren Merkmalen. – **Sprache** meint die Muttersprache. – **Heimat** betrifft die örtliche Herkunft nach Geburt oder nach Ansässigkeit i.S.d. emotionalen Beziehung zu einem geographisch begrenzten, den Einzelnen mitprägenden Raum. – **Herkunft** bezieht sich auf den sozialen schichtenspezifischen Aspekt der Abstammung. – **Glauben** und **religiöse Anschauungen** entsprechen dem Begriff des Glaubens i.S.d. Art. 4 Abs. 1 GG. – **Politische Anschauungen** sind Überzeugungen zu Vorgängen im staatlichen Bereich oder im gesellschaftlichen Bereich. Der Begriff der politischen Anschauungen ist **weit** zu verstehen, erfasst somit die Einstellung zu staatlichen Vorgängen oder zu gesellschaftlichen Vorgängen.[16] 683

---

7 Vgl. Jarass/Pieroth-*Jarass* Art. 3 Rn. 106, Rn. 135 und Rn. 163 i.V.m. Vorb. vor Art. 1 Rn. 15.
8 Vgl. Jarass/Pieroth-*Jarass* Art. 3 Rn. 135 und Rn. 163.
9 Vgl. Jarass/Pieroth-*Jarass* Art. 3 Rn. 135.
10 Vgl. *BVerfGE* 19, 1 (bzgl. Kirchen und Religionsgemeinschaften).
11 Vgl. Jarass/Pieroth-*Jarass* Art. 3 Rn. 135.
12 Vgl. Jarass/Pieroth-*Jarass* Art. 3 Rn. 106.
13 Vgl. *BVerfGE* 85, 191.
14 Vgl. *BVerfGE* 147, 1 – Drittes Geschlecht.
15 Vgl. *BVerfGK* 12, 169.
16 Vgl. Sodan/Ziekow-*Sodan* Grundkurs Öffentliches Recht § 30 Rn. 23.

684 Beruht eine Ungleichbehandlung auf einem Kriterium oder auf mehreren dieser Kriterien, ist sie **unzulässig**.

**Beispiele** Nachtarbeitsverbot von Arbeiterinnen;[17] Feuerwehrabgabe in Baden-Württemberg;[18] pauschales Kopftuchverbot für Lehrkräfte an öffentlichen Schulen.[19] ■

685 Dies gilt allerdings **nicht ausnahmslos**. Vielmehr kann eine Ungleichbehandlung auch im Rahmen des Art. 3 Abs. 3 S. 1 GG zulässig sein. So ist eine Ungleichbehandlung, die an das Geschlecht anknüpft, nach Art. 3 Abs. 3 S. 1 GG ausnahmsweise zulässig, wenn sie zur Lösung von Problemen, die ihrer Natur nach nur entweder bei Männern oder bei Frauen auftreten können, zwingend erforderlich ist oder wenn eine Abwägung mit kollidierendem Verfassungsrecht sie ausnahmsweise legitimiert.[20] – Art. 3 Abs. 3 S. 1 GG stellt damit ein **relatives Ungleichbehandlungsverbot** dar.

### (2) Art. 3 Abs. 3 S. 2 GG

686 Art. 3 Abs. 3 S. 2 GG verbietet die Benachteiligung wegen einer **Behinderung**. Behinderung ist die Auswirkung einer nicht nur vorübergehenden Funktionsbeeinträchtigung, die auf einem regelwidrigen körperlichen, geistigen oder seelischen Zustand beruht. Eine Benachteiligung wegen einer Behinderung liegt z.B. vor, wenn schreibunfähige Stumme von der Möglichkeit, ein Testament zu errichten, generell ausgeschlossen werden[21] oder wenn Personen, die in allen ihren Angelegenheiten betreut werden, vom Wahlrecht ausgeschlossen werden,[22] nicht dagegen aber z.B., wenn eine sehbehinderte Partei für den Zugang zu Prozessunterlagen auf eine Vermittlung durch ihren Rechtsanwalt verwiesen wird, sofern der Streitstoff übersichtlich ist und keine Anhaltspunkte dafür vorliegen, dass seine Vermittlung durch den Rechtsanwalt hinter einer unmittelbaren Zugänglichmachung zurückbleibt.[23] Auch bei Art. 3 Abs. 3 S. 2 GG handelt es sich jedoch nur um ein **relatives Ungleichbehandlungsverbot**. Fehlen der behinderten Person aufgrund ihrer Behinderung bestimmte geistige oder körperliche Fähigkeiten, die für die Ausübung eines Rechts unerlässlich sind, verstößt die Verweigerung dieses Rechts nicht gegen das Benachteiligungsverbot aus Art. 3 Abs. 3 S. 2 GG,[24] vorausgesetzt, die Verweigerung dieses Rechts beruht auf zwingenden Gründen.

**Beispiel**[25] Der Schüler R ist behindert. Wegen dieser Behinderung wird er von der Gesamtschule auf eine Förderschule überwiesen. – Die Überweisung des R an eine Förderschule stellt eine Ungleichbehandlung dar, die an die Behinderung des R anknüpft und daher an sich gemäß Art. 3 Abs. 3 S. 2 GG verboten ist, es sei denn, es liegen zwingende Gründe vor, die die Überweisung des R in eine Förderschule rechtfertigen. Solche zwingenden Gründe liegen hier vor, wenn es der öffentlichen Gewalt organisato-

17 Vgl. *BVerfGE* 85, 191.
18 Vgl. *BVerfGE* 92, 91.
19 Vgl. BVerfG NJW 2015, 1359.
20 Vgl. *BVerfGE* 114, 357.
21 Vgl. *BVerfGE* 99, 341; s. dazu auch oben Übungsfall Nr. 5 (Rn. 653 f.).
22 Vgl. *BVerfG* NJW 2019, 1201; Einstweilige Anordnung vom 15.4.2019 – 2 BvQ 22/19 (juris).
23 Vgl. *BVerfG* (K) NJW 2014, 3567.
24 Vgl. *BVerfGE* 99, 341.
25 Nach *BVerfGE* 96, 288. Inzwischen muss Art. 24 der Behindertenrechtskonvention (BGBl. II 2008, S. 1419) beachtet werden. Seit Anfang 2009 gilt diese Konvention auch in Deutschland und verpflichtet dazu, Menschen mit Behinderung nicht vom allgemeinen Bildungssystem auszuschließen.

risch und finanziell nicht möglich ist, den behinderten R zusammen mit nichtbehinderten Schülern gemeinsam zu unterrichten. ■

### bb) Gleichberechtigung von Mann und Frau (Art. 3 Abs. 2 GG)

#### (1) Art. 3 Abs. 2 S. 1 GG

Art. 3 Abs. 2 S. 1 GG verbietet es, Männer und Frauen ungleich zu behandeln. Damit deckt sich sein Gewährleistungsgehalt mit Art. 3 Abs. 3 S. 1 GG, der ebenfalls ein Ungleichbehandlungsverbot unter Anknüpfung an das Geschlecht normiert. **Traditionell** zielt Art. 3 Abs. 2 S. 1 GG dabei auf ein **Ungleichbehandlungsverbot zu Lasten der Frau**. Er schützt aber **in gleicher Weise** auch **Männer** vor einer Ungleichbehandlung. **687**

**Beispiel** Der Anspruch des Witwers einer Versicherten auf Erstattung von Versicherungsbeiträgen darf nicht unter Hinweis auf die Nichterfüllung der Wartezeit schlechthin ausgeschlossen werden, während umgekehrt ein entsprechender Anspruch der Witwe eines Versicherten bejaht wird.[26] ■

Eine geschlechtsspezifische Ungleichbehandlung ist **ausnahmsweise zulässig**, wenn sie begrifflich notwendig ist (z.B. zum Schutz der werdenden Mutter). Zulässig ist eine Ungleichbehandlung ausnahmsweise auch dann, wenn die Ungleichbehandlung auf **„objektiven biologischen Unterschieden"** beider Geschlechter beruht. **688**

**Beispiel** Nach Auffassung des *Bundesverfassungsgerichts* ist es mit Art. 3 Abs. 2 GG vereinbar, dass Frauen Altersruhegeld aus der gesetzlichen Rentenversicherung bereits mit Vollendung des 60. Lebensjahres beziehen können.[27] ■

**JURIQ-Klausurtipp**

Achten Sie in der Fallbearbeitung auf die Angaben im Sachverhalt, ob eine Ungleichbehandlung von Mann und Frau auf tatsächlich rechtfertigungsfähigen Umständen oder aber auf bloß tradierten Rollenerwartungen der Geschlechterstereotypen beruht.[28]

#### (2) Art. 3 Abs. 2 S. 2 GG

1994 hat der verfassunggebende Gesetzgeber Art. 3 Abs. 2 um einen Satz 2 GG ergänzt. Art. 3 Abs. 2 S. 2 GG enthält eine **Staatszielbestimmung** in Bezug auf die gesellschaftliche Durchsetzung der Gleichstellung von Männern und Frauen. Das *Bundesverfassungsgericht* vertritt die Auffassung, der Gesetzgeber sei berechtigt, mittelbare Nachteile, die überwiegend Frauen treffen, durch begünstigende Regelungen auszugleichen.[29] Regelungen, die Frauen mittelbar benachteiligen, verstoßen jedenfalls gegen Art. 3 Abs. 2 S. 2 GG. **689**

**Beispiel** Das Gesetz über Teilzeitarbeit stellt in einigen Punkten Teilzeitarbeitnehmer schlechter als Vollzeitarbeitnehmer. In der Praxis sind überwiegend Frauen teilzeitbeschäftigt. ■

26 Vgl. *BVerfGE* 31, 1.
27 Vgl. *BVerfGE* 74, 163.
28 Vgl. *BVerfGE* 85, 191.
29 Vgl. *BVerfGE* 92, 91 (spricht von faktischen Nachteilen).

**Hinweis**

Sog. **Frauenquoten**, die zwar formal betrachtet Männer benachteiligen, insgesamt gesehen aber die tatsächliche Gleichberechtigung von Mann und Frau durchsetzen sollen, werden vielfach gebilligt.[30]

### b) Spezielle Gleichheitsrechte in Art. 6 GG

#### aa) Art. 6 Abs. 1 GG

690 Art. 6 Abs. 1 GG ist nicht nur ein Abwehrrecht, sondern enthält auch ein **Ungleichbehandlungsverbot**, soweit die Ehe nicht Anknüpfungspunkt benachteiligender Regelungen sein darf. So dürfen Eltern nicht schlechter gestellt werden als kinderlose Ehepaare;[31] verheiratete Personen dürfen nicht schlechter gestellt werden als ledige Personen.[32]

#### bb) Art. 6 Abs. 5 GG

691 Art. 6 Abs. 5 GG verbietet eine Ungleichbehandlung ehelicher und unehelicher Kinder. Er enthält einen **Gleichstellungsauftrag**, um bestehende Ungleichheiten abzubauen. Der Gleichstellungsauftrag ist in erster Linie an die Legislative gerichtet, aber auch von der Judikative bei ihrer Rechtsanwendung zu beachten.

### c) Spezielle Gleichheitsrechte in Art. 33 GG

692 Zusammen betrachtet, regeln die Art. 33 Abs. 1 bis 3 GG in sachlicher Hinsicht, dass für den Zugang zu öffentlichen Ämtern nur die in Art. 33 Abs. 2 GG genannten Kriterien der **Eignung**, der **Befähigung** und der **Leistung**, nicht dagegen die Religion (Art. 33 Abs. 3 GG) und die Zugehörigkeit zu einem Bundesland (Art. 33 Abs. 1 GG) Anknüpfungspunkt für eine unterschiedliche Behandlung sein dürfen. In persönlicher Hinsicht ist zu beachten, dass die Art. 33 Abs. 1 bis 3 GG nur für Deutsche i.S.d. Art. 116 GG gelten.

### d) Spezielle Gleichheitsrechte in Art. 38 GG

693 Art. 38 GG enthält in seinem Absatz 1 Satz 1 ein spezielles Gleichheitsrecht, nämlich die **Wahlgleichheit**. Die Wahlgleichheit wird im Skript „Staatsorganisationsrecht" behandelt. Arbeiten Sie dort bitte den einschlägigen Abschnitt durch! Beachten Sie, dass es sich bei Art. 38. Abs. 1 S. 1 GG um ein Deutschengrundrecht (s.o. Rn. 103 ff.) handelt.

### e) Zwischenergebnis

694 Ergibt Ihre Prüfung, dass ein spezielles Gleichheitsrecht einschlägig ist, ziehen Sie dieses Gleichheitsrecht als Prüfungsmaßstab für Ihre weitere Prüfung heran, denn im Anwendungsbereich eines speziellen Gleichheitsrechts tritt das allgemeine Gleichheitsrecht aus Art. 3 Abs. 1 GG als subsidiäres Grundrecht zurück. Mit ihren besonderen sachlichen Gewährleistungsinhalten konkretisieren die speziellen Gleichheitsrechte das allgemeine Gleichheitsrecht.

30 Vgl. z.B. *BVerwG* NVwZ 2003, 92.
31 Vgl. *BVerfGE* 87, 1.
32 Vgl. *BVerfGE* 76, 126.

Abgesehen von ihren jeweiligen Besonderheiten werden die speziellen Gleichheitsrechte im Übrigen wie das allgemeine Gleichheitsrecht geprüft (s.u. Übungsfall Nr. 6 [Rn. 707 f.]).

## 2. Wenn nein: Allgemeiner Gleichheitssatz

Kommen Sie demgegenüber zum Ergebnis, dass kein spezielles Gleichheitsrecht einschlägig ist, können Sie als erstes Zwischenergebnis festhalten, dass das allgemeine Gleichheitsrecht Prüfungsmaßstab ist und setzen dann Ihre Prüfung mit Art. 3 Abs. 1 GG fort. **695**

Wie bei den speziellen Gleichheitsrechten des Art. 3 Abs. 2 und Abs. 3 GG (oben Rn. 681) ist auch bei Art. 3 Abs. 1 GG ein eigenständiger *sachlicher* Anwendungsbereich, der von der Grundrechtsbeeinträchtigung klar abgrenzbar ist, kaum ausmachen.[33] In den *persönlichen* Anwendungsbereich des Art. 3 Abs. 1 GG fallen **alle natürlichen Personen** und **juristische Personen i.S.d. Art. 19 Abs. 3 GG** (oben Rn. 83 ff.), aber – zumindest grundsätzlich – nicht juristische Personen des öffentlichen Rechts.[34] **696**

### a) Vorliegen einer Ungleichbehandlung

#### aa) Ausgangspunkt: Grundthese des Art. 3 Abs. 1 GG

Zunächst gehen Sie von der Grundthese des allgemeinen Gleichheitsrechts aus, die lautet, dass **„wesentlich Gleiches gleich zu behandeln"** ist.[35] **697**

**Hinweis**

Das allgemeine Gleichheitsrecht verbietet auch, „wesentlich Ungleiches gleich zu behandeln". Fälle gebotener Gleichbehandlung lassen sich jedoch stets auch als solche der Ungleichbehandlung erfassen. Es muss nur die richtige Vergleichsgruppe gewählt werden.[36]

#### bb) Gleichheitsrechtlich relevante Ungleichbehandlung

Die gerade formulierte Grundthese des allgemeinen Gleichheitsrechts lässt erkennen, dass nicht jede Ungleichbehandlung von verschiedenen Situationen, verschiedenen Personen oder verschiedenen Personengruppen, sondern nur die Ungleichbehandlung von **„wesentlich Gleichem"** mit Blick auf Art. 3 Abs. 1 GG relevant ist und einer verfassungsrechtlichen Rechtfertigung bedarf. Wesentlich Gleiches liegt vor, wenn die verschiedenen Situationen, Personen oder Personengruppen überhaupt vergleichbar sind. Prinzipielle Vergleichbarkeit setzt aber ihrerseits voraus, dass die verschiedenen Situationen, verschiedenen Personen oder verschiedenen Personengruppen einen gemeinsamen Bezugspunkt, einen **gemeinsamen Oberbegriff**, haben.[37] **698**

**Beispiel** Besitzer von Hunden und Hamstern haben einen gemeinsamen Bezugspunkt: Sie sind Halter von Tieren. Sie lassen sich unter den gemeinsamen Oberbegriff „Tierhalter" subsumieren. ■

---

33 Vgl. Jarass/Pieroth-*Jarass* Art. 3 Rn. 9 i.V.m. Vorb. vor Art. 1 Rn. 15.
34 Vgl. Jarass/Pieroth-*Jarass* Art. 3 Rn. 7 f.
35 *BVerfGE* 1, 14 – Hervorhebung nicht im Original; st. Rspr.
36 Vgl. *Kingreen/Poscher* Grundrechte Rn. 525.
37 Vgl. *Kingreen/Poscher* Grundrechte Rn. 518 ff.

699 Ob eine rechtfertigungsbedürftige Ungleichbehandlung i.S.d. Art. 3 Abs. 1 GG vorliegt, prüfen Sie in drei Schritten:[38]

1. Im **ersten Schritt** untersuchen Sie, ob eine Situation, eine Person oder eine Personengruppe in einer bestimmten Weise rechtlich geregelt („behandelt") wird.
2. Im **zweiten Schritt** prüfen Sie, ob eine **andere** Situation, eine andere Person oder eine andere Personengruppe in einer bestimmten anderen Weise rechtlich geregelt („behandelt") wird.
3. Im **dritten Schritt** gehen Sie der Frage nach, ob beide Situationen, beide Personen oder beide Personengruppen unter einen **gemeinsamen Oberbegriff** subsumiert werden können.

**Beispiel 1** Nehmen Sie an, in unserem *Beispiel* oben (Rn. 698) unterliegen Hundehalter einer Steuer, Hamsterhalter dagegen nicht. – Im ersten Prüfungsschritt stellen Sie fest, dass Hundehalter steuerpflichtig sind. – Im zweiten Prüfungsschritt kommen Sie zu dem Ergebnis, dass Hamsterhalter nicht steuerpflichtig sind. – Im dritten Prüfungsschritt suchen Sie nach einem gemeinsamen Oberbegriff. Hier ist es der Begriff der „Tierhalter". Damit liegt in unserem *Beispiel* eine Ungleichbehandlung vor, die der verfassungsrechtlichen Rechtfertigung bedarf. ■

**Beispiel 2** Motorradfahrer sind gesetzlich verpflichtet, einen Helm zu tragen, Jogger dagegen nicht. – Im ersten Prüfungsschritt halten Sie fest, dass die Personengruppe der Motorradfahrer der Helmpflicht unterliegt. – Im zweiten Prüfungsschritt stellen Sie fest, dass die Personengruppe der Jogger keiner Helmpflicht unterliegt. – Im dritten Prüfungsschritt suchen Sie (vergeblich) nach einem gemeinsamen Oberbegriff für beide Personengruppen. Beide Gruppen haben keinen gemeinsamen Bezugspunkt. Demnach liegt keine relevante Ungleichbehandlung vor. Die unterschiedliche Behandlung von Motorradfahrern und Joggern ist nachvollziehbar und nicht rechtfertigungsbedürftig. ■

#### cc) Ungleichbehandlung durch denselben Träger öffentlicher Gewalt

700 Eine grundrechtlich relevante Ungleichbehandlung liegt schließlich nur vor, wenn sie durch **denselben Träger öffentlicher Gewalt** erfolgt.[39]

**JURIQ-Klausurtipp**

Achten Sie in der Fallbearbeitung unbedingt darauf, ob diese Voraussetzung erfüllt ist!

#### (1) Rechtsanwendungsgleichheit

701 Eine Ungleichbehandlung **bei exekutivem** oder **judikativem Handeln** muss durch **denselben Rechtsträger öffentlicher Gewalt** erfolgen. Etwas **anderes** gilt allerdings dann, wenn **Organe der Länder Bundesgesetze anwenden**. In diesem Falle müssen bundesweit gleiche Maßstäbe gelten.

38 Vgl. *Kingreen/Poscher* Grundrechte Rn. 523.
39 Vgl. *BVerfGE* 79, 127; st. Rspr.

**Beispiel 1** Bei der Gewährung eines Nachteilsausgleichs für körperlich behinderte Prüflinge auf der Grundlage des Juristenausbildungsgesetzes NW gibt das Justizprüfungsamt bei dem *Oberlandesgericht Düsseldorf* dem Antrag eines behinderten Prüflings auf Bereitstellung eines Stehpults für die Anfertigung der schriftlichen Prüfungsarbeiten statt, während das Justizprüfungsamt bei dem *Oberlandesgericht Hamm* den gleichlautenden Antrag eines Prüflings mit exakt derselben Behinderung ablehnt. – Hier behandeln die Behörden (Justizprüfungsämter) desselben Rechtsträgers (Land Nordrhein-Westfalen) die Prüflinge unterschiedlich. ■

**Beispiel 2** Bei der Erteilung von Genehmigungen nach dem Atomgesetz vollziehen die Länder Bundesrecht. Wenden hier die Genehmigungsbehörden die einschlägigen Bestimmungen des Atomgesetzes auf gleiche Sachverhalte unterschiedlich an, ist eine für Art. 3 Abs. 1 GG relevante Ungleichbehandlung gegeben. ■

#### (2) Rechtsetzungsgleichheit

Die Ungleichbehandlung bei der **Gesetzgebung** muss durch **dieselbe Rechtsetzungsgewalt** erfolgen. **702**

**Beispiel 1** In unserem *Tierhalterbeispiel* oben (Rn. 699) unterwirft derselbe Landesgesetzgeber die Hundehalter einer Steuer, die Hamsterhalter dagegen nicht. Da hier dieselbe Rechtsetzungsgewalt handelt, liegt eine Ungleichbehandlung i.S.d. Art. 3 Abs. 1 GG vor. ■

**Beispiel 2** Das Land A hat durch Landesgesetz Studiengebühren eingeführt, die grundsätzlich jeder Studierende bezahlen muss. Das Land B hat durch Landesgesetz demgegenüber die Studiengebühren abgeschafft. – Die Studierenden aus dem Land A werden hier anders behandelt als die Studierenden aus dem Land B. Da die Rechtsetzungsgewalten nicht identisch sind, handelt es sich nicht um eine relevante Ungleichbehandlung i.S.d. Art. 3 Abs. 1 GG. In den unterschiedlichen landesgesetzlichen Regelungen schlägt sich vielmehr das föderalistische Prinzip der Bundesrepublik Deutschland nieder. Die Länder sind danach gerade nicht verpflichtet, die in ihre Gesetzgebungskompetenz fallenden Materien (vgl. Art. 70 Abs. 1 GG) einheitlich zu regeln. ■

**Beispiel 3** Gemeinde A erhöht ihre Abfallgebühren und ändert ihre Satzung entsprechend. Die benachbarte Gemeinde B belässt es bei ihren Gebühren und erhebt damit nun niedrigere Gebühren als die Gemeinde A. – Auch hier bieten die unterschiedlichen Gebührenhöhen in den Gemeinden A und B keine Vergleichsgrundlage, weil die beiden Gemeinden eigenständige Satzungshoheit besitzen. ■

### b) Verfassungsrechtliche Rechtfertigung der Ungleichbehandlung

Liegt eine relevante Ungleichbehandlung i.S.d. Art. 3 Abs. 1 GG vor, prüfen Sie nun, ob diese **703** Ungleichbehandlung verfassungsrechtlich gerechtfertigt ist, und gehen dabei der Frage nach, ob und ggf. inwieweit der Träger öffentlicher Gewalt zu der von ihm vorgenommenen Ungleichbehandlung berechtigt ist.[40] Das *Bundesverfassungsgericht* beurteilt die Frage, ob eine Ungleichbehandlung verfassungsrechtlich gerechtfertigt ist, **nicht einheitlich**. Nach inzwischen vertretener[41] Ansicht des *Bundesverfassungsgerichts* bedürfen Differenzierungen

40 Vgl. auch *Hufen* Staatsrecht II § 39 Rn. 14.

41 Vgl. zur mittlerweile überholten Rechtsprechung des *Bundesverfassungsgerichts Papier/Krönke* Grundkurs Öffentliches Recht 2 Rn. 223.

vielmehr „stets der Rechtfertigung durch Sachgründe, die dem Differenzierungsziel und dem Ausmaß der Ungleichbehandlung angemessen sind".[42] „Dabei gilt ein stufenloser am Grundsatz der Verhältnismäßigkeit orientierter verfassungsrechtlicher Prüfungsmaßstab, dessen Inhalt und Grenzen sich nicht abstrakt, sondern nur nach den jeweils betroffenen unterschiedlichen Sach- und Regelungsbereichen bestimmen lassen."[43] Hiernach bildet grundsätzlich der **Verhältnismäßigkeitsgrundsatz** (s. dazu oben Rn. 143 ff.) mit einer sehr unterschiedlichen Kontrolldichte den Maßstab für die Prüfung der verfassungsrechtlichen Rechtfertigung einer Ungleichbehandlung.[44]

704 Zunächst untersuchen Sie daher, ob und ggf. inwieweit die Ungleichbehandlung einem **verfassungsrechtlich legitimen Zweck bzw. Grund** dient. Verfassungsrechtlich legitim ist grundsätzlich jeder Zweck bzw. Grund, der nicht ausdrücklich verboten ist.[45] Ausdrücklich verboten sind etwa die in Art. 3 Abs. 2 und Abs. 3 GG genannten Kriterien.[46] – Sofern die Ungleichbehandlung einem verfassungsrechtlich legitimen Zweck bzw. Grund dient, prüfen Sie anschließend, ob und ggf. inwieweit die Ungleichbehandlung **zur Erreichung dieses Zwecks bzw. Grundes geeignet, erforderlich und angemessen** ist.[47] Hierfür ist maßgeblich, welchen Einschätzungs- und Gestaltungsspielraum das *Bundesverfassungsgericht* der Legislative sowie ggf. der Exekutive und der Judikative einräumt.[48] Insoweit wird insbesondere die **Intensität** der Ungleichbehandlung relevant.[49] „Die Intensität (einer Ungleichbehandlung) wächst,

- **je mehr** das Kriterium der Ungleichbehandlung **einem der nach Art. 3 Abs. 3 GG verbotenen Kriterien ähnelt**,
- **je weniger** der Betroffene die Verwirklichung des Kriteriums, das der Ungleichbehandlung zugrunde liegt, **beeinflussen** kann,
- **je mehr** die Ungleichbehandlung den **Gebrauch grundrechtlich geschützter Freiheiten erschwert**".[50]

705 Bei **Ungleichbehandlungen geringer Intensität** kann die Ungleichbehandlung verfassungsrechtlich gerechtfertigt sein, wenn **irgendein sachlicher Zweck bzw. Grund** für die Ungleichbehandlung vorliegt.[51]

**Beispiel** In unserem *Tierhalterbeispiel* oben (Rn. 699) weist die Ungleichbehandlung geringe Intensität auf und ist daher bereits dann verfassungsrechtlich gerechtfertigt, wenn irgendein sachlicher Grund für die Ungleichbehandlung vorliegt. Ein solcher Grund ist hier gegeben: Mit der Hundesteuer verfolgt die für ihre Erhebung zuständige Gemeinde v.a. das ordnungspolitische Ziel, die Zahl der Hunde im Gemeindegebiet zu begrenzen. ■

42 Vgl. *BVerfGE* 129, 49.
43 Vgl. *BVerfGE* 129, 49.
44 Vgl. *Kingreen/Poscher* Grundrechte Rn. 527; *Papier/Krönke* Grundkurs Öffentliches Recht 2 Rn. 221 ff.; *Hufen* Staatsrecht II § 39 Rn. 15.
45 Vgl. *Kingreen/Poscher* Grundrechte Rn. 528.
46 Vgl. *Hufen* Staatsrecht II § 39 Rn. 16.
47 Vgl. auch *Hufen* Staatsrecht II § 39 Rn. 16.
48 Vgl. *Kingreen/Poscher* Grundrechte Rn. 530; *Papier/Krönke* Grundkurs Öffentliches Recht 2 Rn. 223.
49 Vgl. *Kingreen/Poscher* Grundrechte Rn. 530; ähnlich *Papier/Krönke* Grundkurs Öffentliches Recht 2 Rn. 222.
50 Vgl. *Kingreen/Poscher* Grundrechte Rn. 530 (ohne Hervorhebungen durch Fettdruck).
51 Vgl. *Papier/Krönke* Grundkurs Öffentliches Recht 2 Rn. 222.

Mit zunehmender Intensität der Ungleichbehandlung wachsen allerdings die Anforderungen 706
an die Verhältnismäßigkeit der Ungleichbehandlung.[52] Daher kann es für die verfassungsrechtliche Rechtfertigung einer **Ungleichbehandlung mit einer besonders hohen Intensität** notwendig sein, dass ein **verfassungsrechtlich fundierter Zweck bzw. Grund** vorliegt.[53]

## Online-Wissens-Check

**Nehmen Sie folgenden Fall an: In Bayern werden Gastwirte, die gegen das Landesnichtraucherschutzgesetz verstoßen, immer nur ermahnt. In NRW verhängen die zuständigen Behörden in denselben Fällen dagegen immer ein Bußgeld. Liegt eine Ungleichbehandlung vor?**

Überprüfen Sie jetzt online Ihr Wissen zu den in diesem Abschnitt erarbeiteten Themen. Unter **www.juracademy.de/skripte/login** steht Ihnen ein Online-Wissens-Check speziell zu diesem Skript zur Verfügung, den Sie kostenlos nutzen können. Den Zugangscode hierzu finden Sie auf der Codeseite.

52 Vgl. *Kingreen/Poscher* Grundrechte Rn. 531.

53 Vgl. *Papier/Krönke* Grundkurs Öffentliches Recht 2 Rn. 222.

# C. Übungsfall Nr. 6

707 **„Gleichbehandlung im Strafvollzug"[54]**

L verbüßt eine mehrjährige Haftstrafe in der JVA von S. Als männlicher Gefangener sitzt er im Hafthaus A ein, während die weiblichen Gefangenen im Hafthaus B untergebracht sind. Die weiblichen Gefangenen dürfen von ihrem Eigengeld monatlich für 30 € an speziell für Gefangene eingerichteten, frei zugänglichen Telefonapparaten telefonieren und für 25 € Kosmetika einkaufen. Diese Möglichkeiten möchte L auch für sich in Anspruch nehmen und fühlt sich im Vergleich zu den weiblichen Gefangenen der JVA ungleich behandelt. Erfolglos wendet er sich daraufhin zunächst an den Leiter der JVA und sodann an das zuständige *Landgericht*. Das *Landgericht* begründet seine ablehnende Entscheidung damit, im Hafthaus A der JVA seien – was ohne großen Aufwand geändert werden könnte – keine speziell für die Gefangenen eingerichteten Telefonapparate verfügbar. Außerdem gelte in der JVA – was zutrifft – die höchste Sicherheitsstufe. Auch das Verbot, Kosmetika zu kaufen, bedeute keine ungerechtfertigte Ungleichbehandlung des L gegenüber den weiblichen Gefangenen, weil zwischen Männern und Frauen grundsätzlich Unterschiede bestünden und daher kein im wesentlichen vergleichbarer Sachverhalt vorliege.

L fühlt sich durch die Entscheidung des *Landgerichts* in seinem Grundrecht auf Gleichbehandlung aus Art. 3 GG verletzt. Zu Recht?

## 708 Lösung

Die Entscheidung des *Landgerichts* verletzt L in seinem Grundrecht aus Art. 3 GG, wenn und soweit sie ihn einer verfassungsrechtlich nicht gerechtfertigten Ungleichbehandlung aussetzt.

### I. Spezielles Gleichheitsrecht einschlägig?

Nach den gegebenen Umständen könnte das spezielle Gleichheitsrecht einschlägig sein, das u.a. eine auf das Geschlecht bezogene ungleiche Behandlung verbietet. Geschlecht meint dabei die biologische Natur des Menschen, d.h. ob jemand männlichen oder weiblichen Geschlechts ist. Da sich L im Vergleich zu den weiblichen Gefangenen der JVA ungleich behandelt fühlt, ist an sich das spezielle Gleichheitsrecht aus Art. 3 Abs. 3 S. 1 GG thematisch einschlägig. Seiner Anwendbarkeit könnte allerdings hinsichtlich der Telefoniermöglichkeit entgegenstehen, dass das *Landgericht* seine Entscheidung nicht geschlechtsspezifisch, sondern mit der unterschiedlichen technischen Ausstattung der Haftgebäude, in denen die männlichen Gefangenen einerseits und die weiblichen Gefangenen andererseits untergebracht sind, begründet. Art. 3 Abs. 3 S. 1 GG ist insoweit nur anwendbar, wenn er auch bei nur mittelbaren Ungleichbehandlungen eingreift. Eine mittelbare Ungleichbehandlung liegt vor, wenn an sich geschlechtsneutrale Umstände faktisch in spezifischer Weise die Gruppe eines Geschlechts treffen. Dies ist hier bei L als männlichem Gefangenen der Fall. Das Telefonierverbot beruht auf der unterschiedlichen technischen Ausstattung der Haftge-

54 In Anlehnung an *BVerfGK* 14, 381. Mit dieser Entscheidung befassen sich auch die Fallbearbeitungen bei *Papier/Krönke* Grundkurs Öffentliches Recht 2 Rn. 214 ff. (Beispielfall 2 und Variante hierzu) und *Sachs/Rossol* NWVBl. 2010, 288.

bäude, zielt demnach nicht primär auf das Geschlecht, trifft aber faktisch in spezifischer Weise gerade L als männlichen Gefangenen. Demnach ist auch hinsichtlich des Verbots, telefonieren zu können, das Grundrecht aus Art. 3 Abs. 3 S. 1 GG anwendbar.

Art. 3 Abs. 3 S. 1 GG verdrängt als spezielleres Grundrecht das allgemeine Gleichheitsrecht aus Art. 3 Abs. 1 GG. Art. 3 Abs. 3 S. 1 GG bildet somit den Prüfungsmaßstab für die weitere Prüfung.

## II. Vorliegen einer gleichheitsrechtlich relevanten Ungleichbehandlung

Es müsste eine gleichheitsrechtlich relevante Ungleichbehandlung vorliegen. In Konkretisierung des allgemeinen Gleichheitsrechts aus Art. 3 Abs. 1 GG verbietet Art. 3 Abs. 3 S. 1 GG eine an das Geschlecht anknüpfende unterschiedliche Behandlung. Gleichheitsrechtlich relevant ist allerdings nur eine Ungleichbehandlung von wesentlich Gleichem. Wesentlich Gleiches liegt vor, wenn verschiedene Situationen, verschiedene Personen oder verschiedene Personengruppen überhaupt vergleichbar sind. – Ob hier eine verfassungsrechtlich rechtfertigungsbedürftige Ungleichbehandlung gegeben ist, hängt davon ab, ob eine Person oder eine Personengruppe in einer bestimmten Weise behandelt wird, ob eine andere Person oder andere Personengruppe in einer bestimmten anderen Weise behandelt wird und ob beide Personen oder beide Personengruppen unter einen gemeinsamen Oberbegriff subsumiert werden können. L als männlicher Gefangener der JVA darf nicht monatlich für 30 € an für Gefangene frei zugänglichen Telefonapparaten telefonieren und darf auch nicht monatlich für 25 € Kosmetika kaufen. Den weiblichen Gefangenen der JVA von S sind die beiden Möglichkeiten eröffnet. Beide Personengruppen können unter den gemeinsamen Oberbegriff „Strafgefangene, die in der Justizvollzugsanstalt von S inhaftiert sind",[55] subsumiert werden. Demnach liegt eine verfassungsrechtlich rechtfertigungsbedürftige Ungleichbehandlung vor.

55 Vgl. auch *Papier/Krönke* Grundkurs Öffentliches Recht 2 Rn. 215.

## III. Verfassungsrechtliche Rechtfertigung der Ungleichbehandlung

Zu prüfen ist, ob die Ungleichbehandlung zwischen L als männlichem Gefangenen der JVA und den dort einsitzenden weiblichen Gefangenen verfassungsrechtlich gerechtfertigt ist.

Grundsätzlich verbietet Art. 3 Abs. 3 S. 1 GG Ungleichbehandlungen, die an das Geschlecht anknüpfen. Allerdings handelt es sich bei Art. 3 Abs. 3 S. 1 GG nicht um ein absolutes Ungleichbehandlungsverbot. Eine an das Geschlecht anknüpfende Ungleichbehandlung ist zulässig, wenn sie zur Lösung von Problemen, die ihrer Natur nach nur entweder bei Männern oder bei Frauen auftreten können, zwingend erforderlich sind, oder eine Abwägung mit kollidierendem Verfassungsrecht sie ausnahmsweise legitimiert. Geschlechtsstereotype, d.h. geschlechtsbezogene Zuschreibungen, die allenfalls als statistische Zuschreibungen berechtigt sind, und tradierte Rollenerwartungen können demgegenüber eine geschlechtsspezifische Ungleichbehandlung nicht rechtfertigen.

### 1. Verfassungsrechtliche Rechtfertigung des Telefonierverbots

Für das Telefonierverbot ist keiner der eben genannten Rechtfertigungsgründe einschlägig. Eine Ungleichbehandlung könnte zwar prinzipiell aus Gründen der Vollzugssicherheit, die als notwendiges Element eines funktionsfähigen Strafvollzugs verfassungsrechtliches Gewicht besitzt, gerechtfertigt werden – eine faktische Besserstellung weiblicher Gefangener ergäbe sich dann nur als Folge davon, dass auf Gründe der Vollzugssicherheit abgestellt wird. Dieses Argument hat das *Landgericht* aber nicht verwendet. Es hat sich vielmehr auf die unterschiedliche technische Ausstattung berufen. Daran kann jedoch keine unterschiedliche Behandlung in sonstigen Belangen geknüpft werden. Zwar kann die technische Ausstattung einer JVA für das Ausmaß der Einschränkungen, die ein Gefangener hinnehmen muss, relevant sein. Die Grundrechte bestehen aber nicht nur nach Maßgabe dessen, was an Ausstattung tatsächlich vorhanden ist. Dies gilt umso mehr, wenn – wie hier – das Haftgebäude der männlichen Gefangenen mit vergleichsweise geringem Aufwand technisch nachgerüstet werden kann. Der Umstand, dass in der JVA von S die höchste Sicherheitsstufe gilt, stellt ebenfalls keine Grundlage für eine unterschiedliche Behandlung der Insassen der beiden Hafthäuser dar, weil die höchste Sicherheitsstufe für die *gesamte* JVA gilt. Das Telefonverbot gegenüber L ist demnach verfassungsrechtlich nicht gerechtfertigt.

#### 2. Verfassungsrechtliche Rechtfertigung des Kaufverbots

Auch für das Verbot, Kosmetika zu kaufen, ist keiner der o.g. Rechtfertigungsgründe einschlägig. Insbesondere kann die Ungleichbehandlung – entgegen der Ansicht des *Landgerichts* – nicht auf einen grundsätzlichen Unterschied zwischen Männern und Frauen gestützt werden, denn bei dem Interesse, Kosmetika zu kaufen, handelt es sich nicht um ein von Natur aus nur bei Frauen auftretendes Interesse, wie allein der nachweislich zunehmende Absatz von Pflegeprodukten für Männer auf dem Kosmetikmarkt und die damit verbundene Werbung belegt. Art. 3 Abs. 3 S. 1 GG schützt auch das Recht, unbenachteiligt anders zu sein als andere Mitglieder der Gruppe, der man nach dem Geschlecht zugehört. L kann der Kauf von Kosmetika somit nicht mit der Begründung versagt werden, der Kauf von Kosmetika befriedige ein typischerweise beim weiblichen Geschlecht auftretendes Interesse.

#### 3. Ergebnis zu III.

Die Ungleichbehandlung durch die Entscheidung des *Landgerichts* ist somit verfassungsrechtlich nicht gerechtfertigt.

### IV. Ergebnis

Die Entscheidung des *Landgerichts* verletzt L in seinem Grundrecht auf Gleichbehandlung aus Art. 3 Abs. 3 S. 1 GG.

# 5. Teil
# Verfassungsbeschwerde nach Art. 93 Abs. 1 Nr. 4a GG i.V.m. §§ 13 Nr. 8a, 90, 92 ff. BVerfGG

## A. Überblick

Im letzten Teil dieses Skripts wird die **Verfassungsbeschwerde nach Art. 93 Abs. 1 Nr. 4a GG i.V.m. §§ 13 Nr. 8a, 90, 92 ff. BVerfGG** behandelt.[1] Die Verfassungsbeschwerde ist zwar nicht der einzige Rechtsbehelf, bei dem Grundrechtsverletzungen entscheidungsrelevant sein können – abgesehen von der Verfassungsbeschwerde kommen insoweit v.a. das einstweilige Rechtsschutzverfahren nach § 32 BVerfGG sowie die Normenkontrollverfahren nach Art. 93 Abs. 1 Nr. 2 GG und Art. 100 Abs. 1 GG in Betracht; die Verfassungsbeschwerde stellt aber den Rechtsbehelf dar, mit dem der Einzelne Grundrechtsverletzungen durch die öffentliche Gewalt endgültig klären lassen kann. In der Praxis bildet die Verfassungsbeschwerde die mit weitem Abstand **am häufigsten angestrengte Verfahrensart** vor dem *Bundesverfassungsgericht* (ca. 96 % aller Verfahren), deren Erfolgsquote allerdings bei nur ca. 2 % liegt. **709**

Bei der Verfassungsbeschwerde handelt es sich um einen „außerordentlichen, letzten und subsidiären Rechtsbehelf",[2] der nach Ansicht des *Bundesverfassungsgerichts* dazu dient, **subjektive (Grund-)Rechtspositionen zu sichern und durchzusetzen** sowie **objektives Verfassungsrecht einzuhalten**.[3] Die Verfassungsbeschwerde stellt ein **einseitiges Verfahren** dar. Anders als bei den kontradiktorischen Verfahren, bei denen sich ein oder mehrere Antragsteller und ein oder mehrere Antragsgegner gegenüberstehen (z.B. im Organstreitverfahren nach Art. 93 Abs. 1 Nr. 1 GG), gibt es bei der Verfassungsbeschwerde allein Antragsteller, den bzw. die sog. **Beschwerdeführer**. **710**

1 Entsprechend der gängigen Terminologie kurz Verfassungsbeschwerde genannt. Verwechseln Sie diesen Rechtsbehelf bitte nicht mit der Kommunalverfassungsbeschwerde nach Art. 93 Abs. 1 Nr. 4b GG! Näheres dazu in den Skripten zum Landeskommunalrecht.

2 Vgl. *BVerfGE* 49, 252.

3 Vgl. *BVerfGE* 33, 247; st. Rspr.

711 Die Verfassungsbeschwerde prüfen Sie wie folgt:

PRÜFUNGSSCHEMA

## Verfassungsbeschwerde (Art. 93 Abs. 1 Nr. 4a GG i.V.m. §§ 13 Nr. 8a, 90, 92 ff. BVerfGG)

**I. Zulässigkeit der Verfassungsbeschwerde**

1. Antragsberechtigter
   a) Prozessuale Grundrechtsfähigkeit
   b) Prozessfähigkeit
      aa) Natürliche Personen
      bb) Juristische Personen
2. Beschwerdegegenstand
   a) Begriff des Akts öffentlicher Gewalt
   b) Akte der Legislative
   c) Akte der Exekutive
      Gadenakte Rn. 731
   d) Akte der Judikative
3. Beschwerdebefugnis
   a) Möglichkeit einer Grundrechtsverletzung
   b) Betroffenheit
      aa) Selbst
      bb) Gegenwärtig
      cc) Unmittelbar
4. Rechtswegerschöpfung
   a) Rechtsweg
   b) Erschöpfung
      aa) Grundsatz (§ 90 Abs. 2 S. 1 BVerfGG)
      bb) Ausnahmen (§ 90 Abs. 2 S. 2 BVerfGG)
5. Subsidiarität
6. Form
7. Fristen (§ 93 BVerfGG)
8. Keine entgegenstehende Rechts- oder Gesetzeskraft
   a) Keine entgegenstehende Rechtskraft
   b) Keine entgegenstehende Gesetzeskraft
9. Rechtsschutzbedürfnis

**II. Begründetheit der Verfassungsbeschwerde**

1. Prüfungsmaßstab
   a) Allgemein
   b) Akte der Legislative (Rechtssatzverfassungsbeschwerde)
   c) Akte der Judikative (Urteilsverfassungsbeschwerde)
   d) Akte der Exekutive
2. Prüfungsreihenfolge der möglicherweise verletzten Grundrechte und/oder grundrechtsgleichen Rechte

Bei der Zulässigkeit der Verfassungsbeschwerde ist es **nicht** empfehlenswert, zunächst nach der **Eröffnung des Rechtswegs** zu fragen, weil sich die generelle Entscheidungszuständigkeit des *Bundesverfassungsgerichts* nicht aus einer generalklauselartigen Bestimmung (z.B. Zuständigkeit des *Bundesverfassungsgerichts* in allen Streitigkeiten verfassungsrechtlicher Art) ergibt, sondern das *Bundesverfassungsgericht* nach Maßgabe des Art. 93 GG für eine **abschließend festgelegte Anzahl von Verfahrensarten** zur Entscheidung berufen ist.[4] Dadurch unterscheidet sich das Bundesverfassungsprozessrecht insbesondere vom Verwaltungsprozessrecht. Die Verwaltungsgerichtsordnung enthält mit § 40 Abs. 1 S. 1 eine Generalklausel, nach der der Rechtsweg zu den *Verwaltungsgerichten* in allen öffentlich-rechtlichen Streitigkeiten nichtverfassungsrechtlicher Art eröffnet ist. 712

Im Rahmen der **Zulässigkeit** prüfen Sie, ob die **allgemeinen** und die **besonderen Sachentscheidungsvoraussetzungen** für die Verfassungsbeschwerde vorliegen.[5] Nur wenn diese Voraussetzungen im konkreten Fall erfüllt sind, steigt das *Bundesverfassungsgericht* (und Sie ggf. an dessen Stelle in der Fallbearbeitung!) in die Begründetheitsprüfung ein. Andernfalls verwirft das *Bundesverfassungsgericht* die Verfassungsbeschwerde als unzulässig. 713

**JURIQ-Klausurtipp**

Achten Sie auf die korrekte **Terminologie**: *Unzulässige* Verfassungsbeschwerden werden *verworfen*; zulässige, aber *unbegründete* Verfassungsbeschwerden werden *zurückgewiesen*.

**Allgemeine Sachentscheidungsvoraussetzungen** sind diejenigen Zulässigkeitsvoraussetzungen, die **in allen Verfahren** vor dem *Bundesverfassungsgericht* gelten. Dazu gehören: **ordnungsgemäßer verfahrenseinleitender Antrag**; **keine Rechtshängigkeit in derselben Sache**; **keine entgegenstehende Rechtskraft** und **Rechtsschutzinteresse**. Regelmäßig haben die allgemeinen Sachentscheidungsvoraussetzungen sowohl in der Praxis als auch in der Fallbearbeitung geringe Bedeutung. – **Besondere Sachentscheidungsvoraussetzungen** sind diejenigen Zulässigkeitsvoraussetzungen, die **speziell für einzelne Verfahren** gelten und die Sie insbesondere in **Teil III des BVerfGG** finden. Dort können auch allgemeine Sachentscheidungsvoraussetzungen verschärften Anforderungen unterworfen werden (vgl. für die Verfassungsbeschwerde hinsichtlich Form und Frist in §§ 92, 93 BVerfGG). Bei der Verfassungsbeschwerde stellen die **Antragsberechtigung**, der **Beschwerdegegenstand**, die **Beschwerdebefugnis**, die **Rechtswegerschöpfung** sowie die **besonderen Anforderungen an Form und Frist** besondere Sachentscheidungsvoraussetzungen dar. 714

Wie bei allen Prüfungsschemata gilt auch hier, dass das Prüfungsschema zur Verfassungsbeschwerde nicht starr, sondern flexibel zu handhaben ist. Es dient als Orientierung für die richtige Vorgehensweise und liefert Anhaltspunkte für die Prüfung. Regelmäßig sollten Sie nur solche Punkte problematisieren, die nach den Angaben im Sachverhalt wirklich zweifelhaft sind. Prüfungspunkte, die eindeutig vorliegen oder nicht vorliegen, sollten Sie kurz und dann ruhig auch im Urteilsstil abhandeln. 715

In der Fallbearbeitung ist es wichtig, dass Sie den richtigen Einstieg in Ihre gutachterliche Prüfung finden. Formulieren Sie daher einen möglichst präzisen **Obersatz**, der für Ihre weitere Prüfung den roten Faden bildet: „Die Verfassungsbeschwerde des/der … (hier den/die 716

4 Vgl. *Sachs* Verfassungsprozessrecht Rn. 99.
5 Vgl. hierzu insgesamt *Sachs* Verfassungsprozessrecht Rn. 95.

Beschwerdeführer nennen) gemäß Art. 93 Abs. 1 Nr. 4a GG i.V.m. §§ 13 Nr. 8a, 90, 92 ff. BVerfGG gegen ... (hier den/die angegriffenen bzw. anzugreifenden Akt[e] öffentlicher Gewalt nennen) hat Erfolg, wenn und soweit sie zulässig und begründet ist."

» Diese Klausurtipps sollten Sie für Ihre verfassungsrechtlichen Fallbearbeitungen unbedingt beherzigen! Vor allem mit der richtigen Zitierweise erleichtern Sie sich nicht nur selbst den Einstieg in die Fallprüfung, sondern zeigen auch nach außen hin, dass Sie das Zusammenspiel zwischen Grundgesetz und Bundesverfassungsgerichtsgesetz beherrschen! «

**JURIQ-Klausurtipp**

1. Wählen Sie die richtige **Formulierung**: Wenn und soweit eine Verfassungsbeschwerde zulässig und begründet ist, *hat* sie Erfolg (nicht nur „Aussicht auf Erfolg")!
2. Achten Sie unbedingt auf die **richtige Zitierweise** der einschlägigen Verfahrensregelungen! Gehen Sie dabei in drei Schritten vor:
   a) Im ersten Schritt nennen Sie die **einschlägige Bestimmung im Grundgesetz**. Bei der Verfassungsbeschwerde zitieren Sie also Art. 93 Abs. 1 Nr. 4a GG. – Vergessen Sie nicht, die Bestimmung des Grundgesetzes zu zitieren, denn sie ist gegenüber den Verfahrensbestimmungen des Bundesverfassungsgerichtsgesetzes, das als einfaches Gesetz auf der Grundlage des Art. 94 Abs. 2 GG erlassen wurde, höherrangiges Recht.
   b) Im zweiten Schritt zitieren Sie die **einschlägige Bestimmung aus § 13 BVerfGG**. Nennen Sie die Nummer aus § 13 BVerfGG, die für das Verfahren einschlägig ist. Bei der Grundrechtsverfassungsbeschwerde ist dies § 13 Nr. 8a BVerfGG.
   c) Im dritten Schritt zitieren Sie die für das einschlägige Verfahren geltenden **besonderen Verfahrensbestimmungen**, die Sie in Teil III des BVerfGG finden (s.o. Rn. 714). Bei der Verfassungsbeschwerde sind dies §§ 90, 92 ff. BVerfGG.

## B. Zulässigkeit der Verfassungsbeschwerde

717 In der **Zulässigkeit** prüfen Sie das **Vorliegen der (allgemeinen und besonderen) Sachentscheidungsvoraussetzungen**.

### I. Antragsberechtigter

718 Antragsberechtigt ist nach dem Wortlaut des Art. 93 Abs. 1 Nr. 4a GG **„jedermann"**. Um antragsberechtigt zu sein, muss dieser „jedermann" prozessual grundrechtsfähig und prozessfähig sein. Die Antragsberechtigung prüfen Sie somit in zwei Schritten.

#### 1. Prozessuale Grundrechtsfähigkeit

719 **Jedermann** ist jeder, der Träger eines der in Art. 93 Abs. 1 Nr. 4a GG genannten Grundrechte oder grundrechtsgleichen Rechte sein kann.

» Erkennen Sie Parallelen in anderen Prozessordnungen? Denken Sie z.B. an die Parteifähigkeit in § 50 ZPO. «

Die Antragsberechtigung nach Art. 93 Abs. 1 Nr. 4a GG setzt eine **prozessuale Grundrechtsfähigkeit** des Beschwerdeführers voraus. Die Grundrechtsfähigkeit im Verfassungsprozessrecht bildet das Gegenstück zur Grundrechtsfähigkeit im materiellen Verfassungsrecht.[6] Wer prozessual grundrechtsfähig ist, richtet sich somit nach materiellem Verfassungsrecht (s. dazu oben Rn. 75 ff.).[7]

6 Vgl. *Sachs* Verfassungsprozessrecht Rn. 515.
7 Vgl. *Kingreen/Poscher* Grundrechte Rn. 1291.

**JURIQ-Klausurtipp**

In der Fallbearbeitung greifen Sie im Grunde an dieser Stelle bereits einen Aspekt aus der Begründetheitsprüfung auf. Dies zeigt Ihnen einmal mehr, dass die Prüfungsschemata lediglich Orientierungshilfen bieten und immer fallbezogen anzuwenden sind.

### 2. Prozessfähigkeit

**Prozessfähig** ist, wer die Fähigkeit besitzt, Prozesshandlungen selbst oder durch selbstbestimmte Bevollmächtigte vorzunehmen. 720

Im Gegensatz zu anderen Prozessordnungen ist die allgemeine Sachentscheidungsvoraussetzung der Prozessfähigkeit für das Verfassungsbeschwerdeverfahren nicht ausdrücklich gesetzlich geregelt. Das *Bundesverfassungsgericht* leitet die Prozessfähigkeit aus einer **Analogie zu den einschlägigen Bestimmungen der anderen Prozessordnungen** (§ 62 VwGO; §§ 51 ff. ZPO etc.) her.[8]

» Wiederholen Sie ggf. an dieser Stelle exemplarisch die Prozessfähigkeit in der ZPO und in der VwGO! «

Die anderen Prozessordnungen knüpfen die Prozessfähigkeit an die materiell-rechtliche **Geschäftsfähigkeit** an, d.h. die Fähigkeit, persönlich materielle Rechtsgeschäfte wirksam vorzunehmen zu können.[9] Dabei ist zwischen der Rechtsgeschäftsfähigkeit natürlicher Personen und der Rechtsgeschäftsfähigkeit juristischer Personen zu unterscheiden.

» Wiederholen Sie ggf. kurz die Rechtsgeschäftsfähigkeit im BGB! «

#### a) Natürliche Personen

Bei natürlichen Personen richtet sich die Prozessfähigkeit maßgeblich nach der – grundsätzlich mit der Volljährigkeit (§ 2 BGB) einsetzenden – Geschäftsfähigkeit nach §§ 104 ff. BGB. 721
Demnach lässt sich als Grundsatz festhalten, dass eine natürliche Person, die **weder minderjährig noch in ihrer Geschäftsfähigkeit beschränkt** ist, prozessfähig ist. Bei Minderjährigen hängt deren Prozessfähigkeit im Verfassungsprozessrecht von ihrer Grundrechtsmündigkeit ab (dazu oben Rn. 107 ff.). So ist ein Minderjähriger hinsichtlich der Glaubensfreiheit gemäß § 5 RelKErzG (erst) mit Vollendung des 14. Lebensjahres grundrechtsmündig.

#### b) Juristische Personen

Juristische Personen sind prozessfähig, wenn sie durch ihre gesetzlich vorgesehenen Organe 722
ordnungsgemäß **organschaftlich vertreten** werden. So muss bei einer GmbH der Geschäftsführer die GmbH vertreten.

## II. Beschwerdegegenstand

Ob ein für die Verfassungsbeschwerde tauglicher Beschwerdegegenstand vorliegt, prüfen Sie 723
in zwei Schritten:

8 Vgl. *BVerfGE* 28, 243.
9 Vgl. *Sachs* Verfassungsprozessrecht Rn. 520.

**JURIQ-Klausurtipp**

Nach der Klärung des Begriffs „Akt öffentlicher Gewalt" untersuchen Sie je nach Fallgestaltung nur den oder die tatsächlich angegriffenen bzw. anzugreifenden Akt(e) der Legislative, Exekutive und/oder Judikative.

### 1. Begriff „Akt öffentlicher Gewalt"

724 Beschwerdegegenstand einer Verfassungsbeschwerde ist gemäß Art. 93 Abs. 1 Nr. 4a GG ein **„Akt öffentlicher Gewalt"**. Im Gegensatz zu Art. 19 Abs. 4 S. 1 GG (oben Rn. 660) ist der Begriff der öffentlichen Gewalt **weit** gefasst:

**Öffentliche Gewalt** i.S.d. Art. 93 Abs. 1 Nr. 4a GG umfasst die Legislative, die Exekutive und die Judikative.

Das weite Begriffsverständnis ist auf den Sinn und den Zweck der Verfassungsbeschwerde zurückzuführen. Der Sinn und der Zweck der Verfassungsbeschwerde bestehen darin, dass alle Akte der Legislative, der Exekutive und der Judikative auf ihre Grundrechtsmäßigkeit nachprüfbar sein sollen.[10]

725 Als Akte öffentlicher Gewalt kommen nicht nur **Handlungen**, sondern auch **Unterlassungen** in Betracht (vgl. §§ 92, 95 Abs. 1 S. 1 BVerfGG). Unterlassungen können jedoch nur ausnahmsweise Gegenstand einer Verfassungsbeschwerde sein, nämlich dann, wenn die öffentliche Gewalt grundrechtlich zum Handeln verpflichtet ist. Dies ist zum einen bei originären Leistungsrechten und zum anderen bei Schutzpflichten der Fall.[11]

726 Akte öffentlicher Gewalt sind herkömmlich allein Akte **deutscher Hoheitsgewalt**.[12] Seit dem Maastricht-Urteil des *Bundesverfassungsgerichts* können jedoch auch Akte supranationaler Organisationen (z.B. der Europäischen Union) mit der Verfassungsbeschwerde angegriffen werden.[13] Das *Bundesverfassungsgericht* hatte in diesem Urteil die Ansicht vertreten, vor dem Hintergrund des erreichten Stands der Integration der Europäischen Gemeinschaft sei die Ausübung von Gemeinschaftsgewalt auf deutschem Hoheitsgebiet als solche an den Grundrechten des Grundgesetzes zu messen. Demgemäß müsste es möglich sein, im genannten Umfang auch Rechtsakte der Europäischen Gemeinschaft vor dem *Bundesverfassungsgericht* mit der Verfassungsbeschwerde unmittelbar anzugreifen.[14]

**Hinweis**

Eine Verfassungsbeschwerde gegen Akte supranationaler Organisationen ist jedoch dann unzulässig, wenn auf der supranationalen Ebene ein Grundrechtsschutz gewährleistet ist, der

10 Vgl. *BVerfGE* 7, 198 – Lüth.
11 Vgl. *Sachs* Verfassungsprozessrecht Rn. 540.
12 Vgl. *BVerfGE* 58, 1 – Eurocontrol I; s. aber auch *BVerfGK* 8, 61.
13 Vgl. *BVerfGE* 89, 155 – Maastricht.
14 Vgl. *Sachs* Verfassungsprozessrecht Rn. 536.

im Wesentlichen dem des Grundgesetzes entspricht.[15] Etwas anderes gilt nur dann, wenn die europäische Rechtsentwicklung einschließlich der Rechtsprechung des *Europäischen Gerichtshofs* und des *Europäischen Gerichts* erster Instanz nach Ergehen der Solange II-Entscheidung unter den erforderlichen Grundrechtsstandard i.S.v. Art. 23 Abs. 1 S. 3, Art. 79 Abs. 3 GG abgesunken ist[16] oder bei sog. „ausbrechenden Rechtsakten",[17] d.h. solchen Rechtsakten, bei denen z.B. offensichtlich Kompetenzen überschritten wurden.[18]

## 2. Akte der Legislative

Als Akte der Legislative kommen **alle formellen** und **materiellen Bundes- und Landesgesetze** (einschließlich Bundes- und Landesverfassungsrecht) sowie **Verwaltungsvorschriften mit (ausnahmsweiser) Außenwirkung** in Betracht.[19] Völkerrechtliche Verträge der Bundesrepublik Deutschland mit auswärtigen Staaten können selbst nicht Gegenstand der Verfassungsbeschwerde sein; angreifbar ist aber das **Zustimmungsgesetz des Bundestages nach Art. 59 Abs. 2 S. 1 GG zum völkerrechtlichen Vertrag.**[20] 727

Die Akte der Legislative müssen **grundsätzlich zumindest verkündet** sein, um tauglicher Gegenstand der Verfassungsbeschwerde sein zu können (vgl. für Bundesgesetze Art. 82 Abs. 1 GG). Etwas **anderes** gilt jedoch für **Vertragsgesetze i.S.d. Art. 59 Abs. 2 S. 1 GG**. Hier genügt es, wenn das Gesetzgebungsverfahren bis auf die Ausfertigung und die Verkündung des Vertragsgesetzes abgeschlossen ist. 728

**Hinweis**

Eine gegen einen Akt der Legislative gerichtete Verfassungsbeschwerde wird **„Rechtssatzverfassungsbeschwerde"** genannt.

## 3. Akte der Exekutive

Die Verfassungsbeschwerde kann an sich gegen jeden Akt der Exekutive erhoben werden. Voraussetzung ist nach Ansicht des *Bundesverfassungsgerichts* und der h.M. im Schrifttum jedoch, dass es sich bei dem Akt der Exekutive um einen **Akt, der in Ausübung hoheitlicher Gewalt erlassen** wurde, handelt.[21] 729

Bei den Akten der Exekutive ist folgende **Besonderheit** zu beachten: Eine Verfassungsbeschwerde kann gemäß § 90 Abs. 2 BVerfGG regelmäßig erst nach Erschöpfung des Rechtswegs erhoben werden (dazu unten Rn. 741 ff.). Nach Erschöpfung des Rechtswegs gibt es aber keine Verfassungsbeschwerde (allein) gegen Akte der Exekutive. Prozessual betrachtet, 730

15 Vgl. *BVerfG* (K) NJW 2001, 2705.
16 Vgl. *BVerfGE* 102, 147 – Bananenmarktordnung.
17 Vgl. *BVerfGE* 89, 155 – Maastricht.
18 Vgl. zum ganzen Problemkreis Hillgruber/Goos-*Goos* Verfassungsprozessrecht Rn. 161 ff. Das *Bundesverfassungsgericht* hat seine bisherige Linie in der Lissabon-Entscheidung bestätigt (vgl. *BVerfGE* 123, 267). Vgl. zum Umfang und zu den Grenzen der sog. Ultra-vires-Kontrolle auch *BVerfGE* 126, 286.
19 Vgl. *Fleury* Verfassungsprozessrecht Rn. 285.
20 Vgl. *BVerfGE* 89, 155 – Maastricht.
21 Vgl. *BVerfGE* 3, 1.

wird in diesem Falle die Verfassungsbeschwerde gegen die letztinstanzliche Gerichtsentscheidung erhoben. Das *Bundesverfassungsgericht* überlässt es dem Beschwerdeführer, ob er sich nur gegen die letztinstanzliche Gerichtsentscheidung wendet oder ob er *zusätzlich* die Entscheidungen der Vorinstanzen und/oder den/die zugrundeliegenden Akt(e) der Exekutive einbezieht.[22] In jedem Falle liegt nur eine Verfassungsbeschwerde vor.[23]

**Beispiel** G hat eine Abrissverfügung von der zuständigen Baubehörde in NW erhalten, die er erfolglos vor dem *Verwaltungsgericht*, dem *Oberverwaltungsgericht NW* und dem *Bundesverwaltungsgericht* angefochten hat. Jetzt legt er Verfassungsbeschwerde vor dem *Bundesverfassungsgericht* ein, weil er sich in seinem Grundrecht aus Art. 14 Abs. 1 S. 1 GG verletzt fühlt. – Hier hat G nun die Wahl, ob er nur das Urteil des *Bundesverwaltungsgerichts* angreift oder zusätzlich die Urteile des *Verwaltungs-* und des *Oberverwaltungsgerichts NW* und/oder den diesen Entscheidungen zugrundeliegenden Bescheid der Baubehörde einbezieht. In jedem Falle liegt nur eine Verfassungsbeschwerde vor. Äußert sich G nicht ausdrücklich, legt das *Bundesverfassungsgericht* einen doppelten Streitgegenstand zugrunde. Gegenstand der Verfassungsbeschwerde sind dann die Abrissverfügung der Behörde und die sie bestätigenden Gerichtsentscheidungen.[24] ■

731 **Gnadenentscheidungen** stellen nach nicht unbestrittener Ansicht des *Bundesverfassungsgerichts* **keinen Akt öffentlicher Gewalt** dar,[25] so dass sie nicht Gegenstand einer Verfassungsbeschwerde sein können. Anders dagegen beim Widerruf des Gnadenerweises. Dieser soll mit der Verfassungsbeschwerde angegriffen werden können.[26]

### 4. Akte der Judikative

732 Gegenstand einer Verfassungsbeschwerde können auch die Entscheidungen staatlicher Gerichte sein. Zu den staatlichen Gerichten zählen nur die **im Grundgesetz vorgesehenen und durch den Bund errichteten Bundesgerichte** sowie die **Gerichte der Länder einschließlich der Landesverfassungsgerichte**.[27]

**Beispiele** *Bundes-* und *Landesgerichte* aller Fachgerichtsbarkeiten; die berufsständischen Gerichte öffentlich-rechtlicher Körperschaften (z.B. *Ehrengerichte* der Rechtsanwaltskammern). Nicht dagegen z.B. private *Schiedsgerichte* und die *kirchlichen Gerichte*. Auch Entscheidungen des *Bundesverfassungsgerichts* sind nicht mit der Verfassungsbeschwerde angreifbar.[28] ■

**Hinweis**

Eine Verfassungsbeschwerde, die sich gegen eine gerichtliche Entscheidung oder gegen mehrere gerichtliche Entscheidungen richtet, wird **„Urteilsverfassungsbeschwerde"** genannt.

22 Vgl. *BVerfGE* 19, 377.
23 Vgl. *Kingreen/Poscher* Grundrechte Rn. 1296.
24 Vgl. allgemein *Fleury* Verfassungsprozessrecht Rn. 298.
25 Vgl. *BVerfGE* 25, 352.
26 Vgl. *BVerfGE* 30, 108.
27 Vgl. *BVerfGE* 6, 445.
28 Vgl. *BVerfGE* 1, 89; zum Hintergrund Hillgruber/Goos-*Goos* Verfassungsprozessrecht Rn. 159.

## III. Beschwerdebefugnis

Gemäß Art. 93 Abs. 1 Nr. 4a GG ist beschwerdebefugt, wer behaupten kann, durch einen Akt öffentlicher Gewalt **in einem seiner Grundrechte (Art. 1 bis 19 GG) oder in einem der in Nr. 4a abschließend genannten grundrechtsgleichen Rechte verletzt** zu sein. In Art. 93 Abs. 1 Nr. 4a GG ist als grundrechtsgleiches Recht u.a. Art. 38 GG aufgeführt. Dies bezieht sich grundsätzlich nur auf Art. 38 Abs. 1 S. 1 GG. Auf Art. 38 Abs. 1 S. 2 GG kann eine Verfassungsbeschwerde demgegenüber grundsätzlich nicht gestützt werden, weil sich aus diesen Bestimmungen keine subjektiv-öffentlichen, sondern organschaftliche Rechte eines Abgeordneten ergeben. Organschaftliche Rechte (z.B. das Rederecht eines Abgeordneten) muss der Abgeordnete im Organstreitverfahren nach Art. 93 Abs. 1 Nr. 1 GG i.V.m. §§ 13 Nr. 5, 63 ff. BVerfGG geltend machen. Eine Verfassungsbeschwerde ist daher an sich unzulässig. Etwas anderes gilt jedoch nach Ansicht des *Bundesverfassungsgerichts* dann, wenn ein Abgeordneter die Verletzung seiner Rechte aus Art. 38 Abs. 1 S. 2 GG i.V.m. Art. 47 GG durch die Staatsanwaltschaft und die *Strafgerichte* rügt. Eine Verfassungsbeschwerde ist in diesem Falle zulässig, weil der Abgeordnete gegen diese Stellen kein Organstreitverfahren anstrengen kann.[29] **733**

Ob die Beschwerdebefugnis gegeben ist, prüfen Sie in zwei Schritten: **734**

### 1. Möglichkeit einer Grundrechtsverletzung

Der Beschwerdeführer muss behaupten, in einem seiner Grundrechte oder seiner grundrechtsgleichen Rechte verletzt zu sein. Aus seinem Antrag muss sich die **Möglichkeit** einer entsprechenden Verletzung ergeben. Die Verletzung eines Grundrechts oder eines grundrechtsgleichen Rechts darf m.a.W. nicht von vornherein ausgeschlossen sein.[30] Hätte in unserem *Beispiel* oben (Rn. 730) G nur das subjektive Empfinden, in seinem Grundrecht aus Art. 14 Abs. 1 S. 1 GG verletzt zu sein, ohne dass er dieses Empfinden dahingehend substantiieren kann, dass eine Grundrechtsverletzung möglich erscheint, wäre G nicht beschwerdebefugt. **735**

> **Hinweis**
>
> Bei der Klagebefugnis nach § 42 Abs. 2 VwGO gilt ebenfalls die sog. **Möglichkeitstheorie**.

### 2. Betroffenheit

Besteht die Möglichkeit, dass der Beschwerdeführer in einem seiner Grundrechte oder seiner grundrechtsgleichen Rechte verletzt ist, setzt die Beschwerdebefugnis weiter voraus, dass der Beschwerdeführer durch den Akt öffentlicher Gewalt **selbst, gegenwärtig** und **unmittelbar** in seinen Grundrechten oder seinen grundrechtsgleichen Rechten betroffen ist. **736**

#### a) Selbst betroffen

Der Beschwerdeführer ist durch den Akt öffentlicher Gewalt selbst betroffen, wenn er **Adressat** des Aktes öffentlicher Gewalt ist. In unserem *Beispiel* oben (Rn. 730) ist G als Prozesspartei **737**

29 Vgl. *BVerfGE* 108, 251 – Pofalla. Vgl. zu diesem Themenkomplex die Examensklausur bei *Sachs/Schroeder* NWVBl. 2006, 389; vgl. zu Art. 40 Abs. 2 S. 2 GG *BVerfGE* 108, 251; *Schroeder* Jura 2008, 95.

30 Vgl. *BVerfGE* 6, 445.

Adressat der Gerichtsentscheidungen und als Person, an den die behördliche Abrissverfügung gerichtet ist, Adressat der behördlichen Abrissverfügung.

738 Ist der Beschwerdeführer nicht Adressat, kann er auch als **Nichtadressat** ausnahmsweise selbst betroffen sein. Dies ist dann der Fall, wenn die an einen anderen gerichtete Entscheidung **auch ihm gegenüber grundrechtsbeeinträchtigende Rechtswirkungen** entfaltet.[31]

**Beispiel** L hat die Genehmigung erhalten, auf seinem Grundstück eine Doppelgarage zu errichten. Sein Nachbar D hält die Genehmigung für rechtswidrig, weil die Abstandsflächen zu seiner Grundstücksgrenze nach Ansicht des D nicht eingehalten werden. – D ist nicht Adressat der Baugenehmigung. Sie belastet ihn aber gleichwohl in seiner Eigentümerstellung. Nach Erschöpfung des Rechtswegs kann könnte D Verfassungsbeschwerde vor dem *Bundesverfassungsgericht* erheben; zumindest die Selbstbetroffenheit des D läge dann vor. ■

### b) Gegenwärtig betroffen

739 Gegenwärtig betroffen ist der Beschwerdeführer durch den Akt öffentlicher Gewalt, wenn dieser Akt **aktuelle grundrechtsbeeinträchtigende Rechtswirkungen**, d.h. Rechtswirkungen gegenüber dem Beschwerdeführer entfaltet, die sich bereits realisiert haben und noch fortwirken oder sich mit Sicherheit in der Zukunft realisieren werden. Der Beschwerdeführer muss demnach ***schon*** oder ***noch*** **betroffen** sein. Keinesfalls darf der Akt nur „irgendwann einmal in Zukunft (‚virtuell)" grundrechtsbeeinträchtigende Rechtswirkungen entfalten.[32]

**Beispiel 1**[33] Per Gesetz wird der Deutschen Post AG befristet die Exklusivlizenz im Bereich der Beförderung von Briefen und adressierten Katalogen weitergewährt. Das Gesetz ist verkündet, aber noch nicht in Kraft getreten. – An sich entfaltet das Gesetz daher noch keine Rechtswirkungen. Sind zu diesem Zeitpunkt die künftigen Rechtswirkungen dieses Gesetzes aber schon klar abzusehen und für den Beschwerdeführer gewiss, ist er „schon" und damit gegenwärtig betroffen. ■

**Beispiel 2**[34] Der 60-jährige Notar Dr. K. wendet sich gegen ein Gesetz, das für Notare eine Altersgrenze von 70 Jahren vorsieht. Das Gesetz ist bereits in Kraft getreten. – An sich entfaltet das Gesetz noch keine aktuellen Rechtswirkungen gegenüber Dr. K, weil er die Altersgrenze von 70 Jahren noch nicht erreicht hat. Gleichwohl zwingt ihn das Gesetz schon jetzt zu Dispositionen hinsichtlich seiner Altersvorsorge, die nach einem Gesetzesvollzug nicht mehr rückgängig zu machen sind. Dr. K ist demnach „schon" und damit gegenwärtig betroffen. ■

**Beispiel 3** Die Staatsanwaltschaft durchsucht das Haus des S, gegen den ein Ermittlungsverfahren wegen Betrugs läuft. Die von S wegen dieser Maßnahme angerufenen *Fachgerichte* halten die Durchsuchung für rechtmäßig und verneinen Grundrechtsverletzungen. S muss die Möglichkeit der Verfassungsbeschwerde vor dem *Bundesverfassungsgericht* haben. Andernfalls könnten solche Maßnahmen, die sich typischerweise erledigen, bevor der Betroffene das *Bundesverfassungsgericht* anrufen kann, verfassungsgerichtlich nicht

31 Vgl. *Sachs* Verfassungsprozessrecht Rn. 564.
32 Vgl. *BVerfGE* 1, 97; vgl. zum Ganzen auch Hillgruber/Goos-*Goos* Verfassungsprozessrecht Rn. 198 ff.
33 Nach *BVerfGE* 108, 385.
34 Nach *BVerfG* (K) NJW 1993, 1575.

überprüft werden. S ist somit „noch" betroffen, zumal von der an sich erledigten Maßnahme noch grundrechtsbeeinträchtigende Wirkungen ausgehen können[35] bzw. eine Wiederholungsgefahr[36] besteht. ■

### c) Unmittelbar betroffen

Das Erfordernis der unmittelbaren Betroffenheit des Beschwerdeführers durch den Akt öffentlicher Gewalt ist an sich nur bei Rechtssatzverfassungsbeschwerden relevant. Der Beschwerdeführer ist durch ein Gesetz nur dann unmittelbar betroffen, wenn dieses Gesetz **keines Vollzugsaktes** bedarf, damit die grundrechtsbeeinträchtigenden Rechtswirkungen eintreten.[37] Gesetze entfalten unmittelbare grundrechtsbeeinträchtigende Rechtswirkungen, wenn sie **selbst Gebote oder Verbote aussprechen**. Dies ist z.B. der Fall, wenn ein Gesetz das Recht von Krankenhausärzten, Privatrechnungen auszustellen, einschränkt.[38] Unmittelbare grundrechtsbeeinträchtigende Rechtswirkungen entfalten auch **rechtsgestaltende Gesetze**. Dies ist z.B. der Fall, wenn ein Bebauungsplan die Bebaubarkeit eines Grundstücks entfallen lässt.[39] – Bedarf das Gesetz dagegen von Rechts wegen zunächst eines Vollzugsaktes (vgl. z.B. die polizei- und ordnungsbehördlichen Generalklauseln wie etwa § 8 Abs. 1 PolG NW und § 14 Abs. 1 OBG NW; Haushaltsgesetz und der darin festgelegte Haushaltsplan[40]), muss dieser Vollzugsakt grundsätzlich erst abgewartet und sodann der fachgerichtliche Rechtsweg dagegen beschritten werden. Selbst wenn das Gesetz erst noch eines Vollzugsaktes bedarf, kann der Beschwerdeführer gleichwohl ausnahmsweise unmittelbar durch das Gesetz betroffen sein. Dies ist z.B. der Fall, wenn dem Betroffenen ein **Abwarten des Vollzugsaktes und ein anschließendes Beschreiten des fachgerichtlichen Rechtsweges nicht zumutbar** ist. 740

**Beispiel 1** Im Straf- und Ordnungswidrigkeitenrecht ist es dem Betroffenen regelmäßig nicht zumutbar, zuerst gegen die Norm zu verstoßen, dann eine Verurteilung abzuwarten und dagegen den Rechtsweg zu beschreiten.[41] ■

**Beispiel 2** Dies gilt auch für den finalen Rettungsabschuss gemäß § 14 Abs. 3 LuftSichG.[42] Dieser ermächtigt zum Abschuss von Terrorflugzeugen. Dadurch ist kein Passagier unmittelbar betroffen. Es versteht sich aber von selbst, dass es keinem Passagier eines Terrorflugzeugs zugemutet werden kann, zunächst den in Vollziehung des § 14 Abs. 3 LuftSichG erfolgenden Abschuss des Flugzeugs abzuwarten, um dagegen nach Erschöpfung des fachgerichtlichen Rechtsweges das *Bundesverfassungsgericht* anzurufen. ■

---

35 Vgl. allgemein *BVerfGE* 15, 226.
36 Vgl. allgemein *BVerfGE* 52, 42.
37 Vgl. *BVerfGE* 53, 366.
38 Vgl. *BVerfGE* 52, 303.
39 Vgl. *BVerfGE* 70, 35.
40 Vgl. *BVerfG* (K) Beschluss vom 6.6.2012 – 1 BvR 503/09 – juris.
41 Vgl. *BVerfGE* 81, 70.
42 Vgl. *BVerfGE* 115, 118.

## IV. Rechtswegerschöpfung

741 Das Erfordernis der Rechtswegerschöpfung prüfen Sie in zwei Schritten:

### 1. Grundsatz (§ 90 Abs. 2 S. 1 BVerfGG)

742 **§ 90 Abs. 2 S. 1 BVerfGG**, der auf Art. 94 Abs. 2 GG beruht, normiert den **Grundsatz**, dass eine Verfassungsbeschwerde erst **nach Erschöpfung des Rechtswegs** erhoben werden kann. Nach dem Willen des Gesetzgebers soll das *Bundesverfassungsgericht* durch die Normierung dieser besonderen Sachentscheidungsvoraussetzung entlastet werden und der Vorrang der Fachgerichtsbarkeit, die sachnäher entscheiden kann als das *Bundesverfassungsgericht*, sichergestellt werden.[43]

#### a) Rechtsweg

743 **Rechtsweg** ist der Weg, der den Betroffenen mit seinem Begehren, die behauptete Grundrechtsverletzung zu überprüfen und auszuräumen, vor die deutschen staatlichen Gerichte führt.

Darüber hinausgehend wird angenommen, zum Rechtsweg gehöre auch bereits das behördliche Widerspruchsverfahren (vgl. §§ 68 ff. VwGO), falls dieses dem Gerichtsverfahren vorgeschaltet ist.[44] Der Begriff des Rechtswegs ist daher **umfassend** zu verstehen. Rechtsweg in diesem Sinne sind z.B. die gerichtlichen Hauptsacheverfahren in den jeweiligen Fachgerichtsbarkeiten, die Verfahren des vorläufigen Rechtsschutzes (z.B. § 80 Abs. 5, § 123 VwGO), die Normenkontrolle nach § 47 VwGO, die Anhörungsrüge (z.B. § 152a VwGO), der Einspruch gegen einen Strafbefehl gemäß §§ 409 ff. StPO, der Einspruch gegen ein Versäumnisurteil nach § 338 ZPO, der Antrag auf Wiedereinsetzung in den vorigen Stand, der Antrag auf Wiederaufnahme des Verfahrens etc.

744 Das Erfordernis der Rechtswegerschöpfung hat allerdings eine **Grundvoraussetzung**: Gegen den möglicherweise grundrechtsbeeinträchtigenden Akt öffentlicher Gewalt muss **überhaupt** ein **Rechtsweg eröffnet** sein.

**Hinweis**

Lesen Sie daher § 90 Abs. 2 S. 1 BVerfGG als Konditionalsatz: „Wenn gegen die Verletzung der Rechtsweg zulässig ist, kann die Verfassungsbeschwerde erst nach Erschöpfung des Rechtswegs erhoben werden."

745 Dies ist bei **Akten der Exekutive** grundsätzlich der Fall. Gegen diese Akte ist der fachgerichtliche Rechtsweg grundsätzlich durch aufdrängende Sonderzuweisungen (z.B. § 126 Abs. 1 BBG, § 54 BeaStG) bzw. die Generalklauseln der öffentlich-rechtlichen Gerichtsbarkeiten (z.B. § 40 Abs. 1 VwGO) oder subsidiär gemäß Art. 19 Abs. 4 S. 2 zu den ordentlichen Gerichten eröffnet. Nur ausnahmsweise (z.B. Art. 19 Abs. 4 S. 3 GG) steht der Rechtsweg nicht offen.

43 Vgl. *Fleury* Verfassungsprozessrecht Rn. 321.
44 Vgl. *Kingreen/Poscher* Grundrechte Rn. 1319.

Gegen **Akte der Judikative** ist der Rechtsweg eröffnet. Der Betroffene muss gegen diese Akte den weiteren fachgerichtlichen Instanzenzug ausschöpfen. **746**

**Beispiel** Unterliegt ein Kläger z.B. vor dem *Amtsgericht*, muss er zunächst den fachgerichtlichen Instanzenzug (*Landgericht*, *Oberlandesgericht*, *Bundesgerichtshof*) durchlaufen, bevor er das *Bundesverfassungsgericht* anrufen kann. ■

Gegen **Akte der Legislative** ist kein Rechtsweg i.S.d. § 90 Abs. 2 S. 1 BVerfGG eröffnet, soweit formelle Gesetze sowie Rechtsverordnungen und Satzungen außerhalb des Anwendungsbereichs des § 47 VwGO in Rede stehen.[45] Das Erfordernis der Rechtswegerschöpfung hat insoweit daher keine Bedeutung.[46] **747**

### b) Erschöpfung

> **Erschöpfung** meint die Inanspruchnahme aller zulässigen und zumutbaren verfahrensrechtlichen (prozessualen und außerprozessualen) Möglichkeiten durch den Betroffenen, um die behauptete Grundrechtsverletzung zu beseitigen. **748**

**Beispiel** Medizinstudentin R hat ihre Ärztliche Basisprüfung an der nordrhein-westfälischen staatlichen Universität B nicht bestanden. Da sie die Bewertung des mündlichen Prüfungsabschnitts für fehlerhaft hält, will sie sich gegen das Prüfungsergebnis zur Wehr setzen und „notfalls bis nach Karlsruhe gehen". Um den Rechtsweg i.S.d. § 90 Abs. 2 S. 1 BVerfGG zu erschöpfen, muss sie nun zunächst gegen das Prüfungsergebnis Widerspruch einlegen (vgl. § 110 Abs. 2 S. 1 Nr. 2 JustG NW). Endet das Widerspruchsverfahren für sie erfolglos, muss R anschließend Klage vor dem *Verwaltungsgericht* erheben und im Falle ihres Unterliegens danach den weiteren verwaltungsgerichtlichen Instanzenzug (*OVG NW*, *Bundesverwaltungsgericht*) ausschöpfen, bevor sie „nach Karlsruhe gehen" kann. ■

Unzumutbar ist das Beschreiten des Rechtswegs vor allem dann, wenn der einzulegende Rechtsbehelf offensichtlich aussichtslos ist.[47] **749**

**Beispiel** Nach dem bei Einlegung der Verfassungsbeschwerde zugrungezulegenden Stand in der Rechtsprechung und im Schrifttum zur Frage der prozessualen Überholung konnte der Betroffene gewiss sein, dass das Rechtsmittel vor dem *Fachgericht* unzulässig sein wird.[48] Umgekehrt bedeutet dies, dass bloße Zweifel oder in der Rechtsprechung und im Schrifttum bestehende Uneinigkeiten hinsichtlich einer Sachentscheidungsvoraussetzung die Einlegung des Rechtsmittels nicht unzumutbar machen. ■

## 2. Ausnahmen

**§ 90 Abs. 2 S. 2 BVerfGG** nennt zwei im Ermessen des *Bundesverfassungsgerichts* stehende (vgl. Wortlaut „kann"), wenig klausurrelevante[49] Ausnahmen zu § 90 Abs. 2 S. 1 BVerfGG, die zu einer sog. **Vorabentscheidung** des *Bundesverfassungsgerichts* führen können. **750**

---

45 Vgl. Jarass/Pieroth-*Pieroth* Art. 93 Rn. 103.
46 Vgl. *Kingreen/Poscher* Grundrechte Rn. 1318.
47 Vgl. hierzu Hillgruber/Goos-*Goos* Verfassungsprozessrecht Rn. 210.
48 Vgl. *BVerfGE* 107, 299.
49 Vgl. *Sachs* Verfassungsprozessrecht Rn. 571.

## V. Subsidiarität

**751** Bei der Subsidiarität der Verfassungsbeschwerde handelt es sich um einen **übergreifenden Grundsatz des Verfassungsprozessrechts.**[50] Nach Ansicht des *Bundesverfassungsgerichts* kommt in § 90 Abs. 2 S. 1 BVerfGG der Grundsatz der Subsidiarität der Verfassungsbeschwerde zum Ausdruck.[51] Dieser Grundsatz erschöpft sich nicht in dem Erfordernis der Rechtswegerschöpfung, sondern geht darüber hinaus, indem die Subsidiarität vom Beschwerdeführer verlangt, die Gerichte auch dann in irgendeiner Weise mit seiner Angelegenheit zu befassen, wenn ihm der Rechtsweg i.S.d. § 90 Abs. 2 S. 1 BVerfGG nicht offen steht.[52] Nach Auffassung des *Bundesverfassungsgerichts* bedeutet Subsidiarität **zweierlei**: Zum einen muss der Beschwerdeführer **alles ihm Mögliche tun, damit eine Grundrechtsverletzung im fachgerichtlichen Instanzenzug unterbleibt oder beseitigt** wird. Zum anderen enthält die Subsidiarität eine grundsätzliche Aussage über das Verhältnis der *Fachgerichte* zum *Bundesverfassungsgericht*. Nach der grundgesetzlichen Kompetenzverteilung haben zunächst die **Fachgerichte** die **Aufgabe, die Grundrechte zu wahren und durchzusetzen.**[53] – Die Subsidiarität der Verfassungsbeschwerde hat daher vor allem bei der **Rechtssatzverfassungsbeschwerde** Bedeutung. So ist gegen formelle Gesetze prinzipiell kein Rechtsweg i.S.d. § 90 Abs. 2 S. 1 BVerfGG eröffnet (s.o. Rn. 747). Obwohl der Beschwerdeführer in diesem Falle unmittelbar betroffen und somit beschwerdebefugt ist, wäre eine von ihm erhobene Verfassungsbeschwerde dennoch (grundsätzlich) unzulässig, wenn er die Möglichkeit hat, den grundrechtsbeeinträchtigenden Akt öffentlicher Gewalt inzident vor den *Fachgerichten* überprüfen zu lassen.[54]

**752** Die Subsidiarität verlangt vom Beschwerdeführer des Weiteren z.B., dass er bei offensichtlich fehlerhaften Entscheidungen der letztinstanzlichen fachgerichtlichen Entscheidung eine **Gegenvorstellung** einlegt, um das Gericht zur Aufhebung seiner offensichtlich fehlerhaften Entscheidung zu bewegen.[55]

**Beispiel** Ein *Bundesgericht* weist eine Klage als unbegründet ab und verkennt dabei, dass die streitentscheidende Rechtsfrage bereits vom *Bundesverfassungsgericht* im Sinne des klägerischen Vorbringens entschieden wurde. Hier kann mittels Gegenvorstellung versucht werden, das *Bundesgericht* zur Korrektur der offenkundig unrichtigen Entscheidung zu bewegen. ■

**753** Der Grundsatz der Subsidiarität gebietet auch, vor der Erhebung einer Verfassungsbeschwerde zunächst eine Verzögerungsrüge gemäß § 198 Abs. 3 GVG und anschließend eine Entschädigungsklage gemäß §§ 198 Abs. 1, 201 GVG zu erheben, wenn eine Untätigkeit des *Fachgerichts* bzw. eine überlange Verfahrensdauer gerügt werden soll.[56]

**754** Die Subsidiarität ist auch beim **Verhältnis zwischen vorläufigem und endgültigem fachgerichtlichen Rechtsschutz** zu beachten. Wird vorläufiger Rechtsschutz endgültig abgelehnt, kann diese Ablehnung mit der Verfassungsbeschwerde angegriffen werden. Dies gilt v.a.

50 Vgl. *Sachs* Verfassungsprozessrecht Rn. 584.
51 Vgl. *BVerfGE* 112, 50.
52 Vgl. *BVerfG* (K) LKV 2004, 75.
53 Vgl. zum Ganzen *BVerfGE* 107, 395.
54 Vgl. *BVerfGE* 86, 382.
55 Vgl. *BVerfGE* 63, 77.
56 Vgl. *BVerfGK* 19, 424.

dann, wenn der Beschwerdeführer Grundrechtsverletzungen rügt, die gerade darauf beruhen, *dass* eine Eilentscheidung ergangen ist. Etwas anderes gilt jedoch dann, wenn das Hauptsacheverfahren ausreichende Möglichkeiten bietet, die behauptete Grundrechtsverletzung zu beseitigen. Dies ist in der Regel dann der Fall, wenn der Beschwerdeführer Grundrechtsverletzungen behauptet, die sich auf die *Hauptsache* beziehen.[57]

Neben diesen verfahrensrechtlichen Anforderungen stellt das *Bundesverfassungsgericht* auch **755** materielle Anforderungen an die Prozessführung des Betroffenen. Nach Auffassung des *Bundesverfassungsgerichts* muss der Betroffene schon im fachgerichtlichen Instanzenzug die **Gründe für die behauptete Grundrechtsverletzung vortragen, auf die er später seine Verfassungsbeschwerde stützt**; andernfalls ist der Rechtsweg nicht erschöpft.[58]

**Hinweis**

Wie Sie sehen, verlangt das *Bundesverfassungsgericht* dem Beschwerdeführer einige Anstrengungen ab, wenn er die Hürde der Subsidiarität der Grundrechtsverfassungsbeschwerde überwinden will. Die Grenze dessen, was vom Beschwerdeführer insoweit gefordert werden kann, bildet jedoch die Zumutbarkeit.[59]

## VI. Form

Bei der Prüfung, ob der Beschwerdeführer bei seinem verfahrenseinleitenden Antrag die **756** Form eingehalten hat, prüfen Sie zuerst die Einhaltung der **allgemeinen Formerfordernisse** gemäß **§ 23 Abs. 1 BVerfGG** (schriftlich[60] eingereichter Antrag mit Begründung unter Angabe der erforderlichen Beweismittel) und danach die Einhaltung der **qualifizierten Formerfordernisse** nach **§ 92 BVerfGG** (Nennung des als verletzt behaupteten Rechts sowie die Handlung oder die Unterlassung des Organs oder der Behörde, durch die der Beschwerdeführer sich verletzt fühlt).

**JURIQ-Klausurtipp**

In aller Regel wird hier in der Fallbearbeitung kein Problem liegen. Oft wird der Sachverhalt nicht einmal Angaben hierzu enthalten, so dass Sie von der Einhaltung der gesetzlichen Formerfordernisse ausgehen können. Daher können Sie diesen Prüfungspunkt – wenn Sie ihn überhaupt nennen wollen – in der Regel ganz kurz abhandeln. Etwas anderes kann ausnahmsweise dann gelten, wenn ein Beschwerdeführer in seiner Verfassungsbeschwerde nichts zu bestimmten Fragen vorträgt, obwohl entsprechende Darlegungen angezeigt waren.

*Beispiel*: Darlegungen einer juristischen Person des Privatrechts, aus deren Firmierung sich Anhaltspunkte dafür ergeben, dass sie von der öffentlichen Hand gehalten oder jedenfalls beherrscht wird, zu ihrer Grundrechts- und Beschwerdefähigkeit.[61]

57 Vgl. zum Ganzen *Manssen* Staatsrecht II Rn. 906.
58 Vgl. *BVerfGE* 82, 6.
59 Vgl. *Sachs* Verfassungsprozessrecht Rn. 589.
60 Schriftform verneint für Antrag per De-Mail *BVerfG* (K) NVwZ 2019, 162.
61 Vgl. *BVerfG* (K) NVwZ-RR 2016, 242.

In einem solchen Fall dürfte der Sachverhalt entsprechende Anhaltspunkte dafür enthalten, dass von Ihnen erwartet wird, dass Sie die Einhaltung der Formerfordernisse einer Verfassungsbeschwerde unter diesem Gesichtspunkt gutachterlich zu prüfen haben.

## VII. Fristen

757 Bei der in der Praxis am häufigsten vorkommenden Verfassungsbeschwerde gegen einen **Hoheitsakt, gegen den der Rechtsweg offen steht**, muss die Verfassungsbeschwerde gemäß § 93 Abs. 1 S. 1 BVerfGG **innerhalb eines Monats erhoben** werden (vgl. Wortlaut des S. 1: „zu *erheben*" – Hervorhebung nicht im Gesetz). Innerhalb **dieser Monatsfrist** ist die Verfassungsbeschwerde auch zu **begründen** (vgl. Wortlaut des S. 1: „zu *begründen*" – Hervorhebung nicht im Gesetz). Der Fristbeginn ist in § 93 Abs. 1 S. 2 ff. BVerfGG näher geregelt. § 93 Abs. 2 BVerfGG räumt dem Beschwerdeführer die Möglichkeit einer **Wiedereinsetzung in den vorigen Stand** ein, wenn er unverschuldet daran gehindert war, die in § 93 Abs. 1 S. 1 BVerfGG normierte Frist einzuhalten.

758 Bei einer Verfassungsbeschwerde gegen ein **Gesetz** oder einen **sonstigen Hoheitsakt, gegen den der Rechtsweg i.S.d. § 90 Abs. 2 S. 1 BVerfGG nicht offen steht**, beträgt die Frist zur **Einlegung** der Verfassungsbeschwerde gemäß § 93 Abs. 3 BVerfGG **ein Jahr**, wobei die Frist mit dem Inkrafttreten oder dem Erlass des Hoheitsaktes beginnt. Im Gegensatz zu § 93 Abs. 1 S. 1 BVerfGG hält § 93 Abs. 3 BVerfGG **keine ausdrückliche Frist zur Begründung** der Verfassungsbeschwerde bereit. Dies ändert jedoch nichts daran, dass die Verfassungsbeschwerde innerhalb der Einlegungsfrist von einem Jahr auch zu begründen ist.[62] Aus der Systematik des § 93 BVerfGG folgt, dass **hier** eine **Wiedereinsetzung in den vorigen Stand nicht** in Betracht kommt, denn **§ 93 Abs. 2 BVerfGG** gilt **nur für § 93 Abs. 1 BVerfGG**.

## VIII. Keine entgegenstehende Rechts- oder Gesetzeskraft

### 1. Keine entgegenstehende Rechtskraft

759 Das *Bundesverfassungsgericht* prüft im Rahmen der Zulässigkeit, ob es die jetzt anhängig gemachte Angelegenheit des Beschwerdeführers früher schon *in der Sache* entschieden hat. In der Fallbearbeitung wird es – wie auch in der Praxis – allerdings kaum vorkommen, dass in derselben Angelegenheit erneut Verfassungsbeschwerde eingelegt wird. Ein solcher Fall ist nur dann gegeben, wenn *derselbe* Beschwerdeführer *dieselbe* Grundrechtsverletzung in einem neuen Verfahren geltend macht.

### 2. Keine entgegenstehende Gesetzeskraft

760 In den in § 31 Abs. 2 S. 1 aufgezählten Verfahren, in denen das *Bundesverfassungsgericht* über die Gültigkeit von Gesetzen entscheidet, hat die Entscheidung des *Bundesverfassungsgerichts* Gesetzeskraft. Gemäß § 31 Abs. 2 S. 2 BVerfGG gilt dies auch für das Verfahren der **Rechtssatzverfassungsbeschwerde**. Hat das *Bundesverfassungsgericht* in einem solchen Verfahren ein Gesetz für mit dem Grundgesetz vereinbar, unvereinbar oder für nichtig erklärt, entfaltet

62 Vgl. *BVerfGE* 127, 87; Maunz/Schmidt-Bleibtreu/Klein/Bethge-*Hömig* Bundesverfassungsgerichtsgesetz § 93 Rn. 71.

diese Entscheidung nicht – wie bei der Rechtskraft – nur Rechtswirkungen inter partes, d.h. gegenüber den am Verfahren Beteiligten, zu denen insbesondere der Beschwerdeführer gehört. Die Entscheidung entfaltet vielmehr in subjektiver Hinsicht weitergehende Rechtswirkungen, nämlich Rechtswirkungen gegenüber jedermann (sog. **inter omnes-Wirkung**).[63]

**Beispiel** Die Entscheidung des *Bundesverfassungsgerichts* über die Rechtssatzverfassungsbeschwerde gegen § 14 Abs. 3 LuftSichG (a.F.) hat Gesetzeskraft. Dies bedeutet, dass die vom *Bundesverfassungsgericht* ausgesprochene Verfassungswidrigkeit des § 14 Abs. 3 LuftSichG nicht nur gegenüber dem Beschwerdeführer, sondern gegenüber jedermann gilt. ■

761 An diesem *Beispiel* erkennen Sie, warum normbezogene Entscheidungen des *Bundesverfassungsgerichts* Gesetzeskraft haben: Gesetze gelten generell, d.h. gegenüber einer unbestimmten Anzahl von Personen. Erreicht eine dieser Personen, dass ein Gesetz für verfassungswidrig erklärt wird, gebietet die einheitliche Gesetzesanwendung, dass das verfassungswidrige Gesetz nicht nur gegenüber dieser Person, sondern auch gegenüber allen anderen Normadressaten nicht mehr gilt.

**» Überlegen Sie, bevor Sie weiterlesen, zunächst selbst, warum eine solche Entscheidung des *Bundesverfassungsgerichts* Gesetzeskraft hat! «**

### IX. Rechtsschutzbedürfnis

762 Das Erfordernis eines Rechtsschutzbedürfnisses verlangt, dass der Beschwerdeführer ein **rechtlich geschütztes Interesse an einer Entscheidung des Bundesverfassungsgerichts** hat, wobei dieses Interesse auch noch im Zeitpunkt der Entscheidung des Gerichts vorliegen muss.[64] Sofern die oben (Ziff. I. bis VIII.) erörterten Sachentscheidungsvoraussetzungen erfüllt sind, liegt in der Regel ein Rechtsschutzbedürfnis vor.[65]

## C. Begründetheit der Verfassungsbeschwerde

763 Liegen die (allgemeinen und besonderen) Sachentscheidungsvoraussetzungen der Verfassungsbeschwerde vor, steigen Sie nun in die Begründetheitsprüfung ein. Ihre Begründetheitsprüfung beginnen Sie mit einem **Obersatz**, den Sie – vor allem als roten Faden für Ihre weitere Untersuchung – möglichst exakt formulieren sollten. Abstrakt könnte der Obersatz wie folgt formuliert werden: „Die Verfassungsbeschwerde des Beschwerdeführers gegen den Akt öffentlicher Gewalt ist begründet, soweit der Akt öffentlicher Gewalt ein Grundrecht oder ein grundrechtsgleiches Recht des Beschwerdeführers verletzt“ (vgl. Art. 93 Abs. 1 Nr. 4a GG).

### I. Prüfungsmaßstab

#### 1. Allgemein

764 In der Praxis beschränkt sich das *Bundesverfassungsgericht* nicht darauf zu prüfen, ob der angegriffene Akt öffentlicher Gewalt das als verletzt gerügte Grundrecht und/oder grundrechtsgleiche Recht des Beschwerdeführers verletzt; vielmehr prüft das *Bundesverfassungsgericht* **grundsätzlich umfassend**. Es untersucht, ob der angegriffene Akt öffentlicher Gewalt

63 Vgl. allgemein *Sachs* Verfassungsprozessrecht Rn. 595.
64 Vgl. *BVerfGE* 21, 139.
65 Vgl. hierzu näher Hillgruber/Goos-*Goos* Verfassungsprozessrecht Rn. 246 ff.

gegen (subjektives und/oder objektives) Verfassungsrecht verstößt.[66] Hier schlägt sich die Doppelfunktion der Verfassungsbeschwerde nieder. Die Verfassungsbeschwerde ist nach Auffassung des *Bundesverfassungsgerichts* nicht nur ein Rechtsbehelf zur Sicherung und Durchsetzung grundgesetzlich gewährleisteter individueller Rechtspositionen, sondern in gleicher Weise ein spezifisches Rechtsschutzmittel des objektiven Verfassungsrechts (s.o. Rn. 710).[67]

**Hinweis**

Beachten Sie, dass die Verletzung *objektiven* Verfassungsrechts (z.B. Kompetenznormen, Verfassungsprinzipien etc.) allein nicht zur Begründetheit der Verfassungsbeschwerde führt, weil die Verfassungsbeschwerde nur dann begründet ist, wenn ein Grundrecht oder ein grundrechtsgleiches Recht verletzt ist. In der Verletzung *objektiven* Verfassungsrechts muss daher zugleich eine Verletzung von Grundrechten oder grundrechtsgleichen Rechten liegen. Dies ist wegen des Grundrechts aus Art. 2 Abs. 1 GG in seiner Auslegung, die das *Bundesverfassungsgericht* in seiner Elfes-Entscheidung vorgenommen hat, aber immer der Fall. Aufhänger der Prüfung ist in diesen Fällen daher jedenfalls das Grundrecht aus Art. 2 Abs. 1 GG.

### 2. Akte der Legislative (Rechtssatzverfassungsbeschwerde)

765 Akte der Legislative werden auf ihre Vereinbarkeit mit dem **(gesamten) Grundgesetz** überprüft.

### 3. Akte der Judikative (Urteilsverfassungsbeschwerde)

766 Akte der Judikative überprüft das *Bundesverfassungsgericht* dagegen nur eingeschränkt. Es begrenzt seine Prüfung auf die Verletzung sog. **„spezifischen Verfassungsrechts"**.[68] Die Auslegung und die Anwendung einfachen Gesetzesrechts sind den sachnäheren *Fachgerichten* vorbehalten. Durch die Beschränkung seines Prüfungsmaßstabes bei der Urteilsverfassungsbeschwerde verhindert das *Bundesverfassungsgericht*, eine allgemein zuständige „Superrevisionsinstanz" aller Gerichtsbarkeiten zu sein. Akte der Judikative werden daher nur auf die **Verletzung spezifischen Verfassungsrechts** überprüft, d.h.:

1. Ist/sind die Rechtsnorm(en), die die fachgerichtliche Entscheidung trägt/tragen, (formell und materiell) verfassungsgemäß?
   Wie in den Normenkontrollverfahren nehmen Sie grundsätzlich das gesamte Grundgesetz als Maßstab.
2. Hat das *Fachgericht* bei der Anwendung dieser Rechtsnorm(en) die Bedeutung der Grundrechte grundlegend verkannt?
   a) Hat das *Fachgericht* nicht erkannt, dass Grundrechte oder grundrechtsgleiche Rechte (ohne Justizgrundrechte; dazu Ziff. 4.) einschlägig sind?
   b) Hat das Gericht die Bedeutung einschlägiger Grundrechte oder grundrechtsgleicher Rechte grundsätzlich verkannt, indem es z.B. ihren Schutzbereich unzutreffend bestimmt hat?
3. Handelt es sich um eine objektiv willkürliche Entscheidung des *Fachgerichts*?

66 Vgl. dazu *Kingreen/Poscher* Grundrechte Rn. 1334 ff.
67 Vgl. *BVerfGE* 45, 63.
68 Vgl. *BVerfGE* 18, 85; st. Rspr.

4. Beruht die fachgerichtliche Entscheidung auf einem Verstoß gegen Justizgrundrechte (Art. 19 Abs. 4 GG, 101, 103 GG)?

**JURIQ-Klausurtipp**

Die Punkte 1. bis 3. prüfen Sie im Rahmen des jeweils einschlägigen Freiheits- oder Gleichheitsrechts. Punkt 4. untersuchen Sie immer als eigenständigen Prüfungspunkt.

Bei einer Urteilsverfassungsbeschwerde legen Sie unbedingt auch den eben beschriebenen eingeschränkten Prüfungsmaßstab des *Bundesverfassungsgerichts* direkt nach dem von Ihnen formulierten Obersatz dar.

### 4. Akte der Exekutive

Eine Verfassungsbeschwerde gegen Akte der Exekutive gibt es wegen des Gebots der Rechtswegerschöpfung gemäß § 90 Abs. 2 BVerfGG grundsätzlich nicht (s.o. Rn. 730). Regelmäßig richtet sich die Beschwerde daher gegen die letztinstanzliche Entscheidung der Fachgerichtsbarkeit. Da es sich insoweit um eine Urteilsverfassungsbeschwerde handelt, gilt der oben (Rn. 766) dargestellte Prüfungsmaßstab.[69] 767

## II. Prüfungsreihenfolge der möglicherweise verletzten Grundrechte und/oder grundrechtsgleichen Rechte

Die als möglicherweise verletzt gerügten Grundrechte und/oder grundrechtsgleichen Rechte prüfen Sie in der bereits oben (Rn. 113 ff., 190) besprochenen Reihenfolge. 768

## III. Exkurs: Entscheidungsinhalt und -wirkungen

### 1. Entscheidungsinhalt

§ 95 BVerfGG regelt den **Inhalt** von Entscheidungen des *Bundesverfassungsgerichts* bei erfolgreichen Verfassungsbeschwerden. Bei einer erfolgreichen Verfassungsbeschwerde stellt das *Bundesverfassungsgericht* in allen Fällen gemäß **§ 95 Abs. 1 S. 1 BVerfGG** zweierlei fest: Zum einen **welche Vorschrift des Grundgesetzes verletzt** wurde; zum anderen **durch welche Handlung oder Unterlassung** sie verletzt wurde. 769

**Hinweis**

Von der in § 95 Abs. 1 S. 2 BVerfGG vorgesehenen Möglichkeit ist bislang erst einmal Gebrauch gemacht worden.[70]

Bei einer erfolgreichen **Verfassungsbeschwerde gegen eine „Entscheidung" i.S.d. § 95 Abs. 2 BVerfGG** (z.B. eine Gerichtsentscheidung) **hebt** das *Bundesverfassungsgericht* diese Entscheidung **auf** und **verweist** die Sache an ein zuständiges Gericht **zurück**, sofern der Rechts- 770

69 Vgl. *Fleury* Verfassungsprozessrecht Rn. 298 und 368.
70 Vgl. dazu *Sachs* Verfassungsprozessrecht Rn. 608.

weg gegen die angegriffene Entscheidung eröffnet ist (§ 95 Abs. 2 BVerfGG). – Bei einer erfolgreichen **Rechtssatzverfassungsbeschwerde** erklärt das *Bundesverfassungsgericht* das Gesetz gemäß § 95 Abs. 3 S. 1 BVerfGG **grundsätzlich** für **nichtig**. Dies kann nach § 95 Abs. 3 S. 2 BVerfGG auch im Rahmen des § 95 Abs. 2 BVerfGG gelten. **Ausnahmsweise** sieht das *Bundesverfassungsgericht* von der Nichtigerklärung eines Gesetzes ab und erklärt das Gesetz statt dessen vielmehr lediglich für **unvereinbar** mit dem als Maßstabsnorm dienenden höherrangigen Recht (vgl. § 31 Abs. 2 S. 2 BVerfGG) und in der Übergangszeit bis zu einer verfassungskonformen Neuregelung für weiterhin anwendbar. Von dieser Möglichkeit macht das *Bundesverfassungsgericht* üblicherweise[71] dann Gebrauch, wenn übergeordnete Gründe die Beschränkung auf die Unvereinbarerklärung gebieten. Dies ist v.a. dann der Fall, wenn zu befürchten ist, dass die Nichtigerklärung des angegriffenen Gesetzes den Verfassungsverstoß nur vertiefen würde.[72] Unvereinbarerklärungen spricht das *Bundesverfassungsgericht* am häufigsten bei Verletzungen der **Gleichheitsrechte** aus. In diesen Fällen überlässt es die Entscheidung darüber, wie solche Grundrechtsverletzungen behoben werden sollen, der Legislative. Denn zur Behebung von Gleichheitsrechten hat die Legislative verschiedene Handlungsmöglichkeiten: Sie kann z.B. die gleichheitswidrige Norm insgesamt aufheben oder bisher gleichheitswidrig ausgeschlossene Sachverhalte, Personen oder Personengruppen in die Regelung aufnehmen.[73]

### 2. Entscheidungswirkungen

771 Die Entscheidungen gemäß § 95 Abs. 1 und Abs. 2 BVerfGG haben verschiedene Wirkungen: Zum einen haben alle Entscheidungen **Bindungswirkung** i.S.d. § 31 Abs. 1 BVerfGG; die Entscheidungen nach § 95 Abs. 3 BVerfGG haben darüber hinaus auch **Gesetzeskraft** (vgl. § 31 Abs. 2 S. 2 BVerfGG). Daneben gilt gemäß § 95 Abs. 3 S. 3 BVerfGG **§ 79 BVerfGG entsprechend**.

**Online-Wissens-Check**

**In welchem Verhältnis stehen das Gebot der Rechtswegerschöpfung und der Grundsatz der Subsidiarität der Verfassungsbeschwerde?**

Überprüfen Sie jetzt online Ihr Wissen zu den in diesem Abschnitt erarbeiteten Themen. Unter **www.juracademy.de/skripte/login** steht Ihnen ein Online-Wissens-Check speziell zu diesem Skript zur Verfügung, den Sie kostenlos nutzen können. Den Zugangscode hierzu finden Sie auf der Codeseite.

---

71 Vgl. aber *BVerfGE* 123, 1 (im Rahmen der konkreten Normenkontrolle nach Art. 100 Abs. 1 GG ergangene Entscheidung).

72 Vgl. zum Ganzen (zugleich ablehnend) *Sachs* Verfassungsprozessrecht Rn. 610 i.V.m. Rn. 163 ff.

73 Vgl. *Sachs* Verfassungsprozessrecht Rn. 164.

# D. Übungsfall Nr. 7

„Richterliche Pflicht zur Verfassungstreue"[74] 772

Ein *Landesarbeitsgericht* (im Folgenden kurz: *LAG*) in NW beschloss, den ehrenamtlichen Richter T vorzeitig seines Amtes zu entheben. Das Gericht zog damit die rechtlichen Konsequenzen daraus, dass sich T zuvor auf Vorhalt seiner Dienstherren zu seiner aktiven Mitgliedschaft in einer nachweislich rechtsextremistischen Rockband bekannt und eine Distanzierung von der Rockband abgelehnt hatte. Das *LAG* wertete die Mitgliedschaft des T in der Rockband als eine grobe Verletzung seiner Amtspflicht nach § 27 S. 1 ArbGG. T sei es nicht nur bei der Ausübung seines Richteramtes, sondern auch außerhalb seines Richteramtes versagt, in der Öffentlichkeit die Verfassung zu bekämpfen und deren Abschaffung zu fordern. Ein ehrenamtlicher Richter könne – wie Beamte oder hauptberufliche Richter – wegen mangelnder Verfassungstreue seines Amtes enthoben werden, wenn dies konkret nachgewiesen werde und ein gewichtiges Fehlverhalten vorliege. Nach Auffassung des *LAG* hat sich T als Mitglied der Rockband seit vielen Jahren gegen die Verfassung gestellt. In den Liedtexten der Band komme die verfassungsfeindliche Ideologie der Rockband, die sich bereits durch ihr äußeres Erscheinungsbild der rechtsextremistischen Skinhead-Szene zuordnen ließe, zum Ausdruck. T sei Mitglied der Rockband und auch zu der Zeit, als er bereits das Amt eines ehrenamtlichen Richters innehatte, noch an Live-Auftritten der Rockband beteiligt gewesen, bei denen das Publikum den Hitler-Gruß zeigte. Aufgrund der Veröffentlichungen von Liedern auf diversen, inzwischen indizierten CDs gebe das Bandmitglied T deutlich zu erkennen, dass er sich mit denjenigen solidarisiere, die die bestehende demokratische Grundordnung beseitigen wollten.

T will den Beschluss des *LAG* nicht akzeptieren. Er wertet seine aktive Mitgliedschaft in der Rockband nicht als grobe Verletzung seiner Amtspflicht. Aus § 27 S. 1 ArbGG ergebe sich nicht, dass er auch außerhalb seines Amtes einer Pflicht zur Verfassungstreue unterliege. Das *LAG* habe daher § 27 S. 1 ArbGG unter Verletzung des Bestimmtheitsgrundsatzes ausgelegt. Außerdem sei die Amtsenthebung unverhältnismäßig. Abgesehen davon bestreitet T, dass ihm ein Fehlverhalten nachgewiesen wurde. Zudem habe sich seine Mitgliedschaft in der Rockband – was zutrifft – nicht auf seine Tätigkeit als ehrenamtlicher Richter ausgewirkt.

T möchte wissen, ob der Beschluss des *LAG* ihn in seinem Grundrecht auf Kunstfreiheit verletzt. Außerdem fühlt er sich in weiteren Grundrechten verletzt. Vor allem hält er die Würdigung des Sachverhalts insgesamt für ehrverletzend. Dadurch werde er zum bloßen Objekt des Verfahrens.

Hat eine form- und fristgerecht eingelegte Grundrechtsverfassungsbeschwerde des T gegen den Beschluss des *LAG* vor dem *Bundesverfassungsgericht* Aussicht auf Erfolg?

---

74 Nach *BVerfGK* 13, 531.

773 **Lösung**

Die Verfassungsbeschwerde des T gemäß Art. 93 Abs. 1 Nr. 4a GG, §§ 13 Nr. 8a, 90, 92 ff. BVerfGG gegen den Beschluss des *LAG* hat Erfolg, wenn und soweit sie zulässig und begründet ist.

## I. Zulässigkeit

### 1. Antragsberechtigter

Antragsberechtigt ist gemäß Art. 93 Abs. 1 Nr. 4a GG, §§ 13 Nr. 8a, 90 Abs. 1 BVerfGG „jedermann", d.h. jeder, der Träger eines Grundrechts oder eines dort genannten grundrechtsgleichen Rechts sein kann. Als natürliche Person kann T zumindest Träger des von ihm als verletzt gerügten Grundrechts auf Kunstfreiheit sein. Er ist somit antragsberechtigt.

### 2. Beschwerdegegenstand

Gegenstand einer Verfassungsbeschwerde sind Akte öffentlicher Gewalt. Gemäß Art. 1 Abs. 3 GG sind alle drei Staatsgewalten an die Grundrechte gebunden. Für die Verfassungsbeschwerde als Rechtsbehelf zur Verteidigung von Grundrechten gegen die öffentliche Gewalt ist diese verfassungsrechtlich verankerte Bindung aller drei Staatsgewalten entscheidend. Der Begriff der „öffentlichen Gewalt" in Art. 93 Abs. 1 Nr. 4a GG, §§ 13 Nr. 8a, 90 Abs. 1 BVerfGG umfasst somit alle Bereiche der Staatsgewalt und demnach auch die Judikative. Der Beschluss des *LAG* über die Amtsenthebung des T ist wegen des umfassenden Verständnisses des Begriffs der „öffentlichen Gewalt" in Art. 93 Abs. 1 Nr. 4a GG folglich auf jeden Fall ein Akt öffentlicher Gewalt i.S.d. Art. 93 Abs. 1 Nr. 4a GG und damit tauglicher Beschwerdegegenstand.

**JURIQ-Klausurtipp**

An sich können Sie daher die Frage, welcher der drei Staatsgewalten der Beschluss des *LAG* konkret zuzuordnen ist, offen lassen. In einem Gutachten empfiehlt es sich aber, die konkrete Zuordnung gleichwohl vorzunehmen. Dann müssten Sie folgende Überlegungen einbringen: Mit dem Beschluss über die Amtsenthebung des ehrenamtlichen Richters T verhängt das *LAG* eine Disziplinarmaßnahme. Für die Verhängung von Disziplinarmaßnahmen ist innerhalb eines Gerichts die Personalverwaltung zuständig. Die Personalverwaltung gehört zur Gerichtsverwaltung. Die Gerichtsverwaltung nimmt alle Tätigkeiten wahr, die die unerlässlichen materiellen und personellen Voraussetzungen dafür schaffen, dass das Gericht die ihm gesetzlich zugewiesenen Rechtsprechungsaufgaben erfüllen kann. Sie sorgt damit für einen intern reibungslosen Ablauf der Rechtsprechungstätigkeit.

Vor diesem Hintergrund könnte angenommen werden, der Beschluss des *LAG* über die Amtsenthebung gehöre zum Tätigkeitsbereich der Gerichtsverwaltung und stelle somit exekutives Handeln der öffentlichen Gewalt dar. Dagegen spricht jedoch, dass die Amtsenthebung gemäß §§ 27 S. 2, 21 Abs. 5 S. 2 ArbGG durch Richterspruch vollzogen wird. Zuständig für die Anordnung der Amtsenthebung ist eine für jedes Geschäftsjahr im Voraus bestimmte Kammer des *LAG*. Das gerichtliche Verfahren über die Amts*enthebung* entspricht aufgrund des Verweises in § 27 S. 2 ArbGG auf § 21 Abs. 5 S. 2–5 ArbGG dem der Amts*entbindung* ehrenamtlicher Richter. Hinsichtlich der Besetzung der Kammer, der Zustellung und der Ladung etc. gelten die allgemeinen Vorschriften des arbeitsgerichtlichen Verfahrens. Bei dem Beschluss des *LAG* über die Amtsenthebung eines ehrenamtlichen Richters handelt es sich demnach nicht um exekutive Tätigkeit, sondern vielmehr um eine der Judikative zuzuordnende Tätigkeit des *LAG*.[75]

---

75 Hiervon geht offenkundig auch das *Bundesverfassungsgericht* in seiner Kammerentscheidung (NJW 2008, 2568) aus, denn das *Bundesverfassungsgericht* legt in der Begründetheit seiner Entscheidung den Maßstab einer Urteilsverfassungsbeschwerde zugrunde.

### 3. Beschwerdebefugnis

Gemäß Art. 93 Abs. 1 Nr. 4a GG, §§ 13 Nr. 8a, 90 Abs. 1 BVerfGG muss T behaupten, in einem seiner Grundrechte oder grundrechtsgleichen Rechte verletzt zu sein.

#### a) Möglichkeit einer Grundrechtsverletzung

Da eine Verletzung des T in seinen Grundrechten auf Meinungsfreiheit, auf Kunstfreiheit, auf allgemeine Handlungsfreiheit und auf Schutz der Menschenwürde nicht von vornherein ausgeschlossen ist, besteht die Möglichkeit einer Grundrechtsverletzung.

#### b) Betroffenheit

Erforderlich ist außerdem, dass T durch den Beschluss des *LAG* in seinen Grundrechten selbst, unmittelbar und gegenwärtig betroffen ist.

##### aa) Selbst betroffen

Als Adressat des Beschlusses des *LAG* ist T selbst betroffen.

##### bb) Gegenwärtig betroffen

T ist durch den Beschluss des *LAG* aktuell in seiner Rechtsstellung beeinträchtigt und demnach gegenwärtig betroffen.

##### cc) Unmittelbar betroffen

Die beeinträchtigenden Rechtswirkungen des Beschlusses des *LAG* sind unmittelbar eingetreten. Es bedarf somit hierzu nicht noch erst eines weiteren Vollzugsaktes. T ist demnach unmittelbar betroffen.

#### c) Ergebnis zu 3.

T ist beschwerdebefugt.

### 4. Rechtswegerschöpfung

T müsste gemäß § 90 Abs. 2 S. 1 BVerfGG den Rechtsweg erschöpft haben. Der Beschluss des *LAG* über die Amtsenthebung ist nach §§ 27 S. 2, 21 Abs. 5 S. 4 ArbGG unanfechtbar. Der Rechtsweg ist somit erschöpft.

### 5. Form und Frist

T hat die Verfassungsbeschwerde laut Sachverhalt form- und fristgerecht i.S.d. §§ 23 Abs. 1, 92, 93 BVerfGG eingelegt.

### 6. Rechtsschutzbedürfnis

Mangels entgegenstehender Anhaltspunkte hat T ein rechtlich geschütztes Interesse an einer Entscheidung des *Bundesverfassungsgerichts*. Das Rechtsschutzbedürfnis liegt somit vor.

### 7. Ergebnis zu I.

Die Verfassungsbeschwerde des T ist zulässig.

## II. Begründetheit

Die Verfassungsbeschwerde des T ist begründet, soweit der Beschluss des *LAG* die Grundrechte des T auf Meinungsfreiheit, auf Kunstfreiheit, auf allgemeine Handlungsfreiheit und/oder auf Schutz der Menschenwürde verletzt.

Im Rahmen einer Urteilsverfassungsbeschwerde beschränkt das *Bundesverfassungsgericht* seine Kontrolle auf die Verletzung sog. spezifischen Verfassungsrechts. Es prüft, ob die fachgerichtliche Entscheidung auf einer verfassungsgemäßen Norm beruht, ob sie selbst Grundrechte oder grundrechtsgleiche Rechte verletzt und ob das *Fachgericht* bei der Auslegung und der Anwendung des einfachen Rechts die grundrechtlichen Wertungen beachtet hat. Dabei kann sich herausstellen, dass das *Fachgericht* bei seiner Entscheidung den Einfluss von Grundrechten nicht erkannt hat oder grundsätzlich verkannt hat oder dass die fachgerichtliche Entscheidung willkürlich ist. Nur in diesen Fällen kann das *Bundesverfassungsgericht* auf die Verfassungsbeschwerde hin eingreifen. Die Feststellung und die Würdigung des Tatbestandes, die Auslegung des einfachen Rechts und seine Anwendung auf den Einzelfall obliegt demgegenüber den dafür allgemein zuständigen *Fachgerichten* und ist der Nachprüfung durch das *Bundesverfassungsgericht* entzogen. Das *Bundesverfassungsgericht* ist keine Superrevisionsinstanz der Fachgerichtsbarkeiten.

### 1. Verletzung des Grundrechts auf Kunstfreiheit aus Art. 5 Abs. 3 S. 1 Var. 1 GG

Der Beschluss des *LAG* über die Amtsenthebung könnte T in seinem Grundrecht auf Kunstfreiheit verletzen.

### a) Eröffnung des Schutzbereichs

Zunächst müssten der sachliche Schutzbereich und der persönliche Schutzbereich der Kunstfreiheit eröffnet sein.

#### aa) Sachlicher Schutzbereich

Den Begriff der Kunst zu definieren, ist schwierig, zumal dies dem Wesen der Kunst an sich widerspricht. Gleichwohl ist eine Definition für die Rechtsanwendung notwendig. Um effektiven Grundrechtsschutz zu gewährleisten und staatliches Kunstrichtertum auszuschließen, ist eine weite Definition des Kunstbegriffs geboten. Nach dem materiellen Kunstbegriff stellt Kunst „die freie schöpferische Gestaltung, in der Eindrücke, Erfahrungen, Erlebnisse des Künstlers durch das Medium einer bestimmten Formsprache zur unmittelbaren Anschauung gebracht werden", dar. Nach dem formalen Kunstbegriff spricht für ein Kunstwerk zudem, wenn es bei formaler, typologischer Betrachtung die Gattungsanforderungen eines bestimmten Werktyps erfüllt. Zugunsten von Kunst spricht schließlich nach dem offenen Kunstbegriff, wenn sich das Werk im Wege einer fortgesetzten Interpretation immer neuen Deutungen erschließt. – Die Kunstfreiheit schützt sowohl den Werk- als auch den Wirkbereich des Künstlers. – T wirkt als Gitarrist bei Auftritten seiner Rockband mit; unter seiner Beteiligung werden CDs mit Liedern der Rockband hergestellt und verbreitet. Für alle diese Aktivitäten, die in der Zusammenschau der o.g. Kunstbegriffe als Kunst im oben dargelegten Sinne einzustufen sind und in den Werk- und Wirkbereich des Künstlers fallen, kann sich T auf den Schutz der Kunstfreiheit berufen.

#### bb) Persönlicher Schutzbereich

T fällt als künstlerisch tätige natürliche Person in den persönlichen Schutzbereich des Jedermann-Grundrechts der Kunstfreiheit aus Art. 5 Abs. 3 S. 1 Var. 1 GG.

#### cc) Ergebnis zu a)

Der Schutzbereich des Grundrechts aus Art. 5 Abs. 3 S. 1 Var. 1 GG ist eröffnet.

### b) Eingriff in den Schutzbereich

Es müsste ein Eingriff in den Schutzbereich der Kunstfreiheit vorliegen. Dies ist der Fall, wenn der Staat den Künstler in seinem Werk- oder Wirkbereich behindert. Eine solche Behinderung und damit ein Eingriff in die Kunstfreiheit liegt in dem Beschluss des *LAG* über die Amtsenthebung des T.

### c) Verfassungsrechtliche Rechtfertigung der Amtsenthebung

Zu prüfen ist, ob der im Beschluss des *LAG* über die Amtsenthebung des T liegende Eingriff in die Kunstfreiheit verfassungsrechtlich gerechtfertigt ist.

#### aa) Beschränkbarkeit (Schranke)

Die Kunstfreiheit wird nach dem Wortlaut des Art. 5 Abs. 3 S. 1 GG vorbehaltlos gewährleistet. Entgegen einer früher vertretenen Ansicht sind auch die Schranken des Art. 5 Abs. 2 GG oder des Art. 2 Abs. 1 GG nicht anwendbar. Gleichwohl ist anerkannt, dass die vorbehaltlose Gewährleistung der Kunstfreiheit nicht bedeutet, dass die Kunstfreiheit schrankenlos gilt. Vielmehr kann die Kunstfreiheit durch verfassungsimmanente Schranken in Form kollidierender Verfassungsrechtsgüter beschränkt werden. Zunächst müssen somit anhand einzelner Grundgesetzbestimmungen diejenigen verfassungsrechtlich geschützten Güter konkret herausgearbeitet werden, die bei realistischer Einschätzung der Tatumstände mit der Ausübung der Kunstfreiheit kollidieren. Zu diesen verfassungsrechtlich geschützten Gütern könnte der Grundsatz gehören, dass Beamte und Richter, zu denen auch die ehrenamtlichen Richter gehören, einer Pflicht zur Verfassungstreue unterliegen. Von ihnen könnte zu fordern sein, dass sie für die Verfassungsordnung, auf die sie vereidigt sind, eintreten. Für Berufsbeamte und Berufsrichter besteht in der Tat eine Pflicht zur Verfassungstreue. Für hauptamtliche Richter, die zum öffentlichen Dienst i.S.d. Art. 33 Abs. 5 GG gehören, ist eine entsprechende Pflicht zur Verfassungstreue höchstrichterlich anerkannt. Sie folgt aus der politischen Treuepflicht als einem von Art. 33 Abs. 5 GG garantierten hergebrachten Grundsatz des Berufsbeamtentums. – Fraglich ist, ob eine entsprechende Pflicht zur Verfassungstreue auch für ehrenamtliche Richter besteht. Dagegen könnte sprechen, dass Art. 33 Abs. 5 GG lediglich die hergebrachten Grundsätze des Berufsbeamtentums anerkennt und demnach auf ehrenamtliche Richter nicht unmittelbar anzuwenden ist. Dem ist jedoch entgegenzuhalten, dass Art. 92 GG die rechtsprechende Gewalt „den Richtern“ anvertraut, wozu der Gesetzgeber – verfassungsrechtlich unbedenklich – seit jeher auch ehrenamtliche Richter gezählt hat. Art. 92 Hs. 2 i.V.m. Art. 20 Abs. 2 GG fordert, dass die rechtsprechende Gewalt durch staatliche Gerichte ausgeübt wird. Dies setzt voraus, dass die Bindung eines Gerichts an den Staat auch in personeller Hinsicht gewährleistet ist. Daher dürfen zum ehrenamtlichen Richter nur Personen ernannt werden, die nach ihrem Persönlichkeitsbild und nach ihrer fachlichen Befähigung (einschließlich ihrer Einstellung zu den verfassungsrechtlichen Grundentscheidungen) die Gewähr dafür bieten, dass sie die ihnen von Verfassungs und Gesetzes wegen obliegenden, durch den Amtseid bekräftigten richterlichen Pflichten jederzeit uneingeschränkt erfüllen werden. Besonderes Gewicht erhält die verfassungsrechtliche Pflicht zur Verfassungstreue dadurch, dass das Grundgesetz eine wehrhafte Demokratie statuiert. Dadurch ist es ausgeschlossen, dass Personen öffentliche Gewalt ausüben, die die freiheitliche demokratische, rechts- und sozialstaatliche Ordnung ablehnen und bekämpfen. Auch ehrenamtliche Richter unterliegen demnach einer grundgesetzlich verankerten Pflicht zur Verfassungstreue. Sie kann als kollidierendes Verfassungsrechtsgut die Kunstfreiheit des T einschränken.

#### bb) Gesetzliche Grundlage für die Amtsenthebung

Als Eingriff in die vorbehaltlos gewährleistete Kunstfreiheit bedarf die Amtsenthebung des T nach dem rechtsstaatlichen Vorbehalt des Gesetzes einer gesetzlichen Grundlage. Gesetzliche Grundlage für die Amtsenthebung des T ist § 27 S. 1 ArbGG.

#### cc) Verfassungsmäßigkeit der gesetzlichen Grundlage für die Amtsenthebung

§ 27 S. 1 ArbGG müsste verfassungsgemäß sein. Bedenken bestehen insoweit hinsichtlich des Bestimmtheitsgrundsatzes und der Verhältnismäßigkeit.

##### (1) Bestimmtheitsgrundsatz

Indem § 27 S. 1 ArbGG die einzelnen Amtspflichten ehrenamtlicher Richter nicht im Einzelnen normiert, sondern generalklauselartig die grobe Verletzung von Amtspflichten mit der Amtsenthebung sanktioniert, könnte er gegen den verfassungsrechtlich gewährleisteten Bestimmtheitsgrundsatz verstoßen. Gegen einen Verstoß spricht jedoch, dass eine vollständige Aufzählung aller denkbaren Amtspflichten eines ehrenamtlichen Richters nicht möglich sein dürfte. Hinzu kommt, dass es sich bei § 27 S. 1 ArbGG um eine Norm handelt, die sich lediglich an den Kreis der Berufsangehörigen wendet und die sich aus den ihnen gestellten Aufgaben erschließt und damit für sie im Allgemeinen leicht verständlich ist. Eine vollständige Aufzählung aller denkbaren Amtspflichten ist somit regelmäßig nicht notwendig. § 27 S. 1 ArbGG verletzt folglich auch nicht Art. 103 Abs. 2 GG.

##### (2) Verhältnismäßigkeit

§ 27 S. 1 ArbGG könnte jedoch unverhältnismäßig sein. Im Gegensatz zum Disziplinarrecht der hauptamtlichen Richter existiert bei den ehrenamtlichen Richtern kein vergleichbar abgestuftes und dadurch dem Grundsatz der Verhältnismäßigkeit Rechnung tragendes Modell der Sanktionsmöglichkeiten. Vielmehr besteht unterhalb der Amtsenthebung nach § 27 S. 1 ArbGG lediglich die Möglichkeit, ein Ordnungsgeld nach § 28 ArbGG zu verhängen, falls die Amtspflichtverletzung nicht grob i.S.d. § 27 S. 1 ArbGG ist. Damit ist fraglich, ob das Disziplinarrecht der ehrenamtlichen Richter eine vergleichbare Abstufung der Sanktionsmöglichkeiten vorsehen muss, um verhältnismäßig zu sein, oder ob das vorhandene System ausreicht. – Das abgestufte Modell der Sanktionsmöglichkeiten bei hauptamtlichen Richtern trägt dem Umstand Rechnung, dass diese planmäßig endgültig angestellt sind und ihnen persönliche Unabhängigkeit i.S.d. Art. 97 Abs. 2 GG garantiert ist. Die Entlassung eines hauptamtlichen Richters hat für diesen ungleich weitreichendere Konsequenzen als für einen ehrenamtlichen Richter, weil diesem durch die Amtsenthebung nicht die wirtschaftliche Existenzgrundlage entzogen wird.

Vor dem Hintergrund dieser sachlichen Unterschiede zwischen hauptamtlicher und ehrenamtlicher richterlicher Tätigkeit genügt das vorhandene System der Sanktionsmöglichkeiten bei ehrenamtlichen Richtern. Die Verhältnismäßigkeit der Amtsenthebung kann hier insbesondere bei der Auslegung des Tatbestandsmerkmals der „groben Amtspflichtverletzung" berücksichtigt werden.

#### (3) Ergebnis zu cc)

§ 27 S. 1 ArbGG ist verfassungsgemäß und stellt folglich eine hinreichend bestimmte und verhältnismäßige gesetzliche Grundlage für den Eingriff in die Kunstfreiheit des T dar.

### dd) Beachtung der grundrechtlichen Wertungen bei der Auslegung des § 27 S. 1 GG

Das *LAG* müsste bei der Auslegung des § 27 S. 1 ArbGG die mit der Kunstfreiheit verbundenen grundrechtlichen Wertungen beachtet haben. Bedenken bestehen insoweit wiederum im Hinblick auf den Bestimmtheitsgrundsatz und die Verhältnismäßigkeit des gerichtlichen Beschlusses.

#### (1) Bestimmtheitsgrundsatz

Das *LAG* könnte bei der Auslegung des § 27 S. 1 ArbGG den Bestimmtheitsgrundsatz verletzt haben, indem es für ehrenamtliche Richter eine Amtspflicht zur Verfassungstreue bejaht, die auch das außerdienstliche Verhalten erfasst. § 27 S. 1 ArbGG selbst spricht allein von „Amts"-Pflichten. Insoweit könnte auch ein Verstoß gegen Art. 103 Abs. 2 GG vorliegen. Allerdings liegt die Annahme einer Verfassungstreuepflicht ehrenamtlicher Richter nahe. Bei der Pflicht zur Verfassungstreue handelt es sich um eine persönliche Eigenschaft, die aus verfassungsrechtlicher Sicht Eignungsvoraussetzung für das Amt des ehrenamtlichen Richters ist. Somit liegt es nahe, die Pflicht zur Verfassungstreue über die eigentliche Richtertätigkeit hinaus auf das Verhalten außerhalb der Teilnahme an Gerichtsverhandlungen zu erstrecken. Dem Wortlaut des § 27 S. 1 ArbGG ist zudem nicht zwingend zu entnehmen, dass sich die Norm ausschließlich auf das Verhalten des ehrenamtlichen Richters während der eigentlichen Amtsausübung beziehen könnte. Bei der Auslegung des § 27 S. 1 ArbGG hat das *LAG* demnach den Bestimmtheitsgrundsatz beachtet.

#### (2) Verhältnismäßigkeit

Das *LAG* könnte bei der Auslegung des § 27 S. 1 ArbGG den Grundsatz der Verhältnismäßigkeit verletzt haben, indem es die Verletzung der Amtspflicht zur Verfassungstreue nach seinen Feststellungen als nachgewiesen betrachtet und als grob eingestuft hat. Wann eine Amtspflichtverletzung disziplinarrechtlich sanktioniert werden kann, lässt sich aus einem vergleichbaren Bereich, dem Disziplinarrecht hauptberuflicher Richter oder Beamter, herleiten. Verlangt werden dort der konkrete Nachweis der Treuepflichtverletzung sowie ein Minimum an Gewicht und Evidenz der Pflichtverletzung, wobei letztere Voraussetzung jedenfalls dann erfüllt sein soll, wenn der Beamte aus seiner der Verfassung widersprechenden politischen Überzeugung Folgerungen für seine Einstellung gegenüber der verfassungsmäßigen Ordnung der Bundesrepublik Deutschland, für die Art der Erfüllung seiner Dienstpflichten, für den Umgang mit seinen Mitarbeitern oder für politische Aktivitäten i.S. seiner politischen Überzeugung zieht. Diese Grundsätze hat das *LAG* zulässigerweise auf das Disziplinarrecht der ehrenamtlichen Richter übertragen. Durch das Erfordernis eines gewichtigen Fehlverhaltens hat sich das *LAG* dabei auch für den Einzelfall die Möglichkeit offengehalten, die Anforderungen des Grundsatzes der Verhältnismäßigkeit im Einzelfall zu berücksichtigen. Demnach hat es diesen verfassungsrechtlichen Grundsatz bei der Auslegung des § 27 S. 1 ArbGG beachtet.

#### (3) Ergebnis zu dd)

Das *LAG* hat bei der Auslegung des § 27 S. 1 ArbGG die mit der Kunstfreiheit verbundenen grundrechtlichen Wertungen beachtet.

### ee) Beachtung der grundrechtlichen Wertungen bei der Anwendung des § 27 S. 1 ArbGG

Das *LAG* müsste auch bei der Anwendung des § 27 S. 1 ArbGG die mit der Kunstfreiheit verbundenen grundrechtlichen Wertungen beachtet haben. Bedenken bestehen insoweit, als das *LAG* die grobe Amtspflichtverletzung bejaht und mit der Amtsenthebung unverhältnismäßig in das Grundrecht auf Kunstfreiheit des T eingegriffen haben könnte. Hierfür könnte etwa sprechen, dass sich das pflichtwidrige Verhalten des T nachweislich nicht auf seine eigentliche richterliche Tätigkeit ausgewirkt hat. Allerdings obliegt es in erster Linie dem *LAG*, die kollidierenden Verfassungsrechtsgüter im Wege praktischer Konkordanz mit dem Ziel ihrer Optimierung gegeneinander abzuwägen. Das *LAG* hat sich bei seiner Entscheidung mit der Frage eines Eingriffs in die Kunstfreiheit des T durch die Amtsenthebung befasst und ist zu dem Ergebnis gekommen, die Amtsenthebung sei gerechtfertigt und die Amtspflichtverletzung des T sei als grob zu qualifizieren. Dass das Ergebnis der Abwägung zwingend anders als tatsächlich geschehen hätte ausfallen müssen, lässt sich nicht sagen. Das Verhalten des T dürfte zwar nicht zur schwerwiegendsten Kategorie denkbarer Verletzungen der Amtspflicht zur Verfassungstreue gehören, zumal sich – wie erwähnt – das pflichtwidrige Verhalten nicht auf die eigentliche richterliche Tätigkeit ausgewirkt hat. Der Pflichtverstoß ist aber auch nicht völlig unerheblich. Die mit der Amtsenthebung verbundene Belastung des T ist nicht geringfügig, allerdings deutlich weniger schwerwiegend als etwa im Falle der Entlassung eines hauptamtlichen Richters. Das *LAG* hat somit die Kunstfreiheit bei der Anwendung des § 27 S. 1 ArbGG in verfassungsrechtlich nicht zu beanstandender Weise beachtet.

#### d) Ergebnis zu 1.

Der Beschluss des *LAG* über die Amtsenthebung verletzt T nicht in seinem Grundrecht auf Kunstfreiheit.

### 2. Verletzung des Grundrechts auf Meinungsfreiheit aus Art. 5 Abs. 1 S. 1 Var. 1 GG

Der Beschluss des *LAG* über die Amtsenthebung könnte das Grundrecht des T auf Meinungsfreiheit verletzen.

#### a) Eröffnung des Schutzbereichs

##### aa) Sachlicher Schutzbereich

Der sachliche Schutzbereich der Meinungsfreiheit müsste eröffnet sein. Meinung i.S.d. Art. 5 Abs. 1 S. 1 Var. 1 GG sind Werturteile jeglicher Thematik. Entscheidend ist insoweit „das Element der Stellungnahme, des Dafürhaltens, des Meinens im Rahmen einer geistigen Auseinandersetzung". Als Verhaltensweisen ist jede Form der Meinungskundgabe geschützt, soweit sie sich auf eine geistige Auseinandersetzung beschränkt. Erfasst werden damit sowohl das Äußern wie auch das Verbreiten einer Meinung; geschützt ist insbesondere etwa das gesungene Wort und die Verbreitung einer Meinung durch Tonträger.

T äußert durch seine aktive Beteiligung an der Kundgabe der Liedtexte seiner Rockband während der Live-Auftritte und auf den CDs bestimmte Werturteile und verbreitet diese. Der sachliche Schutzbereich der Meinungsfreiheit ist demnach eröffnet.

##### bb) Persönlicher Schutzbereich

T fällt als natürliche Person in den persönlichen Schutzbereich des Jedermann-Grundrechts aus Art. 5 Abs. 1 S. 1 Var. 1 GG. Der persönliche Schutzbereich ist somit eröffnet.

##### cc) Ergebnis zu a)

Der Schutzbereich der Meinungsfreiheit ist eröffnet.

#### b) Eingriff in den Schutzbereich

Indem T durch die Amtsenthebung für die Äußerung und die Verbreitung seiner Meinung disziplinarrechtlich sanktioniert wird und dadurch eine nachteilige Rechtsfolge für sein grundrechtlich geschütztes Verhalten erleidet, greift der Beschluss des *LAG* in das Grundrecht des T auf Meinungsfreiheit ein.

#### c) Verfassungsrechtliche Rechtfertigung des Eingriffs

Zu prüfen ist, ob der Eingriff in das Grundrecht auf Meinungsfreiheit des T müsste verfassungsrechtlich gerechtfertigt ist.

aa) Beschränkbarkeit (Schranke)

Die Meinungsfreiheit unterliegt den Schranken des Art. 5 Abs. 2 GG. Dazu zählen u.a. die allgemeinen Gesetze. Nach der sog. Kombinationslehre des *Bundesverfassungsgerichts* sind die Gesetze allgemein, „die nicht eine Meinung als solche verbieten, die sich nicht gegen die Äußerung einer Meinung als solche richten", „die vielmehr (...) dem Schutz eines Gemeinschaftswertes, der gegenüber der Betätigung der Meinungsfreiheit Vorrang hat", dienen. §§ 27 S. 1, 21 Abs. 5 S. 2 bis 5 ArbGG erfüllen diese Anforderungen und stellen somit allgemeine Gesetze i.S.d. Art. 5 Abs. 2 GG dar.

bb) Verhältnismäßigkeit (Schranken-Schranke)

Allerdings müssen die §§ 27 S. 1, 21 Abs. 5 S. 2 bis 5 ArbGG ihrerseits im Lichte der besonderen Bedeutung der Meinungsfreiheit ausgelegt und angewendet werden. Damit darf das Grundrecht des T auf Meinungsfreiheit nur insoweit eingeschränkt werden, als dies der Erreichung eines mit §§ 27 S. 1, 21 Abs. 5 S. 2 bis 5 ArbGG verfolgten, verfassungsrechtlich legitimen Zwecks dient sowie zur Erreichung dieses Zwecks geeignet, erforderlich und angemessen ist. Die §§ 27 S. 1, 21 Abs. 5 S. 2 bis 5 ArbGG verfolgen den verfassungsrechtlich legitimen Zweck sicherzustellen, dass die die rechtsprechende Gewalt ausübenden staatlichen Gerichte auch personell an den Staat gebunden sind und dementsprechend allein mit Personen besetzt sind, die für die Verfassung einstehen. Zur Erreichung dieses Zwecks ist die disziplinarrechtlich vorgesehene Sanktion in Form der Amtsenthebung geeignet, bei Vorliegen einer groben Amtspflichtverletzung auch mangels milderen, aber ebenso effektiven Mittels erforderlich und vor dem Hintergrund des oben unter Ziff. 1. c) ee) Gesagten auch angemessen.

d) Ergebnis zu 2.

Der Beschluss des *LAG* über die Amtsenthebung verletzt nicht das Grundrecht des T auf Meinungsfreiheit.

3. Verletzung des Grundrechts auf allgemeine Handlungsfreiheit aus Art. 2 Abs. 1 GG

Der Beschluss des *LAG* über die Amtsenthebung verletzt nicht das Grundrecht des T auf allgemeine Handlungsfreiheit. Die allgemeine Handlungsfreiheit erfasst alle Betätigungen oder Lebensbereiche, die nicht einem speziellen Freiheitsrecht unterfallen. Sie ist somit gegenüber den speziellen Freiheitsrechten subsidiär, sobald der sachliche Schutzbereich eines speziellen Freiheitsrechts eröffnet ist. Im vorliegenden Fall sind die sachlichen Schutzbereiche der speziellen Freiheitsgrundrechte auf Kunstfreiheit und auf Meinungsfreiheit eröffnet. Damit tritt die allgemeine Handlungsfreiheit hinter diesen Grundrechten zurück.

4. Verletzung des Grundrechts auf Schutz der Menschenwürde aus Art. 1 Abs. 1 S. 1 GG

Der Beschluss des *LAG* über die Amtsenthebung verletzt auch nicht das Grundrecht des T auf Schutz der Menschenwürde. Dies wäre nur dann der Fall, wenn T durch den Beschluss des *LAG* zum bloßen Objekt staatlichen Handelns gemacht würde. Davon kann nach den Angaben im Sachverhalt keine Rede sein. Das *LAG* hat seinen Beschluss nach eingehender Feststellung und Würdigung der entscheidungserheblichen Tatsachen getroffen.

5. Ergebnis zu II.

Der Beschluss des *LAG* über die Amtsenthebung verletzt keine Grundrechte des T. Die Verfassungsbeschwerde des T gegen den Beschluss des *LAG* ist demnach unbegründet.

## III. Ergebnis

Die Verfassungsbeschwerde des T gegen den Beschluss des *LAG* über die Amtsenthebung ist zulässig, aber unbegründet und hat keinen Erfolg.

# Sachverzeichnis

Die Zahlen verweisen auf die Randnummern.


Abwehrrecht 14 f.
Allgemeine Handlungsfreiheit 184, 186 f.
Arbeitszwang, Freiheit von ~ 556
Ausländer 104
Auslegung
– grundrechtskonforme ~ 167
– verfassungskonforme ~ 166
Ausstrahlungswirkung 45, 66, 82, 521, 527, 592

Berufsfreiheit 556 ff., 572 ff.
besonderes Gewaltverhältnis 64 f.
Bestimmtheitsgrundsatz 169
Bildungs- und Erziehungsauftrag, staatlicher 415
Brief-, Post- und Fernmeldegeheimnis 504 ff.

Ehe und Familie, Schutz von 391 ff.
Eigentum und Erbrecht, Garantie von ~ 619 ff.
– Junktimklausel 649
Einrichtungsgarantien 29 ff.
– Institutionelle Garantien 34 ff.
– Institutsgarantien 36 ff.
Einwilligung 238
Elternrecht 391 ff.
Erwerbswirtschaftliche Betätigung 61
EU-Ausländer 105

Fernmeldegeheimnis 504 ff.
Filmfreiheit 314 ff.
Freiheit der Person 251 ff.
Freiheitsrecht 14 ff.
– Eingriff 118 ff., 127 ff.
– normgeprägter Schutzbereich 125
– Prüfungsschema 67 ff.
– Schutzbereich 176 ff.
– verfassungsrechtliche Rechtfertigung 133 ff.
– Verhältnis zu Gleichheitsrecht 116
– vorbehaltloses ~ 156
Freizügigkeit 536 ff.

Gesetzesvorbehalt 135
– einfacher ~ 137 ff.
– qualifizierter ~ 140
Gewährleistung der Vertraulichkeit und Integrität informationstechnischer Systeme *siehe* Persönlichkeitsrecht
Gewissensfreiheit 272 ff.
Glaubensfreiheit 272 ff., 299
Gleichbehandlungsrecht
– relatives Ungleichbehandlungsverbot 684, 686
Gleichheitsrecht 13, 25 f., 115
– allgemeines ~ 26, 675 f., 695, 697 f.
– Rechtsanwendungsgleichheit 677
– Rechtsetzungsgleichheit 678
– spezielles ~ 26, 675 f., 681 ff., 686 ff.
– Verhältnis zu Freiheitsrecht 116
Grundrecht 1 ff.
– Bürger ~ 103
– Deutschen ~ 81 ff., 103
– Grundgesetz 6 f., 9
– grundrechtsgleiches Recht 2
– horizontale Geltung 45
– Jedermann ~ 101
– Landesverfassung 6
– normgeprägtes ~ 125
– objektiv-rechtliche Funktion 10, 12, 28 ff.
– objektiv-rechtliche Wertentscheidung 12, 45
– organisationsrechtliche Funktion 46, 48 ff.
– status activus 10
– status negativus 10
– status positivus 10
– subjektiv-öffentliches Recht 4 f.
– subjektiv-rechtliche Funktion 10 f., 13 ff.
– verfahrensrechtliche Funktion 46 f., 49 f.
– Verhältnis Bundes- und Landesgrundrechte 8
– vertikale Geltung 45
– ~ unter Regelungsvorbehalt 127 f.
Grundrechtsberechtigung 99 ff.
grundrechtsdiendende juristische Person des öffentlichen Rechts 94 ff.
Grundrechtsfähigkeit 75 ff.
Grundrechtskollision 111
Grundrechtskonkurrenz 69, 111 ff.
Grundrechtsmündigkeit 107 ff.

Grundrechtsverpflichtete 51 ff., 64 ff.
- Exekutive 55 ff.
- Judikative 66
- Legislative 53 f.

Hilfsgeschäft 59, 62

informationelle Selbstbestimmung, Recht auf *siehe* Persönlichkeitsrecht
Informationsfreiheit 314 ff.

Justizgrundrecht 2, 85, 92, 655

Koalitionsfreiheit *siehe* spezielle Vereinigungsfreiheit
körperliche Unversehrtheit, Recht auf 224 ff.
Kriegsdienstverweigerung, Recht auf 272 f.
Kunstfreiheit 370 ff.

Leben, Recht auf 224 ff.
Leistungsrecht 10, 13, 16 ff.
- derivatives ~ 18, 23
- originäres ~ 18 ff.
- Teilhaberecht 18, 23

Meinungsfreiheit 314 ff.
Menschenwürde 171 ff.
mittelbare Drittwirkung *siehe* Ausstrahlungswirkung
Mitwirkungsrecht 27

Nasciturus 80, 179, 230
Nicht-EU-Ausländer 104

Persönlichkeitskerntheorie 187
Persönlichkeitsrecht 171, 191 ff., 202, 207 ff., 212 ff.
- Gewährleistung der Vertraulichkeit und Integrität informationstechnischer Systeme, Grundrecht auf 198 f., 221
- informationelle Selbstbestimmung, Recht auf 196 f.
- postmortales ~ 80, 177, 179
- Selbstbestimmungsrecht 44
- Sphärentheorie 217 ff.
Postgeheimnis 504 ff.
praktische Konkordanz 158
Pressefreiheit 314 ff.
Privatschulfreiheit 21, 428 ff.
- Privatschulfinanzierung 21

Rechtsweggarantie 92, 655 ff.
Rundfunkfreiheit 314 ff.

Schranken-Schranke 141 ff., 148 ff.
Schulwesen 414 ff.
Schutzbereichsverstärkung 146 f.
Schutzpflicht 39 ff., 527
Sonderstatusverhältnis 64 f.
Sphärentheorie 218 ff.; *siehe auch* Persönlichkeitsrecht
Staatenlose 104

Übermaßverbot 41, 143
Untermaßverbot 41, 43
Unverletzlichkeit der Wohnung 592 ff., 607 ff.

Vereinigungsfreiheit 477 ff.
- spezielle ~ 478
Vereinigungsfreiheit, allgemeine ~ 477
Verfassungsbeschwerde 709 ff.
- Begründetheit 763 ff.
- Entscheidungsinhalt 769 f.
- Entscheidungswirkungen 771
- spezifisches Verfassungsrecht 159, 766
- Zulässigkeit 717 ff.
Verfassungsmäßigkeit des Gesetzes 142 ff., 148 ff.
Verhältnismäßigkeit 143 ff., 148, 168
Versammlungsfreiheit 439 ff., 447 f., 450 ff., 458 ff.
Verwaltungsprivatrecht 59 f.
Verwirkung 154 f.
Verzicht 129 ff., 209 ff.

Wahlrecht 2, 27
- Wahlgleichheit 693
Wechselwirkungslehre 144
Wesensgehalt 149 ff.
Widerstandsrecht 2
Wissenschaftsfreiheit 370 ff.

Zensurverbot 368 f.
Zugang zu jedem öffentlichen Amt 2, 27, 692
Zwangsarbeit, Freiheit von ~ 556